Regina Maria Stellner

Quelle der Hoffnung

Eine junge Frau begegnet Maria

REGINA MARIA STELLNER

Quelle der Hoffnung

Eine junge Frau begegnet Maria

fe

1. Auflage 2024

Hauptstr. 22, D-88353 Kißlegg
www.fe-medien.de

ISBN 978-3-86357-418-5

Umschlaggestaltung: © Christa Güther
Satz: Monika Feiner
Druck: orthdruk, Bialystok (Polen)

Printed in EU

Inhaltsverzeichnis

„Denn für Gott
ist nichts unmöglich.“

Lukas 1,37

München, Maxvorstadt

„Du glaubst mir also auch nicht", dieser Satz ging Sarah immer wieder durch den Kopf, während sie in großen Schritten die Ludwigstraße entlangeilte. „Du glaubst mir auch nicht. Und das, obwohl du selbst miterlebt hast, wie alles begonnen hat."

Es war einige Zeit her, dass ein Treffen die junge Frau so aufgewühlt hatte, wie das Treffen mit ihrer Freundin Mirjam. Dabei hatte sie sich so darauf gefreut! Es kam nicht oft vor, dass Mirjam in München war, doch immer, wenn sie da war, nahmen sich die beiden Zeit, um stundenlang zu reden und einen Latte Macchiato nach dem anderen zu trinken. Meist kehrte Sarah nach diesen Begegnungen ganz erfüllt in ihre Wohnung zurück. Nicht so heute. Heute war das, was Mirjam gesagt hatte, der Tropfen, der das Fass zum Überlaufen brachte.

Man solle Gott keine Vorschriften machen und ihn nicht festnageln, hatte Mirjam gemeint. Und Sarah solle endlich damit aufhören, weiter an der Sache festzuhalten. 17 Jahre seien schließlich lange genug, nun müsse endlich etwas Neues beginnen.

Was, wenn sie recht hatte? Wenn Sarah sich 17 Jahre lang getäuscht hatte? Bei diesen Gedanken spürte sie, wie ein brennender Schmerz sich in ihr ausbreitete, der sie nach Luft ringen ließ. Wie von fremder Hand gesteuert, blieb sie stehen und lehnte sich an eine der eisernen Straßenlaternen.

Links von ihr schalteten die Ampeln auf Rot. Ungeduldig hielten die Autofahrer an, starrten auf die Fußgänger, die wie eine Herde Lemminge über die Straße eilten, trommelten mit den Fingern auf das Lenkrad und atmeten erleichtert auf, als das Grün zurückkehrte und sie weiterfahren durften.

Während Sarah den forteilenden Fahrzeugen nachsah, fragte sie sich, ob nicht auch sie selbst an einer roten Ampel stand. 17 Jahre lang, ohne dass es Grün wurde.

Dabei hatte alles so vielversprechend begonnen! Ihr Blick fiel auf die Ludwigskirche, die auf der gegenüberliegenden Straßenseite in die Höhe ragte. Sie stand immer noch genauso da wie vor 17 Jahren, als Sarah sich hier mit Mirjam getroffen hatte, um nach Frankreich aufzubrechen. Die beiden wollten eine Sommerfahrt für ihre Pfadfindergruppe organisieren. Sarah musste schmunzeln, als sie daran dachte, wie Mirjam mit ihrem winzigen blauen Opel vor der Kirche gehalten hatte. Beim gewaltsamen Öffnen der grün lackierten Seitentür hatte sie starke Zweifel gehabt, ob sie mit diesem ramponierten Fahrzeug in Frankreich ankommen würden. Zum Glück sollte sie sich täuschen. Alles war bestens gelaufen und auch in Frankreich hatten sich alle Türen aufgetan. Sie hatten Aufnahme bei einer sehr freundlichen Familie gefunden, die ihnen nicht nur einen Zeltplatz organisiert, sondern sie auch noch aufs Köstlichste bekocht hatte. Noch immer hatte sie die reich gedeckte Tafel vor Augen, in deren Mitte eine große Schüssel rosafarbener Meeresfrüchte auf sie wartete.

Und dann waren sie nach Lourdes gefahren. Trotz des Regens waren sie bei der Lichterprozession mitgegangen, hatten ihre Kerzen unter dem Regenschirm in die Höhe gehalten und zusammen mit all den anderen Hilfesuchenden zur Gottesmutter Maria gebetet. Was für einen Glauben hatte sie damals gehabt und was für ein Vertrauen! Sie war sich sicher gewesen, dass ihre Gebete ankommen würden. Daran bestand für sie keinerlei Zweifel.

Als die beiden später völlig durchnässt, aber glücklich im Auto saßen, um darin zu übernachten, schrieb Sarah in ihr

Tagebuch: „Es ist eine Fahrt voller Wunder. Ich bin gespannt, was morgen für ein Wunder passiert."

Mit diesen Worten im Kopf schlief sie ein. Die Nacht hindurch regnete es und als die beiden am nächsten Tag aufwachten, regnete es noch immer. Unter diesen Voraussetzungen konnte Sarah sich nicht überwinden, aus dem Auto zu steigen, um in die Messe zu gehen. Sie war immer noch völlig durchgefroren von der vergangenen Nacht und das würde kaum besser werden, wenn sie sich ohne Schirm oder einen anderen Schutz ins Freie begab. Daher beschloss sie, einen Deal mit Gott zu machen: „Gott, wenn du willst, dass ich in die Messe gehe, dann mach bitte, dass es aufhört zu regnen. Ich werde dieses Auto jedenfalls erst dann verlassen, wenn keine Gefahr mehr besteht, dass ich völlig durchnässt werde."

So wurde es neun, halb zehn und schließlich zehn, ohne dass sich etwas änderte. Um Viertel nach zehn hörte der Himmel endlich auf zu weinen und die beiden jungen Frauen beschlossen, nun doch noch in den Gottesdienst zu gehen – falls zu dieser Zeit einer stattfinden sollte. Sie hatten Glück! Nur 15 Minuten später wurde in der Kirche Sankt Bernadette eine deutsche Heilige Messe gefeiert. Die Zeit reichte gerade noch aus, um sich auf einer der sanitären Anlagen der Pilgerstätte ein wenig frisch zu machen und dann – immer noch verfroren, aber halbwegs zivilisiert – die Kirche zu betreten.

Dass dieser Moment ihr Leben verändern sollte, konnte Sarah damals noch nicht wissen! Und dass ihr Vertrauen auf die härteste Probe gestellt werden sollte, die sie je bewältigen musste, auch nicht. Wäre sie früher aus dem Auto ausgestiegen, wenn ihr die Tragweite der nun folgenden Begegnung bewusst gewesen wäre? Oder wäre sie gar nicht erst nach Lourdes gefahren? Nein. Wahrscheinlich hätte sie alles genau so wieder gemacht wie an diesem Pfingstmontag vor nunmehr 17 Jahren.

Sie war es auch gar nicht gewesen, die ihn zuerst gesehen hatte. Es war ihre Freundin Mirjam, die ihn entdeckt hatte und Sarah zuflüsterte: „Schau mal, da vorne – ist das nicht Tobi?“

Als Sarah den Blick nach vorne richtete, sah auch sie ihn: einen braunhaarigen jungen Mann mit leuchtend blauen Augen, der links vom Altar stand und im Chor mitsang. Auch er hatte sie entdeckt und für eine Weile hörte er auf zu singen und sah sie einfach nur an. Dass er sich in diesem Moment sicher war, ihr einmal einen Heiratsantrag zu machen, konnte Sarah nicht wissen. Und dass sich kurze Zeit später alles so tragisch entwickeln würde, auch nicht. Sie wusste nur, dass dieser Moment ein ganz besonderer war. Dass diese Begegnung das Wunder war, das sie schon am Abend zuvor erahnt hatte. Jedenfalls hatte sie das damals geglaubt.

Als sie nun – so viele Jahre später – an der Ludwigstraße stand, war sie sich da nicht mehr so sicher! War es wirklich ein Wunder gewesen – oder nur der Beginn der größten Tragödie ihres Lebens?

Wenn es nach Mirjam ging, dann war es wohl eher der Beginn der größten Tragödie. So viel war klar. Vielleicht hatte Mirjam recht. Vielleicht sollte sie auf ihre Freundin hören und alles tun, um mit dieser Tragödie abzuschließen.

Vor ihr sprang die Ampel wieder einmal auf Rot und wieder einmal mussten alle Autofahrer genervt stehen bleiben und warten. Nicht so Sarah. Für Sarah war es endlich Zeit weiterzugehen. Zeit, heimzugehen in ihre Wohnung und erste Schritte zu unternehmen, um sich von Tobi zu lösen. Zeit, alles loszuwerden, was sie irgendwie an ihn erinnerte. Ganz besonders ein bestimmtes Buch. Mit dem würde sie jetzt gleich beginnen!

Entschlossen bog sie in die Theresienstraße ein, eilte die Amalienstraße entlang bis zu ihrer kleinen Wohnung, hastete ins Schlafzimmer und griff nach dem abgegriffenen Buch neben dem Bett, das sie so viele Jahre lang begleitet hatte. In diesem Buch stand jede Begegnung mit Tobi, jedes Zeichen, das sie von Gott erhalten hatte, jede Hoffnung, die sie mit ihm verbunden hatte. Wenn sie frei von Tobi werden wollte, dann musste sie frei werden von diesem Buch. Und sie wusste auch schon wie! Im Laufschritt machte sie sich auf den Weg zum Englischen Garten. Dem perfekten Ort für die geplante Aktion!

Dabei kam sie noch einmal an der Ludwigskirche vorbei. „Heute zünde ich keine Kerze bei dir an, Maria", murmelte sie vor sich hin, während sie die Hauptstraße überquerte, „und überhaupt werde ich lange Zeit keine Kerze mehr anzünden bei dir."

Dass andere Passanten sie dabei irritiert betrachteten, störte Sarah nicht. Sie eilte geradewegs ihrem Ziel im Englischen Garten entgegen – einem geeigneten Platz, um ihr Vorhaben in die Tat umzusetzen.

Nicht gleich zu Beginn des Gartens, wo ein paar Trommler saßen und für gute Stimmung sorgten. Nein, sie musste weitergehen – auf Wegen, die nicht so gut besucht waren, bis sie schließlich in einen Bereich kam, wo weit und breit kein Mensch zu sehen war. Hier fand sie, wonach sie gesucht hatte: ein einsames Stück Wiese direkt am Eisbach. Erschöpft ließ Sarah sich auf einem der großen Felsbrocken am Ufer nieder und warf einen Blick auf das vorbeifließende Wasser. Wie unbeschwert es vor sich hinplätscherte!

„Du hast es gut", sagte die junge Frau in Gedanken versunken, „du musst dich nicht fragen, ob du vielleicht auf einem Irrweg bist oder stehenbleiben sollst, denn dein Weg ist vorgegeben: Du kommst aus der Isar und kehrst zurück in die Isar. Doch ich – welchen Weg soll ich einschlagen?“

Nun, das Wasser würde ihr wohl keine Antwort auf diese Frage geben, das war ihr bewusst, und so stand Sarah auf, um ihren ursprünglichen Plan in die Tat umzusetzen. Soweit es möglich war, näherte sie sich dem Bach. Dann schlug sie das Buch auf und riss eine Seite heraus. Auf dieser ging es um die allererste Begegnung mit Tobi. Sarah erinnerte sich noch genau daran, wie sie ihn auf einem Jugendwochenende kennengelernt hatte. Ihre ersten Gedanken über ihn waren nicht gerade positiv gewesen – genau gesagt, hatte sie gedacht, „der spinnt“ – doch das hatte sich schnell geändert. Noch am gleichen Abend hatte sie gemerkt, wie falsch sie ihn eingeschätzt hatte, und sich sehr gewünscht, ihn näher kennenzulernen. Nach einem langen Gespräch hatte sie ihn beim Gebet in der Kapelle beobachtet und war beeindruckt gewesen von seiner großen Hingabe an Gott. So einen Mann wünschte sie sich! Einen, mit dem sie reden und lachen konnte, der sie verstand und der bei all dem auch noch einen tiefen Glauben hatte und so aus ganzem Herzen beten konnte, wie Tobi es tat! Als sie von diesem Wochenende nach Hause fuhr, war es ihr, als hätte jemand ein Licht in ihr angezündet.

„Dieses Licht ist schon lange wieder ausgeblasen worden“, murmelte Sarah, während sie die Seite in viele kleine Einzelteile zerriss und Stück für Stück dem Wasser übergab. Dann sah sie zu, wie diese davonschwammen und immer kleiner wurden, bis sie schließlich gar nicht mehr zu sehen waren.

Energisch riss Sarah die zweite Seite aus dem Buch. Die zweite Begegnung. Diese war nicht besonders spektakulär gewesen. An einem bayerischen Marienwallfahrtsort hatten die beiden sich wiedergesehen, aber kaum miteinander gesprochen.

Warum auch? Sarah hatte mittlerweile erfahren, dass Tobis Lebenspläne keine Beziehung zuließen, und beschlossen, sich damit abzufinden. Er war ihr keineswegs gleichgültig geworden. Im Gegenteil. Aber wozu sollte sie auf etwas hoffen, das von Anfang an mit Hindernissen verbunden war? Sie hatte beschlossen, loszulassen und nicht länger über ihn nachzudenken. „Wäre ich nur dabei geblieben", seufzte sie, während sie auch diese Seite zerriss und dem Wasser übergab.

Jetzt war die dritte Begegnung an der Reihe: das Aufeinandertreffen in Lourdes. Sie hatte ihn doch losgelassen – warum nur musste er wieder in ihr Leben zurückkommen? Und noch dazu ausgerechnet in Lourdes? An dem Wallfahrtsort, der ihr so viel bedeutete! Der sie schon als Kind so berührt hatte. Und dann auch noch an Pfingsten! Während einer Fahrt, die sie anderen zuliebe gemacht hatte.

„Ich verstehe es nicht, Gott. Ich verstehe es einfach nicht!" Dieses Mal musste sie mehrere Seiten herausreißen und in etwas größeren Stücken dem Bach übergeben. Doch das Gewässer hatte kein Mitleid mit ihr. Es weigerte sich, alle Einzelteile mitzunehmen und verteilte stattdessen einige in Ufernähe, wo sie von Grasbüscheln und Steinen festgehalten wurden. Da hingen sie nun und hielten Sarah vor Augen, was sie die letzten 17 Jahre so sehr geprägt hatte. Die junge Frau kniete sich auf den Boden, um jeden noch so kleinen Zettel zu befreien und vom Wasser wegtragen zu lassen.

Dabei kam das wirklich tragische Kapitel erst noch – die vierte Begegnung, in der sie über das Zusammentreffen in Lourdes gesprochen hatten und nach der Tobi einfach aus ihrem Leben verschwunden war, ohne sich zu verabschieden. Während sie noch am Boden kniete, überflog Sarah noch einmal, was sie damals aufgeschrieben hatte. Wie schon die zweite und dritte hatte auch die vierte Begegnung an einem Marienwallfahrtsort stattgefunden. Tobi und sie hatten sich abends in einem Lokal getroffen, wo er ihr endlich erzählt hatte, wie es ihm in Lourdes ergangen war. Schon als Sarah die Kirche betreten hatte und er sie noch gar nicht richtig erkennen konnte, stand für ihn eines fest: „Wenn das Sarah ist, dann mache ich ihr einmal einen Heiratsantrag." Und während er ihr das erzählte, fühlte Sarah in ihrem Herzen, dass das, was er sagte, die Wahrheit war. Dass er ihr eines Tages einen Heiratsantrag machen würde.

Und doch kniete sie nun, so viele Jahre später, allein und ohne Heiratsantrag an diesem Bach im Englischen Garten und riss Seiten, deren Inhalt ihr einmal so viel bedeutet hatte, in winzig kleine Stücke, um sie für immer aus den Augen zu verlieren und nie mehr daran erinnert zu werden. Es wunderte sie beinahe selbst, dass sie dabei nicht einmal eine Träne verlor. Doch vermutlich hatte sie für diesen Kummer keine Tränen mehr – sie hatte bereits mehr als genug vergossen und irgendwann hatten sogar Tränen ein Ende.

Was hätte es auch gebracht, nun zu weinen? Nur eines war jetzt wichtig – dass keines der Papierstückchen zurückblieb. Kein einziges sollte zurückbleiben und sie an diese vierte Begegnung erinnern, nach der er einfach so aus ihrem Leben verschwunden war. Natürlich war er wieder aufgetaucht, sonst wäre ihr Buch ja nun zu Ende gewesen, und das war es noch lange nicht. Aber die Tatsache, dass er nach einem solchen Geständnis einfach gegangen war und sie ratlos zurückgelassen hatte, lastete noch heute schwer auf ihr.

Während sie den davonschwimmenden Blättern nachsah, dachte sie darüber nach, was all diese Erlebnisse mit ihrem Glauben gemacht hatten. Er war in den letzten Jahren – welche immerhin fast die Hälfte ihres Lebens betrugen – auf eine harte Probe gestellt worden, doch erstaunlicherweise nicht zerbrochen. Sie glaubte immer noch. Und sie betete auch immer noch. Aber nicht mehr mit der gleichen Hingabe und dem gleichen Vertrauen wie früher.

Vor allem ihr Verhältnis zu Maria war deutlich abgekühlt. Sarah erinnerte sich daran, wie sie als Kind manchmal drei Rosenkränze hintereinander gebetet hatte. Wie ihr bei Marienliedern das Herz aufgegangen war und sie jede einzelne Strophe voller Hingabe gesungen hatte. Wie sie fast schon blind darauf vertraut hatte, dass Maria ihr helfen werde, wenn sie in Not gewesen war. Und dann dachte sie daran, wie sie die Amalienstraße entlang gegangen war und einen Rosenkranz nach dem anderen für Tobi gebetet hatte, wie sie in der Ludwigskirche ein Lichtermeer an Kerzen für ihn entzündet hatte, wie sie immer wieder 40 Kilometer zu Fuß nach Altötting gegangen war, um für ihn zu beten – und er sich trotz all dem immer weiter von Gott und auch von ihr entfernt hatte.

„Ist es ein Wunder, dass ich dir nicht mehr ganz vertrauen kann, Maria?", sagte sie leise vor sich hin und spürte, wie nun doch eine Träne den Weg über ihre Wange fand.

„Wem kannst du nicht mehr ganz vertrauen?", fragte plötzlich eine sanfte Stimme hinter ihr.

Erschrocken sprang Sarah auf und drehte sich um, um zu sehen, woher diese Worte gekommen waren. Auf dem Felsen, der vor wenigen Minuten noch ihr Ruheplatz gewesen war, saß ein junger Mann und blickte sie durch auffallend kleine Brillengläser besorgt an.

„Wer sind Sie? Und wie kommen Sie so plötzlich hierher? Ich habe gar keine Schritte gehört", wandte Sarah sich an ihn.

„Dass du keine Schritte gehört hast, ist kein Wunder", meinte der Mann mit einem Lächeln, „du schienst schwer beschäftigt zu sein. Doch um auf deine erste Frage einzugehen – du kannst mich Raymund nennen. Und wenn es dir recht ist, wäre es mir lieb, auf das förmliche ‚Sie' zu verzichten."

Noch immer leicht misstrauisch sah Sarah ihn an. Er saß auf dem Felsen mit einer Selbstverständlichkeit, als gebe es gerade keinen besseren Ort für ihn. Als sei er nicht gerade in eine Szene hineingeplatzt, die für einen anderen Menschen sehr persönlich und noch dazu höchst emotional war.

Was sollte sie tun? Ihn einfach ignorieren und mit dem begonnenen Werk fortfahren oder höflicherweise das Gespräch fortsetzen?

Als könnte er ihre Gedanken lesen, gab er ihr selbst die Antwort darauf: „Lass dich von mir nicht aufhalten und bring ruhig zu Ende, was du hier begonnen hast."

Wenn er meinte. Dann würde sie also weitermachen. Hastig riss Sarah die nächste Seite aus dem Buch. Sie las nur das Wort „Flughafen", was schon ausreichte, um die Seite so schnell wie möglich in viele kleine Einzelteile zu zergliedern und dem Wasser zu übergeben. An diese Begegnung wollte sie wahrlich nicht erinnert werden. Sie gehörte zu den peinlichsten Aktionen ihres Lebens! Nicht viel besser war das, was die nächste Seite bereithielt. Sarah sah lediglich die Worte „Café in Aschaffenburg", und schon war auch diese Seite Opfer ihrer Zerstörungswut geworden.

Ob der merkwürdige Mann wohl immer noch auf dem Felsen hinter ihr saß? Neugierig warf die junge Frau einen Blick nach hinten und begegnete zwei dunklen Augen, die sie voller Mitgefühl beobachteten.

„Ich heiße übrigens Sarah", stellte sie sich nun doch bei ihm vor, „und falls du dich fragst, was ich hier mache: Ich zerstöre Erinnerungen an viele schmerzhafte Jahre meines Lebens."

Er verzog keine Miene, lediglich seine dunklen Augenbrauen gingen leicht nach oben, während er ihr mit der Hand ein Zeichen gab, sich von ihm nicht stören zu lassen und einfach weiterzumachen.

Erneut warf Sarah einen Blick in ihr Buch und wollte gerade beginnen, die nächste Seite zu entfernen, als sie merkte, dass es nun doch schwieriger werden würde. Die Begegnungen mit Tobi konnte sie leicht den Fluten übergeben. Diese hatten ihr viel zu viel Kummer bereitet. Doch nun kamen die Zeichen, die sie von Gott bekommen hatte. Die vielen wunderbaren Momente, die sie erlebt hatte und die sie darin bestärkt hatten, 17 Jahre lang zu glauben, dass Tobi der Richtige sei. Konnte sie diese einfach so loslassen – oder war sie vielleicht doch noch nicht so weit?

„Du musst nicht alle Seiten heute zerstören", erklang es hinter ihr, „der Bach ist noch länger da – und dein Leben endet auch noch nicht an diesem Tag."

„Da hat er wahrscheinlich recht", dachte Sarah und drehte sich nun doch wieder um, um ihre Aufmerksamkeit auf den fremden Mann hinter sich zu richten. Wie hieß er noch einmal? Ach ja, Raymund. Was er da nur anhatte! So eine altmodische Kleidung hatte sie schon lange nicht mehr gesehen.

„Mein Vater war Weber", erklärte Raymund, der ihren prüfenden Blick bemerkte, „er hat solche Stoffe selbst hergestellt." Dabei strich er liebevoll über das raue Material seines Hemdes. Sarah warf einen kritischen Blick darauf. Ja, der Stoff war vermutlich etwas Besonderes, aber der Schnitt – er war wie aus einer anderen Zeit. Und sein Vater war Weber? Wer arbeitete denn heute noch als Weber?

Raymund machte ihre Verwirrung nicht besser, als er hinzufügte: „Eigentlich bin ich ja ganz anders gekleidet. Aber um einen etwas gewöhnlicheren Eindruck zu machen, wollte ich zu unserer ersten Begegnung in einem Anzug kommen."

„Zu unserer ersten Begegnung?", fragte Sarah überrascht. „Du tust ja gerade so, als sei das alles geplant und nicht etwa ein Zufall, dass wir uns hier mitten im Englischen Garten treffen."

„Natürlich ist es geplant", erwiderte Raymund, während er seelenruhig den kleinen Marienkäfer betrachtete, der sich auf seiner Hand niedergelassen hatte.

„Sieh nur, ein Siebenpunkt", sagte er erfreut. „Es ist lange her, dass ich einen solchen gesehen habe."

Sarah war es in diesem Augenblick herzlich egal, ob es sich hier um einen Siebenpunkt, einen Neunpunkt oder was auch immer für einen Käfer handelte. Ihr gingen gerade andere Fragen durch den Kopf. Das Treffen zwischen ihnen war geplant? Von wem denn? Und wer genau war dieser Raymund überhaupt?

Während Sarah abwartend dastand, streckte Raymund seinen Zeigefinger in Richtung Himmel. Der kleine Käfer auf seiner Hand reagierte sofort. Er erklomm den höchsten Punkt, breitete beide Flügel aus und erhob sich in die Lüfte. Weiter und weiter nach oben. Es war, als eilte er geradewegs dem Ziel entgegen, das Raymund ihm gezeigt hatte.

Jetzt endlich wandte der junge Mann sich mit einem entschuldigenden Lächeln an Sarah: „Verzeih, wenn ich dich warten ließ, doch da, wo ich herkomme, spielt Zeit keine Rolle."

„Da, wo du herkommst", wiederholte Sarah und sah ihn weiterhin fragend an.

„Wie du dir inzwischen wohl denken kannst, ist das kein gewöhnlicher Ort. Und es ist erst recht keine gewöhnliche Person, die mich gebeten hat, die Begegnung mit dir zu suchen."

„Jemand hat dich zu mir geschickt? Wer denn?"

„Die Frau, mit der du heute schon öfter gesprochen hast. Wobei ich sagen muss, dass du schon freundlichere Worte an sie gerichtet hast." Raymund zog seine kräftigen Augenbrauen leicht nach oben, bevor er hinzufügte: „Bedeutend freundlichere Worte."

Die Frau, mit der sie heute schon öfter gesprochen hatte – und an die sie schon freundlichere Worte gerichtet hatte. Steckte etwa Mirjam hinter dieser Begegnung? Wenn ja, dann hatte sie ganze Arbeit geleistet und sie vermutlich schon seit dem Marienplatz verfolgen lassen. Aber was sollte sie davon haben?

Raymund beobachtete, wie es in Sarah arbeitete. Schließlich erbarmte er sich und fuhr fort: „Du wirst von allein nicht darauf kommen, denn es ist zu außergewöhnlich. Maria hat mich zu dir geschickt, nachdem du ihr mehr oder weniger die Freundschaft gekündigt hast und wie rasend hierhergeeilt bist. Sie dachte, es sei an der Zeit, direkten Kontakt mit dir aufzunehmen – nachdem du sie so viele Jahre lang immer wieder um Hilfe angefleht hast."

Sarah konnte kaum glauben, was sie da gerade hörte und war im wahrsten Sinne des Wortes sprachlos. Es kam nicht oft vor, dass ihr die Worte fehlten, aber in diesem Augenblick wusste sie beim besten Willen nicht, was sie noch sagen sollte.

„Ich weiß, es ist kaum zu glauben", meinte Raymund, „doch du wirst bald merken, dass ich die Wahrheit sage."

Skeptisch sah Sarah ihn an, bevor sie fragte: „Hast du irgendeinen Beweis für das, was du mir gerade erzählst? Mal abgesehen von deiner Kleidung, die eindeutig aus einem anderen Jahrhundert stammt, aber als Beweis längst nicht ausreichend ist."

„Den Beweis wirst du bekommen, wenn du dich auf das einlässt, was ich dir jetzt gleich vorschlagen werde."

Unruhig trat Sarah von einem Fuß auf den anderen und überlegte, ob sie dieses verwirrende Gespräch fortsetzen sollte, bis schließlich doch ihre Neugier siegte und sie wie beiläufig meinte: „Dann bin ich gespannt darauf, was für ein Vorschlag das sein wird."

„Soweit ich weiß, arbeitest du als Lehrerin und hast bald Ferien."

„Richtig. Pfingstferien", nickte Sarah, bevor sie vor sich hinmurmelte: „Genau die Ferien, in denen vor vielen Jahren alles so kompliziert wurde in meinem Leben."

„Wunderbar", sagte Raymund mit einem Lächeln in den Augen, „dann sind das genau die richtigen Ferien dafür, dass es in deinem Leben zu einer positiven Wendung kommt."

„Und wie soll das geschehen?"

„Indem du eine Reise machst zu einem Ort, den ich dir nennen werde."

Sie sollte eine Reise machen? Nun, dagegen sprach grundsätzlich nichts. Sarah liebte es zu reisen und die Welt zu entdecken. Was sie allerdings schon befremdlich fand, war, dass ihr ein Mann, den sie erst vor wenigen Minuten kennengelernt hatte, sagen wollte, wohin die Reise gehen sollte. Prüfend beobachtete die junge Frau Raymund, der den Blick inzwischen von ihr abgewandt hatte und stattdessen dem Wasser nachsah, das unaufhörlich an ihnen vorbeifloss.

Schließlich kam die Frage wie von selbst über ihre Lippen: „Wohin soll ich denn reisen?"

Und sie musste nicht lange auf eine Antwort warten: „Nach Lourdes."

Nach Lourdes? Wie kam er denn ausgerechnet auf Lourdes? Er konnte doch nicht wissen, was ihr dieser Ort einmal bedeutet hatte! Oder etwa doch? Skeptisch blickte Sarah ihn an, während sie zögernd fragte: „Was soll ich denn ausgerechnet in Lourdes?"

„Deinen Frieden finden, indem du Maria besuchst", meinte Raymund mit einer Selbstverständlichkeit, als handle es sich dabei um die normalste Sache der Welt, „und eine Reise beginnen, die viele wunderbare Überraschungen für dich bereithalten wird."

Nun, ihren Frieden hätte Sarah gerne wiedergefunden. Doch warum sollte ihr ausgerechnet eine Reise nach Lourdes diesen geben können? Und von welchen Überraschungen sprach jener merkwürdige Mann da?

„Es ist nur ein Vorschlag, ob du dich darauf einlässt, liegt ganz allein an dir", meinte Raymund, der sich durch ihre offensichtliche Skepsis nicht aus der Ruhe bringen ließ. „Du kannst nach Hause gehen und das alles wieder vergessen. Dann wird es weitergehen wie bisher und unsere Begegnung wird keine weiteren Folgen für dein Leben haben. Oder aber du gehst nach Hause und buchst ein Zugticket. In diesem Fall wird sich alles verändern."

„Ein Ticket nur für mich?", fragte Sarah, die schon oft allein gereist war, es aber doch viel lieber hatte, wenn jemand dabei war. Anderenfalls gab es immer einen Moment, in dem sie sich wie die einsamste Person weit und breit fühlte und sich schwor, nie wieder allein zu verreisen.

„Ja, ein Ticket nur für dich", bestätigte Raymund ihre Befürchtung. „Doch keine Sorge, du wirst nicht allein bleiben. Wenn du dort bist, werden wir uns wieder begegnen und ich werde dir helfen, den Ort mit völlig neuen Augen zu sehen."

Ihr helfen, den Ort mit neuen Augen zu sehen? Sie war schon so oft in Lourdes gewesen und konnte sich nicht vorstellen, wie sie eine völlig neue Sichtweise dieses Ortes bekommen sollte. Doch wenn er meinte …

„Und wie werden wir uns finden?“, wandte sie sich neugierig an ihn.

„Das lass nur meine Sorge sein“, meinte Raymund schmunzelnd, „wichtig ist nur eines: dass du ein Zugticket buchst, dir eine Unterkunft suchst und dann einen Ort in der Nähe der Grotte aufsuchst. Alles andere wird sich von selbst fügen.“

Immer noch konnte Sarah nicht verstehen, warum sie ausgerechnet nach Lourdes fahren sollte. Würde vielleicht doch noch alles gut werden zwischen Tobi und ihr? Würde er ihr in Lourdes vielleicht sogar wieder begegnen und den Heiratsantrag machen, von dem er vor so vielen Jahren gesprochen hatte? Dann wären ihre vielen Gebete ja doch erhört worden und nicht völlig umsonst gewesen! Langsam begann die Neugierde in ihr zu siegen und sie konnte sich immer besser vorstellen, diese Reise tatsächlich anzutreten.

Raymund, der die Veränderung in ihr bemerkte, erhob sich. Er hatte seine Aufgabe für diesen Tag erfüllt und wollte wieder dorthin zurückkehren, woher er gekommen war. „Dann sehen wir uns in Lourdes“, sagte er an Sarah gewandt. Als diese ihm eine Antwort schuldig blieb, hob er kurz die rechte Hand, um ihr zuzuwinken, dann drehte er sich um und ging ruhigen Schrittes hinein in die Weiten des Englischen Gartens.

Sarah aber blieb zurück mit vielen unbeantworteten Fragen. Die drängendste war: Wer war dieser Raymund? War er ein gewöhnlicher Mensch oder doch jemand, der aus dem Jenseits zu ihr geschickt worden war? Während sie ihm nachblickte, versuchte sie eine Antwort auf diese Frage zu bekommen, doch er war nicht bereit, sie ihr zu geben, indem er zum Beispiel einfach so verschwunden wäre. Stattdessen ging er den Weg entlang wie jeder andere auch und war erst dann nicht mehr zu sehen, als er um eine Kurve bog und von den Büschen verdeckt wurde.

Nachdenklich blieb Sarah stehen und blickte auf das Buch, das sie immer noch in den Händen hielt. Sollte sie mit dessen Zerstörung fortfahren oder doch darauf hoffen, dass sich alles zu einem glücklichen Ende fügen würde?

Ein Blick zum Himmel nahm ihr die Entscheidung ab, denn er sagte ihr, dass das Wetter umschlug. Fette graue Wolken drängten sich vor die Sonne und die Erfahrung, den Englischen Garten nass wie ein Pinguin zu verlassen, hatte sie schon einmal gemacht. Sie lachte, als sie an den Abend dachte, den eine gute Freundin und sie mit einer Flasche Rotwein hier verbracht hatten. Damals hatten sie nicht bemerkt, dass das Wetter schlechter wurde, und waren viel zu spät im strömenden Regen nach Hause gerannt – nur, um am Ende doch auszusehen, als seien sie gerade in voller Montur aus dem Eisbach gestiegen. Sarah beschloss, dieses Mal vernünftiger zu sein und gleich zu gehen.

Nicht zu früh, wie ihr der aufkommende Wind bewies, der durch ihre goldblonden Locken fuhr und diese zum Tanzen brachte. Sie steckte das Buch in die Handtasche und machte sich auf den Heimweg. Was sollte sie tun, sobald sie in ihren vier Wänden angekommen war? Sollte sie verrückt genug sein, das Ticket zu buchen – oder die ganze Sache einfach wieder vergessen? Zum Glück musste sie das nicht gleich entscheiden und wenn sie später in ihrer Wohnung ankam, dann würde sie hoffentlich schon das Richtige machen!

Lourdes

„Ich war tatsächlich verrückt genug, das Ticket zu kaufen. Was habe ich mir dabei nur gedacht?“, murmelte Sarah vor sich hin, während sie aus dem Fenster blickte und die französische Landschaft an sich vorbeiziehen sah. Es war anstrengender, als sie gedacht hatte, einen ganzen Tag lang mit der Bahn unterwegs zu sein, und sie war heilfroh, dass sie ihr Ziel bald erreichen würde.

Eigentlich war jetzt die perfekte Gelegenheit, die Macarons zu genießen, die sie in Paris gekauft hatte. Voller Vorfreude holte Sarah das Tütchen mit den Köstlichkeiten aus der Handtasche und entschied sich, mit dem erdbeerfarbenen zu beginnen. Während sie das Macaron auf der Zunge zergehen ließ, fragte sie sich, ob Raymund sein Versprechen halten und ihr tatsächlich in Lourdes begegnen würde. Irgendwie konnte sie das immer noch nicht so recht glauben. Woher sollte er wissen, wann sie ankam? Würde er einfach so oft bei der Grotte vorbeikommen, bis er sie dort „zufällig“ antraf? Oder war er doch kein gewöhnlicher Mensch und verfügte sozusagen über ein Wissen, das „nicht von dieser Welt“ stammte und ihm genau sagte, wann er ihr begegnen konnte?

Wie dem auch sei – Sarah war gespannt, was sie an ihrem Zielpunkt erwarten würde. Und insgeheim hoffte sie immer noch, Tobi dort zu treffen und mit ihm ihr Glück zu finden. Sie fasste nach ihrer Handtasche und zog das Buch heraus, in dem sie alle Erlebnisse mit ihm aufgeschrieben hatte. Die ersten Seiten waren unwiderruflich zerstört, was ihr im Nachhinein sehr leidtat. Zum Glück hatte Raymunds Erscheinen sie daran gehindert, auch die restlichen Seiten zu zerreißen. Wenn das einmal kein positives Zeichen war! Sicher würde doch noch alles gut werden. Schließlich hatte sie so viel gebetet. Und so viele Zeichen bekommen! Es konnte einfach nicht sein, dass sie sich 17 Jahre lang getäuscht hatte. Dass Mirjam recht hatte. Mirjam und all die anderen, die sie seit Jahren baten, die Sache mit Tobi endlich sein zu lassen.

Gedankenverloren blätterte Sarah durch das Buch. Hier stand etwas über den Barmherzigkeitssonntag vor 16 Jahren. Wie sehr hatte sie Gott an diesem Tag angefleht, ihr doch zu helfen. Und dann war tatsächlich eine Nachricht von Tobi gekommen – die erste nach Monaten des Schweigens. Er hatte sie gebeten, nach Nürnberg zu fahren, wo er an einer Stadtmission teilnehmen wollte. Wie glücklich war Sarah nach dieser Nachricht gewesen! So glücklich, dass ihre Schwester neidisch zu einem Kasten mit Bibelsprüchen gegangen war, um einen aufbauenden Spruch für sich selbst zu ziehen. Kein Wunder, dass sie ihr diesen nicht zeigen wollte: „Bist du neidisch, weil ich gütig bin?“, stand auf dem Zettel. Sarah musste laut auflachen, als sie den Satz las, denn für sie stand fest: Es war die reine Güte Gottes, dass Tobi sich gemeldet hatte und sie in Nürnberg treffen wollte.

Er hatte ihr nicht gesagt, in welcher Kirche er sein würde, und es gab zwei, die in Frage kamen. Doch als Sarah mit dem Bus an der ersten vorbeifuhr, spürte sie, dass es nicht die richtige war, und blieb sitzen, bis sie bei der zweiten ankam, in der Tobi dann auch tatsächlich war. Hier erzählte er ihr von seinem Wunsch, für ein Jahr nach Nairobi zu gehen, um ehrenamtlich in einem Kinderheim mitzuarbeiten. Für die junge Frau war es kein Problem gewesen, ihn gehen zu lassen, sie war einfach nur froh gewesen, dass er sich gemeldet hatte.

Bevor sie mit dem Zug zurückfuhr, hatte sie am Bahnhof eine Karte gekauft, deren Spruch sie immer noch beschäftigte. Es war die Frage: „Ist Liebe das tiefe Gefühl einer unbeschreiblichen Verbundenheit mit einem Menschen, das es dir unmöglich erscheinen lässt, diesen Menschen jemals wieder aus deinem Herzen zu verbannen?“[1] Damals hatte die Karte sie lediglich sehr angesprochen – erst im Lauf der Jahre hatte sie ihre wahre Wirkung entfaltet. Denn es war ihr tatsächlich unmöglich, Tobi aus ihrem Herzen zu verbannen. Selbst jetzt noch – 17 Jahre nach ihrer ersten Begegnung!

Als er zwei Monate später in der Nähe von München war, fuhr sie nicht hin, um ihm noch einmal zu begegnen. Sie wollte es bei dem Abschied in Nürnberg belassen. Insgeheim hätte sie sich aber doch gewünscht, ihn zu sehen, und teilte auch Gott diesen Wunsch mit. Da blieb ein Doppeldeckerbus im Kreisverkehr stecken. Genau in dem Moment, in dem Sarah in eben diesen Kreisverkehr fahren wollte. Und wer saß an der Fensterscheibe und schaute heraus? Tobi! Danach war der Kontakt für mehrere Monate abgebrochen. Dazu hatten beide ihren Teil beigetragen.

Trotzdem konnte Sarah ihn nicht vergessen. Als sie erneut mit einem Mann Kontakt hatte und ernsthaft überlegte, ihm eine Chance zu geben, sehnte sie sich nach einem Zeichen von Gott. Der Satz, den sie damals ausgesprochen hatte, stand ihr jetzt noch vor Augen: „Gott, wenn ich auf Tobi warten soll und keinem anderen eine Chance geben darf, dann mach bitte, dass er mir heute in der Nacht noch schreibt.“ Dann hatte sie sich schlafen gelegt, war aber innerlich so aufgeregt gewesen, dass sie kein Auge zugetan hatte. Das war am 6. September vor vielen Jahren gewesen. Zu diesem Zeitpunkt hatte Tobi schon seit Wochen nicht mehr geschrieben.

Seine Nachricht war um vier Uhr in der Nacht gekommen. Sie war nicht positiv gewesen. Im Gegenteil! Doch Sarah hatte das bekommen, was sie sich gewünscht hatte: ein Zeichen von Gott, dass sie weiterhin auf ihn warten sollte.

Sie hatte es nicht bereut, dem Mann keine Chance gegeben zu haben. Er war inzwischen glücklich verheiratet und hätte gar nicht zu ihr gepasst. Trotzdem hätte sie auch gerne das gehabt, was er nun hatte: einen Menschen, der mit ihr gemeinsam durchs Leben ging, und Kinder, für die sie da sein konnte. Aber ihre Zeit würde schon noch kommen. Da war sie sich ganz sicher. Nur weil sie inzwischen 35 war, war es noch lange nicht zu spät für eine eigene Familie!

Ihr Blick fiel wieder in das Buch. Und während sie die aufgeschriebenen Ereignisse an ihrem inneren Auge vorbeiziehen ließ, stand für sie fest: Es gab bloß zwei Möglichkeiten: Entweder zwischen Tobi und ihr würde alles gut werden, oder aber sie würde in Zukunft äußerst vorsichtig sein, was irgendwelche Zeichen betraf!

Wenn nur diese Stimme nicht gewesen wäre!

Ein lautes Holpern riss die junge Frau aus ihren Gedanken. Mit einem unangenehmen Pfeifen blieb der Zug stehen. Ein Blick auf die Anzeigetafel sagte Sarah, dass sie inzwischen in Tournay angekommen war. Jetzt dauerte es nur noch eine halbe Stunde und sie würde in Lourdes sein.

Sarah zog ein weiteres Macaron aus der Tüte. Dieses Mal entschied sie sich für ein grünes. Pistazie! Und während sie es in möglichst kleinen Bissen genoss, ließ sie den Blick erneut in das Buch mit den Erinnerungen gleiten.

Dabei blieb sie wieder bei dieser Stimme hängen. Das erste Mal hatte sie jene gehört, als Tobi beschlossen hatte, nach Amerika auszuwandern – was einer möglichen Beziehung zwischen ihnen sozusagen den Todesstoß versetzt hatte.

Zwar war Sarah gern für mehrere Tage oder auch Wochen im Ausland. Doch in einem anderen Land – und noch dazu auf einem anderen Kontinent – zu leben, kam für sie nicht in Frage. Für sie war es daher ein Schock gewesen, dass Tobi diesen Schritt gehen wollte, und ihr war außerdem klar, dass unter diesen Umständen eine Beziehung mit ihm unmöglich sein würde. So kam es, wie es kommen musste: Tobi bereitete sich auf das Auswandern vor und der Kontakt zwischen ihnen, der ohnehin sehr dürftig gewesen war, brach ab.

Mehrere Monate später hatte sie dann dieses eigenartige Erlebnis gehabt. Sie war gerade in ihrer Wohnung in München gewesen, als sie ganz deutlich hörte: „Er wird nicht auswandern." Irritiert fragte sie sich, woher diese Stimme plötzlich gekommen war. War sie von Gott, der ihr Mut zusprechen wollte? Anders konnte sie es sich nicht erklären. Jedenfalls traf kurz darauf ein, was ihr gesagt worden war: Tobi verwarf seine Pläne, nach Amerika zu ziehen.

Eigentlich hätte nun alles gut werden können. Doch weit gefehlt. Irgendwie hatte Tobi mehrere negative Erfahrungen gemacht, die seinen Glauben so sehr erschüttert hatten, dass er aus der Kirche austrat und sich noch dazu vollständig von Gott abwandte. Als er Sarah darüber informierte, konnte sie es kaum glauben.

War das etwa die Antwort auf ihr unermüdliches Gebet? Das konnte doch nicht sein! Verzweifelt flehte sie Gott um eine Antwort an. Sie zog einen Bibelspruch nach dem anderen und las dabei viele tröstende Worte wie: „Der Herr selbst wird für euch kämpfen, ihr aber könnt ruhig abwarten", oder: „Siehe, ich bin der Herr, der Gott aller Sterblichen. Ist mir denn irgendetwas unmöglich?" Und jedes Mal hatte sie den Eindruck, Gott selbst würde zu ihr sprechen und ihr sagen, sie solle die Sache mit Tobi noch nicht aufgeben.

Trotzdem hätte sie das beinahe gemacht – beinahe hätte sie das Ganze aufgegeben, wenn da nicht ein zweites Mal diese Stimme gewesen wäre. Und das, was sie dieses Mal gesagt hatte, war eindeutig gewesen, da konnte Sarah weder nach links noch nach rechts schauen, sondern einfach nur abwarten und vertrauen.

Ein Blick auf die Uhr sagte ihr, dass es bereits 17:31 Uhr war und sie Lourdes in wenigen Minuten erreichen würde. Erschrocken sprang sie auf und packte ihre Sachen zusammen. Das Buch und die Macarons kamen wieder in die Handtasche, ebenso der leere Kaffeebecher. Jetzt noch schnell den Rollkoffer heruntergeholt und schon stand sie an der Ausgangstür. Da war es auch schon: ein großes Schild, auf dem der Name stand, der für sie mit so viel Hoffnung verbunden war: Lourdes!

Während sie die Straßen entlangmarschierte, genoss sie es, wieder einmal in Frankreich zu sein. Sie liebte es zu reisen, einfach den Koffer zu packen, ein Ticket zu buchen und aufzubrechen. Die Häuser, die sie auf dem Weg willkommen hießen, unterschieden sich zwar nicht sehr stark von denen in Deutschland, aber allein schon die Straßennamen und die Gespräche, die zwischen den vorbeieilenden Passanten stattfanden, verstärkten ihre Freude darüber, in einem anderen Land zu sein.

Keine Viertelstunde später hatte sie in einem Hotel direkt am Fluss das blau gestrichene Zimmer bezogen, das in den nächsten Tagen ihr Heim sein sollte. Sie trat ans Fenster und sah wenige Meter entfernt den Gave de Pau vorbeiziehen. Am Ufer standen Bänke zum Verweilen, aus der Ferne grüßten die Glocken von Lourdes. Was wollte sie mehr? Hier würde sie mit Sicherheit eine angenehme Zeit verbringen!

Als die Abenddämmerung hereinbrach, machte sie sich auf den Weg zur Grotte. Wenn sie schon hier war, dann wollte sie auch bei der Lichterprozession mitgehen, die sie noch jedes Mal sehr berührt hatte. Ob Raymund wohl auch dabei sein würde? Schließlich fand die Prozession in der Nähe der Grotte statt und sie hatten ausgemacht, sich bei dieser zu treffen.

Ein Windstoß fuhr durch ihr Haar und machte ihr bewusst, wie kalt es hier wieder einmal war. Doch wie immer hatte Sarah kaum wärmende Kleidungsstücke dabei. Sie würde sich wohl etwas kaufen müssen. Zur Auswahl gab es in den zahlreichen Läden, die den Wegesrand wie bunte Kaulquappen überfluteten, ja genug. Sollte sie sich einen Schal kaufen? Eigentlich langweilig. Außerdem hatte sie von der letzten Wallfahrt noch einen zuhause. Einen grauen. Der hatte ihrer Stimmung genau entsprochen, als sie vor ein paar Jahren hierhergefahren war, um für Tobi und eine gute Beziehung zu ihm zu beten. Dann doch lieber eine farbenfrohe Decke, in die sie sich während der Prozession einwickeln konnte. Das war schon besser, immerhin war sie im Moment ja wieder voller Hoffnung! Vielleicht eine mit besonderen Motiven? Ja, da gab es eine Decke, auf der Maria, Bernadette und die Grotte ganz groß abgebildet waren. Noch dazu in Türkis, einer Farbe, die Sarah gut gefiel. Die würde sie nehmen! Außerdem brauchte sie noch eine Kerze. Moment mal – hatte sie nicht erst vor Kurzem gesagt, sie würde vor Maria nicht so schnell wieder eine Kerze anzünden? Aber das war gewesen, bevor sie Raymund begegnet war und neue Hoffnung geschöpft hatte. Jetzt konnte sie ruhig wieder eine Kerze anzünden. Schnell war eine passende gefunden. Zufrieden bezahlte Sarah, breitete die Decke über ihre Schultern, nahm die Kerze in die Hand und machte sich auf den Weg zur Rosenkranzbasilika.

Dort hatten sich schon viele Leute eingefunden, die geduldig darauf warteten, dass die Prozession begann. Ganz vorne stand die hellerleuchtete Statue von Maria, die später vorangetragen werden würde. Sarah schaute auf die riesige Kirche, deren spitze Türme zum Himmel emporragten. Und wie immer blieb ihr Blick an den Mosaikbildern von Jesus und Maria hängen. An diesen großen braunen Augen, die so viel Sanftmut und Güte ausstrahlten. Es war ihr ein Rätsel, wie ein Künstler es schaffte, mithilfe vieler kleiner Steinchen so ausdrucksstarke Bilder zu schaffen.

Irgendwie war es schön, wieder hier zu sein. So vertraut! Wie oft war Sarah schon in Lourdes gewesen? Vielleicht sechs Mal? Und doch hätte sie nicht gedacht, so bald wieder hierher zurückzukehren. Noch dazu in einer Situation, in der so vieles ungeklärt war. Eigentlich hatte sie sich vorgenommen, das nächste Mal mit Tobi zu kommen, um danke zu sagen – und zwar dann, wenn alles gut war zwischen ihnen.

Während sie noch so nachdachte, wanderte ihr Blick weiter nach oben zu den weißen Statuen über den Mosaiken. Darauf war Maria zu sehen, die dem heiligen Dominikus gerade einen Rosenkranz übergab. Auf ihren Knien stand Jesus als kleines Kind. Mit einer Hand zeigte er auf den Rosenkranz, mit der anderen zum Himmel.

Soweit Sarah wusste, hatte Maria selbst dem heiligen Dominikus das Rosenkranzgebet beigebracht, nachdem er drei Tage und Nächte unter Tränen für die Bekehrung der Menschen gebetet hatte. Damals war die Gottesmutter ihm erschienen und hatte ihn gefragt: „Weißt du, mein lieber Dominikus, welcher Waffe die Heiligste Dreifaltigkeit sich bedient hat, um das Heil der Welt wiederherzustellen?“ Als er sie demütig darum bat, ihn aufzuklären, hatte sie ihm erklärt: „Wisse, dass die hauptsächlichste Waffe der Psalter des Rosenkranzes war, welcher das Fundament des neuen Testamentes ist. Wenn du deshalb jene verstockten Herzen für Gott gewinnen willst, so predige meinen Rosenkranz.“ Das hatte der Heilige getan. Er hatte den Rosenkranz gepredigt und ihn gebetet – einen Psalter nach dem anderen. Und nach und nach hatten sich immer mehr Menschen bekehrt.[2]

Mittlerweile wurde die Menschenmenge um Sarah herum immer größer und die junge Frau überlegte, ob sie mitten unter all den anderen Pilgern mitgehen oder lieber gleich zur Grotte aufbrechen sollte.

Etwas in ihr zog sie unwiderstehlich dorthin und sie beschloss, diesem inneren Drang zu folgen. Wie immer war der Platz vor der Gottesmutter nicht leer, im Gegenteil, trotz der anstehenden Lichterprozession befanden sich einige Leute dort. Doch der Platz gegenüber – vor der Kirche Sankt Bernadette – der war vollkommen leer. Eigentlich mochte sie diesen ohnehin viel lieber. Es ging eine eigenartige Stimmung auf einen über, wenn man dort saß und über den Fluss hinüber zur Grotte sah. Außerdem befand man sich im Schutz mehrerer Bäume, was nicht schaden konnte in dieser Stadt in den Pyrenäen, in der es so oft regnete.

Zielstrebig steuerte Sarah auf eine der Bänke am Flussufer zu und nahm darauf Platz. Nun musste sie sich nur ein wenig nach rechts drehen und schon lag die Grotte direkt in ihrem Blickfeld. Sie sah empor zur Statue der Muttergottes, welche sich genau an der Stelle befand, an der Maria einem armen Mädchen namens Bernadette Mitte des 19. Jahrhunderts erschienen war. Wie schön sie aussah in ihrem weißen Gewand mitten in der grauen Felsenhöhle. Und wie sie strahlte, erleuchtet von den vielen Kerzen, die ihr zu Ehren ihr Licht verschenkten.

Auf dem Platz hatte inzwischen die Lichterprozession begonnen. Eine unzählbare Schar von Menschen ging hinter der Statue von Maria her und Sarah konnte hören, wie sie alle in unterschiedlichen Sprachen zu ihr beteten. „Gegrüßet seist du, Maria, voll der Gnade", „Hail Mary, full of grace", „Je vous salue, Marie, pleine de grâce" drang es an ihr Ohr und sie antwortete jedes Mal auf Deutsch: „Heilige Maria, Mutter Gottes, bitte für uns Sünder jetzt und in der Stunde unseres Todes." Nach jedem Gesätz des Rosenkranzes hielten die Betenden ihre Kerzen hoch und sangen aus ganzem Herzen „Ave, ave, ave Maria". Und während es außen herum immer dunkler wurde, leuchteten die zahllosen Kerzen umso heller.

Es war schön, hier Maria gegenüberzusitzen und gleichzeitig mit all denen verbunden zu sein, die zu ihr beteten und sie um Hilfe in zahlreichen Anliegen baten. Jeder brachte sein eigenes Päckchen mit nach Lourdes und hoffte, wenigstens etwas Erleichterung zu bekommen.

Schließlich versammelten sich alle wieder vor der Basilika, um den Segen zu erlangen. Überall standen Menschen mit Kerzen, auf dem Platz vor der Kirche, am Fluss entlang, vor der Grotte und auch auf den breiten Steinbögen, welche zur oberen Basilika hinaufführten. Wie ein Meer aus Glühwürmchen, die ihr Licht erst in der Dunkelheit richtig entfalten konnten.

Nach einer Weile löste sich die Menschenmenge auf. Manche kamen noch kurz bei der Grotte vorbei und stellten ihre Kerze ab, sodass sie zusammen mit hunderten anderer weiterleuchten konnte, andere gingen gleich nach Hause.

Nach und nach wurde es immer ruhiger im Umfeld der Grotte. Darauf hatte Sarah gehofft – dass irgendwann kaum noch jemand da sein würde. Nur Maria und sie.

In dieser Situation konnte sie endlich ihr Herz ausschütten: „Maria, ich bin hier, weil mich jemand ermutigt hat, diese Reise zu machen. Er versprach mir, dass ich hier meinen Frieden finden würde. Und den habe ich so bitter nötig."

Nach diesen Worten rutschte Sarah wie von selbst nach unten und kniete sich auf den Boden vor der Bank, bevor sie aus ganzem Herzen flehte: „Mutter, bitte hilf mir!! Du kennst mich doch und du weißt, in welcher Situation ich seit vielen Jahren bin. Hier bei dir hat es erst so richtig begonnen und es ist kein Lichtblick in Sicht. Keine einzige positive Veränderung in Bezug auf Tobi. Dabei habe ich so viel gebetet. Habe dich um Hilfe angefleht. War so oft hier bei dir. BITTE, Mutter, hilf mir!!"

„Sie wird dir helfen", hörte sie plötzlich eine Stimme neben sich, „doch zuvor musst du leider noch durch einen großen Schmerz hindurch."

Raymund! Überrascht sprang Sarah auf. Er hatte sein Wort gehalten und war tatsächlich hier! Und wieder trug er diesen altmodischen Anzug und die Brille mit den winzig kleinen Gläsern. Wie schön, dass er da war! Aber was hatte er da gerade gesagt? Dass sie erst durch einen großen Schmerz hindurchmusste, bevor sie Hilfe bekommen würde? Fragend sah sie ihn an.

Raymund, der wusste, was dieser Blick zu bedeuten hatte, forderte sie mit einer vorsichtigen Handbewegung auf, sich doch zu setzen, und nahm auch selbst auf der Bank Platz, bevor er fortfuhr: „So leid es mir tut – ich muss dir eine Botschaft überbringen, die dir im ersten Moment wahrscheinlich das Herz brechen wird. Doch sie wird nicht leichter, wenn ich sie hinauszögere, deshalb sage ich es dir frei heraus."

Und das, was Sarah nun zu hören bekam, hatte tatsächlich das Potenzial, ihr das Herz ein weiteres Mal zu brechen.

Fassungslos blickte sie Raymund an und war froh, dass der Schmerz, der sich gerade den Weg zu ihrem Herzen bahnte, nicht als Laut über ihre Lippen kam. Wenigstens äußerlich wollte sie stark bleiben – auch wenn innerlich gerade alles in ihr zusammenbrach.

Konnte tatsächlich wahr sein, was Raymund soeben gesagt hatte? Sie wollte es nicht glauben, und doch spürte sie in ihrem Inneren, dass es so war. Doch wie konnte es sein, dass sie das nicht mitbekommen hatte? Warum erfuhr sie erst jetzt davon?

Inzwischen war der Schmerz nicht nur auf dem Weg zu ihrem Herzen. Er war dort angekommen und es war ihr, als würde er sie von innen nach außen zerreißen.

„Gott, das kannst du mir nicht antun", kam es nun doch über ihre Lippen, während sie sich auf den Boden vor der Bank sinken ließ, „du hast es mir doch versprochen!"

Das hatte er nämlich, als sie die Stimme ein zweites Mal gehört hatte: „Er wird dich heiraten!" Klar und deutlich hatte Sarah diese Worte vernommen und dabei ein solches Glück gespürt, dass sie am liebsten zu tanzen begonnen hätte. Ihre innere Freude war so groß gewesen, dass sie monatelang angehalten und ihr die Kraft gegeben hatte, all die Jahre ohne einen Lichtblick durchzuhalten. „Er wird dich heiraten" – an dieses Versprechen hatte sie sich wie eine Ertrinkende geklammert. Nur um hier in Lourdes zu erfahren, dass er das ganz bestimmt nicht tun würde. Mit einem Schlag lösten sich die Träume der letzten Jahre in Luft auf. Zurück blieben Fassungslosigkeit und ein Schmerz, der ihr den Atem raubte.

Raymund befand sich still neben ihr und sagte kein Wort. Mehrere Minuten saßen beide schweigend da – er auf der

Bank, sie auf dem Boden, bis er sich schließlich neben sie setzte und leise sagte: „Es tut mir so leid! Ich weiß, dass du dir etwas anderes von Lourdes erhofft hättest. Und ich weiß auch, dass von dir gerade mehr abverlangt wird als je zuvor."

Was sollte Sarah darauf antworten? In ihr tobte ein Sturm, der ihr ganzes Gottesbild ins Wanken brachte. Der alles in Frage stellte, was sie in den letzten Jahren geglaubt und gehofft hatte. Was sollte sie noch glauben, wenn alles in Bezug auf Tobi falsch gewesen war?

Schweigend starrte sie vor sich hin, während in ihr eine Überzeugung nach der anderen zusammenbrach. Zusammenbrach wie eine lange Reihe von Dominosteinen, die durch einen einzigen Stoß zum Fallen gebracht wurde.

Sie holte die Situation noch einmal in ihr Gedächtnis zurück, in der sie die Stimme gehört hatte. Es war nach Exerzitien gewesen, in denen sie vor allem eine Bitte vor Gott gebracht hatte: „Bitte sag mir, ob ich das mit Tobi weiterhin glauben oder lieber lassen soll. Ich bin zu beidem bereit, Gott. Doch BITTE sag mir, was ich machen soll." Und als sie von den Exerzitien heimgefahren war, war auf einmal diese Stimme in ihr gewesen, die zu ihr gesagt hatte: „Er wird dich heiraten."

Und sie hatte 17 Jahre lang allen erzählt, dass sie auf Tobi warte. Hatte wegen ihm keinem anderen eine Chance gegeben und sich letztendlich vor allen blamiert. Damit musste sie erst einmal klarkommen.

Raymund, der sah, wie es in ihr arbeitete, fragte vorsichtig: „Was hältst du davon, wenn ich dich zum Hotel begleite und wir uns morgen wieder hier treffen?"

Dagegen hatte Sarah nichts einzuwenden und so nickte sie ihm stumm zu. Gemeinsam gingen sie zu ihrer Unterkunft, ohne ein Wort zu sprechen. Sarah hatte kein Bedürfnis danach, auch nur irgendetwas zu sagen, und Raymund respektierte diesen Wunsch. Erst als sie vor dem Hotel standen, wandte er sich noch einmal an sie: „Vertrau mir, Sarah. Morgen beginnt ein neues Kapitel in deinem Leben. Nur heute Nacht musst du noch durch diesen Schmerz hindurch. Und dann wirst du erleben, dass etwas Neues anfängt."

„Der helle Morgen nach der finstersten Nacht."

„Ja, der helle Morgen nach der finstersten Nacht."

Mit diesen Worten drehte er sich um und verschwand, während Sarah das Hotel betrat und zu ihrem Zimmer ging. Sie wusste, was für eine Nacht ihr bevorstand. Eine, in der sie sich zum Weinen auf den Boden legen musste, weil das Bett nicht weit genug unten war für ihren Schmerz. Solche Nächte kannte sie schon zur Genüge und sie hatte sie alle überstanden. Sie würde auch diese Nacht überstehen.

Am nächsten Morgen brach Sarah schon früh auf, um zur Grotte zu gehen. Eigentlich liebte sie es, lange und ausgiebig zu frühstücken – vor allem, wenn es ein Buffet gab. Aber nach der Nachricht des letzten Tages war sie nicht in der Stimmung dazu. Sie wollte Raymund treffen, denn sie hoffte auf ein paar Antworten durch ihn. Außerdem wollte sie endlich das Buch mit den Erinnerungen an Tobi loswerden – und zwar dieses Mal endgültig!

Als sie den heiligen Bezirk betrat, sah sie überrascht, wie viele Menschen schon unterwegs waren. Manche waren auf dem Weg zur Heiligen Messe, andere kamen gerade von einer solchen zurück, wieder andere steuerten auf die Bäder mit dem Wasser der Grotte zu, denen eine heilende Wirkung nachgesagt wurde. Sarah selbst war noch nie in diesen Bädern gewesen, hatte aber von einer Freundin erfahren, wie der Ablauf dort war: dass man möglichst früh anstehen musste, dann mit einem Laken bekleidet zum Wasser ging, dort erst ein Gebet sprach und schließlich untertauchte. Sie hatte auch gehört, dass noch nie jemand durch das Wasser krank geworden war, obwohl es nur zweimal am Tag gewechselt wurde. Im Gegenteil! Mehr als 7000 Menschen hatten schon Zeugnis davon gegeben, dass sie geheilt worden waren. Vielleicht würde einmal der Tag kommen, an dem sie selbst ein Bad im Wasser der Grotte nahm, aber heute war sie ganz gewiss nicht in der Stimmung dazu.

Zielstrebig steuerte sie auf den Platz vor der Kirche Sankt Bernadette zu, an dem Raymund sie vor wenigen Stunden gefunden hatte. Hier hatte sie Tobi vor vielen Jahren getroffen, hier hatte sie erfahren, wie sehr sie sich jahrelang geirrt hatte, und hier würde sie auch das zu Ende bringen, was sie im Englischen Garten begonnen hatte.

Gegenüber wurde gerade ein Gottesdienst gefeiert, aber davon würde Sarah sich nicht abhalten lassen. Sie zog das Buch mit den Erinnerungen aus der Handtasche und ging damit zum Fluss. Um sicherzustellen, dass die Seiten auch wirklich in den Fluten verschwanden, kletterte sie über die Steinmauer und stellte sich vor einen der Bäume, die kaum zwei Meter vom Wasser entfernt waren.

Ohne einen Blick in das Buch zu werfen, riss sie die ersten beiden Seiten heraus, zerteilte sie in viele kleine Stücke und übergab sie dem Fluss. Dann kamen die nächsten Seiten. Und die nächsten. Sie wollte sie nicht mehr sehen, die vielen Hinweise darauf, dass Tobi der Richtige war, die vielen Bibelstellen, die sie ermutigt hatten, weiterhin zu hoffen und zu beten, die vielen Worte, mit denen sie sich selbst Mut gemacht hatte.

Schließlich war auch die letzte Seite Opfer ihrer Zerstörungswut geworden. Zufrieden schaute Sarah den davoneilenden

Papierfetzen nach und eines stand für sie fest: In Zukunft würde sie ihren Verstand mehr einbeziehen und nicht einzig und allein auf ihr Herz hören. Und erst recht nicht mehr auf sogenannte Zeichen. Waren diese es doch gewesen, die sie so weit gebracht hatten. Oder zumindest das, was sie für Zeichen gehalten hatte.

Nach der ernüchternden Nachricht des vergangenen Tages fragte sie sich ernsthaft, ob es nicht sein konnte, dass Einiges von dem, was sie erlebt hatte, gar kein Zeichen gewesen war. Dass die Sache mit Tobi so sehr in ihr verankert war, dass sie einfach alles in diese Richtung gedeutet hatte.

Möglich war es, das musste sie traurigerweise zugeben. Und wenn sie doch einmal zur Vernunft gekommen war und ehrliche Zweifel an dem Ganzen gehabt hatte, dann hatte sie sich eingeredet, dass diese Zweifel lediglich eine Prüfung ihres Glaubens waren. So wie bei Abraham, der jahrelang auf den versprochenen Sohn warten musste. Nur dass es bei Abraham tatsächlich eine Prüfung gewesen war und er den Sohn schließlich bekommen hatte. Wohingegen sie nun dastand und sich sicher war, dass sie den Mann, auf den sie jahrelang gewartet hatte, nicht bekommen würde!

Warum nur hatte Gott es zugelassen, dass sie so lange an ihren falschen Überzeugungen festhielt? Warum hatte er ihren Irrglauben nicht schon viel früher beendet?

Trotz aller Enttäuschung war sie sich sicher, dass ihm das möglich gewesen wäre. Und doch hatte er es nicht getan! Dabei hatte Sarah seine Hilfe in anderen Situationen oft so deutlich erfahren! Gott hatte sie im wahrsten Sinne des Wortes durch das Studium getragen und auch im Referendariat hatte sie seine Gegenwart sehr stark gespürt. Überhaupt durfte sie seine Hilfe im Beruf immer wieder erfahren.

War das vielleicht der Punkt? War es möglich, dass Gott sich um ihr berufliches Wohlergehen kümmerte – zumal es ja auch dazu beitragen konnte, dass Menschen näher zu ihm fanden – nicht aber um ihr privates? War ihm ihr privates Glück einfach egal?

„Wenn du so von Gott denkst, hast du nicht verstanden, wer Gott ist!“

Raymund! Überrascht drehte Sarah sich um und starrte ihn an. Hatte sie die letzten Sätze etwa laut ausgesprochen? Oder konnte ihr eigenartiger Begleiter tatsächlich ihre Gedanken lesen?

„Ich kann ja verstehen, dass du frustriert bist“, fuhr Raymund fort, ohne sich durch ihre Reaktion aus der Ruhe bringen zu lassen, „aber denke niemals, dass Gott irgendetwas, was mit dir zu tun hat, gleichgültig ist. Er liebt dich über alles und wünscht sich nichts mehr als dein Glück. Das Problem ist nur, dass du oft etwas anderes unter Glück verstehst als er. Und dass Gott immer schon viel weiter sieht als du. Er hat schon lange das Gesamtwerk im Blick, während du immer noch auf einzelne Abschnitte schaust.“

Diese Worte hatte Sarah schon einmal gehört. Bei einer Ausstellung von Wandteppichen, die sie zusammen mit einer Freundin angeschaut hatte. Sie konnten die Teppiche von beiden Seiten betrachten, und während die Rückseite aus einem wirren Durcheinander verschiedenfarbiger Fäden bestand, war auf der Vorderseite stets ein wahres Meisterwerk zu sehen. Damals hatte ihre Freundin auch den Bezug zu Gott hergestellt und gesagt, dass er bereits die Vorderseite sehe, während sie selbst noch vor der Rückseite ständen und sich fragten, was dabei nur herauskommen solle.

Als Sarah Raymund weiterhin nachdenklich ansah, meinte er: „Hat er dir denn nicht immer wieder geholfen, deine Ziele zu erreichen? Dein größter Traum war es doch, Lehrerin zu werden. Seit der Grundschule hast du dieses Ziel verfolgt. Und du hast alle Prüfungen bestanden, die du auf dem Weg zu diesem Ziel meistern musstest. Dann hast du dir so sehr eine feste Stelle gewünscht – und auch die hast du bekommen. Du warst immer an Schulen, an denen man es gut mit dir meinte, und durftest an den Orten wohnen, die du dir gewünscht hast. Und er hat so viele wunderbare Menschen in dein Leben geschickt, die dir zu treuen Freunden und Wegbegleitern wurden."

Mit jedem Satz, den Raymund sagte, wuchs Sarahs Überraschung. Woher wusste er das alles? Er kannte sie doch eigentlich gar nicht! Oder etwa doch? Dann sollte er aber auch wissen, dass es alles andere als leicht gewesen war, ihre Ziele zu erreichen. Dass sie auf dem Weg durch extreme Durststrecken hindurchmusste, in denen es ihre ganze Kraft kostete, sich aufzurappeln und weiterzugehen. Dass sie ihr Ziel zwar erreicht hatte, sich aber in den ersten Jahren als Lehrerin fühlte wie ein Läufer, der jahrelang für einen Marathonlauf trainiert hatte und kurz vor dem Ziel zusammenbrach.

„Ich weiß auch, dass der Weg alles andere als leicht war", bestätigte er ihre Überlegungen. „Das gehört nun einmal zu deinem Leben dazu. Du wirst auch in Zukunft Zeiten erleben, die alles andere als leicht sind, aber solange du dich an Gott festhältst, wirst du niemals untergehen, sondern immer wieder aufstehen – und auch sehr viel Schönes erfahren dürfen! Das kann ich aus eigener Erfahrung bestätigen."

„Dann kennst du sie also, die Zeiten, in denen man am Boden liegt und am liebsten nicht mehr aufstehen würde?", fragte Sarah.

„Oh ja, ich kenne sie, die Zeiten, in denen man am Boden liegt – aber nicht die Zeiten, in denen man am liebsten nicht mehr aufstehen würde. Denn ich wollte immer wieder aufstehen, um weiterzukämpfen für meine Königin."

„Für deine Königin?"

„Ja, für meine Königin, meine geliebte himmlische Mutter", bestätigte Raymund, während er einen liebevollen Blick auf die Statue ihnen gegenüber warf. „Schon als kleiner Junge habe ich ihr mein Herz geschenkt und mein größter Wunsch war es, ihr zu dienen und mit ihr zusammen möglichst viele Menschen näher zu Jesus, ihrem geliebten Sohn, zu führen."

„Und, hast du dieses Ziel erreicht?", wollte Sarah wissen.

„Ja, das habe ich", bestätigte Raymund strahlend, „und zwar in einem größeren Ausmaß, als ich es mir je erträumt hätte. Dabei waren meine Ziele ohnehin immer schon sehr hoch gewesen. Vielleicht kennst du den Spruch ‚Ad majorem Dei gloriam' – alles zur größeren Ehre Gottes?"

Als Sarah nickte, fügte er hinzu: „Das reichte mir nicht aus. Mein Spruch war *‚Ad maximam Dei gloriam'* – alles zur größten Ehre Gottes. Es musste stets das Höchste sein. Der ganze Einsatz. Die Rettung aller Seelen. Die Hingabe meines ganzen Lebens."

„Du hast dein Leben für Maria hingegeben?"

Nickend bestätigte Raymund: „Das habe ich. Für sie und für ihren Sohn."

„Dann ist es tatsächlich wahr", sagte Sarah mehr zu sich selbst als zu ihm, „du bist kein gewöhnlicher Mensch, sondern jemand, der aus dem Jenseits zu mir geschickt wurde."

„So ist es. Und noch dazu von der Königin des Himmels selbst, die du schon so oft um Hilfe angefleht und zu der du leider das Vertrauen verloren hast. Ich kann nicht zulassen, dass das so bleibt – schließlich habe ich ihr versprochen, mich immer für sie und ihre Ehre einzusetzen."

„Und was hast du jetzt vor?"

„Ich werde dir ein Angebot machen. Wenn du bereit bist, dich auf den Weg zu verschiedenen Orten zu machen, wirst du Maria ganz neu kennenlernen und sie mit anderen Augen sehen."

„Wenn ich mich auf den Weg zu verschiedenen Orten mache?", wiederholte Sarah, der das Ganze ziemlich merkwürdig vorkam. „Zu welchen Orten denn?"

„Das wirst du immer erst kurz zuvor erfahren. Das Entscheidende ist deine Bereitschaft, dich darauf einzulassen. Dann wird sich alles wie von selbst fügen."

„Und wie soll sich durch solche Reisen meine Einstellung Maria gegenüber verändern? Ich habe schon so viele Reisen gemacht, so viele Wallfahrtsorte besucht – und du siehst ja, wohin mich das gebracht hat."

„Sei doch nicht so pessimistisch. Du weißt ja nicht, was noch alles kommen wird in deinem Leben! Außerdem werden die Reisen dieses Mal von anderer Art sein, denn an jedem der Orte wird dir ein besonderes Geschenk gemacht werden. Und ich verspreche dir, dass du am Ende auch deinem persönlichen Glück ein großes Stück näher sein wirst", ermutigte Raymund sie. „Natürlich werde ich dir auf jeder der Reisen begegnen, aber das ist noch nicht das eigentliche Geschenk. Das eigentliche Geschenk ist, dass du jedes Mal in die Vergangenheit eintauchen darfst, um mit eigenen Augen zu sehen, welch wunderbare Ereignisse sich dort abspielten."

Als Sarah ihn fassungslos anstarrte, meinte Raymund: „Hast du noch nie gehört, dass Zeit vor Gott keine Rolle spielt? Und dass für ihn nichts unmöglich ist?"

„Ja schon", erwiderte Sarah zögernd, „aber ich kann mir trotzdem nicht vorstellen, wie so ein Eintauchen in die Vergangenheit vor sich gehen sollte."

„Das musst du dir auch gar nicht vorstellen können. Das Einzige, was zählt, ist dein Ja dazu. Nun, wie sieht es aus? Bist du bereit?"

Sarah warf einen Blick auf das Wasser, das unaufhörlich an ihnen vorbeizog, und dachte daran, wie sie es in München beneidet hatte, weil es einfach so vor sich hinfloss, ohne fragen zu müssen, welchen Weg es einschlagen sollte. Vielleicht war jetzt der Zeitpunkt gekommen, an dem auch sie einmal loslassen sollte. Der Zeitpunkt, an dem sie sich auf etwas einlassen sollte, ohne groß zu fragen, wie es überhaupt möglich sein konnte. Zeit, blind zu vertrauen. Und wem sollte sie vertrauen, wenn nicht Raymund, der wie ein Engel aus dem Jenseits zu ihr geschickt worden war. Außerdem hatte er ihr gerade versprochen, dass sie durch diese Reisen auch ihrem persönlichen Glück ein großes Stück näherkommen würde. Und das wollte sie unbedingt! Endlich wieder einmal glücklich sein – nach so vielen Jahren des Kummers!

„Einverstanden, ich lasse mich darauf ein."

„Wie schön! Dann lass uns doch hier an der Grotte beginnen", erwiderte ihr Begleiter begeistert.

Und schon sah Sarah, wie ihr Umfeld sich veränderte. Der Fluss war plötzlich viel weiter entfernt und noch dazu um einiges schmaler. So schmal, dass es kein Problem mehr sein sollte, ihn zu Fuß zu durchqueren. Die Bänke waren einzelnen Baumstümpfen auf der Wiese gewichen. Gegenüber befand sich zwar immer noch die Grotte, doch in ihr war keine Statue zu sehen, keine einzige Kerze und auch keine Blume. Lediglich die blütenleeren Triebe eines Rosenstrauches kletterten an dem grauen Gestein empor. Um die Grotte herum lagen mehrere abgebrochene Zweige, die von einer dünnen Eisschicht bedeckt waren. Im Hintergrund streckten sich schneebedeckte Baumkronen dem Himmel entgegen. Jetzt erst merkte Sarah, dass es deutlich kälter war als noch vor wenigen Augenblicken. Zum Glück hatte sie die Decke dabei, die sie am Vorabend gekauft hatte. Sie hüllte sich darin ein und setzte sich auf einen der Baumstümpfe am Ufer des Flusses. Wie unangenehm es hier roch! Irritiert hielt sie sich die Nase zu und blickte sich um. War das etwa der Kot von Schweinen, der neben ihr auf der Wiese lag? Und woher kam auf einmal der ganze Müll?

Raymund, der sah, wohin ihr Blick wanderte, erklärte: „Die Grotte von Massabielle war früher ein stinkender und schmutziger Ort, an dem die Schweinehirten ihre Herden zur Tränke führten. Daher auch der unangenehme Geruch. Aber keine Sorge, du wirst ihn schon bald nicht mehr wahrnehmen."

Und so sollte es auch sein, denn schon kamen drei junge Mädchen den Weg entlanggeeilt. Alle drei trugen weite, knöchellange Röcke und ein Tuch auf dem Kopf, sodass man ihr Haar kaum sehen konnte. Jetzt waren sie am Wasser angelangt und zwei von ihnen zogen Schuhe sowie Strümpfe aus, hoben die Röcke hoch und gingen fröhlich lachend mitten durch das Wasser auf die andere Seite. Schon beim Zusehen bekam Sarah eine Gänsehaut. Sie konnte verstehen, dass das dritte Mädchen am Ufer auf und ab ging, auf der Suche nach einer Stelle, an der es das Gewässer durchqueren konnte, ohne nass zu werden, während die anderen beiden längst schon damit beschäftigt waren, das herumliegende Holz einzusammeln.

Als das Mädchen schließlich stehenblieb und zu husten begann, verstand Sarah noch besser, warum es den Kontakt mit dem eisigen Wasser unbedingt vermeiden wollte. Noch nie hatte sie jemanden so sehr nach Luft ringen sehen!

„Vor dir siehst du Bernadette“, flüsterte Raymund ihr zu, „seit sie mit elf Jahren an Cholera erkrankte, leidet sie unter Asthma.“

Das war Bernadette? Dieses einfache Mädchen, das um Luft ringend am Flussufer stand und hilflos nach einer Möglichkeit suchte, trockenen Fußes hinüberzukommen? Sarah konnte es kaum glauben und beobachtete, wie Bernadette nun doch stehenblieb und anfing, ihre Schuhe sowie einen ihrer Strümpfe auszuziehen. Dabei fiel Sarahs Blick näher auf das Gesicht des Mädchens. Es hatte sanfte braune Augen und machte den Eindruck, als ob es keinem einzigen Lebewesen etwas zuleide tun konnte. Mittendrin hielt es erschrocken inne und warf einen Blick in die Baumkronen, die wie aus dem Nichts begannen, sich zu bewegen. Woher war dieser plötzliche Windstoß bloß gekommen?

Gerade wollte Bernadette auch den zweiten Strumpf ausziehen, als der Windstoß sich ein weiteres Mal bemerkbar machte. Dieses Mal blieb ihr Blick an der Grotte hängen. Eine Weile starrte sie bewegungslos auf die gleiche Stelle, dann griff sie mit einer Hand in die Rocktasche, um einen Rosenkranz herauszuholen, kniete nieder und begann zu beten. Sarah beobachtete, wie sie eine Perle nach der anderen durch die Finger gleiten ließ und dabei unentwegt auf die Felsenhöhle blickte. Erst, als sie das Gebet beendet hatte, kamen ihre Gefährtinnen zurück und gemeinsam machten sie sich auf den Heimweg. Dabei konnte Sarah gerade noch hören, wie eines der Mädchen fragte, warum Bernadette die ganze Zeit auf dem Boden gekniet und gebetet habe. Leider verstand sie die Antwort darauf aber nicht und so blieb ihr nichts anderes übrig, als die Frage an Raymund weiterzugeben: „Kannst du mir sagen, was sie antworten wird?“

„Sie wird den beiden erzählen, dass sie eine wunderschöne, in Weiß gekleidete Dame gesehen habe, aber nicht wisse, wer diese sei. Außerdem wird sie die beiden bitten, zuhause nichts zu erzählen – woran sich diese natürlich nicht halten werden, sodass Bernadette ziemlichen Ärger bekommen wird. Trotzdem wird sie wieder zur Grotte kommen. Auf diese erste Erscheinung heute, am 11. Februar 1858, werden noch 17 weitere folgen. Und erst ab der dritten Erscheinung wird es zu einer Unterhaltung zwischen den beiden kommen. Doch sieh selbst, was sich dabei ereignete."

An der Umgebung hatte sich nichts geändert. Es war auch immer noch so kalt wie soeben und Sarah hüllte sich noch enger in ihre Lourdes-Decke ein, um nicht zu sehr frieren zu müssen. Da entdeckte sie drei Personen, die auf die Grotte zusteuerten. In der Mitte konnte sie Bernadette erkennen, rechts und links von ihr befanden sich zwei fein gekleidete, rot und violett schimmernde Damen. Erst jetzt, als sie sozusagen den Kontrast vor Augen hatte, fiel Sarah auf, wie einfach Bernadette gekleidet war. Ihrem altmodischen Rock und der armseligen Strickjacke war anzusehen, dass die Familie in großer Armut lebte. Doch sobald man in ihr Gesicht schaute, das mit kindlichem Vertrauen auf die Grotte gerichtet war, vergaß man diese Äußerlichkeiten auch schon wieder.

Die Frau in Violett hielt ein Stück Papier, eine Feder und ein Tintenfass in den Händen. Was sie wohl vorhatte? Wollte sie die Erscheinung protokollieren? Nein, scheinbar nicht, denn sie drückte das Papier in Bernadettes Hand. Diese trat ein paar Schritte vor und sank zu Boden, während die feinen Frauen hinter ihr stehenblieben und jede noch so kleine Geste genau beobachteten.

Dieses Mal schien die Dame in dem weißen Gewand mit Bernadette zu sprechen, denn das Mädchen gab mehrere Antworten. Was genau sie sagte, konnte Sarah leider wieder nicht verstehen. Sie sah nur, wie Bernadette nach einer Weile mit dem unbeschriebenen Blatt Papier zu den beiden Begleiterinnen zurückkam. Ganz aufgeregt begannen diese, das Mädchen auszufragen. Vor allem wollten sie wissen, warum die Dame sich geweigert habe, etwas aufzuschreiben.

Sarah hörte, wie Bernadette das leere Blatt erklärte: *„Als ich das Papier hinhielt, fing die Dame zu lächeln an und sagte mir, dass das, was sie mir zu sagen hat, nicht notwendig sei, aufgeschrieben zu werden.*[3]*"*

Neugierig wollten die beiden Frauen wissen, was die Dame ihr sonst noch mitgeteilt habe, und bereitwillig gab Bernadette Auskunft: „Sie sagte: ‚Wollen Sie mir den Gefallen tun, 15 Tage lang hierherzukommen?'"

„Sie sprach dich mit ‚Sie' an? Du bist doch nur ein armes Mädchen – vermutlich sogar das ärmste in der ganzen Gegend – und kannst nicht einmal lesen und schreiben!", die Frau in dem weinroten Gewand konnte kaum glauben, was sie da soeben gehört hatte.

„Ja, sie sprach mich mit Sie an", bestätigte Bernadette bescheiden, „und sie bat mich sehr freundlich, 15 Mal hierherzukommen. Dann sagte sie noch etwas zu mir: *Ich verspreche nicht, Sie in dieser Welt glücklich zu machen, aber in der anderen.*"

Gedankenverloren warf sie einen Blick hinauf in die unendlichen Weiten des Himmels – erst dort oben würde sie ihr Glück finden, doch bis sie dort ankommen sollte, lagen noch einige Jahre vor ihr. Dann drehte sie sich um und machte sich auf den Heimweg. In ein betroffenes Schweigen gehüllt folgten ihr die beiden Frauen.

„Ich verspreche nicht, Sie in dieser Welt glücklich zu machen, aber in der anderen" – dieser Satz ließ Sarah nicht mehr los.

„Wie traurig, dass Bernadette in dieser Welt nicht glücklich sein konnte!"

„Ja, ihr Weg war ein Weg des Leidens. Das zeigte sich schon in ihrer Kindheit und änderte sich im Lauf der Jahre nicht. Im Gegenteil! Gegen Ende ihres Lebens sagte sie: ‚*Ich bin gemahlen wie ein Weizenkorn. Ich hatte niemals geglaubt, so leiden zu müssen.*'[4]"

Raymund gab Sarah Zeit, das Gehörte zu verarbeiten, bevor er fortfuhr: „Und trotzdem war sie nicht verbittert. Stattdessen nahm sie das Leid bereitwillig an. Wusste sie doch, dass sie im Himmel bei ihrer geliebten Dame ein Glück erwarten würde, das so überwältigend war, dass allem Schmerz, den sie auf dem Weg dorthin ertragen musste, der Stachel genommen wurde."

Während Sarah noch über diese Worte nachdachte, fragte Raymund: „Oder beklagst du dich über die Dornen, wenn jemand dir eine Rose schenkt, um dir zu zeigen, wie sehr er dich liebt?"

„Natürlich nicht", gab Sarah zurück, ohne auch nur eine Sekunde zu überlegen.

„Für Bernadette war der Himmel die Rose, die ihr versprochen wurde, und die Dornen waren alle Leiden, die sie auf dem Weg dorthin ertragen musste."

„Worunter musste sie denn leiden?"

„Unter so vielem! Zunächst einmal ging es ihr gesundheitlich nie gut. Wie du schon weißt, hatte sie Cholera. Diese Krankheit überlebte sie zwar, doch die Folgen davon waren Asthma und Tuberkulose. Und ich weiß aus eigener Erfahrung, wie sehr man unter Tuberkulose zu leiden hat!"

„Aus eigener Erfahrung?", hakte Sarah nach. „Hattest du denn Tuberkulose?"

„Hatte ich", bestätigte Raymund nickend, „und das machte mir über Jahre hinweg zu schaffen. Besonders grausam war es, als ich wochenlang krank war und niemand kam, um mich zu besuchen. Das hat mich gelehrt, zu Kranken besonders gütig zu sein, unendliche Geduld für ihre Leiden zu haben und alles zu tun, um diese zu lindern."

Eine Weile blickte er nachdenklich vor sich hin und seinem Gesichtsausdruck war anzusehen, dass er dabei diese Situation vor Augen hatte, wie er über lange Zeit hinweg krank im Bett lag, ohne dass auch nur einer kam, um ihn zu besuchen.

Hatten seine Mitmenschen Angst vor einer Ansteckung? Oder waren sie einfach nur gleichgültig und gefühlskalt? Sarah überlegte, wie es ihr in einer solchen Situation wohl gegangen wäre. Es hätte sie mit Sicherheit zutiefst verletzt und sie hätte den Eindruck bekommen, dass es keinen gab, der sie von Herzen liebte. Zum Glück war ihr dieser Schmerz erspart geblieben, als sie einmal längere Zeit im Krankenhaus lag. Ihre Familie und Freunde hatten sich dabei abgewechselt, sie zu besuchen, und sie mit Aufmerksamkeiten überhäuft. Sie hatte noch heute vor Augen, wie ihre kleine Schwester, die Zugfahren eigentlich hasste, mit dem Zug in die Stadt gefahren war und vorsichtig den Kopf ins Krankenzimmer hineingestreckt hatte, um herauszufinden, wie es ihr gerade ging, bevor sie das Zimmer mit einem riesigen Blumenstrauß betrat. Solche Momente sollte sie sich öfter vor Augen führen, damit ihr bewusst wurde, wie geliebt sie eigentlich war und wieviel Glück sie in ihrem Leben trotz allem hatte!

Raymund räusperte sich und fuhr fort: „Doch zurück zu Bernadette. Sie litt nicht nur unter den Krankheiten, sie war auch zahlreichen Anfeindungen ausgesetzt – und zwar bis zu ihrem Lebensende. Natürlich gab es viele Menschen, die ihr glaubten und sie sogar verehrten – was ihr gar nicht recht war –, aber es gab ebenso viele, die sie für eine Lügnerin hielten und sie schlecht machten, wo es nur ging. Nicht einmal ihre eigene Familie glaubte ihr anfangs. Und als sie es schließlich tat, waren noch lange nicht alle glücklich darüber. Eine Aussage ihrer Mutter ist zum Beispiel: *‚Oh mein Gott! Ich habe eine dumme und kranke Tochter, jetzt muss sie auch noch Erscheinungen haben!‘*[5]"

„Warum dumm?", fragte Sarah, schockiert über diese harten Worte.

„Nun, wie du gehört hast, konnte sie mit 14 immer noch nicht lesen oder schreiben. Und beim Auswendiglernen des Katechismus tat sie sich so schwer, dass sie nicht einmal zur Kommunion gehen durfte."

„Das Mädchen, dem die Muttergottes erschien, durfte nicht zur Kommunion gehen?" Sarah konnte kaum glauben, was sie da zu hören bekam.

„Vor den Erscheinungen nicht, doch dann wurde es ihr erlaubt. Gott erweichte die Herzen und so kam es, dass Bernadette Jesus empfangen durfte."

„Dann haben die Erscheinungen von Maria also auch dazu beigetragen, dass Bernadette eine tiefere Verbindung zu Jesus hatte", folgerte Sarah.

„Auf jeden Fall! Und darum geht es Maria immer, wenn sie erscheint: Sie möchte alle Menschen näher zu ihrem Sohn führen. Ihr ist es nicht wichtig, selbst im Mittelpunkt zu stehen – es sei denn, sie kann auf diesem Weg dazu beitragen, dass viele näher zu Jesus finden. Alles, was sie tut, tut sie für ihn. Zu seiner Ehre. So war es schon zu ihren Lebzeiten und so ist es erst recht jetzt, wo sie auf ewig bei ihm im Himmel ist. Und weil sie weiß, dass es kein größeres Glück für einen Menschen gibt, als zu ihrem Sohn in den Himmel zu kommen, macht sie alles in ihrer Macht Stehende, um möglichst vielen den Weg dorthin zu ebnen. Du wirst es gleich selbst bei den nächsten Erscheinungen mitbekommen."

Dieses Mal sah Sarah eine weitaus größere Gruppe zur Grotte kommen. Hätte sie eine Zahl nennen müssen, hätte sie die Gruppe auf etwa hundert Personen geschätzt. In der Mitte befand sich wie immer Bernadette, die gleich nach der Ankunft niederkniete, den Rosenkranz zur Hand nahm und zu beten begann. Da trat ein Mann in schwarzem Anzug und mit Hut neben sie. Offensichtlich ein Arzt, denn er nahm ihren Arm und untersuchte ihren Puls. Scheinbar stellte er nichts Ungewöhnliches fest, denn er ließ den Arm kurze Zeit später wieder sinken. Dann erhob sich Bernadette und ging näher auf die Grotte zu. Der Arzt folgte ihr und blickte kurz darauf betreten zu Boden. Was mochte er wohl gesehen haben? Neugierig stand Sarah auf und näherte sich der Betenden. Da bemerkte sie, wie große Tränen über deren Wangen liefen. Bernadette weinte! Aber warum?

Keiner wagte es, sie das zu fragen. Erst als das Mädchen sich umdrehte und zurückkam, wurde es mit Fragen bombardiert. Und es nannte den Grund für die Tränen, die es geweint hatte: *„Die Dame sagte mir mit einem traurigen Ausdruck: ‚Bete für die Sünder!'*[6]*"*

Bete für die Sünder – diese Aufforderung hatte sie so ergriffen, dass sie zu weinen begann? Oder war eher die Trauer, die sie im Gesicht der schönen Frau sah, der Grund für ihren Schmerz?

Während Sarah noch darüber nachdachte, veränderte sich die Szene vor ihren Augen. Erstaunt sah sie, dass noch mehr Menschen anwesend waren. Wenn sie sich nicht täuschte, waren es über tausend. Der Kleidung nach zu urteilen, Menschen aus verschiedensten gesellschaftlichen Schichten. Sie standen auf beiden Seiten des Flusses. Viele knieten und hielten brennende Kerzen in den Händen. Mitten unter ihnen befanden sich einige Wachmänner, die mit grimmiger Miene genau beobachteten, was vor sich ging. Es kam Sarah vor, als warteten sie nur darauf, dass etwas geschah, das ihnen das Recht gab, die Menge sofort nach Hause zu schicken. Doch keiner lieferte ihnen einen Anlass für eine solche Handlungsweise. Alle schauten schweigend auf Bernadette, die am Rand der Grotte kniete und wie immer mit dem Rosenkranz in den Händen betete.

Jetzt stand Bernadette auf und machte sich auf den Weg zum Fluss, nur um gleich darauf die Richtung zu ändern und ins Innere der Grotte zu gehen. Ein Raunen ging durch die Menge, als sie sich auf den Boden kniete und begann, mit den Händen in der Erde zu graben. Nach und nach wurde das Loch größer und es begann, sich mit Wasser zu füllen, sodass eine dunkelbraune Schlammbrühe entstand. Sarah meinte, nicht recht zu sehen, als das Mädchen die Hände erst mit dem Schlamm füllte und dann zum Mund führte. Als sie schon befürchtete, es würde den Schlamm tatsächlich trinken, schüttete es ihn weg, füllte aber gleich darauf die Hände erneut mit der Brühe und führte sie wieder zum Mund. Nur, um sie im letzten Moment wieder wegzuschütten. Denselben Vorgang wiederholte es noch ein drittes Mal. Sarah konnte kaum hinsehen. Das Mädchen konnte doch nicht ernsthaft vorhaben, dieses Wasser zu trinken! Da sah sie, wie Bernadette zum vierten Mal die Hände füllte, sie wieder zum Mund führte – und es dieses Mal tatsächlich schaffte, das schlammdurchdrungene Wasser zu trinken. Entsetzte Rufe waren aus der Menge zu hören. Und sie wurden noch lauter, als das Mädchen begann, sich mit der schmutzigen Brühe das Gesicht zu waschen. Als sie sich dann auch noch vorbeugte, Blätter von einer grünen Pflanze abriss und zum Mund führte, war es auch Sarah zu viel.

„Um Gottes willen, das kann sie doch nicht machen", entfuhr es ihren Lippen, „und noch dazu vor all den Leuten!"

Doch Bernadette konnte. Sie aß die Blätter, stand auf und wandte sich der Menge zu. Als diese das mit Schlamm beschmutzte Mädchen vor sich stehen sah, begannen manche, sie als „Dreckskind" zu beschimpfen. Anderen tat sie einfach nur leid. Wieder andere schämten sich für sie und schafften es nicht, ihr ins Gesicht zu sehen. Nur wenige konnten bei dieser Aktion noch daran glauben, dass sie in einem höheren Auftrag ausgeführt wurde.

„Warum hast du das getan?", wurde Bernadette von mehreren Seiten gefragt. Und einer Frau, die schützend den Arm um sie legte, erklärte sie: „Die Dame sagte mir: *Trinken Sie aus der Quelle und waschen Sie sich darin. Essen Sie von den Kräutern, die dort wachsen.* Ich habe es getan als Buße für die Sünder. Für die Umkehr all derer, die Gott so sehr beleidigen."

Sarah war froh, als die Frau das Mädchen nach Hause begleitete, denn es tat ihr in tiefster Seele weh, mitansehen zu müssen, welchen Beleidigungen und welch hämischem Spott es hier ausgesetzt war.

„Warum hat Maria ihr das angetan?", wollte sie wissen, sobald das arme Mädchen aus ihrem Blickfeld entschwunden war.

„Manchmal wird unser Vertrauen in sie auf eine harte Probe gestellt", erklärte Raymund, „und erst wenn wir die Prüfung erfolgreich bestanden haben, kann sie durch uns das Große bewirken, das sie für uns geplant hat."

„Und dabei ist es notwendig, dass wir uns lächerlich machen?"

„Ja, leider ist es manchmal notwendig, dass wir uns lächerlich machen – damit etwas umso Größeres entstehen kann. Denn sieh nur – aus diesem kleinen Erdloch, das Bernadette unter so viel Spott gegraben hat, bricht die Quelle hervor, die so vielen Menschen Heilung bringt!"

Sarah näherte sich dem Loch – und tatsächlich! Aus ihm kam Wasser heraus. Unaufhörlich sprudelte es hervor. Kein braunes Schlammwasser, sondern klares, reines Wasser! Und während sie ihre Hand in dieses Wasser hielt, stieg eine unbeschreibliche Hoffnung in ihr auf. Vielleicht würde auch in ihrem Leben der Schlamm verschwinden und etwas Klares und Reines zum Vorschein kommen. Lächerlich genug hatte sie sich schließlich schon gemacht. Jetzt fehlte nur noch die positive Wendung!

Mitten in ihre Gedanken hinein sagte Raymund: „Bevor du ein paar der Wunder sehen kannst, die sich hier ereignet haben, ist es wichtig, dass du noch eine weitere Erscheinung mitbekommst."

Gleich darauf sah Sarah Bernadette wieder vor der Grotte stehen und wie gebannt nach oben zur Höhle blicken. Die Zahl der Menschen um sie herum war mittlerweile so groß, dass sie nicht mehr gezählt werden konnte. Es mussten tausende sein! Wohin Sarah auch blickte, überall sah sie Menschen, die den Blick auf das Mädchen richteten und jede seiner Gesten genauestens verfolgten. Bernadette bat die Dame, ihr doch zu sagen, wer sie sei. Kurz darauf wiederholte sie das, was sie als Antwort bekam: *„Que soy era Immaculada Councepciou."* Immer wieder sagte sie diese Worte vor sich hin, während sie die Grotte mit raschen Schritten verließ: „Que soy era Immaculada Councepciou. Que soy era Immaculada Councepciou."

„Was hat sie vor?", wollte Sarah überrascht wissen.

„Sie muss diese Worte Pfarrer Peyramale, dem zuständigen Pfarrer von Lourdes, überbringen und aus Angst, sie zu vergessen, wird sie sie den ganzen Weg über andauernd wiederholen."

„Und wie wird der Geistliche reagieren, wenn er das hört?"

„Dieses Mal wird er sie nicht wegschicken, sondern ihr glauben."

„Dieses Mal?"

„Ja, Bernadette war in Marias Auftrag schon einmal bei ihm, um ihm zu sagen, dass eine Kapelle gebaut werden sollte und die Menschen in Prozessionen herkommen sollten. Doch davon wollte er nichts wissen. Im Gegenteil. Er glaubte kein Wort und schickte das Mädchen mit harten Worten weg. Ja, mehr noch. Er tat alles in seiner Macht Stehende, um andere davon abzuhalten, zur Grotte zu gehen oder gar an die Erscheinungen zu glauben."

„Die Kirche stand also nicht hinter dem Mädchen", stellte Sarah fest.

„Nein, am Anfang stand sie nicht hinter dem Mädchen. Das änderte sich aber mit der Botschaft, die Bernadette gerade bekam. Als Pfarrer Peyramale hörte, dass die Dame über sich selbst sagte, dass sie ‚die Unbefleckte Empfängnis' sei, und das auch noch im Dialekt dieser Gegend, glaubte er Bernadette endlich, da er wusste, dass sie auf diese Bezeichnung nicht selbst gekommen sein konnte. Um die Bedeutung dieser Worte zu verstehen, muss man ihre Vorgeschichte kennen: Vier Jahre vor den Erscheinungen in Lourdes hatte Papst Pius IX. das Dogma der Unbefleckten Empfängnis erlassen und darin festgehalten, dass Maria, anders als alle anderen Menschen, vom ersten Augenblick ihrer Empfängnis frei von der Erbsünde war. Sie war also von Anfang an ganz rein und von keiner einzigen Sünde belastet. Von diesem Dogma konnte Bernadette nichts wissen –

sie, die weder lesen noch schreiben konnte. Und so stand Peyramale endlich auf ihrer Seite. Er ließ sogar die gewünschte Kapelle bauen, setzte sich für die Prozessionen ein und wurde zu einem der größten Beschützer Bernadettes."

„Wovor musste sie denn beschützt werden?"

„Vor Polizisten, die sie einsperren wollten, vor Ärzten, die versuchten, sie in die Anstalt einweisen zu lassen, und vor Menschen, die ihr keine Ruhe mehr ließen und ständig etwas von ihr verlangten. Denn als die Heilungen begannen, glaubten immer mehr an die Echtheit der Erscheinungen – und sie wollten auch Bernadette persönlich kennenlernen und von ihr wissen, was genau sie gesehen hatte. Es kam soweit, dass die junge Frau im Alter von 22 Jahren Lourdes verließ, nach Nevers reiste und dort in ein Kloster eintrat, das fast 700 Kilometer von ihrem Heimatort entfernt war. Sie sollte nie wieder nach Lourdes zurückkommen."

„Wie traurig! Dabei hat ihr Lourdes doch sicher viel bedeutet."

„Sehr viel", bestätigte Raymund, „sie sagte später sogar: ‚*Die Grotte war mein Himmel.*'"

„Und warum trat sie ins Kloster ein? Wollte sie keine Familie gründen?"

„Sie erkannte, dass sie die Berufung zum Ordensleben hatte. Außerdem war ihre Liebe zu Jesus so groß, dass sie sich keinen anderen Weg vorstellen konnte als die Ganzhingabe an ihn in einem Kloster. Dort schrieb sie dann auch in ihr geistiges Tagebuch: ‚*Ich erhob die Augen und sah nur Jesus allein: Jesus, mein einziges Ziel, Jesus, mein einziger Meister. Jesus, mein einziges Vorbild, (...) Jesus, mein einziger Freund! O ja, mein Jesus! Sei von jetzt an mein Alles und mein Leben; ich folge dir überall, wohin du gehst.*' Maria hatte ihr Ziel erreicht – Bernadette liebte nicht nur sie, sondern vor allem auch ihren Sohn über alles."

„Was für eine Ehre es für das Kloster war, Bernadette bei sich zu haben", überlegte Sarah laut, „was würde ich dafür geben, jemanden persönlich zu kennen, der Erscheinungen von Maria hatte!"

„Eigentlich war es eine Ehre", bestätigte Raymund, „doch viele Schwestern haben es nicht als solche angesehen. Bernadette erhielt die Auflage, nicht mehr über ihre Erscheinungen zu sprechen, und einige ihrer Gefährtinnen verspotteten sie sogar und demütigten sie, wo sie nur konnten."

„Wie kann das sein?", rief Sarah entsetzt aus. „Die arme Bernadette!"

„Ja, sie hatte es wirklich nicht leicht. Doch wie immer nahm sie das Leiden bereitwillig an. Auf einem Stück Papier schrieb sie: ‚*Gehorchen heißt lieben! Schweigend für Jesus zu leiden ist eine Freude! Aufrichtig lieben ist, alles zu geben, selbst den Schmerz.*' Und der wurde ihr wahrlich nicht erspart! Weder körperlich noch seelisch. Nicht einmal bei ihren Gelübden! Als sie diese ablegte und den Namen Schwester Marie Bernarde bekam, fragte der Bischof die Oberin, welche Aufgabe sie dieser Schwester geben werde. Weißt du, was die Antwort war? ‚*Gar keine, Hochwürden! Sie ist zu nichts gut!*' Daraufhin beschloss der Geistliche, ihr selbst etwas aufzugeben, und sagte: ‚*Somit vertraue ich Ihnen die Aufgabe des Gebetes an!*' Damit vertraute er ihr das Beste an, was nur möglich war. Und zugleich das Einzige, das ihr von den anderen zugetraut wurde."

„Diese Aufgabe hat sie mit Sicherheit wunderbar ausgeführt", meinte Sarah.

„Das hat sie", bestätigte Raymund. „Ihr ganzes Leben verwandelte sich von da an in Gebet. Sie betete in jeder Situation: in der Freude, im Leid, in der Demütigung, ja sogar im Tod!"

„Der viel zu früh eintrat, soweit ich weiß."

„Er trat früh ein, das stimmt. Aber nicht zu früh", widersprach Raymund.

„Sie war 35, als sie starb!"

„Ja, sie war 35. Und trotzdem war es für sie genau der richtige Zeitpunkt, um nach drüben zu gehen. Dorthin, wo das Glück auf sie wartete, das ihr von ihrer lieben Dame versprochen worden war."

Nach einer kurzen Pause fügte er hinzu: „Für sie war 35 das richtige Alter, um zu gehen, für dich ist es das richtige Alter, um neu zu beginnen. Du wirst sehen, bis zum Ende unserer gemeinsamen Reisen wirst du deinem persönlichen Glück ein großes Stück näher gekommen sein – und schon während der Reisen wird dir viel Wunderbares geschenkt werden. Bernadette musste auf dieser Welt auf das Glück verzichten, doch sie wird im Himmel ein gutes Wort für dich einlegen, dass du deines noch bekommst!"

Gerührt blickte Sarah auf die Grotte, während sie diese Worte in sich wirken ließ. Irgendwie wusste sie, dass sie die Wahrheit waren. Dass sie ihr Glück tatsächlich finden würde.

„Und auch ich werde ein gutes Wort für dich einlegen", fuhr Raymund mit einem Lächeln fort, „nur einen kleinen Beitrag solltest du selbst dazu leisten."

„Und welchen?"

„Du solltest wieder anfangen, regelmäßig den Rosenkranz zu beten. Am besten jeden Tag. Und wenn du dir schon so sehr eine eigene Familie wünschst, dann bete doch jeden Tag wenigstens ein Gesätzchen dafür, dass Gott dir den richtigen Mann dazu gibt."

In diesem Augenblick fiel Sarah ein Traum ein, den sie vor vielen Jahren gehabt hatte. Darin hatte sie eine Kirche betreten und war einem Priester begegnet, der zu ihr gesagt hatte:

„Du bist oft hier. Das merkt man dir an. Behalte das auch in Zukunft bei!“ Dann sah er sie eindringlich an und irgendwie wusste Sarah, dass er in diesem Moment einen Einblick in ihr Leben bekam – vor allem in die Situation mit Tobi. Kurz darauf meinte er: „Oh je! Bete! Bete viel! Bete ganz viel! Du wirst bei Jesus sein. Dann werden alle sehen, dass du glücklich bist.“ Nach diesen Worten war Sarah aufgewacht – mit dem deutlichen Gefühl, diesen Traum aufschreiben zu müssen. Und da neben ihr im Bett „zufällig“ ein Zettel und ein Stift lagen, machte sie das auch. Als sie sich am nächsten Tag – und auch in Zukunft immer wieder – an diesen Traum erinnert hatte, hatte sie natürlich gedacht, dass sie viel beten solle, damit zwischen Tobi und ihr eine Beziehung möglich sei. Wenn sie jetzt an den Traum dachte, fiel ihr eine andere Deutungsmöglichkeit ein. Vielleicht sollte sie so viel beten, um endlich aus dem Alptraum der letzten Jahre herauszukommen und ihr Glück auf einem anderen Weg zu finden.

Und vielleicht war es auch tatsächlich so gekommen, dass ihr das stundenlange Gebet und die zahlreichen Wallfahrten geholfen hatten, frei zu werden. Frei von einer Überzeugung, die sie jahrelang gefangen gehalten hatte. Die sie festgehalten hatte, wie eine Spinne ihr Opfer im Netz festhält, bevor sie es mit einem Biss lähmt, ihr Gift hineinpumpt und es schließlich aussaugt. Möglicherweise sollte Sarah nicht länger traurig, sondern froh sein, dass sie noch rechtzeitig aus dem Netz entkommen war.

Und vielleicht sollte sie tatsächlich wieder damit beginnen, regelmäßig den Rosenkranz zu beten! Bei Tobi hatte Maria ihre Bitte wohl nicht erhören können. Er war vermutlich nicht der Richtige für sie gewesen. Wie hätte der Rosenkranz da bewirken sollen, dass sie mit ihm zusammenkam? Aber wenn sie einfach für „den Richtigen“ betete, dann würde Maria ihr Gebet sicher erhören!

Während sie noch darüber nachdachte, bemerkte sie, wie sich die Gegend um sie herum plötzlich veränderte. Auf einmal war sie wieder meterweit von der Grotte entfernt auf der anderen Seite des Flusses. In der Felsenhöhle, die gerade noch leer gewesen war, stand die steinerne Marienstatue mit weißem Gewand und blauem Gürtel. Vor dieser beteten zahlreiche Menschen. Über dem Felsen, wo soeben noch zahlreiche Bäume gestanden hatten, ragte nun eine gigantische Kirche empor. Waren sie etwa wieder in der Gegenwart? Aber warum? Raymund hatte ihr doch versprochen, dass sie ein paar der Wunder miterleben werden dürfe, die hier vor vielen Jahren geschehen waren. Wie sollte das möglich sein, wenn sie wieder in der Gegenwart waren?

Ihr Begleiter schien zu ahnen, was ihr durch den Kopf ging, denn er meinte beruhigend: „Keine Sorge, ich halte mein Versprechen und du wirst mehrere Wunder miterleben. Doch zuvor möchte ich dir die Gelegenheit geben, dich in Lourdes umzuschauen und die Orte aufzusuchen, an denen Bernadette lebte. Jetzt, wo du mehr über sie weißt, wirst du diese mit ganz anderen Augen sehen.“

Da mochte er wohl recht haben! Sie würde sie jetzt sicher mit ganz anderen Augen sehen. Eigentlich traurig, dass sie jetzt erst begann, sich näher mit Bernadette und ihrem Leben zu beschäftigen. Und das, obwohl sie schon so oft in Lourdes gewesen war! Aber sie war immer nur gekommen, um zu Maria zu beten. Das Mädchen, dem diese erschienen war, hatte sie bisher kaum interessiert. Das hatte sich nun vollkommen geändert. Während sie Bernadette beobachtet hatte, war ihr bewusst geworden, was für einem wunderbaren Menschen sie hier gegenüberstand. Nicht umsonst war Maria ausgerechnet ihr erschienen! Einem Mädchen, das bitterarm war, nicht einmal lesen konnte, den Katechismus nicht beherrschte, aber mit seinem reinen Herzen und seinem bedingungslosen Vertrauen zu Maria alle anderen übertraf. Sie hatte keines der Worte angezweifelt, die Maria ihr gesagt hatte, war trotz vieler Widerstände und Schikanen immer wieder zur Grotte gekommen und war sogar bereit gewesen, sich vor den Menschen lächerlich zu machen, um das zu tun, was Maria ihr auftrug. Und obwohl sie so viel leiden musste, hatte sie nie den Glauben verloren. Dieses Mädchen war es auf jeden Fall wert, dass man sich näher mit ihm beschäftigte!

Es war Zeit, sich auf den Weg zu machen! Am besten zusammen mit Raymund. Sarah richtete den Blick wieder auf ihn: „Begleitest du mich zum Wohnort Bernadettes?“

Doch er schüttelte lächelnd den Kopf. „Das werde ich nicht, aber ich werde dir später noch einmal hier an der Grotte begegnen und dir die versprochenen Wunder zeigen.“

„Wirst du mir dann auch verraten, wer genau du bist? Bisher weiß ich ja noch nicht viel über dich. Nur, dass du Raymund heißt, eigentlich ganz anders gekleidet bist, dass dein Vater Weber war und du die Muttergottes aus ganzem Herzen liebst und alles für sie tun würdest.“

„Wer genau ich bin, werde ich dir erst gegen Ende unserer gemeinsamen Reise verraten“, meinte Raymund schmunzelnd, „aber bis dahin wirst du immer mehr über mich erfahren. Und wer weiß, vielleicht kommst du ja irgendwann selbst darauf, wie mein richtiger Name lautet.“

Schockiert sah ihn die junge Frau an. Hatte sie das gerade richtig verstanden? Kannte sie nicht einmal seinen richtigen Vornamen?

„Raymund war einmal mein Name", bestätigte ihr Begleiter gelassen, „aber nur so lange, bis ich einen neuen bekam. Doch bis ich dir den verrate, musst du noch ein wenig Geduld haben."

Geduld! Das war eigentlich nicht ihre Stärke. Aber was blieb ihr anderes übrig? Sie erhob sich und folgte Raymund, der bereits Richtung Brücke ging. Gemeinsam überquerten sie den Fluss, dann trennten sich ihre Wege. Während er auf die Grotte zusteuerte, überquerte Sarah den Platz vor der Basilika, um zum Wohnhaus Bernadettes aufzubrechen. Zum Glück gab es mitten auf dem Platz einen Informationsstand für Touristen. Dort holte sie sich einen Flyer zu den wichtigsten Sehenswürdigkeiten.

Auf diesem entdeckte sie, dass es mehrere Häuser gab, in denen Bernadette gelebt hatte. Das Elternhaus, das Geburtshaus und das Cachot, ein ehemaliges Gefängnis. Sarah las sich die wichtigsten Informationen zu den einzelnen Gebäuden durch. Dann beschloss sie, chronologisch vorzugehen und zunächst das Geburtshaus aufzusuchen.

Wie bei jeder Wanderung durch Lourdes kam sie an zahlreichen Läden vorbei, in denen es von Käufern nur so wimmelte. Zum Glück musste sie an diesem Tag nichts Wärmendes kaufen. Das Wetter war besser als am Abend zuvor und sogar ein paar Sonnenstrahlen fanden den Weg nach Lourdes. Außerdem hatte sie in der Handtasche die Decke vom Vortag. Sollte es wirklich kälter werden, konnte sie sich ja wieder in diese einwickeln.

Eigentlich war es sogar warm genug, sich ein Eis zu gönnen, überlegte Sarah. Und wie es der Zufall wollte, dauerte es nicht lange, bis sie an einer einladenden Eisdiele vorbeikam. Sie kaufte sich eine Kugel Schoko-Mint, setzte sich auf eine Bank in der Nähe, schloss die Augen und genoss das Eis. Als auch noch die Sonne herunterlachte und ein paar Strahlen in ihrem Gesicht tanzen ließ, wusste sie nicht, was sie sich in diesem Moment noch mehr wünschen sollte.

Es war wie an dem Valentinstag vor ein paar Jahren, an dem sie beschlossen hatte, sich einfach einen schönen Tag zu machen. Mochten die Umstände in ihrem Leben sein, wie sie wollten, sie wollte diesen Tag richtig genießen! So kaufte sie sich einen riesigen Chai Latte und setzte sich auf eine Parkbank, die direkt von der Sonne beleuchtet wurde. Auch damals hatte sie die Augen geschlossen, während die Sonne ihr Licht zu ihr herabschickte, das bis in ihr Herz hineindrang. Und als sie die Augen kurz öffnete, sah sie ein älteres Pärchen Hand in Hand vorbeigehen. Beide lächelten sie an, während die Frau ein einziges Wort sagte, das alles zum Ausdruck brachte: „Schön!"

Und wirklich, es war ein wunderschöner Tag gewesen! Auch ohne jemanden an ihrer Seite, der den Arm um sie legte oder ihr Blumen schenkte. An diesem Tag hatte sie inneren Frieden gefunden und das war genug. Einfach „nur" inneren Frieden. Wenn sie den doch öfter hätte!

Viel zu schnell war das köstliche Eis verzehrt und Sarah beschloss, nun endlich zum Geburtshaus von Bernadette zu gehen. Die Suche erwies sich leichter als gedacht. Sie musste bloß den Wegweisern an der Straße folgen und schon stand sie in der Rue Bernadette Soubirous. Jetzt musste sie nur noch das Haus Nummer 14 finden.

Tatsächlich dauerte es nicht lange, da ragte ein Schild mit der Aufschrift „Maison Natale de Bernadette" auf die Gasse heraus. Und damit man das Gebäude ja nicht übersehen konnte, war links davon eine riesige Tafel angebracht, auf der Bernadette zu erkennen war und daneben in fünf verschiedenen Sprachen die Erklärung dafür, um welches Haus es sich hier handelte:

die Mühle Boly. Das Haus, in dem Bernadette vor mehr als hundert Jahren geboren worden war.

Sarah warf einen genaueren Blick auf dieses Heim, in dem das Mädchen die ersten zehn Jahre seines Lebens verbracht hatte und das von ihm liebevoll „die Mühle des Glücks“ genannt worden war. Von außen sah es aus wie ein ganz gewöhnliches Haus, das wieder einmal gestrichen werden sollte. Neugierig warf die junge Frau den Blick in eines der hohen Fenster, dessen mahagonibraune Läden sich leicht im Wind bewegten, doch sie konnte nichts Bemerkenswertes erkennen. Also beschloss sie, sich an der Eingangstür anzustellen, um möglichst schnell nach innen zu kommen.

Eine Tafel vor der Tür zeigte Fotos der Mühle in dem Zustand, in dem sie sich vor vielen Jahren befunden hatte. Zu Lebzeiten Bernadettes. Der Unterschied war gewaltig! Das Dach wirkte schief, auf dem Balkon fehlte etwa die Hälfte der Bretter, die Fenster sahen viel kleiner und sehr verschmutzt aus. Überhaupt war alles sehr verschmutzt. Und doch war diese Mühle der Ort gewesen, den Bernadette als einen Ort des Glücks bezeichnet hatte.

Sarah war gespannt, was sie im Inneren erwarten würde. Nachdem sie sich einen kurzen Überblick verschafft hatte, beschloss sie, zunächst den ersten Stock zu besichtigen und dann erst das Erdgeschoss. Sie wollte erst dort sein, wo Bernadettes irdisches Leben begonnen hatte. Und so betrat sie die knarzende Holztreppe, die sie nach oben führte zu dem Raum, in dem Bernadette am 7. Januar 1844 das Licht der Welt erblickt hatte. Was sie zu sehen bekam, war ein einfaches, kleines Zimmer. Das dunkelbraune Holzbett war mit einem blau-weiß-karierten Laken bedeckt. An einer der Wände stand ein niedriges Kästchen, auf welchem zwei Statuen standen: die eine zeigte Maria, so, wie sie auch in der

Grotte von Massabielle zu sehen war, die andere Bernadette, das einfache Mädchen, das ehrfürchtig zu seiner „schönen Dame“ emporblickte. Beide hielten sie den Rosenkranz in den Händen, als wären sie immer noch verbunden durch das Gebet, das sie so oft zusammen gebetet hatten.

Ob die Eltern geahnt hatten, was für ein besonderes Kind ihnen hier geschenkt worden war? „Vermutlich nicht“, dachte Sarah, die sich immer noch an den Satz der Mutter erinnerte: „Oh mein Gott! Ich habe eine dumme und kranke Tochter, jetzt muss sie auch noch Erscheinungen haben!“ Dieser Satz, der sie so schockiert hatte, belegte mit Sicherheit eines: Über die Erscheinungen der Muttergottes war Luise Soubirous anfangs ganz und gar nicht glücklich gewesen! Dabei wirkte sie auf dem Bild, das über dem Kamin hing, so offen und vielleicht sogar gütig, während der Vater einen recht besorgten Eindruck machte. Kein Wunder bei dem Pech, das er beruflich immer wieder gehabt hatte!

Mit Sicherheit hatten beide Elternteile ihre Tochter geliebt und alles in ihrer Macht Stehende getan, um ihr ein gutes Leben zu ermöglichen. Es waren harte Zeiten gewesen und die ließen es oft nicht zu, tiefe Gefühle zu äußern oder gar sentimental zu werden.

Sarah beschloss, jetzt den Raum aufzusuchen, in dem François Soubirous so schwer gearbeitet hatte, um seine Familie ernähren zu können. Dazu musste sie nicht weit gehen, denn er war gleich in der Nähe der Eingangstür zu finden. Mittendrin war ein großer steinerner Mühlstein zu sehen, der zu seinen aktiven Zeiten jedes noch so kleine Körnchen Getreide in feines Mehl verwandelt hatte.

Auf dem Boden verstreut lagen einzelne Körner und als Sarah eines davon in die Hand nahm, dachte sie daran, wie

Bernadette sich mit einem solchen Korn verglichen hatte. „Ich bin gemahlen wie ein Weizenkorn. Ich hatte niemals geglaubt, so leiden zu müssen" – immer wieder gingen ihr diese Worte der heiligmäßigen jungen Frau durch den Kopf.

Wenn Getreide gemahlen wurde, kam etwas Wunderbares heraus: duftendes Mehl, das die Grundlage für eine unüberschaubar große Anzahl an Köstlichkeiten war. War es mit einem Menschen, der in der Mühle des Leidens gemahlen wurde, genauso? Konnte auch er sozusagen „die Grundlage" für eine unüberschaubar große Anzahl an positiven Entwicklungen sein? Im Fall von Bernadette war es jedenfalls so gewesen. Man musste nur an all die Wunder und Bekehrungen denken, die hier in Lourdes ihren Anfang nahmen. Natürlich war es Gott, der diese Gnaden schenkte, aber er hatte sich eines einfachen Mädchens bedient, das durch seine Offenheit – und sicher auch durch sein Leiden – dazu beigetragen hatte, dass sie ihren Anfang nahmen.

Während Sarah den Mühlstein betrachtete, versuchte sie, sich vorzustellen, wie Bernadettes Vater hier stand, die Kleidung voller Mehl, die Hände rau von der vielen Arbeit. Wie er seine Freude am unaufhörlichen Drehen des Mühlsteines hatte und einen Sack nach dem anderen mit herrlich duftendem Mehl befüllte.

Und dann stellte sie sich vor, was für ein Schmerz es für ihn gewesen sein musste, als er gezwungen war, die Mühle aufzugeben, weil er die Miete nicht mehr bezahlen konnte. Die Miete von 250 Franken, die er an seine eigene Schwiegermutter abgeben musste. In dem Flyer aus der Touristeninfo hatte sie gelesen, dass „eine Reihe verdrießlicher Umstände" ihn in die Armut gebracht hatte. Wie hart musste es gewesen sein, mit einer Frau und mehreren kleinen Kindern dazustehen – ohne

Arbeit, ohne Geld, ohne ein Dach über dem Kopf – und nicht zu wissen, wohin!

Während sie noch darüber nachdachte, wurde ihr bewusst, wie gut sie es auch in dieser Hinsicht hatte. Sie hatte zwar weder bemerkenswertes Eigentum noch viel Geld, aber eine sichere Arbeitsstelle mit einem festen Gehalt, durch das sie sich eine schöne Wohnung leisten konnte und auch sonst alles, was sie sich so wünschte. Für sie war es kein Problem gewesen, sich das Ticket nach Lourdes zu kaufen oder das Zimmer im Hotel zu bezahlen – wohingegen hier eine ganze Familie auf der Straße stand und kaum das Nötigste zum Leben hatte. In diesem Moment schämte sie sich fast dafür, dass sie nicht – wie früher immer – auf dem Campingplatz ein Zelt aufgeschlagen hatte. Andererseits war sie allein unterwegs. Und außerdem hatte sie sich für eines der billigsten Hotels entschieden.

Sarah zog den Flyer aus der Handtasche, der inzwischen ziemlich mitgenommen wirkte. Wenn sie noch länger etwas von ihm haben wollte, würde sie ihn wohl etwas besser behandeln müssen. Während sie das zerknitterte Papier glattstrich, las sie, dass die Familie von hier aus in ein Gebäude gezogen war, das eigentlich als unbewohnbar galt: das ehemalige Gefängnis von Lourdes. Das Cachot, das 1824 von den Behörden aufgegeben wurde, da es zum einen zu schmutzig, zum anderen zu feucht für die Gefangenen war.

Wie mochte ein Gebäude aussehen, das selbst für Gefangene zu heruntergekommen war? Und das in der damaligen Zeit, in der man nicht gerade zimperlich mit den Menschen umgegangen war! Sarah beschloss, dieser Frage gleich selbst nachzugehen. So verließ sie die Mühle Boly und brach auf zum neuen Heim der Familie Soubirous. Weit sollte sie nicht laufen müssen – laut Karte war das Cachot nur wenige Straßen entfernt.

Und tatsächlich, sie war keine 500 Meter gegangen, da stand sie schon vor dem hellgelben Haus, in dem sich der neue Wohnort der Familie befand. Das Gebäude selbst wies nicht auf die extreme Armut hin, die hier einmal geherrscht hatte, doch vor der Eingangstür befand sich wieder eine Tafel mit Bildern von früher. Und diese sprachen eine ganz andere Sprache!

Das Erste, was darauf ins Auge stach, war der Schmutz. Schmutz auf der Straße außerhalb des Gebäudes, auf dem Fußboden im Inneren, an der äußeren Hauswand und an allen Wänden im Wohnraum. Ob es innen heute noch genauso aussah?

Gerade, als Sarah das herausfinden wollte, tippte von hinten jemand auf ihre Schulter. Sie drehte sich um und sah in vier lachende Frauengesichter. Eine der Frauen hielt ihr eine Kamera entgegen und bat sie in Zeichensprache darum, diesen Moment in einem Foto festzuhalten. Natürlich würde sie das machen! Sarah wartete, bis alle vier ihr schönstes Lächeln aufgesetzt hatten, und drückte ab. Schade, dass sie die Lebensfreude, die von ihnen ausging, dadurch nicht einfangen konnte!

Sollte sie die Frauen bitten, auch von ihr ein Foto zu machen? Nein, lieber nicht! Sicher sah man in ihrem Gesicht noch immer den Schock des letzten Tages und die schlaflose Nacht. Mit einem Erinnerungsfoto würde sie besser noch ein wenig warten. Schließlich wollte sie nicht ewig vor Augen geführt bekommen, wie elend sie sich hier in Lourdes gefühlt hatte! Außerdem musste nicht immer alles in einem Foto festgehalten werden. Die bewegendsten Momente wurden ohnehin tief im Herzen gespeichert. Dort ruhten sie wie ein Anker auf dem Meeresboden und kamen immer dann an die Oberfläche, wenn man sich an sie erinnerte.

Endlich betrat Sarah den schmalen Eingang, der ins Cachot hineinführte. Zielstrebig durchquerte sie den Flur und stand schon wenige Schritte später in dem Raum, der das neue Zuhause für Bernadette, ihre Eltern und drei ihrer Geschwister war. Ein Zimmer für sechs Personen. Und was für ein Zimmer! Die Not schrie einem aus jeder Ecke entgegen: vom Boden, der sich aus großen steinernen Platten zusammensetzte, von den Wänden, die braungefärbt waren vom Ruß, von den Holzklötzen, die unter den beiden Fenstern standen und als Stühle dienten. Dazu kam die Größe des Raumes. Sarah schätzte ihn auf keine 20 Quadratmeter. Wie konnten hier sechs Personen wohnen? Wo schliefen sie? Und wie hielten sie es aus, so eng aufeinanderzusitzen?

Bisher hatte Sarah immer gedacht, ihre Wohnung in München sei klein. Wie hatte sie es bedauert, keinen Schreibtisch zu haben, sondern alles an ein und demselben Tisch machen zu müssen. Nun kamen ihr solche Überlegungen lächerlich vor. Sie hatte 30 Quadratmeter nur für sich. Was für ein Luxus, wenn sie es mit diesem einen Raum für eine ganze Familie verglich! Außerdem hatte sie eine bequeme Couch und ein gemütliches Bett, während es hier nur eine Sache gab, die sie mit einer gewissen Behaglichkeit verband: den Kamin, den François Soubirous selbst gebaut hatte, um seine Familie vor dem Erfrieren zu bewahren. Um diesen mit Feuerholz zu versorgen, war Bernadette am 11. Februar 1858 zusammen mit einer Freundin und ihrer Schwester zur Grotte von Massabielle aufgebrochen.

Von hier aus war das Mädchen jedes Mal aufgebrochen, wenn Maria ihm erschien, und hierher kehrte es nach jeder der Erscheinungen wieder zurück! Während Sarah in dem armseligen Raum stand, fand sie bestätigt, was eine der Frauen zu Bernadette gesagt hatte: Maria hatte sich wirklich das ärmste Mädchen weit und breit ausgesucht. Doch ausgerechnet mit

Unterstützung dieses armen Mädchens war Lourdes zu einem Ort geworden, der zum Segen für zahllose Menschen wurde.

Während Sarah noch darüber nachdachte, wuchs in ihr der Wunsch, zur Grotte zurückzukehren, Raymund zu begegnen und endlich die versprochenen Wunder zu sehen. Sollte sie zuvor noch die Mühle besichtigen, in welche die Familie nach den Jahren im Cachot gezogen war? Den Ort, an dem Bernadette sich von ihren Eltern verabschiedet hatte – in dem Wissen, nie mehr zurückzukehren.

Eigentlich hatte er im Leben Bernadettes keine Rolle gespielt, da sie selbst nicht darin gelebt hatte, und so beschloss Sarah, diesen Ort auszulassen und stattdessen gleich zur Grotte zurückzukehren.

Auf dem Rückweg schaffte es doch einer der Läden, ihre Aufmerksamkeit für sich zu gewinnen: ein rot-weiß beschildertes Geschäft mit einem chaotischen Schaufenster, in dem es Lebensmittel aller Art gab. Die junge Frau deckte sich mit Traubensaft, einer Stange Baguette und mehreren Aufstrichen ein und entschied sich nach kurzem Zögern dafür, das alles in einer Stofftüte mit der Aufschrift „J'aime Lourdes“ zu verstauen.

Ja, sie liebte Lourdes noch immer, auch wenn ihr hier das Herz gebrochen worden war. Auch wenn hier etwas begonnen hatte, worunter sie 17 Jahre lang zu leiden hatte. Eine Erklärung dafür hatte sie noch nicht. Vielleicht würde sie diese im weiteren Verlauf der Reise bekommen. Vielleicht auch nicht. Wie auch immer – sie würde versuchen, das Beste daraus zu machen und positiv in die Zukunft blicken. Was blieb ihr auch anderes übrig?

Rechts und links mit einer Tasche behangen marschierte sie weiter. Dabei überholte sie mehrere Krankenpfleger, die Männer und Frauen in Rollstühlen zur heiligen Stätte schoben.

Als Sarah die heilige Stätte betrat, kam ihr eine Gruppe Pfadfinder entgegen. Mit ihren hellblauen Hemden und den orange-schwarzen Halstüchern konnten sie nicht übersehen werden. Fröhlich scherzend gingen sie an Sarah vorbei. Die junge Frau blieb für einen Moment stehen und sah ihnen nach, während Erinnerungen an viele abenteuerliche Jahre hochkamen.

Dann überquerte sie den Platz vor den drei übereinander gebauten Kirchen, ging an den zahlreichen Menschen vorbei, die einen Kanister nach dem anderen mit dem Wasser aus der Quelle füllten, und steuerte auf ihren Lieblingsplatz gegenüber der Grotte zu.

War es wirklich erst 20 Stunden her, dass sie hier gesessen hatte und Raymund das erste Mal in Lourdes begegnet war? Bei dem, was sie bereits erlebt hatte, kam es ihr vor, als sei sie schon Tage hier! Sarah zog das Baguette aus der Tasche, riss ein Stück ab, und während sie es genüsslich in verschiedene Aufstriche tunkte, beobachtete sie die Leute, die gegenüber an der Grotte beteten. Alle Altersgruppen waren vertreten – Kinder, Jugendliche, junge Erwachsene und Alte. Alleinstehende und Pärchen. Familien und Ordensleute. Menschen unterschiedlicher Hautfarben und Kulturen. Sie alle kamen hierher, um zu Maria zu beten und sie um Hilfe für ihr Leben zu bitten.

„Wie ich sehe, kommst du auch allein gut zurecht."

Raymund! Endlich war er wieder da!

„Selbstverständlich komme ich allein gut zurecht, ich habe jahrelange Übung darin", meinte Sarah, während sie eine der Taschen auf den Boden stellte, um Platz für ihn zu machen.

„Bist du hier, um mir endlich die Wunder zu zeigen?"

„Natürlich. Ich halte meine Versprechen immer."

Und schon begann das Umfeld wieder, sich zu verändern. Wo soeben noch die Statue der Gottesmutter gestanden hatte, war erneut eine leere Höhle. Und wieder war es merklich kühler. Ob es immer noch Februar war? Oder vielleicht schon März?

Auf dem Boden der Grotte, wo Bernadette unter so viel Spott in der Erde gegraben hatte, war mittlerweile ein breites Loch zu sehen, aus dem immer neues Wasser hervorkam. Mehrere Männer knieten außen herum und vergrößerten es. Da sah Sarah, wie einer von ihnen beide Hände mit dem Wasser füllte und das Gesicht darin badete. Kurz darauf bedeckte er sein linkes Auge mit einer Hand und blickte fassungslos umher. Er nahm die Hand vom Auge weg, nur um sie gleich wieder davor zu halten. So, als könnte er selbst nicht glauben, was er gerade erlebte. Dann sprang er auf, drehte sich vor Freude im Kreis und rief immer wieder: „Ich kann sehen! Ich kann sehen!"

Während der Mann außer sich vor Glück fortlief, erklärte Raymund: „Das, was du soeben miterlebt hast, war eine der ersten Wunderheilungen, die hier geschahen. Louis Bouriette zog sich vor vielen Jahren eine Verletzung am rechten Auge zu. Vor zwei Jahren ist er auf diesem vollkommen erblindet. Er galt als unheilbar. Doch jetzt kann er wieder sehen. Kein Arzt kann sich erklären, wie so etwas möglich ist."

Während er noch redete, sah Sarah eine Frau mit einem kleinen Kind im Arm herbeieilen. Als sie bei der Quelle ankam, legte sie das Kind auf den Boden und zog ihm die Kleidung aus. Sarah fiel auf, wie rot der Junge war, als würde er vor Fieber glühen. Und seine Beine hingen leblos am Körper wie bei einer Marionette, die nur dann zum Leben erwachte, wenn man an den Fäden zog. Anders sah es bei seinen dünnen Ärmchen aus, die er nach oben streckte, um sich an der Mutter festzuhalten, während diese ihn an sich nahm und in das eiskalte

Wasser tauchte. Die Menschen im Umfeld erschraken, als sie das sahen, und ein Mann, der völlig außer Atem hinter der Frau auftauchte, versuchte, sie davon abzuhalten. Doch keiner konnte etwas machen. Sie hielt das Kind mit eiserner Kraft fest.

Sogar Sarah wurde es mulmig zumute, als sie zuschauen musste, wie dieses kleine Wesen dem eiskalten Wasser ausgesetzt wurde. Wenn es nicht an einer anderen Krankheit sterben sollte, dann sicher an den Folgen dieses Bades! Und tatsächlich. Als die Mutter den Jungen nach einer gefühlten Ewigkeit wieder herauszog, war sein ganzer Körper steif und blau. Jetzt bewegte er nicht einmal mehr die Arme.

Der Mann, der zuvor noch versucht hatte, die Frau von ihrem Vorhaben abzuhalten, rief verzweifelt den Namen des Jungen: „Louis-Justin! Louis-Justin!“ Immer wieder hörte man ihn rufen, doch der Junge reagierte nicht. Schließlich gab er auf und sah wortlos zu, wie die Frau das Kind anzog, in den Arm nahm und nach Hause trug. Er war blass wie ein Leichentuch, als er sich schließlich umdrehte und hinter ihr her wankte.

„Was wird mit dem Kleinen passieren? Wird er auf dem Heimweg sterben?“ Für Sarah schien es naheliegend, dass es so ausgehen würde.

„Nein, er wird nicht sterben“, beruhigte Raymund sie, „nur, wenn die Mutter ihn nicht zur Grotte gebracht hätte, wäre er gestorben. Der Arzt gab ihm kurz zuvor nur noch wenige Stunden zu leben und eine Nachbarin brachte sogar schon ein Tuch für die Beerdigung vorbei. Doch jetzt wird er gesund werden. Das Fieber wird weichen und bereits morgen wird er die ersten Schritte gehen. Und das, obwohl beide Beine vollkommen gelähmt waren. Louis-Justin Bouhohorts, wie er mit vollem Namen heißt, wird ein gesegnetes Alter erreichen und viele Jahre später als Ehrengast zur Heiligsprechung von Bernadette nach Rom reisen.“

Während Sarah kaum glauben konnte, was sie da soeben gehört hatte, meinte Raymund: „Auf dieses Vertrauen der Mutter musste Maria einfach reagieren. Und es ist nicht die einzige Gehbehinderung, die hier verschwand. Wenn du möchtest, kannst du noch eine weitere solche Heilung miterleben."

Natürlich mochte Sarah. Schon wenige Augenblicke später kam erneut eine Gruppe von Menschen auf die Grotte zu. Dabei fielen vor allem zwei Männer ins Auge, die mit vereinten Kräften eine junge Frau zur Quelle trugen. Unmittelbar vor dem Wasser setzten sie diese ab und befreiten ihr rechtes Bein von einem dicken von Eiter durchdrungenen Verband. Darunter kam ein offenes Geschwür zum Vorschein, aus dem unaufhörlich eine gelbe Flüssigkeit herauslief. Sarah merkte, wie die Übelkeit in ihr hochstieg. Den Männern schien es nicht besser zu gehen, denn sie traten einen Schritt zur Seite, holten mehrere Sekunden lang tief Luft und kehrten erst dann wieder zurück, um der jungen Frau zu helfen, das Bein in dem Wasser einzutauchen. Während das kühle Nass die Wunde umschloss, hoffte Sarah von ganzem Herzen auf ein Wunder.

„Bei dieser jungen Frau handelt es sich um Joachime Dehant", hörte sie Raymund neben sich sagen, „sie leidet seit zwölf Jahren an diesem Geschwür, das 36 Zentimeter lang ist und 18 Zentimeter Durchmesser hat. Inzwischen ist der Knochen darunter abgestorben und ein Teil der Beinmuskulatur zerstört. Die Ärzte wissen keinen Rat. Joachimes letzte Hoffnung ist Lourdes, und so ist sie aus Belgien hierhergekommen, um ihr Bein im Wasser der Quelle zu baden und um ein Wunder zu beten."

Während Sarah weiterhin gebannt auf die junge Frau blickte, fiel ihr auf, dass diese mit beiden Händen ein Paar Schuhe festhielt. Wozu denn das? Mit diesem breiten Verband, den sie soeben noch getragen hatte, würde sie wohl kaum in einen Schuh passen!

Raymund, der die Schuhe ebenfalls erblickte, meinte: „Ihr Vertrauen in Maria ist so groß, dass sie sogar Schuhe mitgenommen hat, um sie gleich nach der Heilung anzuziehen."

„Dann hoffe ich umso mehr, dass sie tatsächlich geheilt wird und ihr Vertrauen in Maria nicht enttäuscht wird!" Sarah glaubte, es nicht ertragen zu können, wenn diese junge Frau ohne das erflehte Wunder nach Hause fahren müsste.

Und Raymund beruhigte sie: „Das Vertrauen in Maria wird niemals enttäuscht! Das kann ich dir aus eigener Erfahrung versichern."

Doch als Joachime kurz darauf aus dem Wasser gehoben wurde, hatte sich an der Wunde nichts verändert. Enttäuscht blickte Sarah Raymund an, während die Männer einen neuen Verband anlegten und die Leidende von der Grotte wegtrugen.

„Sagtest du nicht eben noch, das Vertrauen in Maria würde niemals enttäuscht werden?"

„Das sagte ich", bestätigte Raymund seelenruhig, „und dabei bleibe ich auch. Das Vertrauen in Maria wird niemals enttäuscht – das heißt aber nicht, dass es nicht auf die Probe gestellt wird. Und dass diese Erprobung nicht manchmal sehr viel Ausdauer erfordert. Doch du musst auf das Ende schauen! Am Ende wird der, der sich auf sie verlässt, immer siegen."

In diesem Moment kam die Gruppe zurück. In der Mitte befand sich immer noch Joachime Dehant. Wieder wurde der Verband abgenommen, der erneut von Eiter durchtränkt war, und wieder wurde ihr rechtes Bein in das Wasser der Quelle getaucht.

Und während Minute um Minute verging, ergriff die Stille einen nach dem anderen. Auch Sarah sagte kein Wort mehr.

Sie spürte die Anspannung, die alle Anwesenden beherrschte. Sah, wie Augen sich hilfesuchend zum Himmel richteten und Lippen sich lautlos im Gebet bewegten. Würde Maria die Gebete erhören und Joachime heilen? Oder würde sie mit dieser eitrigen, übel riechenden Wunde weiterleben müssen?

30 Minuten später bat die junge Frau darum, aus dem Wasser gezogen zu werden. Sarah hielt die Luft an, als das Bein Zentimeter für Zentimeter an die Oberfläche kam, und konnte kaum glauben, was sie dann zu Gesicht bekam: Dort, wo soeben noch die eitrige Wunde gewesen war, hatte sich neue Haut gebildet. Dünne, rötlich gefärbte Haut. Von der ekelerregenden Wunde war nichts mehr zu sehen.

Joachime selbst blickte zu Tränen gerührt auf ihr Bein, bevor sie mit den Fingern vorsichtig darüber strich. Keine offene Stelle. Kein Eiter mehr. Nur noch neue, rötlich gefärbte Haut. Sie war vollkommen geheilt! Ihr Vertrauen in Maria war nicht enttäuscht worden. Jetzt konnte sie die Schuhe anziehen, die sie eigens dafür mitgenommen hatte, und die Grotte auf eigenen Beinen verlassen. Jetzt brauchte sie niemanden mehr, der sie trug. Musste sich nicht mehr bei anderen entschuldigen, die sich durch ihre übelriechende Wunde belästigt fühlten. Ein neues Leben konnte beginnen! Später würde sie noch 45 Mal nach Lourdes fahren, um sich bei ihrer himmlischen Mutter für diese wunderbare Heilung zu bedanken.

„Ich könnte dir noch viele solcher Heilungen zeigen“, hörte Sarah Raymund neben sich sagen, „es gibt Heilungen von Krebs, von Multipler Sklerose, von Blindheit, von bösartigen Geschwüren, von Tuberkulose und von vielem mehr. Manche Heilungen geschahen direkt hier an der Quelle, manche während der Sakramentsprozession, manche auf dem Heimweg und manche erst dann, wenn die Betroffenen wieder zuhause waren. Insgesamt ist die Rede von über 30.000 Heilungen. Mehr als 7.000 sind dokumentiert, mehr als 2000 gelten als medizinisch nicht erklärbar, doch nur 70 wurden von der Kirche offiziell als Wunder anerkannt."

„Warum wurden nur 70 als Wunder anerkannt?"

„Die Kirche ist hier sehr streng. Sie möchte sich nicht vorwerfen lassen, zu schnell von einem Wunder zu sprechen. Daher hat sie eigens ein Ärztekomitee eingerichtet und dieses bewusst auch mit Nichtchristen und sogar Atheisten besetzt. Dieses Team prüft jeden Fall sehr genau und nur dann, wenn es zur Überzeugung kommt, dass eine Heilung wissenschaftlich auf keinen Fall erklärbar ist, wird sie als Wunder bezeichnet. Die einzelnen Krankheitsgeschichten werden dabei genauestens dokumentiert. Sie werden hier in Lourdes aufbewahrt und jeder interessierte Mediziner kann einen Einblick in sie bekommen."

Diese Überprüfung kam Sarah sinnvoll vor, wenn sie es auch schade fand, dass nicht öfter von einem Wunder die Rede war – zumal immerhin mehr als 2.000 Fälle medizinisch nicht erklärbar waren. Doch im Grunde spielte es keine Rolle, ob eine Heilung offiziell als Wunder anerkannt wurde oder nicht. Entscheidend war, was sie für den Betroffenen bedeutete und inwiefern sie sein Leben positiv beeinflusste.

Sicher war es für Bernadette eine große Freude mitzuerleben, wie vielen Menschen hier geholfen wurde! Doch wo war sie eigentlich? Das konnte nur Raymund beantworten.

„Ist Bernadette noch in Lourdes oder ist sie bereits nach Nevers abgereist?", wandte sich Sarah an ihn.

„Sie ist schon vor einigen Jahren nach Nevers abgereist. Bei den ersten beiden Wundern, die ich dich sehen ließ, war sie noch hier, doch bei dem dritten hatte sie Lourdes schon seit vielen Jahren verlassen. Genauer gesagt seit zwölf Jahren, denn wir befinden uns gerade im Jahr 1878. Es dauert nur noch ein Jahr und dann wird Bernadette nach Hause gehen."

„Nach Hause? Ich dachte, sie sei nie wieder hierhergekommen?"

„Ist sie auch nicht. Mit nach Hause meine ich den Himmel. Den Ort, an dem sie endlich das Glück erfahren sollte, das ihr von Maria versprochen worden war."

„Das Glück, das sie auf der Erde nicht finden konnte", meinte Sarah nachdenklich. „Wie traurig! Sie, die dazu beigetragen hat, dass so viele Menschen ein glücklicheres Leben führen können, musste selbst auf irdisches Glück verzichten."

„Weltlich betrachtet ist das traurig", stimmte Raymund zu, „doch Bernadette sah das schon immer mit anderen Augen. Und wenn du wüsstest, was für ein großes Glück ihr im Himmel geschenkt wird, würdest du nicht mehr an das Leid denken, das ihr auf der Erde widerfahren ist. Glaube mir, sie wird für alles in überaus reichem Maße entschädigt."

Während Raymund noch erzählte, merkte Sarah, wie das Umfeld sich veränderte und sie zurückkamen in das Lourdes der Gegenwart. In der Grotte stand wieder die Statue der Muttergottes, vor der immer noch zahlreiche Menschen beteten. Menschen aus aller Welt. Gesunde und Kranke. Wie viele von ihnen wohl gerade um ein Wunder baten oder auch nur um Hilfe für sich selbst oder für einen anderen, der ihnen besonders am Herzen lag? Ob es in der Gegenwart überhaupt noch Wunder gab?

„Wann war eigentlich die letzte Heilung in Lourdes, die als Wunder bezeichnet wird?"

„Die letzte Heilung, die offiziell als Wunder bezeichnet wird, liegt gar nicht weit zurück", erklärte Raymund, „sie fand

2008 statt und betraf die 69-jährige Ordensfrau Schwester Bernadette Moriau. Diese litt unter einer Lähmung, saß im Rollstuhl, hatte vier Operationen an der Wirbelsäule hinter sich und bekam Morphium, um die ständigen Schmerzen ertragen zu können. Als sie hier in Lourdes war und an der Sakramentsprozession teilnahm, war es ihr, als würde Jesus zu ihr sagen: ‚Ich sehe dein Leiden, und auch das Leiden deiner Brüder und Schwestern. Opfere mir alles auf.' Daraufhin begann sie, viel für die Kranken um sich herum zu beten. Sie betete nicht für sich selbst, sondern für die anderen. Und doch wurde ausgerechnet sie geheilt."

„Hier in Lourdes?", wollte Sarah fasziniert wissen.

„Nein, nicht hier, sondern erst, als sie wieder zuhause war. Da hörte sie erneut eine Stimme. Dieses Mal sagte sie: ‚Leg deine Geräte ab.' Sie entfernte alles, was ihrem Körper Halt gab, setzte die Medikamente ab – und war vollkommen geheilt."

„Wie schön, dass sie für andere betete und dann selbst geheilt wurde."

„Ja, das ist wirklich sehr schön. Und es zeigt, wie viel es vor Gott wert ist, wenn wir für andere beten."

Eine Weile blickten beide hinüber zur Grotte, jeder in seine eigenen Gedanken versunken. Bis Sarah schließlich fragte: „Hast du jemals jemanden getroffen, der hier geheilt wurde, solange du noch auf der Erde lebtest?"

„Das habe ich", meinte Raymund mit einem wissenden Lächeln, „ich wurde sogar selbst im Zusammenhang mit dem Wasser von Lourdes geheilt."

Und während Sarah ihn fasziniert ansah, begann er zu erzählen: „Damals hatte ich einen Abszess im rechten Daumen. Dieser eiterte so stark, dass der Knochen angefressen wurde. Mein Arzt sprach davon, den Daumen zu entfernen. Da beschloss ich, es mit Wasser aus Lourdes zu versuchen. Zum Glück war der Arzt einverstanden und machte mir einen Verband, den er mit diesem besonderen Wasser tränkte. Schon am nächsten Tag war eine Besserung bemerkbar. Von da an wich der Abszess immer mehr und nur kurze Zeit später war der Daumen vollkommen geheilt. Wie dankbar ich Maria dafür war! Auch wenn ich bereit war, Leid anzunehmen und das auch immer wieder getan habe, war ich zu diesem Zeitpunkt doch sehr froh darüber, weiterhin alle Finger zu haben. Vor allem den Daumen, den ich zum Schreiben dringend brauchte."

„Hast du denn viel geschrieben?"

„Oh ja. Sehr viel! Damit verbunden habe ich mehrere Verlage gegründet, sogar in Japan, und mehrere Zeitschriften herausgegeben."

„Du hast selbst Verlage gegründet? Wie beeindruckend! Wie bist du dabei denn vorgegangen?"

„Ich habe ganz klein begonnen", erklärte Raymund, „als ich das erste Blatt drucken lassen wollte, hatte ich fast kein Geld. Es gab keinen anderen Weg für mich, als zu betteln. Du glaubst gar nicht, wie unangenehm mir das war. Drei Mal kehrte ich vor der ersten Tür um, bevor ich es schaffte, zu klopfen und um Geld zu bitten – aber aus Liebe zur Gottesmutter habe ich es getan, wenn auch mit vor Scham gerötetem Gesicht. Das Blatt trug den Titel ‚Ritter der Immaculata', und da ich noch keine Mitarbeiter hatte, musste ich alles selbst schreiben. Als die zweite Nummer gedruckt werden sollte, hatte ich erneut kein Geld. Dieses Mal bekam ich ein Kuvert mit der Aufschrift ‚Für meine liebe Mutter, die Immaculata', welches genau die benötigte Summe enthielt. So wurde eine Nummer nach der anderen gedruckt und die Zeitschrift nahm einen immer größeren Aufschwung. Ich wollte nicht, dass die Menschen etwas dafür bezahlen mussten, und verschenkte die Ausgaben, sodass ich ganz auf Spenden angewiesen war. Mein Motto war: Sucht zuerst das Reich Gottes, alles andere wird euch dazugegeben. Und so sollte es auch sein. Die Zeitschrift war dazu da, die Menschen näher zu Jesus und Maria zu führen, und die beiden kümmerten sich um die finanziellen Mittel, damit das möglich war. Als in mir der Wunsch entstand, eine Druckpresse zu kaufen, hatte ich wieder einmal kein Geld. Da kam ein Pater aus Amerika zu Besuch, hörte von meinem Wunsch und schenkte mir 100 Dollar. Das war damals viel Geld und reichte genau für die Druckpresse. Wurde ich anfangs belächelt und sogar verspottet, schlossen sich mir nach und nach immer mehr Männer an, die alle der Immaculata geweiht waren, und unterstützten mich in meiner Arbeit, sodass wir zunehmend größere Auflagen herausbringen konnten. Jetzt musste ich nicht mehr alles selbst schreiben; ich konnte die Arbeit aufteilen und auch die Mitarbeiter schrieben Artikel für die Zeitschriften."

Einen Augenblick lang sah er schweigend vor sich hin – als könnte er selbst nicht glauben, was sich alles getan hatte in seinem Leben, dann sagte er: „Eigentlich hatte ich nichts – nicht einmal eine gute Gesundheit – doch ich vertraute auf meine himmlische Mutter. Tat ich das Meinige, so wusste ich, dass sie das Ihre tun würde. Vor jeder Herausgabe beteten wir Tag und Nacht vor dem Allerheiligsten, fasteten, brachten Opfer und empfahlen das Vorhaben der Gottesmutter. Erst dann wurden die Maschinen angelassen. Immer kam zuerst das Gebet."

„Und wie groß waren die Auflagen?"

„Die größte betrug eine Million Exemplare."

Staunend blickte Sarah Raymund an. Eine Million war für damalige Verhältnisse und eine einfache Druckerei sicher sehr viel. Wie hatte er das nur erreicht?

„Ja, unser Werk ist wirklich sehr groß geworden. Es war aber alles das Werk der Gottesmutter. Ich war nur ein Werkzeug, das ihr dienen durfte“, erklärte Raymund. „Für sie ist nichts unmöglich. Sie hat mir sogar ein Grundstück geschenkt, damit ich weiterhin mein Werk für sie durchführen konnte.“

Da er spürte, wie neugierig Sarah war, wollte er ihr diese Geschichte nicht vorenthalten: „In der Nähe von Warschau stand ein Grundstück zum Verkauf. Ich stellte eine Statue der Muttergottes darauf und bat sie, uns zu helfen, es zu erwerben. Als der Besitzer, ein Fürst, uns die Summe nannte, mussten wir erkennen, dass sie zu hoch für uns war, und die Anfrage zurückziehen. Der Fürst wollte von mir wissen, was jetzt mit der Statue auf dem Land geschehen solle, und ich meinte, sie sei ein Geschenk. Er könne sie behalten. Dadurch wurde er so berührt, dass er uns das Grundstück schenkte. Und auf diesem Grundstück wurde Niepokalanów erbaut. Die Stadt der Muttergottes.“

Nach einer kurzen Pause meinte er: „Ich könnte dir noch mehr solcher Erlebnisse erzählen. Doch für heute soll es genug sein. Heute will ich dir nur noch eines sagen: Wenn du die Muttergottes liebst und dich ihr ganz hingibst, dann wirst du glücklich werden, Sarah. Ganz glücklich.“

Gerührt blickte Sarah ihn an.

Dann fragte sie das, was ihr schon lange auf dem Herzen lag: „Wann wirst du mir endlich sagen, wer du wirklich bist?“

„Möglicherweise bei der nächsten Begegnung“, meinte ihr geheimnisvoller Freund mit einem Lächeln, „doch jetzt müssen wir erst einmal ausmachen, wo wir uns wiedersehen. Ich würde vorschlagen, dort, wo du Maria am besten kennenlernen kannst. An dem Ort, wo sie viele Jahre lang lebte.“

„In Israel?“, fragend richtete Sarah ihre Augen auf Raymund, und als dieser nickte, spürte sie, wie eine stille Vorfreude in ihr

Herz einzog. Israel! Dieses Land wollte sie schon lange einmal besuchen und jetzt war endlich die Zeit dafür gekommen. Und sie würde nicht allein reisen müssen, sondern einem lieben Freund begegnen, der ihr Ereignisse zeigte, die den Augen aller anderen verborgen blieben. Dass der richtige Zeitpunkt dafür die nächsten Ferien sein sollten, stand für sie fest. Und die Frage, wo sie Raymund treffen würde, konnte sie sich dieses Mal sparen. Er würde sicher zur rechten Zeit auftauchen – so wie er auch hier immer wieder aufgetaucht war.

„Bevor ich gehe, habe ich noch ein kleines Abschiedsgeschenk für dich." Raymund deutete mit der Hand zu einer Stelle am Flussufer. Als Sarah näher hinsah, entdeckte sie dort ein kleines Stück Papier, das sich im Gras verfangen hatte. Neugierig stand sie auf, kletterte den Hang hinab und nahm das Papier in die Hand.

Es war aus ihrem Buch über Tobi! Die Bibelstelle, die darauf stand, hatte sie vor vielen Jahren gezogen. Noch bevor sie Tobi in Lourdes getroffen hatte. Bevor sie 17 Jahre lang gedacht hatte, dass er „der Richtige" sei. Diese Stelle hatte damals so eindringlich zu ihr gesprochen, dass Sarah sie sogar in ihr Buch aufgenommen hatte – ohne zu ahnen, welche Bedeutung sie viele Jahre später haben würde.

Gerade wollte sie sich an Raymund wenden und ihn um eine Erklärung bitten, da sah sie, wie er ihr zuwinkte, sich umdrehte und verschwand. Er würde ihr also keine Erklärung geben. Sie musste selbst darauf kommen, was die Bibelstelle ihr sagen wollte.

Mit dem Zettel in der Hand kletterte sie wieder nach oben, setzte sich auf die Bank gegenüber der Grotte und las den Satz wieder und wieder: „Was ich tue, kannst du jetzt noch nicht verstehen, aber später wirst du es begreifen."

Sprach Gott doch manchmal durch Bibelstellen zu ihr? Und hatte er ihr diesen Satz schon damals gegeben, um ihr jetzt, so viele Jahre später, klarzumachen, dass er auch in den schweren Zeiten immer bei ihr gewesen war? Dass er bewusst zugelassen hatte, dass sie 17 Jahre lang auf Tobi wartete, in dem Wissen, dass sie „später" einmal begreifen würde, wozu das gut war? Doch wann war dieses „Später"? Vielleicht sogar noch während ihrer Reisen mit Raymund? Sarah hoffte es, denn sie war sich sicher, erst dann wirklichen Frieden zu finden.

Links von ihr kamen immer mehr Menschen zusammen. Sie versammelten sich zur Sakramentsprozession, in deren Mittelpunkt Jesus stand. „Man soll in Prozessionen hierherkommen", so hatte Maria es gewünscht. Und man kam in Prozessionen hierher. So viele Menschen. Tag für Tag, Jahr für Jahr.

Sarah stand auf, um sich den Betenden anzuschließen. Sie würde noch ein paar Tage hierbleiben, vor der Grotte sitzen und an Prozessionen teilnehmen. Und dann würde sie eine neue Fahrt planen. Eine Fahrt nach Israel. Was ihr diese wohl bringen würde?

Jerusalem

Zehn Wochen später war es so weit. Sarah saß in einem Flugzeug von München nach Tel Aviv. Während sie es sich auf ihrem sonnengelben Nackenkissen bequem machte und den Blick über das weißgraue Wolkenmeer schweifen ließ, zogen die Ereignisse der letzten Zeit noch einmal an ihr vorüber.

Nachdem sie aus Lourdes zurückgekommen war, hatte sie gehofft, die Zusage von Raymund würde bald Wirklichkeit werden und in ihrem Leben würde sich schnell etwas ändern. Stattdessen musste sie immer noch an Tobi denken und daran, wie sehr sie sich 17 Jahre lang getäuscht hatte. Und irgendwie konnte sie keinen Frieden finden. Immer, wenn sie glaubte, dass er trotz allem der Richtige für sie war, zog sich alles in ihr zusammen. Und wenn sie es nicht glaubte, auch.

Daher beschloss sie, wieder einmal zu ihrem Hilfsmittel in äußerster Not zu greifen: Sie zog ihre Sportklamotten an, nahm ihre Marienstatue in den Arm und ging, einen Rosenkranz nach dem anderen betend, nach Altötting. Dass die Leute sie komisch anschauten, als sie mit einer Statue von Maria durch die Gegend marschierte, war ihr vollkommen egal. Wusste sie ja, wofür sie diese Wallfahrten machte. Das erste Mal für Tobi und eine endgültige Loslösung von ihm. Doch nichts geschah. Das zweite Mal einfach für „den Richtigen“. Wieder geschah nichts. Erst als sie ein drittes Mal gewallfahrtet war – erneut für „den Richtigen“ –, hatte sich etwas getan. Sie hatte Jakob getroffen, den sie vor Jahren sehr anziehend gefunden hatte. Damals hatte er ihr sogar geschrieben, ob sie sich nicht einmal treffen wollten, aber diese Nachricht war nie bei ihr angekommen. Erst Jahre später hatten sie das Missverständnis geklärt. Doch da war bereits Tobi in ihr Leben getreten und für eine Beziehung mit Jakob war es zu spät. Was aber, wenn er doch der Richtige war?

Jedenfalls saß er gerade im selben Flugzeug wie sie. Wenn auch mit ein paar Freunden mehrere Sitzreihen entfernt. Eigenartig, dass er ausgerechnet jetzt nach Israel flog, als auch sie dorthin unterwegs war. Vielleicht würde sich während der Reise die Gelegenheit ergeben, näher mit ihm ins Gespräch zu kommen.

Natürlich war da immer noch die Erinnerung an Tobi, der ihr Herz viele Jahre lang so berührt hatte. Aber Sarah ging davon aus, dass diese Erinnerung im Laufe der Zeit schwächer werden und in ihrem Herzen irgendwann Platz für eine neue Liebe sein würde. Warum sollte sie also nicht offen dafür sein, Zeit mit Jakob zu verbringen?

Nur, weil sie vor Jahren die Augen von Tobi vor sich gesehen hatte, als sie in der Kapelle für Jakob gebetet hatte?

Während sie darüber nachdachte, wie verwirrend das alles war, fiel ihr Blick auf das schwarzblaue Smiley, das ihr vom Rand ihres Nackenkissens aus entgegenlachte und für einen kurzen Augenblick ein Lächeln in ihr Gesicht zauberte. Wie gut, dass sie es erst nach dem Kauf entdeckt hatte, andernfalls hätte sie das Kissen keinesfalls erworben. Es wäre ihr zu albern vorgekommen. Doch jetzt war sie froh darüber, dass sie etwas hatte, das sie zum Lächeln brachte.

Doch nein, sie durfte nicht undankbar sein! In ihrem Leben gab es so vieles, das sie zum Lächeln brachte! Wenn sie auch in der Liebe kein Glück hatte, so doch in der Schule umso mehr. Sie war die Klassenleitung einer wunderbaren zehnten Klasse gewesen, die ihr das ganze Jahr über sehr viel Liebe geschenkt hatte und bei der sie nur eines traurig machte: der Gedanke daran, dass sie nächstes Jahr nicht mehr da war. Auch die anderen Klassen, die sie unterrichtet hatte, hatten einen großen Platz in ihrem Herzen. Überhaupt hatten alle, mit denen sie in der Schule zu tun hatte, einen Platz in ihrem Herzen und zeigten ihr, dass es seinen Sinn hatte, dass sie Lehrerin war und alles an Zeit und Kraft darin investierte, dieser Aufgabe so gut wie möglich nachzukommen.

Wie sagte Dietrich Bonhoeffer doch einmal: „Es gibt erfülltes Leben trotz vieler unerfüllter Wünsche." Wenn sie heimkam, würde sie dieses Zitat auf ein Blatt Papier schreiben und über den Spiegel hängen.

Schade, dass Mirjam nicht dabei war. Eigentlich hätte die Freundin sie auf dieser Reise begleiten können. Doch sie war zu sehr mit anderen Dingen beschäftigt. Sarah konnte immer noch nicht glauben, was Mirjam ihr beim letzten Gespräch erzählt hatte. Würde sie ihren Plan tatsächlich in die Tat umsetzten und alles zurücklassen, um dieses eine Ziel zu verfolgen? Vielleicht war es ja nur eine Phase und in wenigen Wochen war alles wieder vergessen. Fast hoffte Sarah das, denn nur ungern wollte sie sich von der Freundin trennen.

Eine freundlich dreinblickende Flugbegleiterin blieb mit einem Wagen voller Getränke neben Sarah stehen und während sich ihr Sitznachbar für blutroten Tomatensaft entschied, begnügte sie sich mit einem Becher Kaffee. Als sie diesen Schluck für Schluck genoss, ließ sie den Blick über ihre Reisegruppe gleiten. Es waren unterschiedlichste Altersgruppen vertreten – Familien mit kleinen Kindern, Jugendliche, junge Erwachsene, aber auch Senioren. Sarah hatte die Gruppe über das Internet entdeckt und war vor allem davon begeistert gewesen, dass diese vorhatte, die heiligen Orte möglichst in der Reihenfolge aufzusuchen, in der sie für Jesus und seine Mutter Maria eine Rolle gespielt hatten. Der Reiseleiter, ein Familienvater mit sechs Kindern, hatte ihr zudem zugesichert, dass sie den nötigen Freiraum bekommen werde, die Orte selbst zu erkunden. Und das wollte sie tun, um Raymund so oft wie möglich begegnen zu können. Sie war jetzt schon gespannt darauf, was er ihr dieses Mal alles zeigen würde!

Ein Blick auf die Uhr sagte ihr, dass der Flug dem Ende zuging, und tatsächlich – vom Fenster aus war nicht länger ein weißes Wolkenmeer zu sehen, sondern türkis schimmerndes Meerwasser und daneben eine unzählbare Menge an Häusern, die wie Muscheln auf dem Meeresgrund aus dem Boden ragten. Eines neben dem anderen. Hohe, niedrige, breite, schmale, graue, weiße, bunte.

Kurz darauf wurde alles grau. Das Flugzeug näherte sich der Landebahn und setzte mit einem leichten Ruck auf der Erde auf. Erleichtert applaudierte Sarah zusammen mit all den anderen Passagieren. Wie immer war sie heilfroh, wieder auf dem Boden angekommen zu sein. Die Stunden in der Luft waren ihr nie ganz geheuer.

Sarah atmete tief ein, als sie das Flugzeug verließ und das Land betrat. Sie liebte es, schon allein am Geruch zu erkennen, dass sie in der Fremde war. Und an der Temperatur. Wobei sie ehrlich sagen musste, dass ihr gemäßigtere Temperaturen lieber waren als das, was sie hier zu spüren bekam. Hier fühlte sie sich wie ein Marshmallow über der Glut und es dauerte nicht lange, bis ihr erste Schweißtropfen den Rücken hinabliefen. Musste sie auch ausgerechnet im August nach Israel fliegen!

Bei der Gepäckausgabe traf sie auf Jakob und seine Freunde. Er lächelte sie an und fragte, ob sie auf der Fahrt nach Jerusalem im Bus nicht neben ihm sitzen wolle. So hätten sie die Gelegenheit, sich ein wenig zu unterhalten. Natürlich wollte Sarah! Nach außen hin setzte sie eine neutrale Miene auf, um nicht durchschaut zu werden, doch innerlich machte ihr Herz einen kleinen Sprung! Vielleicht war Jakob ja doch der Richtige für sie – egal, was damals mit den Augen von Tobi gewesen war! Und egal, welche Gefühle jener auch jetzt noch in ihr hervorrief.

Nachdem sie ihren königsblauen Rollkoffer im Gepäckfach verstaut hatte, setzte sie sich neben Jakob in den Bus, um die nächsten Stunden in seiner Gesellschaft zu verbringen.

Eineinhalb Stunden sollte die Fahrt nach Jerusalem dauern und sie verging wie im Flug. Jakob verstand es, zuzuhören und Sarah das Gefühl zu geben, dass ihn alles, was sie sagte, aufrichtig interessierte. Von sich erzählte er nicht viel. Aber das schrieb Sarah seiner zurückhaltenden, feinen Art zu.

In Jerusalem blieb der Bus stehen, noch bevor sie ins Innere der Stadt vorgedrungen waren. Der Reiseleiter schlug der Gruppe vor, auszusteigen und von hier aus einen ersten Blick auf die Heilige Stadt zu werfen. Nur zu gern kam Sarah seiner Aufforderung nach und als sie kurz darauf von der Straße aus auf Jerusalem blickte, blieb ihr einen Augenblick lang im wahrsten Sinne des Wortes die Luft weg. Noch nie hatte eine Stadt das in ihr ausgelöst, was sie nun empfand, und es war ihr, als würde sie eine leise Ahnung von der Größe und Bedeutung Jerusalems bekommen.

Sie konnte sich nicht erklären, was genau dieses Gefühl in ihr auslöste – nicht das weißstrahlende Meer an Häusern, auf das sie blickte, nicht die goldene Kuppel des Felsendoms an der Stelle, an der einst der Tempel gestanden hatte, nicht die hohe steinerne Mauer, welche die Stadt umschloss, und erst recht nicht der Friedhof zu ihren Füßen, der sich von hier bis zur Stadtmauer erstreckte. Es war etwas, das über all diese äußeren Dinge hinausging und mit Worten nicht zu fassen war. Schweigend stand sie mehrere Minuten lang da und gab sich einfach dem hin, was sie empfand.

Nur mit halbem Ohr hörte sie die Erzählung des Reiseleiters, der berichtete, dass das Tor mitten in der Mauer „Goldenes Tor" hieß und eine große Bedeutung hatte. Hier sollten sich Joachim und Anna, die Eltern von Maria, das erste Mal gesehen haben. Und als Jesus vor diesem Tor stand, sollte es sich von selbst geöffnet haben, damit er hindurchschreiten konnte. Da es hieß, der Messias würde eines Tages durch das Goldene Tor wiederkommen, war es Jahrhunderte später zugemauert worden. Damit sollte seine Wiederkehr verhindert werden. Als würde der Messias sich von einem zugemauerten Tor abhalten lassen. Sarah musste leise lachen, als sie das hörte.

Viel zu schnell wurde die Gruppe gebeten, wieder in den Reisebus einzusteigen, um zur Unterkunft zu fahren. Ob es Jakob beim Blick auf Jerusalem genauso ergangen war wie ihr? Sarah wagte es nicht, ihn das zu fragen, stellte aber fest, dass die Unterhaltung zwischen ihnen ins Stocken geraten war.

Am Hotel trennten sich ihre Wege dann. Sarah holte ihren Koffer und blieb einige Sekunden lang stehen, um die prächtige Außenfassade der Unterkunft zu bewundern. Diese erinnerte sie ein wenig an eine Burg aus dem Mittelalter. Mittendrin ragte ein schmaler Turm dem Himmel entgegen. Am liebsten wäre die junge Frau sofort auf diesen hinaufgestiegen, um den Ausblick über Jerusalem zu genießen. Doch jetzt musste sie erst einmal ihr Zimmer beziehen. Sie betrat den Eingangsbereich und stand unter einer riesigen himmelblauen Kuppel, unter der sie sich wie in einer Geschichte aus Tausendundeiner Nacht fühlte. Ein freundlicher Herr an der Rezeption reichte ihr den Schlüssel und kurz darauf betrat sie ein kleines Zimmer mit hohen Fenstern, einem breiten Bett und einer kleinen roten Couch für gemütliche Stunden zwischendurch.

Sarah hatte für die gesamte Reise ein Einzelzimmer gebucht, um kommen und gehen zu können, wie sie wollte, ohne jemanden zu stören oder gar Rechenschaft ablegen zu müssen. Am liebsten wollte sie auch gleich diesen Vorteil nutzen. Aber konnte sie jetzt noch in die Stadt gehen, während alle anderen im Hotel blieben, um sich von der Anreise zu erholen?

Sie konnte! Um keine Zeit zu verlieren, ließ sie ihren Koffer stehen, wie er war, und marschierte, lediglich mit ihrer Handtasche ausgerüstet, los. Wo sollte sie beginnen? Der wichtigste Ort für die Juden war der Tempel. Sicher spielte er auch im Leben von Maria eine große Rolle. Und vielleicht würde ihr dort auch Raymund begegnen. Mit dieser Hoffnung machte sie sich auf den Weg. Immer noch konnte sie es kaum glauben, tatsächlich in Jerusalem zu sein, und versuchte, alle Eindrücke tief in sich aufzunehmen.

Direkt vor dem Hotel verlief eine mehrspurige Straße, die nach dem König benannt wurde, dem Gott versprochen hatte, dass sein Königtum auf ewig Bestand haben sollte. Kurz darauf kam Sarah auch an einem Hotel vorbei, das ebenfalls nach diesem König benannt war, dem King David Hotel, das Sarahs Unterkunft allein schon vom Umfang her weit übertraf. Ansonsten erinnerte nicht viel in dieser Umgebung an die Zeit, als hier noch Könige herrschten. Auf der Straße eilte ein Fortbewegungsmittel nach dem anderen vorbei, in der Luft mischten sich die Abgase der Fahrzeuge mit dem ausgleichenden Aroma zahlreicher Bäume am Wegesrand, neben dem Gehweg lud eine Galerie nach der anderen zum Verweilen ein. Vielleicht würde Sarah sich später mehr Zeit für die vielen Attraktionen nehmen, jetzt wollte sie vor allem zum Tempelberg kommen. Deshalb war sie nicht traurig, als sie die belebte Straße nach einer Weile verließ und in eine schmalere einbog.

Hier kam sie an einer Gruppe Jugendlicher vorbei, die voller Leidenschaft Fußball spielte. Die junge Frau blieb einen Augenblick stehen und sah zu. Das Spiel an sich war nicht ungewöhnlich: Jugendliche, die strotzend vor Lebenskraft einem Ball hinterherliefen. Ungewöhnlich war nur die Kleidung, die sie dabei trugen: Alle hatten eine schwarze Hose und ein weißes Hemd an. Dazu trugen sie voller Stolz eine Kippa. So etwas hatte Sarah in Deutschland noch nie gesehen. Dort würden Jugendliche für verrückt erklärt werden, wenn sie im Anzug Fußball spielten. Aber wahrscheinlich hatte diese Kleidung religiöse Gründe. Andernfalls hätten die Jungen beim Sport sicher etwas anderes getragen.

Sarah überließ sie ihrem Spiel und ging weiter. Kurze Zeit später stand sie vor einem hohen steinernen Tor, dem Jaffator. Dieses stand seit mehr als 1.500 Jahren hier und wurde bereits von unzähligen Menschen durchschritten, darunter auch mehreren hochstehenden Persönlichkeiten. Sarah beobachtete die Tauben, die es sich auf einer Leiste oberhalb des Eingangs bequem gemacht hatten, und hoffte, dass keine auf die Idee kam, ihre Hinterlassenschaften fallenzulassen, während sie darunter hindurchging. Dann durchschritt sie das Tor und befand sich kurz darauf mitten zwischen dem christlichen und aramäischen Viertel. Die zahlreichen Läden, die hier mit unterschiedlichsten Produkten um ihre Aufmerksamkeit warben, ignorierte Sarah. Sie wollte endlich am Tempelberg ankommen. Je näher sie diesem kam, desto mehr traditionell gekleidete Juden begegneten ihr. Vor allem viele Männer mit weißem Hemd, schwarzer Hose, schwarzem Frack und schwarzem Hut fielen ihr ins Auge. Doch nicht nur Männer in traditioneller Kleidung, sondern auch immer mehr bewaffnete Polizisten kamen ihr entgegen. Diese trugen ihre Schusswaffen gut sichtbar in den Händen – bereit, sie jederzeit einzusetzen, wenn es denn nötig sein sollte. Irgendwie unheimlich, wie sehr hier alles bewacht und kontrolliert wurde! Das war ihr schon am Flughafen aufgefallen, als sie getrennt von den anderen befragt worden war. Sie hatte genau erklären müssen, warum sie nach Israel reisen wollte und was sie dort alles vorhatte. Dabei war sie sich vorgekommen wie eine Schwerverbrecherin im Verhör, ohne auch nur das Geringste verbrochen zu haben.

Auch jetzt musterte ein Wachmann sie mürrisch von oben bis unten, ließ sie aber weitergehen, ohne Fragen zu stellen.

Endlich erreichte sie ihr Ziel und stellte sich zusammen mit vielen anderen an, um ins Innere des Geländes zu kommen. Bevor dieses betreten werden durfte, wurden alle einer strengen Kontrolle unterzogen. Natürlich durfte niemand etwas mitnehmen, womit er andere verletzen konnte, aber auch religiöse Gegenstände waren unerwünscht. Während Sarah abwartend dastand, beobachtete sie die Menschen um sich herum. Sie erkannte, dass Angehörige unterschiedlicher Religionen anwesend waren. Auf jeden Fall strenggläubige Muslime und ebenso strenggläubige Juden. Beide waren an ihrer Kleidung eindeutig erkennbar. Aber es gab auch einige Christen und mit Sicherheit auch Menschen, die sich keiner der vertretenen Religionen zugehörig fühlten.

Mit der Zeit wurde die Schlange kürzer und Sarah näherte sich dem Eingang. Ihre Aufregung glich beinahe der, die sie als kleines Kind empfunden hatte, wenn sie vor dem Wohnzimmer wartete, in dem das Christkind die Geschenke vorbereitete. Was sie wohl zu sehen bekommen würde? Und ob Raymund dort drinnen auf sie warten würde? Sie freute sich jedenfalls schon sehr darauf, ihn wiederzusehen. Irgendwie war er ihr inzwischen richtig ans Herz gewachsen.

Endlich hatte sie die Kontrolle passiert und marschierte über eine lange Holzbrücke. Ein Blick nach unten zeigte ihr eine hohe Mauer, vor der sich zahlreiche Menschen befanden. Die Klagemauer! Was für ein Geschenk, diese besondere Stätte des Gebetes mit eigenen Augen sehen zu dürfen! Einen Augenblick würde sie wohl stehenbleiben können, um diesen besonderen Moment zu würdigen. Wie hoch die Mauer war! Und wie viele Menschen davor beteten. Von oben sahen sie aus wie ein weißer Flickenteppich, übersät von kleinen schwarzen Punkten. Die Männer standen auf der rechten Seite, die Frauen auf der linken. Dazwischen verlief eine gelbgrüne Mauer aus Stellwänden, die jedes Durchkommen und auch jeden Blickkontakt mit der anderen Seite verhinderte. Wenn sie später wieder nach unten kam, würde auch Sarah sich den Betenden anschließen und ebenso wie diese einen Zettel mit Bitten an Gott in eine Lücke zwischen den Steinen stecken, doch nun war es für sie an der Zeit weiterzugehen.

Nachdem sie die Brücke passiert hatte, befand sie sich dort, wo früher einmal der riesige Tempel gestanden hatte. Wie traurig, dass davon so gut wie nichts mehr übrig war! Stattdessen stand dort der Felsendom, der im 7. Jahrhundert nach Christus von Muslimen erbaut worden war. Vor diesem parodierten Wachmänner, die streng darauf achteten, dass keiner der gläubigen Juden auf die Idee kam, hier ein Gebet zu sprechen. Wenn die Juden nicht durch deren grimmige Mienen eingeschüchtert waren, so sicher durch die einsatzbereiten Waffen in ihren Händen. Tatsächlich wagte es keiner, laut zu beten. Doch in ihrem Herzen schickten sicher viele ein Gebet zum Himmel empor, da war Sarah sich sicher, denn für traditionsbewusste Juden war die Stelle, an welcher der Felsendom errichtet worden war, von entscheidender Bedeutung. Glaubten sie doch, dass hier mehrere wichtige Ereignisse stattgefunden hatten: Hier sollte die Gründung der Welt stattgefunden haben, hier war Abraham bereit gewesen, Isaak als Opfer darzubringen, hier war die Bundeslade aufbewahrt worden.

Aber auch für die Muslime war dieser Platz von entscheidender Bedeutung, denn sie glaubten, dass Mohammed von hier aus seine Himmelfahrt angetreten hatte und früheren Propheten des Judentums begegnet war. Sogar Jesus sollte er hier begegnet sein.

Neugierig umrundete Sarah das Gebäude und bewunderte dabei die wunderschönen Muster, die mithilfe von Keramikfliesen an den Wänden angebracht worden waren. Dabei fielen ihr vor allem die verschiedenen Blautöne ins Auge – von einem hellen Blau, das in Richtung Türkis ging, bis zu einem dunklen, kräftigen Königsblau. Auch gelbe und grüne Muster waren zu sehen. Daneben immer wieder arabische Schriftzeichen in weißer Farbe. Mit den zahlreichen Rundbögen und der golden leuchtenden Kuppel war dieses Gebäude in ihren Augen ein Meisterwerk der Baukunst.

Jetzt erst fiel Sarah das Gebäude ganz in der Nähe des Felsendoms auf – die al-Aqsa-Moschee, die zwar viel mehr Raum einnahm als der Felsendom, aber von den Farben her wesentlich unauffälliger war.

Sarah näherte sich diesem Gebäude, blieb dann aber auf halbem Weg beim El Kas-Becken stehen. Hier war der perfekte

Platz, um eine kleine Pause einzulegen. Während sie den Brunnen mit der großen Schale in der Mitte näher betrachtete, sah sie von rechts jemanden auf sich zukommen. Sie musste allerdings zweimal hinsehen, bevor sie erkannte, wer es war.

„Raymund?", fragte sie zögernd, während sie den Mann beobachtete, der dieses Mal nicht seinen altmodischen Anzug trug, sondern stattdessen ein schwarzes Ordensgewand mit Kapuze, das oberhalb der Taille von einem weißen Zingulum gegürtet wurde.

Ein Lächeln zog über sein Gesicht, als er merkte, dass sie ihn erkannt hatte. „Sarah, wie schön, dich zu sehen!"

„Du bist Ordensmann?"

„Ja, ich bin Ordensmann. Franziskaner-Minorit, um genau zu sein."

„Das wolltest du also andeuten, als du sagtest, du würdest später einmal in der Kleidung kommen, die du ‚für gewöhnlich' trägst."

Noch immer war Sarah leicht überfordert von dem, was sie nun sah. Erst Mirjam und nun auch noch er. Sie war umgeben von Ordensleuten.

„Wie ich sehe, bist du gut in Israel angekommen", meinte er, ohne sich durch ihre Verwirrung aus der Ruhe bringen zu lassen. „Wie war der Flug?"

„Er war in Ordnung. Abgesehen davon, dass ich nicht gerne stundenlang in der Luft bin. Dabei fühle ich mich so ausgeliefert und irgendwie ist mir das Ganze nicht geheuer."

„Ich liebte es zu fliegen!"

„Du liebtest es, zu fliegen?", Sarah konnte nicht glauben, dass diese Aussage sein Ernst war.

„Sehr! Ich habe sogar selbst einen Flugmotor von sehr hoher Geschwindigkeit konstruiert und träumte davon, ein

Flugzeug zu bauen, das in der Lage wäre, auf den Mond zu fliegen."

„Auf den Mond?", ungläubig sah sie ihn an, um herauszufinden, ob er die Wahrheit sagte, doch er verzog keine Miene.

Stattdessen meinte er nur: „Du weißt ja, ich hatte immer schon sehr hohe Ziele."

„Ich erinnere mich – du wolltest ja auch alles zur ‚größten Ehre Gottes' machen und nicht nur zur ‚größeren', so wie die anderen. Möchtest du mir nicht langsam verraten, wer du wirklich bist?"

„Man nennt mich Pater Maximilian. Raymund war mein Taufname, doch seit meiner Zeit im Kloster bin ich nur noch unter dem Namen Maximilian bekannt."

„Soll auch ich dich jetzt so nennen?"

„Wenn es dir recht ist, gerne."

Pater Maximilian also. Es war schön, den Namen zu kennen, der seit vielen Jahren zu ihm gehörte – wenn es auch irgendwie eigenartig war, nicht länger Raymund sagen zu können.

„Es ist kein Problem, wenn du mich noch ab und zu mit meinem alten Namen ansprichst", beruhigte P. Maximilian sie, der ihre Gedankengänge nachvollziehen konnte.

„Warum macht man das eigentlich, dass man in manchen Orden einen neuen Namen annimmt?", wollte Sarah wissen. „Der Name, den die Eltern für einen aussuchen, ist doch so etwas Besonderes!"

„Natürlich ist er etwas Besonderes", bestätigte P. Maximilian, „doch wenn man seine Ordensgelübde ablegt, geht man einen neuen Lebensweg. Einen Weg, zu dem man von Gott in besonderer Weise gerufen wird, und das drückt man auch durch den neuen Namen aus."

„Sicher ist es für Eltern nicht leicht, wenn das eigene Kind auf einmal anders heißt", überlegte Sarah laut.

„Für manche Eltern nicht“, stimmte P. Maximilian zu, „doch für meine war es eine große Freude, da sie überglücklich darüber waren, mich im Orden zu wissen. Für sie war das gottgeweihte Leben das Größte, und nachdem meine beiden Brüder und ich uns für diesen Weg entschieden hatten, traten auch sie selbst in einen Orden ein, wo sie bis zum Ende ihres Lebens blieben. Meine Mutter in den Orden der Benediktinerinnen, mein Vater in den Orden der Franziskaner.“

„Beide Elternteile gingen ins Kloster?“, so etwas hatte Sarah noch nie gehört und sie hätte auch nicht gedacht, dass so etwas möglich sein konnte.

„Ja, nachdem sie uns großgezogen hatten und wir alle unseren eigenen Weg gingen, entschlossen sie sich zu diesem Schritt. Und der Zeitpunkt, an dem ich davon erfuhr, hätte nicht besser gewählt sein können. Ich hatte gerade eine große seelische Krise und überlegte, ob ich nicht lieber Soldat werden sollte, statt Ordensmann. Oft entwarf ich strategische Pläne und manövrierte zwei Heere auf einem selbsterstellten Schlachtfeld. Dazu kam meine große Sehnsucht danach, für Maria zu kämpfen, und ich dachte, das sei vor allem als Soldat möglich. Gerade wollte ich zum Provinzial gehen und ihn über meinen Abschied vom Kloster informieren, als es an der Pforte läutete. Es war meine Mutter, die mir sagte, dass auch mein Bruder Josef, sie und Vater ins Kloster gehen würden. Nach diesen Neuigkeiten brachte ich es nicht übers Herz, ihr von meinen Plänen zu berichten. Ich sah den Besuch meiner Mutter als Teil der göttlichen Vorsehung an, eilte zum Provinzial und bat statt meiner Entlassung um meine Einkleidung. Im Nachhinein betrachtet waren alle Gedanken an einen Abschied vom Orden nichts als eine große Versuchung. Und wie dankbar bin ich, dieser nicht erlegen zu sein!“

„Du warst also wirklich berufen?“

„Natürlich war ich das! Sonst hätte Gott kaum im letzten Moment eingegriffen, als ich das Kloster verlassen wollte, sondern mich gehen lassen. Und nicht nur das – auch zuvor hat er über Jahre hinweg alles so gefügt, dass ich diesen besonderen Weg mit ihm gehen konnte.“

„Und warst du auch glücklich als Ordensmann?“, fragte Sarah, während P. Maximilian und sie sich auf eine breite Steinmauer setzten, über die sich ein dicht bewachsener Baum beugte, der Schutz vor der brennenden Sonne bot.

„Das war ich! Wenn ich auch viele Kämpfe bestehen musste. Aber die gehörten nun einmal dazu“, erwiderte P. Maximilian. „Ich war schon damals der Meinung, dass Prüfungen nützlich und unentbehrlich sind, damit ein Mensch geläutert wird – so, wie der Tiegel im Gold geläutert wird und erst dann in seiner wahren Schönheit erstrahlt, so erstrahlt auch ein Mensch erst in seiner wahren Schönheit, nachdem er durch das Leid geläutert wurde. Denn das Leid ist eine Schule der Liebe. Und indem wir es annehmen, zeigen wir Gott, wie sehr wir ihn lieben.“

Nach diesen Worten blickte er nach oben zu dem Baum, der ihnen so wohltuenden Schatten spendete, und meinte: „Sieh nur, was für ein schöner Baum hier steht. Und wie treu er für uns sorgt! Ich habe Bäume schon immer geliebt und in meiner alten Heimat viele davon gepflanzt. Sie stehen bis heute dort.“

„Bis heute? Meinst du damit die Gegenwart?“, fragte Sarah nach.

„Ja, die Gegenwart. Vielleicht kannst du einmal in meine Heimat reisen und sie besuchen.“

„Dazu müsste ich erst wissen, wo diese Heimat ist“, erwiderte Sarah, die bei der Vorstellung, Bäume zu besuchen, ein Lachen nicht unterdrücken konnte.

„Du lachst bei der Vorstellung, Bäume zu besuchen?"

Allerdings!", bestätigte Sarah. „Wer besucht schon einen Baum?"

„Nun, ich habe es getan", sagte P. Maximilian seelenruhig, und als Sarah ihn ungläubig ansah, fügte er hinzu: „Ja, tatsächlich! Nach meiner Priesterweihe fuhr ich extra nach Pabianice, einem Ort aus meiner Kindheit, um meinen Bäumen einen Besuch abzustatten."

„Sie haben sich sicher sehr darüber gefreut", dachte Sarah schmunzelnd, zog es aber vor, diesen Gedanken nicht laut auszusprechen.

Dann meinte P. Maximilian: „Fürs Erste haben wir genug über mich geredet, jetzt ist es an der Zeit, uns auf die Person zu konzentrieren, wegen der wir hier sind."

„Auf Maria."

„Ja, auf Maria. Du hast zuvor gefragt, ob es nicht schwer für Eltern ist, wenn ihr Kind einen anderen Namen annimmt. Ich glaube, viel schwerer ist der Moment, wenn ihr Kind das Zuhause für immer verlässt und sie es loslassen müssen."

„Da hast du recht", stimmte Sarah ihm zu, „dieser Moment ist bestimmt viel schwerer."

„Erst recht, wenn er so früh kommt, wie bei den Eltern von Maria", fuhr P. Maximilian fort.

„Mussten Marias Eltern sich so früh von ihr trennen?"

„Sehr früh! Mehr will ich aber nicht verraten, denn du wirst diese Situation gleich mit eigenen Augen sehen. Doch zuvor würde ich dir empfehlen aufzustehen, denn die Steinmauer, auf der wir gerade sitzen, wird es bald nicht mehr geben."

Gerade noch rechtzeitig erhob sich Sarah und war froh, dem Rat ihres Begleiters nachgekommen zu sein, denn tatsächlich war die Mauer gleich darauf verschwunden. Stattdessen befanden sich die beiden mitten auf einer sehr großen Fläche. Rechts von ihnen, links von ihnen und auch vor ihnen waren zahlreiche steinerne Säulen von gigantischer Höhe zu sehen, die unterschiedlich gestaltete Dächer trugen. Als Sarah sich umdrehte, blickte sie auf ein Gebäude, das sich von allen anderen Bauwerken abhob. Wie ein Diamant, der mitten in einer Hand voller Edelsteine lag und bei dem dennoch sofort klar war, dass er etwas ganz Besonderes war, ragte es empor.

„Ob hier wohl die Bundeslade aufbewahrt wurde?“, fragte sich Sarah, während sie die Mauern betrachtete, die mit mehreren goldenen Streifen verziert waren, sowie die prächtigen Säulen am Eingangsbereich, welche alle anderen Säulen sowohl an Höhe als auch an Schönheit übertrafen. Davor wurde irgendetwas verbrannt und eine graue Rauchwolke stieg unaufhörlich zum Himmel empor. Als der Wind leicht drehte, trug er einen Teil des Rauches zu Sarah. Er hüllte sie ein, brachte sie zum Husten und der beißende Geruch setzte sich in ihrer Kleidung fest. Und während sich die junge Frau die tränenden Augen rieb, fragte sie sich, was hier wohl verbrannt wurde. Leider konnte sie es nicht sehen, da um das Gebäude herum ein weiteres, etwa halb so hohes Gebäude erbaut worden war, das es wie eine schützende Mauer umgab. Doch auch ohne etwas zu sehen, bekam Sarah bald eine Antwort auf ihre Frage, als sie das Blöken mehrerer Schafe, das Meckern von Ziegen und das Gurren von Tauben hörte. Natürlich. Brandopfer! Früher hatte man Gott Tiere geopfert, um sich für etwas zu bedanken, um ihm Ehre zu erweisen oder auch um Vergebung zu bitten.

Wo war eigentlich P. Maximilian? Erst jetzt wurde Sarah bewusst, dass er gar nicht mehr neben ihr stand. Sie drehte sich um und sah ihn bei einer Gruppe weißgekleideter Männer, die sich rege unterhielten. Als er merkte, dass sie nach ihm Ausschau hielt, kam er mit raschen Schritten zurück.

„Verzeih, dass ich dich allein ließ“, entschuldigte er sich, „in mir kam kurz meine alte Leidenschaft zur Diskussion hoch. Aber es ist kaum der richtige Moment, um mit diesen Herren über die Religion zu diskutieren. Schließlich ist Jesus noch nicht einmal auf die Welt gekommen. Ich werde wohl eine andere Gelegenheit nutzen müssen.“

„Das wird er“, dachte Sarah, während sie einen Blick auf die Männer warf, die immer noch dastanden mit ihren weißen Gewändern und den ebenfalls weißen Tüchern auf den Köpfen und sich durch nichts von ihrem Gespräch abbringen ließen. Dann wandte sie sich wieder an P. Maximilian: „Hast du oft mit fremden Leuten über den Glauben diskutiert?“

„Sehr oft“, erwiderte dieser, während in seine Augen ein intensives Leuchten trat. In diesem Moment konnte Sarah sich gut vorstellen, mit was für einer Leidenschaft er das getan hatte. Und auch jetzt war er ganz in seinem Element, als er erklärte: „Aus diesem Grund bemühte ich mich sehr darum, mir möglichst viel Wissen anzueignen. Schließlich sollte das, was ich sagte, wirklich überzeugend und nicht aus der Luft gegriffen sein. Besonders an Fragen der Philosophie war ich sehr interessiert. Wie freute es mich damals, als ich in diesem Fachgebiet den Doktortitel erhielt, denn ich glaubte, dadurch noch mehr Menschen vom christlichen Glauben überzeugen zu können.“

„Du hast den Doktor der Philosophie? Nicht schlecht!“, meinte Sarah.

„Ich hatte ihn“, bestätigte P. Maximilian, „doch da, wo ich jetzt bin, spielt so eine Auszeichnung keine Rolle mehr. Da kommt es auf etwas anderes an. Für das Leben auf der Welt war sie allerdings schon in manchen Situationen von Vorteil. Das muss ich ehrlich zugeben. Sie öffnete so manche Tür, die sonst verschlossen geblieben wäre. Und nur darum ging es mir – Türen für Jesus und Maria zu öffnen."

„Kannst du mir eine konkrete Situation nennen, in der dieser Titel von Vorteil war?", wollte Sarah neugierig wissen, und als sie sah, wie ein verschmitztes Lächeln über das Gesicht von P. Maximilian lief, wusste sie, dass sie gleich eine amüsante Geschichte hören würde.

„Es war bei einer Zugfahrt", begann er zu erzählen, „neben mir saß ein älterer Herr und wir diskutierten sehr intensiv über den Glauben. Leider waren wir in vielem unterschiedlicher Meinung. Das erboste ihn so sehr, dass er schließlich ausrief: ‚Bürschchen, ich bin Doktor der Philosophie!'"

„Bürschchen? Wie alt warst du denn zu diesem Zeitpunkt?"

„Ich war 21. Daher war er ziemlich überrascht, als ich sagte: ‚Und ich, mein Herr, bin auch Doktor der Philosophie.' Jedenfalls hat dieser Satz dazu beigetragen, dass er sein Verhalten mir gegenüber vollständig änderte, offener für meine Argumente wurde und schließlich nachdenklich weiterging, als sich unsere Wege trennten.[7]"

Raymund, besser gesagt P. Maximilian, war mit 21 Jahren schon Doktor der Philosophie? Sarah konnte kaum glauben, was sie da soeben gehört hatte. Wie intelligent musste dieser Mann sein! Doch während sie ihn noch staunend ansah, beschloss er, das Thema zu wechseln: „Genug von mir. Komm, lass uns zum Eingang des Tempels gehen. Dann wirst du endlich das miterleben dürfen, wozu wir uns heute hier getroffen haben."

Während Sarah sich immer noch fragte, wie man so intelligent sein konnte, schon mit 21 Jahren einen Doktortitel zu erlangen, folgte sie P. Maximilian, der geradewegs auf die hohen Säulen zuschritt, die in mehreren Reihen hintereinanderstanden. Und als sie zwischen diesen hindurchging, staunte sie einmal mehr über deren beeindruckende Höhe. Erst jetzt fielen ihr auch die prachtvollen Verzierungen an den oberen Enden auf. Wieviel Mühe die Menschen in den Bau dieses Tempels gesteckt hatten! Sie hatten wirklich alles gegeben, um ein möglichst prachtvolles Gebäude für Gott zu errichten.

Auf dem Weg drangen erste Sonnenstrahlen zu ihnen durch und kurz darauf standen sie im Eingangsbereich des Tempels, zu dem eine hohe, steinerne Treppe führte. Von hier aus hatte man einen herrlichen Blick auf das umliegende Land, das von der aufgehenden Sonne in ein warmes Licht getaucht wurde. Zahlreiche Menschen eilten die Stufen empor, um in den Tempel zu gelangen. Viele von ihnen hatten ein Tier dabei, das mehr oder weniger fügsam mit ihnen mitkam und gleich darauf im Tempel geopfert werden würde.

Mitten unter all diesen Menschen fiel Sarahs Blick auf eine kleine Familie, welche die Stufen sehr langsam hinaufging. Es handelte sich dabei um einen älteren Mann, der sicher die 60 schon überschritten hatte, eine Frau, die über 40 war und ein kleines Mädchen von etwa drei Jahren, das zwischen den beiden einherschritt und sich an ihren Händen festhielt. Sarah konnte die Liebe zwischen den dreien förmlich spüren. Sie beobachtete, wie die Eltern dem kleinen Mädchen immer wieder liebevolle Blicke zuwarfen, ihm mit einer zärtlichen Handbewegung über das Haar strichen und sich selbst ermutigend in die Augen sahen. Dabei war es ihr, als verursache jeder einzelne Schritt, den die beiden taten, einen stechenden Schmerz in ihren Herzen und als würde dieser Schmerz größer werden, je näher sie dem Eingang des Tempels kamen.

„Du siehst gerade Joachim und Anna, die ihre geliebte Tochter Maria in den Tempel bringen, um sie dort aufwachsen zu lassen", hörte sie P. Maximilian neben sich sagen.

„Dieses kleine Mädchen ist Maria? Und sie soll im Tempel aufwachsen? Wieso?", fassungslos blickte Sarah auf die kleine Familie.

„Wegen eines Gelübdes. Dazu musst du wissen, dass Joachim und Anna viele Jahre lang kein Kind bekommen konnten", erklärte P. Maximilian. „Obwohl ihre Verbindung von Gott gesegnet war und er selbst die beiden zusammengeführt hatte, mussten sie 20 Jahre lang unter Tränen beten, bevor Gott ihre Bitten um ein Kind erhörte."

„20 Jahre lang?"

„Ja, 20 Jahre lang. 20 Jahre lang beteten beide unaufhörlich um ein eigenes Kind und ebenso um die Ankunft des Messias – ohne auch nur zu ahnen, dass dieser ausgerechnet durch ihre Tochter in die Welt kommen sollte."

P. Maximilian gab ihr Zeit, das Gehörte aufzunehmen, bevor er fortfuhr: „Du siehst also: Manchmal dauert es sehr lange, bis etwas Ersehntes eintrifft, doch wenn es dann eintrifft, trägt es umso mehr Frucht."

Inzwischen war die kleine Familie schon viel näher gekommen, doch immer noch schien den Eltern jeder Schritt, den sie gingen, schwer zu fallen und Sarah konnte jetzt auch verstehen, wieso.-

„Wenn sie so lange auf dieses Kind gewartet und so inbrünstig darum gebetet haben, warum bringen sie es dann schon im Alter von drei Jahren in den Tempel, um es dort aufwachsen zu lassen?"

„Wie ich bereits erwähnte, erfüllen sie damit ein Versprechen, das sie Gott gegeben haben", erklärte P. Maximilian. „Die

Tatsache, kein Kind bekommen zu können, lastete schwer auf den beiden und sie mussten dadurch viele Demütigungen erleiden – galt es doch damals als das größte Unglück und als eine Strafe Gottes, wenn ein Paar kinderlos blieb, da es so keinen Anteil an der Ankunft des Messias haben konnte. Unaufhörlich flehten die beiden zu Gott, spendeten zwei Drittel ihres Besitzes an die Armen sowie an den Tempel zu Jerusalem und legten ein Gelübde ab, dass sie ihr Kind im Tempel zu seinem Dienst aufopfern würden, wenn sie denn mit einem gesegnet werden sollten. Wie du siehst, wurden sie mit einem Kind gesegnet. Noch dazu mit dem wunderbarsten, welches sie sich nur wünschen konnten. Und Gott selbst nannte ihnen den Namen, den sie diesem Kind geben sollten: Maria.[8] Den Namen, der jedem, der ihn anruft, die reichsten Gnaden zukommen lässt und jeden bösen Geist zum Zittern bringt."

Nach einer kurzen Pause fügte er hinzu: „Du siehst also, bei Joachim und Anna trifft voll und ganz zu, was in den Psalmen geschrieben steht: *Die mit Tränen säen, werden mit Freude ernten.*"

Die mit Tränen säen, werden mit Freude ernten. Schon oft hatte Sarah diesen Satz gehört und nun hatte sie Menschen vor Augen, bei denen er tatsächlich wahr geworden war. Menschen, die mit Tränen um ein Kind gefleht und es voller Jubel empfangen hatten. Doch wie es aussah, mussten sie jetzt gerade ein zweites Mal mit Tränen säen.

P. Maximilian, der ihre Gedanken zu erraten schien, stimmte ihr zu: „Ja, sie müssen ein zweites Mal mit Tränen säen, indem sie jetzt hier sind, um ihr Gelübde einzulösen und ihr Kind im Tempel als Opfer darzubringen."

Sarah blickte auf Maria. Auf dieses süße kleine Mädchen mit dem langen schwarzen Haar und den leuchtenden blaugrünen Augen, das mit einem glückseligen Lächeln zu seinen Eltern emporblickte und diese vertrauensvoll an den Händen hielt. Wie sollten Anna und Joachim es übers Herz bringen, sich von ihrem Kind zu trennen?

Sarah stellte sich vor, sie selbst hätte ein so süßes kleines Mädchen und müsste es fremden Menschen übergeben, um es von diesen erziehen zu lassen. Schon allein die Vorstellung trieb ihr die Tränen in die Augen. Wie viele Tränen mussten Anna und Joachim schon vergossen haben? Und wie viele würden sie in Zukunft noch vergießen? Sie, die sich eine solche Situation nicht nur vorstellen mussten, sondern sich mitten in dieser befanden. Tapfer setzten die beiden einen Fuß vor den anderen und näherten sich unaufhaltsam dem Eingang des Tempels.

Je näher die Familie kam, umso genauer konnte Sarah sie betrachten. Ihre Kleidung war bescheiden – sie ließ weder auf Armut noch auf Reichtum schließen. Doch sie strahlten alle drei eine Würde aus, die aus dem Innersten ihres Wesens kam. An den Blicken, die Anna und Joachim sich zuwarfen, war zu erkennen, wie nahe sie sich standen und was für eine tiefe Liebe sie miteinander verband. Beiden war anzusehen, dass sie gütige, bescheidene und auch demütige Menschen waren. Menschen, die in allem dem Willen Gottes entsprechen wollten und schon auf Erden eine gewisse Heiligkeit ausstrahlten.

Jetzt waren sie vor dem Eingangstor des Tempels angekommen. Hier blieben sie stehen und waren ein letztes Mal mit ihrer Tochter allein. Ein letztes Mal sagten sie ihr, wie sehr sie sie liebten und dass sie für immer einen großen Platz in ihrem Herzen haben würde, dann öffnete sich das Tor und gemeinsam mit Maria traten sie in den Tempel ein.

Sarah und P. Maximilian folgten ihnen und sahen, wie alle drei kurz darauf niederknieten und ein inniges Gebet an den allmächtigen Gott richteten. Was sie sagten, konnte Sarah nicht verstehen, aber an dem verklärten Ausdruck, der auf ihre Gesichter trat, konnte sie erkennen, dass sie ganz mit Gott verbunden waren und alles in seine Hände legten.

Kurz darauf erhoben sie sich wieder und traten auf einen der weißgekleideten Priester zu. Ergriffen sah Sarah, wie Anna die Hand ihrer kleinen Tochter nahm, liebevoll drückte und dann in die Hand des Priesters legte.

Daraufhin gingen sie gemeinsam zur Wohnung der Tempeljungfrauen, wo Maria von jetzt an leben sollte. Vor einem höherliegenden Gebäude, zu dem 15 steinerne Stufen hinaufführten, blieb der Priester stehen. Scheinbar wurden die Ankömmlinge schon erwartet, denn die Eingangstür öffnete sich und weitere Priester traten heraus, um Maria und ihre Eltern zu begrüßen. Nun war der Augenblick der Trennung unweigerlich gekommen. Maria kniete vor Anna und Joachim nieder und sah mit einem rührenden Blick zu ihnen empor, woraufhin beide eine Hand ausstreckten und das geliebte Kind ein letztes Mal segneten. Maria ergriff ihre Hände und küsste sie voll inniger Liebe, dann stand sie auf, drehte sich um und schritt die Stufen zu ihrem neuen Zuhause empor – ohne auch nur ein einziges Mal zurückzublicken.

Sarah kamen die Tränen, als sie auf Joachim und Anna blickte, die allein zurückblieben, sich langsam umdrehten und wie gebrochen in Richtung Ausgang gingen. Wie schafften sie es nur, die Fassung zu bewahren und nicht in lautes Wehklagen auszubrechen?

„Wie grausam!“, kam es über Sarahs Lippen, nachdem alle den Platz verlassen hatten – Joachim und Anna, um zurück nach Nazareth zu gehen, Maria, um sich in ihrem neuen Zuhause einzuleben, die Priester, um ihren Pflichten im Tempel weiter nachzukommen.

„Wie kann Gott so etwas nur verlangen?"

„Ich weiß, dass es schwer zu verstehen ist", stimmte P. Maximilian ihr zu, „so, wie vieles schwer zu verstehen ist, was Gott zulässt oder auch verlangt. Trotzdem will ich versuchen, es dir so gut wie möglich zu erklären." Dabei nahm er auf einer der 15 Stufen Platz, die zur Wohnung der Tempeljungfrauen hinaufführten. Sarah setzte sich neben ihn und war gespannt darauf, welche Erklärung es für so eine Forderung geben konnte.

Sie musste nicht lange darauf warten: „Nachdem Gott beschlossen hatte, dass das Wort Fleisch annehmen sollte, bestimmte er Maria zu dessen Mutter. Das heißt, sie war von Anfang an als Mutter von Jesus Christus vorherbestimmt. Es versteht sich von selbst, dass nur das heiligste und reinste Geschöpf würdig sein konnte, den Sohn Gottes auf die Welt zu bringen. Deshalb ließ Gott Maria mehr Gnaden zuteilwerden als allen anderen Geschöpfen. In ihr sind reichere Schätze verborgen als in allen anderen Kreaturen zusammen und sie nahm unter den Menschen daher auch die oberste Stelle ein als das höchste aller Geschöpfe. Einzig und allein Jesus, ihrem Sohn, sollte sie nachstehen. Daher ist sie zu Recht die Königin der Menschen und auch der Engel. Maria ist außerdem die einzige Frau, die nicht durch die Schuld Adams zu Fall gebracht wurde, weshalb sie als ‚die Unbefleckte Empfängnis' bezeichnet wird."

„So, wie sie sich in Lourdes bei Bernadette vorstellte", kam es Sarah.

„Richtig, so, wie sie sich in Lourdes vorstellte", bestätigte P. Maximilian. „Du siehst also, Maria ist nicht nur irgendeine Frau, die ‚zufällig' Mutter Gottes wurde. Im Gegenteil! Sie ist die Frau, die von Anfang an für diese besondere Ehre auserwählt und dementsprechend ausgestattet wurde. Folglich sollte sie schon als Kind ganz Gott gehören und dort aufwachsen, wo sie die bestmögliche Vorbereitung auf ihre zukünftige Rolle erhalten konnte: im Tempel, dem Haus Gottes, wo Gott tagtäglich verehrt, angebetet und gepriesen wurde."

„Und was war mit ihren armen Eltern, die so sehr unter der Trennung zu leiden hatten?"

„Glaube mir, Gott selbst schenkte ihnen schon auf Erden Kraft und Trost. Im Himmel aber schenkte er ihnen reichen Lohn für das große Opfer, das sie ihm zuliebe gebracht hatten."

„Und Maria. Was war mit ihr? Fiel es ihr nicht unendlich schwer, ohne die geliebten Eltern aufwachsen zu müssen?", fragte Sarah, die immer noch nicht verstehen konnte, wie Gott so ein Opfer verlangen konnte.

„Natürlich fiel es ihr schwer", bestätigte P. Maximilian, „doch auch sie erhielt durch Gott große Gnaden und reichen Trost. Er ließ ihr die Erkenntnis zuteilwerden, was für eine Ehre es war, im Tempel aufwachsen zu dürfen, und diese Erkenntnis verlieh ihr die Kraft, den Schmerz über die Trennung von den Eltern zu überwinden. Außerdem war sie nie allein. Gott beauftragte ein Heer von Engeln damit, an Marias Seite zu stehen und sie zu beschützen."

„Ein Heer? Warum gleich ein ganzes Heer?"

„Aus mehreren Gründen. Zum einen sollten die Engel ihr beistehen, wenn sie seelisch oder auch körperlich litt. Zum anderen sollten sie Maria helfen, die Angriffe des Bösen zu bestehen. Denn Satan hasst keinen Menschen so sehr wie sie, und er tut seit jeher alles, um ihr und ihrer Ehre zu schaden. Immer, wenn etwas gegen Maria unternommen wird, wenn sie beleidigt und herabgesetzt wird, ist es eine wahre Freude für ihn."

„Wieso hasst er sie so sehr?"

„Anfangs hasste er sie wegen der außergewöhnlichen Reinheit und Heiligkeit, die sie ausstrahlte. Ihr kluges, umsichtiges

Benehmen, ihre Weisheit, Bescheidenheit, Geduld und Demut erregten in ihm eine unerträgliche Wut und er tat alles in seiner Macht Stehende, um Maria schon als junges Mädchen in Versuchung zu führen. Dazu flüsterte er ihr Gedanken der Mutlosigkeit und Niedergeschlagenheit ein, die das arme Mädchen zum Weinen brachten. Auf diesem Weg wollte er sie in die Verzweiflung stürzen. Das ist übrigens seine Taktik bei vielen Menschen. Er legt ihnen Mutlosigkeit ins Herz, sorgt dafür, dass sie ihr Vertrauen in den liebenden Gott, der es nur gut mit ihnen meint, verlieren und letztendlich verzweifeln. Sobald er jemanden an diesen Punkt gebracht hat, hat er fast schon gewonnen. Doch nicht so bei Maria, denn sie wehrte sich erfolgreich gegen seine Angriffe und schaffte es, diese beinahe im Keim zu ersticken."

„Und wie machte sie das?", fragte Sarah, der es in der Seele wehtat, dieses liebenswerte Wesen, das keinem etwas Böses antat, so leidend zu wissen.

„Indem sie die Ruhe bewahrte, an ihrer Liebe zu Gott festhielt und die Heilige Schrift als Waffe gegen die Versuchungen des Bösen benutzte. Immer wieder las sie Stellen aus den Psalmen und anderen Büchern, die gegen die unsichtbaren Feinde gerichtet waren. Und damit besiegte sie diese."

Die Heilige Schrift als Waffe gegen die bösen Geister. Das hatte Sarah bisher noch nie gehört, doch sie beschloss, es sich für die Zukunft zu merken.

Dann fragte sie P. Maximilian: „Wusste der Böse eigentlich, dass Maria die Frau war, die den Sohn Gottes gebären sollte?"

„Anfangs wusste er es nicht. Er bemerkte nur ihre außergewöhnliche Heiligkeit. Erst viel später wurde ihm klar, wer Maria wirklich war, und da hasste er sie noch mehr als zuvor. Mehr, als er je einen Menschen gehasst hatte! War ihm doch bewusst, dass sie stärker war als er, dass sie ihm viele Seelen entreißen und ihm eines Tages den Kopf zertreten würde. Sie, ein Mensch – und noch dazu eine Frau – würde ihn besiegen. Ihn, der selbst das Haupt aller Menschen und Engelchöre sein wollte und der es von Anfang an ablehnte, sich ihr zu unterwerfen."

„Maria wird ihm den Kopf zertreten?"

„Ja, Maria wird ihm den Kopf zertreten. So steht es in der Geheimen Offenbarung geschrieben. Sie wird ihn besiegen und seine Macht vernichten. Das ist unglaublich demütigend für ihn. Doch bevor es so weit ist, tut er alles, um ihr und allen Menschen so viel Schaden zuzufügen wie nur irgend möglich."[9]

Bei diesen Worten spürte Sarah, wie sich eine Gänsehaut auf ihrem ganzen Körper ausbreitete. Als P. Maximilian das sah, legte er beruhigend die Hand auf ihren Arm: „Du brauchst trotzdem keine Angst vor ihm zu haben! Stell dich unter den Schutzmantel Mariens und er wird keine Macht über dein Leben haben! Sie ist stärker als er, und wenn sie für dich kämpft, wird er immer der Verlierer sein. Mag sein, dass er dir Fallen stellt, dass er Verwirrung stiftet in deinem Leben und dich leiden lässt, aber an einem bestimmten Punkt wird er jedes Mal aufgeben müssen, wenn du Maria um Hilfe bittest, weil sie IMMER die Siegerin über ihn sein wird!"

„Das ist wahr. Gegen Maria wird er immer verlieren", ertönte auf einmal eine tiefe Stimme hinter ihnen. Überrascht sprang Sarah auf und blickte auf einen grauhaarigen Priester, der in aufrechter Haltung die Stufen herabschritt. Mit seiner schwarzen Soutane gehörte er nicht zu den Priestern des Tempels, soviel stand fest. Doch wer war er? Auf die Antwort sollte sie nicht lange warten müssen.

„Jean-Marie!", rief P. Maximilian erfreut aus. „Was für eine Freude, dich zu sehen! Was machst du hier?"

„Ich bekam zufällig mit, worüber ihr euch unterhaltet, und dachte, das sei eine gute Gelegenheit, mich ins Gespräch einzumischen und über meine eigenen Erfahrungen zu berichten“, meinte der fremde Priester. Dann wandte er sich an Sarah: „Verzeih, dass ich mich erst jetzt bei dir vorstelle. Mein Name ist Jean-Marie Baptiste Vianney. Auch bekannt unter dem Titel Pfarrer von Ars.“

Der Pfarrer von Ars! Bei ihm war Sarah schon einmal gewesen, doch im Traum hätte sie nicht gedacht, ihm jemals persönlich zu begegnen.

Offensichtlich erinnerte er sich an ihren Besuch, denn er sagte: „Wir haben uns bereits getroffen. Wie schön, dich wieder zu sehen, Sarah! Ich hoffe, das Lied hat dir Freude bereitet.“

Es war also doch von ihm gewesen, dieses Lied, das sie zu Tränen gerührt hatte. Vor mehreren Jahren hatte sie eine Wallfahrt zu ihm gemacht und war dazu eigens mit dem Auto nach Ars gefahren. Es war wieder einmal eine Zeit gewesen, in der ihr von vielen ans Herz gelegt worden war, das mit Tobi sein zu lassen. Also hatte sie ihn angefleht: „Lieber Pfarrer von Ars, ich weiß, ich habe Gott schon so oft um einen Hinweis gebeten und viele bekommen. Und doch brauche ich schon wieder einen, um durchhalten zu können. Kannst du mir irgendwie zeigen, ob ich das mit Tobi immer noch glauben oder aber lassen soll? Ich bin für beides offen, nur bitte zeige es mir.“

Am nächsten Tag war sie um kurz vor elf in die Kirche gekommen, um eine Tour mit dem Audioguide zu machen. Da bemerkte sie, dass gleich ein Gottesdienst beginnen würde, und beschloss zu bleiben. Der Gottesdienst begann, und zwar mit einem Lied, das für sie eine ganz besondere Bedeutung hatte: „Richtet die Augen auf zum Herrn.“ Seit Jahren stand für sie fest, dass dieses Lied das Eröffnungslied sein sollte, falls sie Tobi je heiraten würde – und auch er damit einverstanden sein würde. Ausgerechnet dieses Lied wurde nun gesungen. Wenn auch auf Französisch.

„Es war der 11. August, der Gedenktag meiner lieben Freundin, der heiligen Philomena“, erklärte Jean-Marie, „wie hätten wir dir an diesem Tag nicht diese besondere Freude machen sollen?“

„Das Lied kam also nicht nur von dir, sondern auch von der heiligen Philomena?“

„Natürlich, wir haben schon zu Lebzeiten ständig zusammengearbeitet. Wir machen es auch jetzt noch, wo wir beide im Himmel sind. Doch nun würde ich dir gerne erzählen, wie ich die Schutzkraft Mariens erfahren durfte. Wenn es dich interessiert.“

Natürlich interessierte es Sarah und so begann er zu sprechen: „Mir hat jemand von der Macht Mariens berichtet, von dem man ein solches Geständnis am allerwenigsten erwarten würde. Dazu musst du wissen, dass es jemanden gibt, der mich in besonderer Weise hasst, weil ich ihm tausende Seelen entriss.“

Neugierig blickte Sarah ihn an.

Auf die Antwort musste sie nicht lange warten: „Es ist der Teufel. Bei Tag und Nacht drangsalierte er mich. Er donnerte an meine Tür, schrie mit furchteinflößenden Stimmen durch mein Haus, zog mein Bett durch das Zimmer, während ich darin lag, ließ mich nächtelang nicht schlafen und zündete einmal sogar mein Zimmer an.“

Sarah erinnerte sich, bei ihrem Besuch das Bett gesehen zu haben, an dem noch immer die Brandspuren zu erkennen waren. Dann war es also tatsächlich der Böse gewesen, der es angezündet hatte!

„Ja, tatsächlich“, bestätigte Jean-Marie. „Einmal zündete er sogar mein Zimmer an. Aber er wählte einen günstigen Zeitpunkt: Ich saß gerade im Beichtstuhl und so bekam ich von dem Feuer erst mit, als es bereits gelöscht war." Dabei lief ein Lächeln über sein Gesicht, als würde er den Widersacher jetzt noch dafür auslachen, dass dieser vergeblich versucht hatte, ihn zu vernichten.

„In seiner Wut auf mich drohte der Böse mir mehrmals an, dass er mich schon noch zu Fall bringen würde. Aber ich hatte keine Angst. Wusste ich doch, dass ich von Jesus und seiner geliebten Mutter beschützt wurde. Und eines Tages bekam ich vom Bösen selbst die Bestätigung dafür. Als er mir wieder einmal drohte, sagte er verbunden mit einem gemeinen Schimpfwort über Maria: ‚Ohne diese dort oben hätten wir dich; aber sie behütet dich mit diesem großen Drachen' – damit meinte er den Erzengel Michael, den er ebenfalls gar nicht leiden kann. War der es doch, der ihn im Kampf besiegt und aus dem Himmel hinausgeworfen hatte. Dann verriet er mir noch ein paar Sachen, die ihm an mir gar nicht gefielen, indem er mich fragte, warum ich immer so früh aufstand und so einfach predigte."

„Deine einfache Predigt war ein Problem für ihn?", fragte Sarah irritiert.

„Ja, sie war ihm ein Dorn im Auge! Er wusste nämlich, dass meine einfachen Worte in die Herzen der Menschen eindrangen und viel Gutes bewirkten. Dass sie dazu beitrugen, dass zahlreiche Menschen besser lebten, näher zu Gott fanden und letztendlich in den Himmel kamen. Daher wäre es ihm lieber gewesen, ich hätte so gepredigt, wie es damals in vielen Städten üblich war: in komplizierten Worten, mit vielen Fachbegriffen, aber ohne heilbringende Wirkung."[10]

Sarah dachte, dass dies nicht nur damals in den Städten üblich war, sondern auch heute noch in vielen Kirchen. Wie selten war es, dass man eine richtig gute Predigt zu hören bekam. Eine, die das Herz berührte und von der man wirklich etwas mitnahm für das Leben.

„Es ist ein großes Geschenk, wenn du so gut predigen konntest", meinte sie daher an den Pfarrer von Ars gewandt.

Bescheiden merkte dieser an: „Das war nicht immer so! Anfangs fiel es mir sehr schwer, die richtigen Worte zu finden. Ich bereitete mich stundenlang vor und schrieb alles, was ich sagen wollte, auf. Trotzdem wurde es mir nicht erspart, dass ich mehrmals mitten in der Predigt den Faden verlor, nichts mehr sagen konnte und beschämt die Kanzel verlassen musste. Doch das war gut für meine Demut."

„Für deine Demut?", fragte Sarah, die aus ganzem Herzen hoffte, selbst nie in eine ähnliche Situation zu kommen. Wenn sie sich bloß vorstellte, bei einem der Schulgottesdienste vor Schülern und Kollegen zu stehen und nicht mehr zu wissen, was sie sagen wollte, bekam sie schon Bauchschmerzen. Wie musste es erst für Jean-Marie gewesen sein, mehrmals auf der Kanzel vor so vielen Menschen zu stehen und einfach nicht mehr weiterzuwissen.

„Ja, für meine Demut. Gott zeigte mir, dass ich ohne seine Hilfe nichts kann, und diese Lehre habe ich nie vergessen. Doch wenn du wahre Demut erfahren willst, dann lerne von Maria! Sie war der demütigste Mensch von allen. Sie dachte über sich selbst, der geringste Mensch zu sein, und war doch der größte. Nie stellte sie sich über andere, stattdessen war sie stets darum bemüht, anderen zu dienen. Das begann schon hier im Tempel, wo sie die Dienerin aller sein wollte. Nie war sie sich zu schade dafür, das Haus zu reinigen oder auch das Geschirr abzuwaschen. Stets gehorchte sie ihrer Meisterin, bat diese täglich um den Segen und küsste dabei ihre Hand. Zuweilen küsste sie sogar ihre Füße."

Einen Augenblick lang schwieg Jean-Marie und es schien, als staune er selbst über das, was er soeben gesagt hatte. Dann fuhr er fort: „Ja, wenn du wissen willst, was wahre Demut ist, dann beobachte Maria. Wenn ich richtig informiert bin, wirst du noch mehrere Szenen aus ihrem Leben sehen dürfen und so die Gelegenheit bekommen, viel über ihr Wesen und ihre Eigenschaften herauszufinden."

„Das wird sie", bestätigte P. Maximilian, „auf uns warten noch viele Ereignisse aus dem Leben der Gottesmutter."

„Wie schön! Ein größeres Geschenk könnte dir kaum gemacht werden, Sarah. Für mich ist es jetzt aber an der Zeit, weiterzugehen. Wer weiß – vielleicht begegnen wir uns ja wieder."

„Das wäre wunderbar!", sagte Sarah und hoffte sehr, dass dem tatsächlich so sein würde.

Dann verabschiedete Jean-Marie sich, schritt die Stufen, die er vor Kurzem erst heruntergekommen war, wieder hinauf und verschwand in der Wohnung der Tempeljungfrauen.

Würde er hier weiterhin Zeit in der Gegenwart Mariens verbringen und beobachten, wie diese aufwuchs? Wie sie von ihrer Meisterin erzogen wurde, Handarbeiten anfertigte, bereitwillig die niedrigsten Dienste verrichtete und in der Heiligen Schrift unterwiesen wurde? Wie sie immer wieder die Weissagungen der Propheten Jesaja und Jeremia sowie die Psalmen las und Gott anflehte, die Menschheit bald zu erlösen und das göttliche Wort Fleisch werden zu lassen – ohne auch nur im Entferntesten zu ahnen, welche Rolle sie dabei spielen sollte?

Sarah beneidete Jean-Marie Vianney fast ein wenig um die Möglichkeit, all das miterleben zu können, denn wie es aussah, hatte P. Maximilian nicht vor, zusammen mit ihr zu den Tempeljungfrauen zu gehen. Dann wandte sie sich wieder an ihren Begleiter: „Der Pfarrer von Ars! Nie hätte ich gedacht, ihm einmal begegnen zu dürfen!“

„Ja, eine Begegnung mit Jean-Marie ist wirklich etwas Besonderes“, bestätigte dieser, „und er ist genau im richtigen Moment gekommen. Wie du siehst, musst du absolut keine Angst vor dem Bösen haben, wenn du dich unter den Schutz Mariens begibst.“

„Hast du einen konkreten Tipp, wie ich sie um Schutz und Hilfe bitten könnte?“

„Mein Rat wäre: auf den Knien. Denn nur auf den Knien lernt man, alles so zu vollbringen, wie sie es an unserer Stelle getan hätte. Vor allem aber Gott zu lieben, wie sie ihn liebt: mit dem ganzen Herzen.“[11]

„Und welches Gebet sollte man dabei sprechen?“

„Am besten täglich den Rosenkranz. Aber natürlich gibt es auch noch andere, kürzere Gebete. Zum Beispiel „Unter deinen Schutz und Schirm“, eines der ältesten Mariengebete, das ich persönlich jeden Tag betete, nachdem ein Pater mich dazu motiviert hatte. Ich hatte ihm bei der Beichte erzählt, dass ich unbedingt für Maria kämpfen wolle, aber nicht wisse, wie. Da trug er mir auf, fortan täglich dieses Gebet zu beten. Kennst du es?“

Als Sarah den Kopf schüttelte, meinte er: „Dann werde ich es jetzt beten, wenn du einverstanden bist.“

Natürlich war die junge Frau einverstanden und so hörte sie ihn kurz darauf auf dem Boden kniend sprechen:

„Unter deinen Schutz und Schirm fliehen wir,
o heilige Gottesgebärerin,
verschmähe nicht unser Gebet in unseren Nöten,
sondern erlöse uns jederzeit von allen Gefahren.
O du glorreiche und gebenedeite Jungfrau,
unsere Frau, unsere Mittlerin, unsere Fürsprecherin.

Versöhne uns mit deinem Sohne,
empfiehl uns deinem Sohne,
stelle uns vor deinem Sohne."

Irgendwie war es eigenartig, dass das gleiche Mädchen, das soeben in der Wohnung der Tempeljungfrauen verschwunden war, die Frau sein sollte, zu der P. Maximilian soeben gebetet hatte. Es war zwar sehr bereichernd, in vergangene Zeiten einzutauchen, konnte aber auch etwas verwirrend sein, wie Sarah soeben feststellte.

Als P. Maximilian merkte, dass sie leicht überfordert war, meinte er: „Wenn du dieses Gebet betest, solltest du Maria natürlich nicht als das kleine Mädchen vor Augen haben, das sie einmal war, sondern als die Frau, die den Sohn Gottes zur Welt brachte. Und deshalb werden wir beim nächsten Treffen auch einige Jahre weitergehen – zu einem Zeitpunkt, an dem im Tempel über das weitere Schicksal Mariens bestimmt wurde."

„Beim nächsten Treffen erst?", Sarah hoffte, nicht richtig gehört zu haben, doch schon veränderte sich das Umfeld und sie standen wieder unter dem schattenspendenden Baum gegenüber des El Kas-Beckens. Es war auch nicht länger Nachmittag, sondern früher Abend, und Sarah war bewusst, dass sie das Gelände des Tempels möglichst bald verlassen musste, da kaum noch Besucher anwesend waren und die Wachen mahnende Blicke zu ihnen herüberwarfen.

„Ja, beim nächsten Mal", bestätigte P. Maximilian ihre Befürchtung, „doch das wird schon sehr bald sein. Komm morgen wieder hierher, dann wirst du ein weiteres Ereignis aus dem Leben Mariens mit eigenen Augen sehen."

„Dieses Mal aber hoffentlich ein positiveres", wagte Sarah anzumerken.

„Auf jeden Fall! Eines, das dir besonders zu Herzen gehen wird“, versprach P. Maximilian, dann drehte er sich um, ging auf den Felsendom zu und war kurz darauf nicht mehr zu sehen. Argwöhnisch rannte ein Wachmann hinter ihm her, um herauszufinden, wohin der Mönch mit der schwarzen Kutte wollte. Wie ein Jagdhund, der Wild gewittert hatte, verfolgte er seine Spur. Nur um kurze Zeit später zu merken, dass er diese verloren hatte. Irritiert umrundete er das Bauwerk, in der Hoffnung, den Ordensmann doch noch zu finden. Währenddessen beeilte Sarah sich, das Gelände zu verlassen. Nicht, dass der Wachmann noch auf die Idee kam, sie nach dem Verbleib ihres Begleiters zu fragen und für dessen Verschwinden verantwortlich zu machen. Wie lange er wohl suchen würde, bis er sich eingestand, dass er keine Chance hatte, den Ordensmann zu finden? Sarah konnte nur hoffen, dass am nächsten Tag ein anderer Mann Aufsicht hatte und das Ganze nicht doch noch ein böses Nachspiel haben würde.

Unten angekommen, beschloss sie, ihren Plan von vorhin in die Tat umzusetzen und zur Klagemauer zu gehen. Ehrfürchtig betrat sie den Bereich für die Frauen, ging bis ganz nach vorne und setzte sich direkt am Fuß der Mauer auf einen der weißen Plastiksessel, die für die Betenden bereitstanden. Neben ihr lasen Frauen in Büchern mit hebräischer Schrift. Handelte es sich um Gebetbücher? Oder um Auszüge aus der Heiligen Schrift? Sarah selbst hatte kein Buch dabei und auch kein Verlangen danach, jetzt etwas zu lesen. Zu sehr war sie mit dem beschäftigt, was sie soeben erlebt hatte. Und während sie auf die großen grauen Steine vor sich blickte, zwischen denen hunderte von kleinen Zetteln schlummerten, ging ihr noch einmal durch den Kopf, was sie alles erfahren hatte.

Dabei dachte sie an Joachim und Anna, die beide zu Gott gebetet und ihn um einen guten Ehepartner angefleht hatten.

Wie berührend war es, dass Gott selbst dafür gesorgt hatte, dass die beiden zueinander gefunden hatten. Und wie trostreich, das zu wissen! Zu wissen, dass es Gott eben nicht gleichgültig war, ob Menschen zueinander fanden oder nicht, dass er wollte, dass gute Ehen geschlossen wurden, und sogar selbst dazu beitrug, dass Menschen zusammenkamen, sich ineinander verliebten und gemeinsam eine Familie gründeten.

Sie dachte an Maria, die bereits als kleines Mädchen ohne ihre Eltern auskommen musste. Die in den Augen Gottes schon immer die Größte unter allen Frauen war. Die an Reinheit und Heiligkeit alle übertraf und einzig und allein ihrem Sohn nachstand. Die von einem Heer an Engeln begleitet wurde und schon zu Lebzeiten deren Königin war. Und die so mächtig war, dass selbst der Böse vor ihr fliehen musste.

Ob Maria auch einmal vor dieser Mauer gestanden und ein Gebet zum Himmel geschickt hatte? Die Vorstellung war schön – auch wenn Sarah natürlich wusste, dass die Klagemauer zur damaligen Zeit nicht die gleiche Rolle gespielt hatte wie heute. Damals war sie lediglich als Westmauer des Tempels bekannt gewesen und hatte keine besondere religiöse Bedeutung. Und trotzdem – vielleicht hatte Maria einmal hier gestanden, um zu beten. Wer konnte das schon wissen?

Jedenfalls würde Sarah die Gelegenheit nutzen und ihre Bitten an Gott zum Ausdruck bringen. Sie durchsuchte ihre Handtasche und war froh, dass sie, wie immer, einen Stift dabeihatte. Ein leeres Stück Papier fand sie leider nicht, aber einen Kassenzettel, dessen Rückseite sie beschreiben konnte. Das würde sicher auch gehen. Womit sollte sie beginnen? Es gab so vieles, was ihr auf dem Herzen lag! Da war ihre Familie, ihre Eltern und Geschwister, mit denen sie so verbunden war und die eine große Rolle in ihrem Leben spielten. Da waren ihre Freunde, die in Höhen und Tiefen zu ihr hielten. Da waren ihre Schüler, die ihr so sehr am Herzen lagen. Da war aber auch ihre große Sehnsucht nach einer eigenen Familie. Nach einem Mann, der sie aus ganzem Herzen liebte und den auch sie aus ganzem Herzen lieben konnte.

Sarah schrieb und schrieb – bis irgendwann kein Platz mehr war. Den Rest würde Gott sicher in ihrem Herzen lesen können. Dann trat sie an die Mauer heran, suchte nach einer freien Stelle und schob den Zettel mit den Bitten hinein. Dort würde er nun ruhen, bis er im Herbst zusammen mit all den anderen Zetteln auf einem jüdischen Friedhof begraben werden würde. Mitten auf dem Ölberg. Doch bis es soweit war, hoffte Sarah, dass sein Inhalt das Herz Gottes längst berührt haben würde.

Jetzt war es an der Zeit, zum Hotel zurückzukehren und damit auch zu ihrer Reisegruppe. Ob sie wohl noch einmal auf Jakob treffen würde? Sie hoffte es und dachte, dass ein solches Treffen der wunderbare Abschluss eines sehr gesegneten Tages sein würde.

Am nächsten Tag war Sarah sehr früh auf. Sie konnte es kaum erwarten, P. Maximilian wiederzusehen und mehr über das Leben von Maria zu erfahren. Jakob hatte sie am Abend zuvor nicht mehr getroffen. Doch wenn sie es recht bedachte, spielte das auch gar keine Rolle mehr. Bei dem, was sie gerade erleben durfte, rückte alles andere in den Hintergrund.

Jetzt galt es erst einmal, P. Maximilian zu begegnen. Ob er an der gleichen Stelle wie gestern auf sie warten würde? In Rekordzeit war Sarah beim Tempel, überquerte den Übergang, der ins Innere führte, steuerte auf das El Kas-Becken zu und hielt die Augen auf nach ihrem Freund aus dem Jenseits. Dieses Mal musste sie nicht lange suchen. P. Maximilian saß auf der Mauer im Schatten seines Baumes und beobachtete eine Gruppe gläubiger Juden, die versuchten, heimlich zu beten, während grimmige Polizisten mit Maschinengewehren alles taten, um genau das zu verhindern.

Als er Sarah entdeckte, erhob er sich und kam mit einem breiten Lächeln auf sie zu.

„Sarah, was für eine Freude, dich zu sehen! Und heute schon so früh."

„Natürlich. Schließlich hast du mir versprochen, mir ein besonders schönes Ereignis aus dem Leben Mariens zu zeigen. Und wie ich inzwischen weiß, hältst du deine Versprechen."

„So wie auch Gott seine Versprechen immer hält", meinte P. Maximilian und warf ihr einen eigenartigen Blick zu.

Was wollte er damit sagen? Wusste er etwa, dass sie Gott insgeheim immer noch vorwarf, seine Versprechen nicht zu halten, weil die Sache mit Tobi für sie abgeschlossen war?

P. Maximilian hatte nie etwas dazu gesagt – weder, dass es vorbei sei, noch dass es etwas werden würde. Er hatte ihr lediglich eine Nachricht überbracht, die ihr den Boden unter den Füßen weggezogen hatte und mit der sie auf keinen Fall gerechnet hatte. Eine Nachricht, die es ihr unmöglich machte, daran zu glauben, dass Gott aus dieser verworrenen Geschichte noch eine mit Happy End für alle Beteiligten machen konnte. Denn das wollte sie – dass es für alle gut ausging und nicht nur für sie.

Doch warum dachte sie schon wieder an Tobi! Bald würde sie Maria sehen. Das würde ihr sicher helfen, ihre Probleme für eine Weile zu vergessen.

P. Maximilian war bereits einige Meter vorausgegangen und sie musste sich beeilen, um den Anschluss nicht zu verlieren. Kaum war sie wieder an seiner Seite, veränderte sich das Umfeld, so wie auch schon am Tag davor. Wie schon gestern waren sie von einer Sekunde auf die andere umringt von gigantisch hohen Säulen, die sich in ihrer ganzen Pracht dem Himmel entgegenstreckten. Sicher sah Gott von oben mit einem Lächeln auf sie herab. Ganz besonders aber auf das, was sich hier gleich ereignen sollte!

Im Innenhof des Tempels herrschte reges Treiben. Was Sarah besonders auffiel, waren die festlich gekleideten Männer, die in einem Kreis um einen der Hohepriester versammelt waren und aufgeregt nach jemandem Ausschau hielten. Etwas Außergewöhnliches würde gleich geschehen, das war jedem der Anwesenden bewusst – selbst Sarah, die immer noch nicht wusste, was sie erwarten würde.

Nun öffnete sich die Tür, hinter der Maria am Tag zuvor verschwunden war, und heraus trat ein umwerfend schönes Mädchen von etwa 14 Jahren. Langes dunkles Haar fiel in Wellen über seinen Rücken und bedeckte einen Teil des königsblauen Kleides, das sich um die zarte Gestalt schmiegte. Ein Raunen ging durch die Schar der Männer, als dieses zarte Wesen die Treppe herabschritt und auf sie zukam. Sie war der Traum eines jeden von ihnen. Ihretwegen waren sie in den Tempel berufen worden, denn einer von ihnen sollte sie zur Frau bekommen.

„Sei gegrüßt, Maria", ergriff der Hohepriester das Wort. „All diese Männer aus dem Stamm Davids sind gekommen, um dich zu sehen, und ich bin mir sicher, dass wir mit Gottes Hilfe erkennen werden, wer dein Gemahl werden soll."

Verlegen hob Maria ihr Haupt und schenkte den Anwesenden ein leichtes Lächeln. Dabei war es Sarah, als würde sich dahinter ein Strom von Tränen verbergen.

„Sie scheint nicht gerade glücklich darüber zu sein, dass sie einen von ihnen heiraten soll", raunte sie P. Maximilian zu.

„Ist sie auch nicht“, bestätigte dieser, „denn eigentlich möchte sie nicht heiraten, sondern ein gottgeweihtes Leben führen. Nur leider galt ein solches in der damaligen Zeit nicht als besonders wertvoll. Die Menschen warteten auf den Messias und jede Frau sollte für sein Kommen offen sein, indem sie Kindern das Leben schenkte. Daher konnte Maria auf keinerlei Unterstützung im Tempel hoffen. Ihr blieb nichts anderes übrig, als in eine Eheschließung einzuwilligen.“

Mit 14 Jahren zur Heirat genötigt zu werden! Und das auch noch mit einem Mann, den man gar nicht kannte! Sarah war froh, nicht damals auf die Welt gekommen zu sein, sondern erst 2000 Jahre später. Wie musste Maria sich dabei nur gefühlt haben! Wäre Sarah an ihrer Stelle gewesen, so wäre sie mit Sicherheit eines gewesen: wütend! Wütend auf die Welt und wütend auf Gott! Sicher hatte Maria gebetet und ihn um Hilfe gebeten – und trotzdem stand sie jetzt hier und musste abwarten, dass für sie entschieden wurde, wen sie heiraten sollte.

„Sie war nicht wütend auf Gott“, hörte sie P. Maximilian leise neben sich sagen, „sie vertraute ihm. Auch dann, wenn es nicht so lief, wie sie es sich erhofft hätte. Wusste sie doch, dass er nur das Beste für sie im Sinn hatte und alles in ihrem Leben zum Guten führen würde.“

„Wir wissen aber, dass Gott bei denen, die ihn lieben, alles zum Guten führt“, wiederholte Sarah und erinnerte sich daran, wie sie diesen Spruch vor vielen Jahren als Jahresspruch gezogen hatte. Und im Jahr darauf gleich noch einmal. Bei ihr musste Gott alles doppelt oder sogar dreifach sagen, damit sie es auch glaubte. Anders bei Maria, die seinem Wort schon beim ersten Mal vertraute.

Inzwischen war diese den Heiratskandidaten ausreichend vorgestellt worden und durfte sich in den Bereich der Tempeljungfrauen zurückziehen, während die Männer zusammen mit dem Hohepriester auf einen der Opferaltäre zusteuerten. Dort überreichte der Hohepriester jedem von ihnen einen Zweig und befahl, diesen mit ihrem Namen zu kennzeichnen. Dann sollte jeder seinen Zweig während des Gebetes und Opfers in den Händen halten und anschließend auf den Altar legen. Derjenige, dessen Zweig zu blühen begann, sollte Maria zur Frau nehmen dürfen.

Wie bitte? Ein trockener Zweig sollte plötzlich zu blühen beginnen? Wie unwahrscheinlich war das denn?

„Unwahrscheinlich genug, um das Wirken Gottes dahinter zu erkennen", meinte P. Maximilian neben ihr.

Sarah, die sich inzwischen daran gewöhnt hatte, dass er ihre Gedanken lesen konnte, gab ihm recht. Sollte tatsächlich einer der Zweige zu blühen beginnen, so durfte davon ausgegangen werden, dass Gott selbst den betroffenen Mann zum Gemahl Marias erwählt hatte. Und dann wäre er auch der Richtige für sie.

Gebannt blickte sie auf die Männer, die voller Inbrunst zu beten begannen. Ihrem Gesichtsausdruck nach schienen sie tatsächlich zu glauben, dass einer der Zweige erblühen würde. Und jeder schien zu hoffen, dass es der seine sein werde. Während Sarah die Betenden beobachtete, fiel ihr auf, dass sehr unterschiedliche Altersstufen vertreten waren. Manche waren über 20, andere über 30, wieder andere sogar schon über 40. Und sie alle wollten dieses junge Mädchen heiraten? Es war eindeutig eine andere Zeit, in die sie da hineingeraten war. Wobei – wenn sie in der Gegenwart an so manche bekannte Persönlichkeit dachte, dann war der Unterschied vielleicht doch nicht so groß. Immer häufiger gab es Paare mit einem enormen Altersunterschied – und das war ja auch in Ordnung, solange es auf Liebe beruhte.

Wer von den Männern wohl Josef war? Sicher keiner von den Jüngsten. Aber auch nicht von den Ältesten. Auf jeden Fall einer, der gerade besonders intensiv betete. Vielleicht der, der die Augen geschlossen hatte und mit gesenktem Kopf dastand? Oder der, der sich auf die Knie niedergelassen hatte und mit erhobenen Armen betete? Zu gerne hätte Sarah gewusst, wer Josef war. Doch auf die Antwort musste sie noch warten.

Endlich ordnete der Hohepriester an, die Zweige einzusammeln und auf den Altar zu legen. Die Spannung stieg, während jeder der Anwesenden gebannt nach vorn blickte. Und dann geschah das, was Sarah nicht für möglich gehalten hatte. Einer der Zweige begann, sich zu verändern. An seinem Ende bildete sich eine zarte Hülle und ganz vorsichtig ließ eine weiße Blüte ihre Blätter hervorblinzeln. Erst nur ein wenig, als würde sie testen, ob sie in dieser Welt auch willkommen sei, doch dann schob sie sich Stück für Stück aus ihrer Knospe heraus und strahlte die Anwesenden an.

Ehrfürchtig nahm der Hohepriester den Zweig in die Hand, um zu sehen, zu wem er gehörte. Dann schritt er auf einen Mann Mitte Dreißig mit haselnussbraunem, gelocktem Haar zu und überreichte ihm die liliengleiche Blüte. Nun endlich wusste Sarah, wer Josef war. Der Mann aus dem Stamm Davids, den Gott selbst dazu bestimmt hatte, der Bräutigam Mariens zu werden, da er wusste, dass es keinen besseren für diese Auszeichnung gab. Ihm konnte er seine reine Magd anvertrauen. Bei ihm war sie sicher, konnte in aller Freiheit ja zu dem sagen, wofür Gott sie auserwählt hatte.

Denn Gott hatte sie zu Großem auserwählt! Sie sollte die Mutter seines Sohnes sein. Die neue Eva, die in Jesus den neuen Adam gebären sollte. Und um die Werke der ersten Menschen zu tilgen, die durch ihren Ungehorsam gegenüber Gott so viel

Leid in die Welt gebracht hatten, sollte sie in allem das Gegenteil leben. Sie sollte Gehorsam üben bis zur Vollkommenheit. Sollte bereitwillig alles annehmen, was Gott wollte. Ihre Reinheit sollte eine absolut keusche sein. Ihre Liebe eine vollkommene. Sie sollte lieben, wie kein anderer je geliebt hatte.

Während Josef die Blüte entgegennahm, machte er den Eindruck, als könne er es nicht fassen, dass ausgerechnet er der Auserwählte sein sollte. Gab es doch so viele andere Männer, die in seinen Augen frömmer und besser geeignet waren. Warum erwählte Gott gerade ihn?

„Er stürzt die Mächtigen vom Thron und erhöht die Niedrigen", zitierte P. Maximilian die Heilige Schrift. „So ist Gott. Er schaut nicht auf das, worauf die Menschen schauen. Gott schaut auf das Herz. Und was er da bei Josef sah, war besser als bei allen anderen, die ihn in den Augen der Welt übertrafen."

In den Augen der Welt wurde er sicher von vielen übertroffen, dachte Sarah. Man musste nur seine Kleidung mit der anderer vergleichen und schon war klar, dass er Maria finanziell betrachtet nicht viel bieten konnte. Sie würde ein bescheidenes Leben führen und auch ihr Sohn würde einmal ein bescheidenes Leben führen. Versorgt durch einen aufopferungsvollen Pflegevater, der ihr tägliches Brot durch seine harte Arbeit als Zimmermann mühsam erringen musste.

Inzwischen war Maria benachrichtigt worden. Die Tür zum Bereich der Tempeljungfrauen öffnete sich und sie kam die Treppe herunter, während Josef sich Schritt für Schritt auf sie zubewegte. Und als sie sich gegenüberstanden und in die Augen sahen, musste es ihr klar geworden sein: dass Gott ihr in diesem Mann einen überdimensional großen Diamanten geschenkt hatte. Dass er jedes ihrer Gebete erhört hatte und ihr in Josef einen Mann gab, dem ihre Reinheit heilig war. Einen

Mann, der sie aus tiefstem Herzen lieben würde. Der ihr Wohl über sein eigenes stellen würde. Der alles tun würde, um sie zu beschützen und für sie da zu sein. Und dem sie bedingungslos vertrauen konnte.

Sarah hätte ewig hier stehen und die beiden betrachten können. So tief berührte das, was sie dabei fühlte, ihr Herz. Doch leider tat ihr P. Maximilian diesen Gefallen nicht. Noch während sie auf das neugebildete Paar blickte, verwandelte sich das Bild. Die hohen Säulen verschwanden, der Eingang zum Bereich der Tempeljungfrauen verschwand und auch Maria und Josef verschwanden. Zurück blieben die Überreste des Tempels, der Felsendom und die al-Aqsa-Moschee. Sie waren wieder in der Gegenwart.

„Musste das sein?", wandte Sarah sich enttäuscht an ihren Begleiter. „Hättest du mir nicht ein wenig mehr Zeit mit den beiden gönnen können?"

„Das Wichtigste hast du gesehen", meinte dieser ungerührt, „und außerdem wird es nicht die letzte Begegnung mit ihnen gewesen sein."

„Wenigstens das." Für Romantik schien P. Maximilian nicht viel übrig zu haben. Aber solange sie die beiden wieder sehen würde …

„Wann wirst du mir die nächste Szene zeigen?"

„Wenn du in Nazareth bist."

„Erst dann? Warum nicht schon heute?"

„Weil ich dir die Szenen immer erst dann zeigen werde, wenn du den entsprechenden Ort aufgesucht hast. Nur in besonderen Fällen werde ich eine Ausnahme machen."

„Zum Beispiel?"

„Das wirst du sehen, wenn es soweit ist."

Nach Nazareth würden sie erst am nächsten Tag fahren. Sarah musste also wieder einmal warten. Und sie hasste Warten! Als Gott die Tugend der Geduld verteilt hatte, musste er sie übersehen haben.

„Morgen also“, meinte sie mit einem Seufzen, „und was wirst du mir zeigen?“

„Das wirst du ebenfalls erst dann sehen, wenn es soweit ist“, lachte P. Maximilian, drehte sich um, winkte ihr zu und verschwand.

Er hatte gut lachen! Konnte sehen, was er wollte, kommen, wann er wollte, und gehen, wann er wollte. Doch sie steckte hier fest und musste abwarten, bis sich etwas Neues auftat. Dann würde sie eben zur Gruppe zurückkehren und mit dieser Zeit verbringen, was sicher auch schön werden würde. Mit der Gruppe und Jakob. Mal sehen, was sich da noch ergab.

Nazareth und Umgebung

Keine 24 Stunden später setzte Sarah den ersten Fuß auf den Boden von Nazareth: der Stadt, in der Jesus aufgewachsen war. Wie freute sie sich darauf, die Mauern des Hauses zu sehen, in dem er gelebt hatte, und die Straßen entlangzugehen, die er selbst viele Jahre lang entlanggegangen war.

Zusammen mit der Pilgergruppe machte sie sich auf den Weg zum Haus der Heiligen Familie.

Sie waren nicht weit gekommen, da hörte sie das aggressive Schreien zweier Männer. Wieder ein paar Meter weiter konnte sie sehen, dass die beiden wie philippinische Kampfhähne aufeinander losgingen. Was war hier denn los? Und da vorne – war das etwa eine Moschee, die vor ihr emporragte? Irgendwie hatte sie sich Nazareth ganz anders vorgestellt. Aber sie war ja auch noch nicht am Zielort angekommen.

Und tatsächlich! Wenige Meter später sah sie eine große Kirche emporragen. Die Verkündigungsbasilika. Hier würde sie die Überreste des Hauses finden, in dem Jesus den Großteil seines irdischen Lebens verbracht hatte. Zusammen mit der Gruppe durchschritt sie die graue Steinmauer, die das Heiligtum wie ein Schutzwall umgab. Grau war diese Mauer jedoch nur von außen. In ihrem Inneren befand sich eine Vielzahl von Mosaikbildern. Während Sarah an ihnen entlangging, entdeckte sie, dass es sich um Mariendarstellungen aus verschiedensten Kontinenten und Ländern handelte. Nahezu die ganze Welt war hier vertreten. Sie sah ein Bild aus Mexiko, aus China, Bulgarien, Italien, Frankreich und auch aus Deutschland. Jedes Land stellte die Gottesmutter ein wenig anders dar, mit einer anderen Kleidung und teils sogar einer anderen Hautfarbe. Und doch war bei jedem der Bilder deutlich zu erkennen, dass es sich um Maria handelte. Wer hier entlangging, konnte sehen, dass Maria die Mutter aller war – aller Völker und aller Menschen.

Doch jetzt wollte Sarah nicht länger warten, sondern endlich ins Innere der Kirche gelangen. Sie durchschritt die hohe Eingangstür und stand kurz darauf in einem riesigen Raum, der auf den ersten Blick vor allem aus Säulen zu bestehen schien. Sarah durchquerte ihn und näherte sich immer weiter dem eigentlichen Heiligtum. Um ein Geländer herum knieten und standen so viele Menschen, dass sie zunächst nicht erkennen konnte, was sich dahinter verbarg. Erst als sie eine Lücke in der Menge erobern konnte, sah sie die Steinmauern, die sich eine Etage tiefer befanden. Während sie noch überlegte, ob hier das Haus der Heiligen Familie gestanden hatte und diese Mauern das waren, was davon noch übrig war, hörte sie eine leise Stimme neben sich: „Es ist so, hier hat das Haus der Heiligen Familie gestanden."

P. Maximilian! Wie gut, dass er hier war! Bestand dadurch doch die Möglichkeit, dass Sarah das, was sich hier ereignet hatte, mit eigenen Augen sehen konnte.

„Bist du bereit, in die Vergangenheit einzutauchen?", fragte er, und während Sarah noch begeistert nickte, verschwand die große Kirche und mit ihr die zahlreichen Menschen. Zurück blieb ein einfaches kleines Steinhaus, vor dem ein durchlöcherter Weg verlief, der es kaum verdiente, diese Bezeichnung zu bekommen.

Neugierig ging Sarah auf das Haus zu und ließ den Blick durch eines der niedrigen Fenster gleiten. Hier musste sich die Küche befinden. Aus dem offenen Herd grüßte ein kleines

Feuer, das kurz vor dem Erlöschen war. Auf dem Küchentisch stand eine Schale mit Brot und ein paar Eiern. Davor warteten zwei Stühle. Ob sie von Josef waren? Doch der war nirgends zu sehen. Ebenso wenig wie Maria. Vielleicht befanden sie sich ja auf der anderen Seite? Als Sarah gerade um das Haus herumgehen wollte, wäre sie beinahe mit einer Ordensschwester zusammengestoßen, die das Gleiche vorzuhaben schien. Erstaunt blieb sie stehen und schaute in zwei dunkelbraune Augen, die sie voller Interesse anblickten.

„Schwester Therésè", hörte sie P. Maximilian mit einer besonderen Wärme in der Stimme sagen, „was für eine Überraschung, dich hier zu treffen. Darf ich vorstellen: Sarah, eine junge Frau, die von Maria eine besondere Gnade geschenkt bekommt und vieles aus ihrem Leben sehen darf. Schwester Thérèse, eine besonders liebenswerte Heilige, die ich schon zu meiner Zeit auf Erden sehr verehrt habe. In meiner Zelle standen neben einer Statue der Immaculata nur zwei Bilder: auf einem war Gemma Galgani zu sehen, auf dem anderen diese besondere Heilige: Thérèse von Lisieux."

„Als du mein Bild aufgestellt hast, hatte man mich noch gar nicht heiliggesprochen, aber du hast so lange dafür gebetet, bis ich es wurde."

„Das stimmt. Deine Heiligsprechung lag mir ganz besonders am Herzen. Du hast ja auch viele Rosen auf mich regnen lassen. Vor allem nach deiner Heiligsprechung. Da haben sich die Auflage meiner Zeitschrift und die Anzahl der Mitbrüder verdoppelt."

„Natürlich", meinte Schwester Thérèse mit einem liebevollen Lächeln, „ich musste mich doch für dein Gebet erkenntlich zeigen."

Sie hatte Rosen auf ihn regnen lassen?

Schwester Thérèse, die Sarahs fragenden Blick sah, erklärte: „Er meint damit, dass ich vom Himmel aus viel Gutes für ihn getan habe. Schließlich hatte ich zu Lebzeiten versprochen, nach meinem Tod auf der Erde Rosen regnen zu lassen. Manchmal sind es tatsächlich Rosen, die ich den Menschen zukommen lasse, doch meistens sind es Rosen im übertragenen Sinn."

„Das stimmt", schaltete P. Maximilian sich ein, „und ich habe beides von dir bekommen. Deine Hilfe in vielen Situationen, aber auch ein echtes Rosenblatt. Damals war ich gerade in Indien und stand kurz vor einem wichtigen Gespräch mit dem Bischof. Erinnerst du dich?"

In diesem Moment brachte der Wind ein Rosenblatt herbei und legte es zu Füßen P. Maximilians nieder.

Mit einem Lächeln hob er es auf und sagte: „Du erinnerst dich also, denn genau das Gleiche hast du damals gemacht, als ich an einer Statue von dir vorbeiging. Das Gespräch ist natürlich gut verlaufen. Der Bischof erlaubte, dass wir Missionare zu ihm senden. Doch dann kam der Krieg und hat unser Vorhaben aufgehalten."

„Ja, der Krieg. Nicht immer laufen die Dinge so, wie wir Menschen sie gerne hätten. Das soll uns aber nie daran hindern, Pläne zu machen und unser Bestes zu geben."

Gespannt verfolgte Sarah das Gespräch zwischen den beiden. Und als Schwester Thérèse sich ihr zuwandte, um sie daran teilhaben zu lassen, sagte sie: „Wie schön, dass du bei uns bist! Doch darf ich wissen, warum du gerade hier in Nazareth zu uns gekommen bist?"

„Weil mich die Szene, die ihr gleich sehen werdet, an den Tag erinnert, an dem ich in den Karmel eingetreten bin."

Sie war im Karmel gewesen? Ausgerechnet in dem Orden, in den auch Mirjam eintreten wollte. Immer noch wusste Sarah nicht so recht, was sie davon halten sollte. War das doch ein besonders strenger Orden, in dem man stets am gleichen Ort bleiben musste und nur durch ein Gitter mit seiner Familie und seinen Freunden reden konnte. Ob man hier glücklich werden konnte?

Vielleicht würde sie Schwester Thérèse diese Frage später noch stellen, doch jetzt musste sie sich beeilen, denn ihre beiden Begleiter aus dem Jenseits schickten sich an, auf die andere Seite des Hauses zu gehen. Hier sah Sarah, dass eine Tür nach außen hin geöffnet war. Jemand musste zuhause sein. Während ein leichter Wind mit den Vorhängen spielte und sie in den Garten hinaustrug, warf Sarah einen Blick ins Innere des Hauses, wo beeindruckende Ordnung herrschte. An der Seite stand ein flaches, sauber gemachtes Bett. Daneben ein Regal, das eine Öllampe, mehrere Pergamentrollen und eine zusammengelegte Handarbeit beherbergte. Und mitten im Raum saß Maria. Mit ihrem weißen Kleid und den rosagefärbten Wangen, über die einzelne Strähnen ihres dunklen Haares fielen, bot sie einen wunderschönen Anblick. Wie schon beim letzten Mal hätte Sarah ewig stehenbleiben und sie betrachten können.

Untätigkeit schien Maria fremd zu sein. Auf ihrem Schoß lag seidenweicher Flachs, den sie mit einer Spindel drehte, während sie leise zu singen begann.

„Was singt sie?“, wollte Sarah von P. Maximilian wissen, der schweigend hinter ihr stand.

„Sie singt – wie so oft – ein Lied, in dem sie Gott bittet, eine Jungfrau zu erwecken, die würdig ist, den Messias zur Welt zu bringen.“

„Ist sie denn nicht auf die Idee gekommen, selbst diese Jungfrau zu sein?“

„Nein, auf diese Idee ist sie nicht gekommen. Auch wenn sie sich Gott ganz geweiht hatte, wusste sie doch nicht, dass sie ohne jeden Makel war. Und sie war viel zu bescheiden, viel zu demütig, um einen solchen Gedanken auch nur entstehen zu lassen."

Gespannt blickte Sarah weiterhin auf Maria, die inzwischen aufgehört hatte zu singen und mit einem Lächeln in den Garten hinausblickte. Ob sie ahnte, dass sich gleich etwas Bedeutendes ereignen würde? Etwas, das ihr Leben für immer verändern und sie zur größten Frau machen würde, die je auf Erden gelebt hat?

Auf einmal begann der Vorhang noch stärker zu flattern. Erstaunt blickte Maria ihn an, als auch schon ein Licht in den Raum trat, das heller leuchtete als die Sonne und alle Aufmerksamkeit auf sich zog. Maria fiel auf die Knie und schaute mit weit aufgerissenen Augen in dieses Licht, in dessen Mitte ein majestätisch wirkender Mann zu erkennen war. Ein Engel!

Dieser verneigte sich mit einem Lächeln vor der jungen Frau und begann voller Hochachtung zu sprechen: *„Sei gegrüßt, du Begnadete, der Herr ist mit dir."*

Erschrocken blickte Maria auf die Gestalt. Es war ihr anzusehen, dass sie nicht wusste, was sie von dem Gruß halten sollte.

Der Engel erkannte ihre Unsicherheit und beruhigte sie: „Fürchte dich nicht, Maria, ich bin Gabriel und von Gott zu dir gesandt, um dir eine gute Nachricht zu überbringen. *‚Denn du hast bei Gott Gnade gefunden. Siehe, du wirst schwanger werden und einen Sohn wirst du gebären; dem sollst du den Namen Jesus geben. Er wird groß sein und Sohn des Höchsten genannt werden. Gott, der Herr, wird ihm den Thron seines Vaters David geben. Er wird über das Haus Jakob in Ewigkeit herrschen und seine Herrschaft wird kein Ende haben.'"*[12]

Immer noch blickte Maria mit weit aufgerissenen Augen auf den Engel. Schließlich fragte sie ihn: „*Wie soll das geschehen, da ich keinen Mann erkenne?*"

Der Engel schenkte der jungen Frau ein liebevolles Lächeln, bevor er erklärte: „*Heiliger Geist wird über dich kommen und Kraft des Höchsten wird dich überschatten. Deshalb wird auch das Kind heilig und Sohn Gottes genannt werden. Siehe, auch Elisabet, deine Verwandte, hat noch in ihrem Alter einen Sohn empfangen; obwohl sie als unfruchtbar gilt, ist sie schon im sechsten Monat. Denn für Gott ist nichts unmöglich.*"

Das war der Moment, in dem der Himmel den Atem anhielt. Das Heil der ganzen Welt hing vom Ja-Wort dieser jungen Frau ab – und noch hatte sie nicht „Ja" gesagt zur Bitte des Herrn, Mutter seines Sohnes zu werden. Gott hingegen achtete ihre menschliche Würde und ihre Freiheit so sehr, dass er sich niemals gegen ihren Willen aufgedrängt hätte. Maria hörte sich das Anliegen des Engels an, fragte nach, wie das geschehen sollte, und da sie glaubte, dass für Gott nichts unmöglich ist, konnte sie aus ganzem Herzen sagen: „*Siehe, ich bin die Magd des Herrn; mir geschehe, wie du es gesagt hast.*"

Nachdem sie das gesagt hatte, verneigte der Engel sich ehrfurchtsvoll vor ihr, dann drehte er sich um und ging. Und mit ihm ging das Licht, das den Raum so hell gemacht hatte. Heller als alle Öllampen der Welt es je vermocht hätten.

Maria blieb auf den Knien zurück und schloss die Augen. Hatte Sarah zuvor gedacht, ihre Ausstrahlung sei nicht zu überbieten, so wurde sie nun eines Besseren belehrt. Noch nie hatte sie einen Menschen so leuchten sehen wie Maria in dem Augenblick, als ihr bewusst wurde, dass sie die Auserwählte war, die Jesus empfangen würde. Sie würde den Sohn Gottes in sich tragen. Sie würde ihn zur Welt bringen und ihm sein Leben lang als Mutter zur Seite stehen.

„Von diesem Moment an trug Maria Jesus in ihrem Schoß", hörte Sarah P. Maximilian leise neben sich sagen. „Sie ist zur ‚Christusträgerin' geworden und ihr Schoß, in dem Jesus neun Monate lang heranwuchs, ist für immer mit ihm verbunden. Wenn daher jemand zu Maria eilt, den Kopf auf ihren Schoß legt und sie um Hilfe bittet, dann wird er diese auch bekommen. In ihm wird jeder Schmerz eingeschläfert werden, jede Hoffnung aufblühen und jede Gnade wird ihn überkommen."[13]

„Was für ein Geschenk, dass Maria von Gott eine solche Gnade empfangen hatte und diese auch mit anderen teilen durfte! Doch was war mit Josef? Wie würde er reagieren, wenn er ihre Schwangerschaft bemerkte?", diese Fragen schossen Sarah durch den Kopf, während Maria immer noch im Gebet versunken war.

Dann fiel ihr Blick auf P. Maximilian und Schwester Thérèse, die sich gerade anschickten, den Garten zu verlassen und vor die Eingangstür des Hauses zu treten. Und während sie ihnen folgte, gab sie die Frage weiter an sie: „Was war mit Josef?"

„Der wusste lange Zeit nichts davon. Und sie durfte es ihm auch nicht sagen. Gott selbst wollte es ihm mitteilen."

„Und daran hat Maria sich gehalten?"

„Daran hat sie sich gehalten", bestätigte P. Maximilian, „auch wenn sie sehr darunter litt. Wusste sie doch, was für ein Schmerz es für Josef sein würde, sollte er erkennen, in welchem Zustand sie war, ohne zu wissen, dass sie Gottes Sohn in sich trug."

„Sie riskierte es also, bei dem Menschen, den sie so sehr liebte und der alles für sie tat, in einem schlechten Licht dazustehen."

„Ja, genau das riskierte sie und es zerriss ihr das Herz. Doch im Gehorsam und voller Vertrauen auf Gott schwieg sie."

„Vertrauen und daran glauben, dass sich erfüllt, was Gott einem sagen ließ, das war gar nicht so einfach!“, dachte Sarah. Maria hatte es gekonnt. Sie hatte selbst dann vertraut, als ihr etwas gesagt wurde, das alle anderen für unmöglich hielten. Wer konnte schon daran glauben, dass sie Gottes Sohn durch den Heiligen Geist empfangen hatte? Ganz ohne das Mitwirken eines Mannes. Hätte sie das den Leuten erzählt, sie wäre sicher ausgelacht worden. Und das nicht nur von Fremden, sondern auch von Freunden. Sie hatte es für sich behalten. Doch felsenfest daran geglaubt.

Und Sarah konnte nicht einmal glauben, dass in ihrem Leben eine Zusage eintreffen würde, die bei Weitem nicht so außergewöhnlich war wie die, welche Maria bekommen hatte. Sie hatte lediglich gehört: „Er wird dich heiraten.“ Und nur weil momentan alles so schwierig war, konnte sie nicht mehr daran glauben. Momentan? Seit 17 Jahren. Und trotzdem. Im Lauf der Jahre hatte Gott ihr wieder und wieder bestätigt, dass sie durchhalten sollte.

So zum Beispiel, als jemand, der nichts von ihrem Leben wusste, zu ihr sagte: „Wenn Gott etwas voraussagt, dann trifft es auch ein. Gott ändert seine Zusagen nicht – auch wenn es manchmal sehr lange dauert.“

Dabei hatte sie kurz zuvor noch von jemand anderem gehört, dass Gott seine Pläne sehr wohl ändere, wenn der Mensch die seinen ändere.

Doch es gab einen Unterschied zwischen Zusagen und Plänen. Zusagen waren Versprechen und die hielt Gott ganz bestimmt ein. Pläne hatten nichts mit einem Versprechen zu tun und es war gut möglich, dass Gott diese änderte. Zum Beispiel wenn ein Mensch sehr viel betete. Oder auch, wenn jemand sich ganz bewusst gegen Gott und seine Hilfe entschied.

Was sollte sie tun? Glauben und vertrauen, oder loslassen und hoffen, dass es einen anderen Weg für sie gab? Sie wusste es immer noch nicht und irgendetwas sagte ihr, dass ihr in diesem Punkt nicht einmal P. Maximilian weiterhelfen konnte. Es war eine Sache zwischen Gott und ihr. Vor allem aber eine Sache des Vertrauens.

„Gott ändert seine Zusagen nicht – auch wenn es manchmal sehr lange dauert“, ging es ihr durch den Kopf. „Doch was, wenn die Zusage nicht von Gott war?“ Sarah spürte, wie etwas in sie eindrang. Etwas, das ihr die Luft zum Atmen nahm und einen spitzen Dorn in ihr Herz drückte.

„Nicht länger nachdenken“, hörte sie eine leise Stimme neben sich sagen, „glauben und vertrauen.“

„Glauben und vertrauen. Glauben und vertrauen“, murmelte Sarah vor sich hin und der Dorn, der eben noch in ihr Herz gebohrt worden war, verschwand.

Ja, sie würde glauben und vertrauen, dass alles in ihrem Leben gut werden würde. Dass es einen wunderbaren Plan für sie und ihr Leben gab, der ihr große Erfüllung und tiefes Glück schenken würde. Einen Plan, der Schritt für Schritt umgesetzt werden würde. Und währenddessen würde sie voller Vertrauen einen Tag nach dem anderen leben. Einen Schritt nach dem anderen gehen.

„Auch mir ist es nicht immer leichtgefallen, Ja zum Willen Gottes zu sagen“, hörte sie Schwester Thérèse sagen, und als diese merkte, dass Sarah gerne hören wollte, wieso, begann sie zu erzählen: „Als ich vier Jahre alt war, starb meine Mutter. Von da an wurde ich von meinem Vater und meinen Schwestern großgezogen. Eine von ihnen, Pauline, stand mir besonders nah. Und ausgerechnet sie beschloss, in den Karmel eizutreten. Obwohl auch ich zu dieser Zeit bereits den Wunsch verspürte, später einmal in den Karmel zu gehen, führte Paulines Entscheidung, die einen solchen Verlust für mich bedeutete, zu einem großen seelischen Schock, der sich auch körperlich bemerkbar machte. Ich magerte ab, bildete die merkwürdigsten Verdrehungen aus und begann zu halluzinieren. Die Ärzte wussten sich keinen Rat mehr. Da betete meine Familie vereint zu ‚Unserer Lieben Frau vom Sieg'. Und das Wunder geschah: Während ich auf eine Statue der Muttergottes blickte, sah ich, wie Maria mir durch diese Statue hindurch ein strahlendes Lächeln schenkte. Von diesem Moment an änderte sich mein Zustand und ich wurde vollkommen gesund. Dieses Lächeln aber sollte ich für immer in meiner Seele bewahren."

„Konntest du von da an Ja zum Willen Gottes sagen?"

„Leider immer noch nicht ganz. Als mir im Alter von 13 Jahren auch noch meine ältere Schwester Marie genommen wurde, weil sie ebenfalls in den Karmel eintrat, war ich wieder einmal von großer Not durchdrungen. Erst ein Gespräch mit meinem Vater sollte dazu beitragen, dass ich zu dem starken Glauben zurückfand, den ich als Kind gehabt hatte. Dabei fühlte ich die Liebe in mein Herz einziehen. *Ich wollte mich selbst vergessen, um anderen Freude zu machen. Von da an war ich glücklich.* Und immer mit dem zufrieden, was Gott von mir verlangte."

„Als du ein paar Jahre später in den Karmel eingetreten bist – warst du da auch noch glücklich?", wollte Sarah wissen, die sich nach wie vor Sorgen um ihre Freundin Mirjam machte.

„Ja, ich war sehr glücklich, als ich in den Karmel eingetreten bin. Auch wenn mein Weg oft alles andere als leicht war. Doch mein Ziel war kein leichtes Leben, sondern ein Leben erfüllt von Liebe, und das habe ich bekommen. Ich bin in den Karmel eingetreten, *um Seelen zu retten und ganz besonders für die Priester zu beten.* Und dann habe ich meine eigentliche Berufung gefunden: *Ich verstand, dass die Liebe allein die Triebkraft aller Glieder der Kirche ist. Dass die Liebe alle Berufungen in sich schließt. Dass die Liebe alles ist. Dass sie alle Zeiten und Orte umfasst, weil sie ewig ist. Endlich hatte ich meine Berufung gefunden: Mein Beruf war die Liebe! Im Herzen der Kirche, meiner Mutter, wollte ich die Liebe sein.*[14] Und *ich habe es nie bereut, mich für die Liebe entschieden zu haben.*"

Dann sah sie Sarah mit einem liebevollen Lächeln an und genau wie P. Maximilian konnte auch sie in dem Moment ihre Gedanken lesen, denn sie sagte: „Sag deiner Freundin Mirjam, dass ich ihr wünsche, dass auch sie im Karmel die Liebe als ihre Berufung findet und dass es auf dieser Erde nur eines zu tun gibt: ‚Jesus zu lieben mit allen Kräften unseres Herzens und für ihn Seelen zu retten, damit er geliebt wird.'"

Gerührt prägte Sarah sich diese Worte ein und nahm sich fest vor, sie genau so an Mirjam weiterzugeben.

Viel zu schnell verabschiedete Schwester Thérèse sich wieder. P. Maximilian würde ihr bald im Himmel begegnen, doch Sarah ging nicht davon aus, sie zu Lebzeiten noch einmal zu treffen. Daher berührte es sie umso mehr, dass Schwester Thérèse auch ihr einen Satz mit auf den Weg gab: *„Man muss das Gute um sich herum aussäen, ohne sich zu beunruhigen, ob es wächst,* Sarah. Gib einfach dein Bestes, um möglichst viel auszusäen. Alles andere lege in die Hände Gottes."

Gleich darauf war sie verschwunden.

Sarah und P. Maximilian aber waren in der Zeit ein paar Monate vorausgereist. Vor ihren Augen war Maria zu sehen, die das Haus in ein weites Tuch gehüllt verließ. Dicht gefolgt von Josef, der ihr Gepäck trug und auf einem geduldig wartenden Esel befestigte. Dann reichte er Maria die Hand und half ihr in den Sattel, nahm die Zügel des Esels und ging neben ihr her. Noch war nichts von Mariens Schwangerschaft zu sehen, bald aber sollte sich das ändern. Wie würde er reagieren, wenn er es bemerkte? Vermutlich würde es der größte Schock seines Lebens werden! Doch noch wusste er nichts davon. Liebevoll blickte er auf seine Braut und vergewisserte sich, dass es ihr gut ging, während er zusammen mit ihr Nazareth verließ.

Sarah und P. Maximilian schlossen sich ihnen an. Währenddessen ließ Sarah ihren Blick auf Maria ruhen, die das Tuch abgelegt hatte und in einem königsblauen Kleid, von einem strahlend weißen Schleier bedeckt auf dem Esel saß. Wie schön sie war! Und was für eine Ausstrahlung sie hatte! Es war, als würde alles um sie herum von dem Leuchten erfüllt werden, das aus ihrem Inneren hervorging.

Mehrere Minuten liefen sie alle schweigend vor sich hin, bis in Sarah schließlich doch die Neugier siegte.

„Wohin gehen wir?“

„Wir sind auf dem Weg zu Elisabeth, Marias Verwandter, die kurz vor der Geburt steht. Elisabeth ist älter als Maria und hat sie gebeten, ihr in diesen Wochen beizustehen. Und natürlich hat Maria nicht gezögert, dieser Bitte nachzukommen.“

„Obwohl sie selbst schwanger ist, macht sie sich auf den Weg, um ihrer Verwandten zu helfen?“

„Natürlich. Für Maria hatte Hilfsbereitschaft einen hohen Stellenwert. Wenn andere sie brauchten, war sie für sie da und stellte ihre eigenen Bedürfnisse zurück. Auch wenn sie in den Augen der Welt gar nichts davon haben sollte. Das war einer der Gründe dafür, dass Gott ihr stets zu Hilfe kam, wenn sie selbst Hilfe brauchte, denn in seinen Augen ist es überaus wertvoll, wenn wir viel für andere tun. So wertvoll, dass er uns das immer auf irgendeine Art und Weise vergelten wird."

Dass Maria sich so für andere einsetzte, war etwas, das Sarah sehr ansprach. Doch etwas anderes sprach sie ganz und gar nicht an. Und zwar die Vorstellung, stundenlang in dieser Hitze durch die Gegend zu laufen. Schon jetzt liefen ihr Schweißperlen über die Stirn und auch über den Rücken. Dabei waren sie kaum losmarschiert.

„Müssen wir den ganzen Weg gehen", wandte sie sich seufzend an ihren Begleiter, „oder gibt es irgendeine Möglichkeit, ihn ein wenig abzukürzen? Es ist ja nicht so, dass ich nicht länger in der Gegenwart von Maria und Josef sein will, aber diese Hitze …"

„Diese Hitze schadet uns gar nicht", meinte dieser ungerührt, „so haben wir eine leise Ahnung von den Strapazen, welche die beiden auf sich genommen haben. Du musst dich nur darauf einlassen, was hier gerade geschieht, dann vergisst du die Hitze von ganz allein."

„Was genau geschieht denn gerade?", fragte Sarah neugierig und wischte sich erneut über die Stirn.

„Gerade macht Maria sich das erste Mal bewusst auf den Weg, um Jesus zu jemandem zu bringen. Diese Reise ist also der Beginn von dem, was sie bis heute immer wieder macht: Sie eilt zu einem Menschen in Not, um ihm zu helfen und Jesus zu ihm zu bringen. Außerdem bereist der menschgewordene Sohn Gottes gerade das erste Mal das Land seines Volkes. Auch wenn ihn noch keiner sehen kann, da er im Schoß Mariens verborgen ist, so ist er doch voll und ganz gegenwärtig. Daher wird Maria, die Christusträgerin, auch als neue Bundeslade Gottes bezeichnet."[15]

P. Maximilian hatte recht. Dieses Wissen half tatsächlich, die unangenehmen Temperaturen besser zu ertragen. Trotzdem war Sarah froh, als er kurz darauf Mitleid mit ihr hatte und sie das größte Stück des Weges übersprangen.

Anstatt schweißgebadet durch die Gegend zu wandern, standen sie beide im Garten eines herrschaftlichen Hauses. Inmitten von blühenden Apfelbäumen und Rosensträuchern, deren Knospen kurz vor dem Öffnen standen, saß eine Frau fortgeschrittenen Alters, die prüfend in die Ferne sah. So, als wüsste sie bereits, dass liebe Menschen auf dem Weg zu ihr waren und bald schon ankommen würden.

Während Sarah die Frau näher betrachtete, fiel ihr Blick auf das ergraute Haar, in dem nur noch einzelne Strähnen auf das tiefe Schwarz hinwiesen, das es einmal durchdrungen hatte. Und als ihr Blick weiter nach unten wanderte, sah sie den großen Bauch, der sich unter dem Gewand wölbte und über den die Frau mit der linken Hand liebevoll strich.

Das also war Elisabeth, die so lange auf ihr Kind warten musste und nach zahlreichen Jahren des Betens und Flehens endlich schwanger wurde – dann, als es keiner mehr glauben konnte. Nicht einmal Zacharias, ihr Mann, der stumm geworden war, weil er Gott zu wenig vertraut hatte.

Während sie Elisabeth beobachtete, konnte Sarah sie verstehen – all die Menschen, die nicht glauben konnten, dass diese Frau noch ein Kind bekommen sollte. Sie sah in der Tat viel zu alt dafür aus.

Doch Gott hatte im Lauf der Geschichte immer wieder bewiesen, dass für ihn nichts unmöglich war. Er hatte es bei Abraham bewiesen, dessen Frau Sarah ebenfalls viel zu alt war, um ein Kind zu bekommen, und dann doch noch Mutter wurde. Er bewies es bei Elisabeth, bei der genau das Gleiche der Fall war. Und er bewies es bei Maria, die Mutter wurde durch die Kraft des Heiligen Geistes, ohne je mit einem Mann intim gewesen zu sein.

Sarah wusste, dass viele Menschen gerade mit der Jungfräulichkeit Mariens ein großes Problem hatten. In einer Zeit, in der Sexualität eine immer größere Rolle spielte, war es unvorstellbar, dass ein Mensch darauf verzichten und dennoch vollkommen im Frieden mit sich und der Welt sein konnte. Doch man musste Maria nur gegenüberstehen, um zu wissen, dass es sich bei ihrer jungfräulichen Empfängnis um die Wahrheit handelte. Noch nie war Sarah einem Menschen begegnet, der eine solche Reinheit ausstrahlte. Der von innen her so sehr leuchtete, dass sogar das Umfeld davon erhellt wurde. Maria brauchte keine Sexualität, um glücklich zu sein. Sie war erfüllt mit der größten bedingungslosen Liebe, die es gab. Erfüllt mit Gott selbst, der die Liebe ist. Und gegen diese Liebe verblasste alles andere.

Wie hieß es doch von Menschen, die Gott in einem Zustand zwischen Leben und Tod begegneten? Sie fühlten sich dabei so sehr geliebt, dass sie für immer bei ihm bleiben wollten. Und wenn sie doch zurück auf die Erde mussten, sehnten sie sich das restliche Leben lang nach dieser unbeschreiblich tiefen Liebe, die sie auf der Welt durch nichts und niemanden finden konnten – es sei denn, sie bekamen das Geschenk, Gottes Gegenwart auch auf Erden zu verspüren. Dann wurden sie für einen Moment wieder in diese tiefe Liebe eingetaucht, von der sie wussten, dass sie im Jenseits auf sie wartete.

Maria durfte die unendlich große Liebe Gottes schon auf Erden erfahren. Sie durfte sie durch Jesus erfahren, ihren Sohn, den menschgewordenen Gott. Im Vergleich zu dieser Gnade verblasste jede Freude, die ihr durch die Sexualität hätte geschenkt werden können. Daher war es kein Problem für sie, ein Leben lang darauf zu verzichten.

Außerdem hatte sie in Josef einen Mann, der von Anfang an wusste, dass sie als Jungfrau leben wollte, und diesen Wunsch zu jeder Zeit respektierte. Der sie auch ohne die körperliche Vereinigung so sehr liebte, wie ein Mann eine Frau nur lieben kann, und ihr diese Liebe jeden Tag aufs Neue zeigte, indem er sie mit der größten Hochachtung behandelte, die ein Mann einer Frau entgegenbringen kann, und alles tat, was in seiner Macht stand, um ihr ein möglichst gutes Leben zu ermöglichen.

Maria und Elisabeth – zwei Frauen, zwei Leben. Jede ging ihren eigenen Weg. Jede lebte die Partnerschaft auf ihre eigene Weise. Und beide Partnerschaften waren von Gott gesegnet. Wie wunderbar er es doch gefügt hatte, dass sie zur gleichen Zeit ein Kind erwarteten und das Schicksal beider Kinder so eng miteinander verbunden war. Johannes würde auf Erden den Weg für Jesus bereiten und sogar das Leben für ihn geben. Später würde Jesus das Leben für Johannes – und so viele andere – geben und ihn im Himmel willkommen heißen.

Doch davon wussten die beiden Frauen jetzt noch nichts. Sie wussten nur, dass sie in Freundschaft so innig miteinander verbunden waren, dass Maria keine Sekunde gezögert hatte, Elisabeth zu Hilfe zu eilen, und dass ihr Wiedersehen unmittelbar bevorstand.

Die Vorfreude auf dieses Wiedersehen lag in der Luft und auch Sarah wurde davon angesteckt, während sie erwartungsvoll in die Ferne blickte und auf die Ankunft der Heiligen Familie wartete. Auf einmal sprang Elisabeth auf und rannte zu dem Eisengitter, das den Garten von der Straße abtrennte. Und während sie das Tor öffnete, sah Sarah, wie Maria auf dem Esel ankam, zu Boden glitt und ebenfalls auf das Gitter zueilte, um in die offenen Arme ihrer Verwandten zu laufen. Josef, der die Wiedersehensfreude der beiden Frauen nicht stören wollte, durchquerte den Garten und betrat einen kleinen Stall am Rand des Hauses, um ein Lager für den Esel vorzubereiten. Sarah hingegen näherte sich den beiden Frauen. Zu gerne wollte sie hören, was sie einander zu sagen hatten.

Erst hielten sie sich nur im Arm, ohne auch nur ein Wort zu sprechen. Zu groß war die Rührung, die sie bei dem Wiedersehen empfanden. Als Maria dann endlich zu sprechen begann, bemerkte Elisabeth erstaunt, dass das Kind in ihrem Leib vor Freude hüpfte. Zugleich wurde ihr vom Heiligen Geist die Erkenntnis geschenkt, welch hohen Besuch sie in ihrem Haus aufnehmen durfte.

Erstaunt ließ sie ihren Blick auf Maria ruhen, während sie rief: *„Gesegnet bist du unter den Frauen und gesegnet ist die Frucht deines Leibes. Wer bin ich, dass die Mutter meines Herrn zu mir kommt? Denn siehe, in dem Augenblick, als ich deinen Gruß hörte, hüpfte das Kind vor Freude in meinem Leib."*

Immer noch konnte sie kaum glauben, dass ausgerechnet sie den Sohn Gottes beherbergen durfte. Gleichzeitig erkannte sie, wie sehr Maria auf Gott vertraute und was für Gnaden mit diesem Vertrauen verbunden waren. Voller Ehrfurcht sagte sie: *„Und selig, die geglaubt hat, dass sich erfüllt, was der Herr ihr sagen ließ."*

Maria selbst war zutiefst gerührt darüber, dass Elisabeth die Erste war, die von ihrer Schwangerschaft erfuhr. Und dann tat sie das, was sie auch in Zukunft immer tun würde, wenn sie selbst von Menschen geliebt, geehrt oder gepriesen wurde: Sie gab diese Liebe und diesen Lobpreis weiter an Gott und sprach aus ganzem Herzen ein Loblied für ihn: *„Meine Seele preist die Größe des Herrn und mein Geist jubelt über Gott, meinen Retter. Denn auf die Niedrigkeit seiner Magd hat er geschaut. Siehe, von nun an preisen mich selig alle Geschlechter. Denn der Mächtige hat Großes an mir getan und sein Name ist heilig."*

Obwohl Maria eine so große Auszeichnung durch Gott zuteilwurde, sah sie sich immer noch als seine niedrige Magd.

Er allein war in ihren Augen groß und ihr war bewusst, dass sie alles, was sie hatte, ihm verdankte.

So fuhr sie fort: „*Er erbarmt sich von Geschlecht zu Geschlecht über alle, die ihn fürchten. Er vollbringt mit seinem Arm machtvolle Taten: Er zerstreut, die im Herzen voll Hochmut sind; er stürzt die Mächtigen vom Thron und erhöht die Niedrigen. Die Hungernden beschenkt er mit seinen Gaben und lässt die Reichen leer ausgehen. Er nimmt sich seines Knechtes Israel an und denkt an sein Erbarmen, das er unsern Vätern verheißen hat, Abraham und seinen Nachkommen auf ewig.*“[16]

Hier war er wieder: Abraham. Der Mann, der so viele Jahre darauf gewartet hatte, dass eintrat, was Gott ihm versprochen hatte. Der Mann, dessen Vertrauen bis an die äußersten Grenzen geprüft worden war.

Hier war Elisabeth, deren Vertrauen ebenfalls einer großen Prüfung unterzogen worden war und die ebenso wie Abraham lange Zeit auf ein Kind warten musste.

Hier war Maria, die Ja dazu gesagt hatte, den Sohn Gottes zu empfangen und die felsenfest daran glaubte, dass für Gott nichts unmöglich war.

Und dann war hier noch Sarah, die viel geringer als sie alle war. Deren Vertrauen jedoch ebenfalls geprüft wurde und die bei jeder Schwierigkeit daran zu zweifeln begann, dass eintreffen würde, was Gott ihr versprochen hatte.

Während die junge Frau noch über ihr mangelndes Vertrauen nachdachte und sich fast ein wenig dafür schämte, legte Elisabeth den Arm um Marias Schultern und führte sie durch den Garten ins Haus. Und es war Sarah, als würden die Rosen ihre Köpfe neigen, als die Mutter des Herrn an ihnen vorüberging. Nicht nur die Mutter des Herrn, sondern der Herr selbst, der längst in ihrem Schoß Fleisch angenommen hatte. Auch wenn die Menschheit noch nichts davon wusste.

P. Maximilian führte Sarah zu der Bank inmitten der Sträucher, auf der soeben noch Elisabeth gesessen hatte, und deutete ihr an, darauf Platz zu nehmen.

Dann kam er noch einmal auf das Loblied Mariens zurück, das ihm selbst so viel bedeutete: „Dieses Loblied berührt jedes Mal aufs Neue mein Herz, denn es bestätigt, was ich in meinem Leben immer wieder erfahren durfte: *Wenn wir Maria lieben, loben und beschenken, dann lieben, loben und beschenken wir damit gleichzeitig Gott. Denn Maria nimmt unsere Liebe, unseren Lobpreis und unsere Geschenke an und bringt sie zu Gott. Zuvor aber vereinigt sie unsere Gaben mit ihren eigenen, wodurch sie umso wertvoller werden.*[17] Es muss also niemand befürchten, dass Gott vernachlässigt werden könnte, wenn jemand Maria in besonderer Weise verehrt. Im Gegenteil. Da sie alles in vermehrter Form an ihn weiterleitet, wird er umso mehr geehrt, je mehr ein Mensch Maria verehrt."

Während die beiden auf der Bank im Garten saßen und sich unterhielten, hatte Josef den Esel versorgt. Nun näherte er sich dem Haus. Neben ihm ging ein deutlich älterer Mann, dessen Gesicht Spuren großen Kummers trug. Als Josef mit ihm redete und seine Freude über das Treffen zum Ausdruck brachte, lächelte der andere nur und legte ihm die Hand wertschätzend auf den Arm, ohne ein einziges Wort zu sagen. Es war nicht so, dass er nicht reden wollte, er konnte es nicht. Handelte es sich doch um Zacharias, den Mann von Elisabeth, der stumm geworden war, nachdem er nicht geglaubt hatte, dass seine Frau in ihrem hohen Alter noch ein Kind empfangen würde. Er, der Gott so viele Jahre lang treu im Tempel gedient hatte, konnte nicht glauben, dass ihm ein solches Wunder zuteilwerden sollte. Doch Elisabeth war schwanger geworden und ihm war die Sprache genommen worden als tägliche Erinnerung an seine Zweifel an der Allmacht Gottes.

Nachdem die beiden im Haus verschwunden waren, bemerkte Sarah, wie das Umfeld sich in Sekundenschnelle veränderte. Die Blüten der Rosen ruhten nicht länger in ihren Knospen, sondern streckten sich voller Lebenskraft der Sonne entgegen. Und an den Bäumen, an denen soeben noch weiße Blüten zu sehen gewesen waren, befanden sich zahllose kleine Äpfel. Ein eindeutiges Zeichen dafür, dass mehrere Monate vergangen sein mussten.

Aus der Ferne konnte Sarah ein langgezogenes „Iah" vernehmen. Und kurz darauf sah sie Josef mit seinem Esel vor dem Tor halten. Viele Wochen lang hatte er sich nach der Heimkehr seiner Liebsten gesehnt, hatte alles für ihre Rückkehr vorbereitet und nun durfte er sie endlich nach Hause führen.

In diesem Moment sprang die Tür auf, Maria trat heraus und lief ihrem Bräutigam entgegen. Dieser wiederum ließ alles liegen und schloss sie fest in die Arme. Dann nahm er ihre Hände, drückte einen innigen Kuss darauf und verbarg sein Gesicht darin. Maria war von seiner Liebe so berührt, dass eine sanfte Röte ihr Gesicht überzog. Was für ein Geschenk es doch war, so geliebt zu werden! Und wie wunderbar es war, wieder vereint zu sein! Noch hatte er nichts von ihrer Veränderung bemerkt. Das weite Gewand, das sie trug, verbarg ihre Umstände vor ihm.

Nun kamen auch Zacharias und Elisabeth in den Garten, auf dem Arm ein kleines Baby, das friedlich schlief. Johannes war auf die Welt gekommen, alles war gut gegangen und für Maria war es an der Zeit, nach Hause zurückzukehren.

Anscheinend sollte die Heimreise noch in der gleichen Stunde beginnen, denn Josef wartete vor dem Haus, während Maria in Begleitung von Elisabeth ihre Sachen holte. Bei ihm stand Zacharias, der ihm von den Erlebnissen der letzten Zeit berichtete. Ausgerechnet Zacharias, der vor Kurzem noch stumm gewesen war! Er war geheilt worden, nachdem Johannes auf die Welt gekommen war und er mit der Namenswahl bezeugt hatte, dass er Gottes Wort befolgte.

Wie sollte auch jemand stumm bleiben, der so lange Zeit den Herrn der Welt in seinem Haus beherbergt hatte?

Maria kam zurück, das Gepäck in der Hand. Sofort eilte Josef auf sie zu, um ihr die Last abzunehmen und auf dem Esel zu befestigen. Während die beiden Frauen sich innig umarmten,

wachte Johannes auf und begann zu weinen. Spürte er den Schmerz der Erwachsenen über den bevorstehenden Abschied? Oder war er traurig darüber, dass er sich von Jesus trennen musste, der in seinem Leben eine so große Rolle spielen sollte? Alles würde er geben, um den Weg für ihn vorzubereiten. Sogar sein Leben. Und doch würde er ihn viele Jahre lang nicht mehr sehen.

Maria beugte sich herab, strich Johannes liebevoll über den Kopf und küsste ihn zärtlich auf die Wange. Ihn, der schon jetzt der beste Freund dessen war, den sie in sich trug.

Dann trat sie auf Josef zu, um sich von ihm auf den Esel helfen zu lassen. Josef legte die Hände um ihre Hüften, hob sie hoch – und in diesem Moment geschah das, was Maria seit Monaten Kummer bereitet hatte: Sein Blick fiel auf ihren Bauch. Erst kurz, dann länger. Bis sich sein Blick in ein fassungsloses Starren verwandelte.

Seine Braut war schwanger. Eindeutig schwanger! Doch nicht von ihm! Hatte sie ein Verhältnis mit einem anderen Mann?

Sie, die für ihn der reinste Mensch war, den er kannte! Die er mit der größten Hochachtung behandelte und über alles liebte?

Während in ihm die Gefühle tobten, blickte Maria voller Sorge auf ihn herab. Wusste sie doch, welche Qualen er gerade erleiden musste. Wie alles in ihm zusammenbrach. So gerne hätte sie ihn erlöst und ihm gesagt, dass es keinen anderen Mann gab. Dass dieses Kind von Gott war und ihm die größte Ehre zuteilwurde, indem er für den Sohn Gottes sorgen durfte. Doch gleichzeitig wusste sie, dass es nicht an ihr war, ihm all das zu sagen. Dass Gott selbst diese Aufgabe übernehmen wollte und sie nur hoffen konnte, dass er dies bald tun würde.

Josef, der eben noch von Freude erfüllt gewesen war, war mittlerweile kreidebleich geworden. Er sah aus, als wäre alles Leben aus ihm gewichen. Dennoch sagte er kein Wort. Stattdessen half er Maria, auf dem Esel Halt zu finden, nahm die Zügel und machte sich schweigend mit ihr zusammen auf den Heimweg.

„Nun folgen die schlimmsten Momente im Leben von Josef", hörte Sarah P. Maximilian neben sich sagen. „Er weigert sich, an der Reinheit Mariens zu zweifeln, doch es ist es offensichtlich, dass sie ein Kind bekommt. So kommt es, dass er nur einen Ausweg sieht: den, sie heimlich zu verlassen."

„Warum greift Gott nicht schneller ein und erlöst ihn von seinen Qualen?"

„Gott stellt unser Vertrauen oft sehr auf die Probe, doch zur rechten Zeit greift er ein. Nicht immer dann, wenn wir es wollen, aber dann, wenn es unbedingt notwendig ist. Und bei Josef war es notwendig. Daher schickte Gott im Traum einen Engel zu ihm, der ihm folgende Botschaft überbrachte: *‚Josef, Sohn Davids, fürchte dich nicht, Maria als deine Frau zu dir zu nehmen; denn das Kind, das sie erwartet, ist vom Heiligen Geist.*

Sie wird einen Sohn gebären; ihm sollst du den Namen Jesus geben; denn er wird sein Volk von seinen Sünden erlösen.[18]

Ab diesem Moment wusste er mit absoluter Sicherheit, dass das Kind von Gott war und es seine Aufgabe war, sich um dieses Kind zu kümmern. Und er gab alles, um für Jesus der beste Pflegevater zu sein, den er sich wünschen konnte, und für Maria der bestmögliche Mann."

„Warum hat Gott ihm diesen großen Schmerz nicht erspart? Er hätte ihm doch von Anfang an sagen können, dass das Kind von ihm war und Josef sich um dieses Kind kümmern sollte, und nicht erst, nachdem Josef von Leid durchdrungen war und nicht mehr weiterwusste", wollte Sarah nach einem Moment des Schweigens wissen.

„Natürlich hätte er es ihm früher sagen können", bestätigte P. Maximilian, „aber es ist nun einmal so, dass unser Vertrauen gerade im Leid geprüft wird und dass es unsere Tränen sind, die die Grundlage für viel Wunderbares sind."

„So wie in dem Film ‚Die Hütte', den ich sehr liebe", warf Sarah ein, „da werden die Tränen eines Mannes über Jahre hinweg gesammelt. Später wird dann frisch aufgeschüttete Erde mit genau diesen Tränen gegossen. Und sofort sprießen wunderschöne Blumen hervor."

„Ja, so kannst du dir das vorstellen: Aus unseren Tränen erwachsen eines Tages wunderschöne Blumen."

Nach einer kurzen Pause meinte er: „Wenn wir schon bei diesem Thema sind, kann ich dir dazu auch etwas aus meinem eigenen Leben erzählen."

Nachdem P. Maximilian das gesagt hatte, verschwand die Umgebung aus ihren Augen und mit ihr Maria und Josef. Von einem Augenblick auf den anderen waren sie wieder in Nazareth, wo lediglich ein paar Mauerreste Zeuge davon waren, dass hier einmal das Haus der Heiligen Familie gestanden hatte.

Einerseits war Sarah enttäuscht darüber, andererseits war sie gespannt, was sie nun über P. Maximilian erfahren würde. Dieser forderte sie auf, ihm nach draußen zu folgen, wo er zielstrebig auf eines der zahlreichen Mosaikbilder zusteuerte. Wieder hatte Maria ein tiefblaues Gewand an, das jedoch prächtiger war als das, welches Sarah soeben noch gesehen hatte. Auch die Haut von Maria war anders, sie war dunkler. Ebenso wie die Haut von Jesus, den sie auf den Armen trug.

„Die Madonna von Tschenstochau", erklärte P. Maximilian, „es freut mich so sehr, sie hier zu sehen!"

Und während Sarah die sogenannte „Schwarze Madonna" betrachtete, erklärte er: „Du musst wissen, dass ich als Junge einen kleinen Hausaltar hatte, auf dem dieses Bild abgebildet war. Dort habe ich oft gebetet. So auch in einer Zeit, zu der ich meiner Mutter viel Kummer bereitete und sie rief: ‚Ach mein armer Bub, was soll aus dir nur werden?' Diese Frage traf mich so tief, dass ich sie an die Muttergottes weitergab und sie mehrmals fragte: ‚Mutter im Himmel, was soll aus mir werden?' Daraufhin ist sie mir eines Tages erschienen. In den Händen hielt sie zwei Kränze: einen roten und einen weißen. Mit einem liebevollen Lächeln fragte sie mich: ‚Welchen willst du? Der weiße Kranz bedeutet, dass du die Reinheit bewahren wirst, der rote, dass du als Märtyrer sterben wirst.'"

Die Reinheit leben oder einen Tod als Märtyrer sterben – diese Wahl schien Sarah nicht allzu schwer zu sein. P. Maximilian würde sich doch nicht freiwillig dazu entschieden haben, einen qualvollen Tod zu erleiden. Oder?

Auf seine Antwort musste sie nicht lange warten: „Meine Antwort war: ‚Ich wähle alle beide.' Daraufhin verschwand Maria wieder."

„Du hast dich für beide entschieden? Warum?"

„Es war mein persönliches Fiat. Mein Ja zu Maria. Mein Ja zu Gott. Warum hätte ich mich dagegen entscheiden sollen? Sie selbst hat es mir doch vorgelebt und mir gezeigt, wieviel Gutes durch ein Ja zum Willen Gottes geschehen kann. Was für ein übergroßes Glück ist es für uns alle, dass Maria ‚Ja' gesagt hat zu Jesus, der größten Freude ihres Lebens – aber zugleich auch zur Teilhabe an seinem Leiden und somit zum größten Schmerz, den eine Mutter erleiden kann. Denn durch dieses Ja hat sie dazu beigetragen, dass jeder von uns nach dem Tod in den Himmel kommen kann – wenn er es denn will und dementsprechend lebt."

„Ja" zu sagen zum Glück, das war keine große Sache. Wer wollte das nicht – glücklich werden. Doch „Ja" zu sagen zum Leid, das war etwas ganz anderes. Wäre Sarah gefragt worden, sie hätte sicher nicht „Ja" gesagt zum Leid.

Maria jedoch hatte zum Leiden „Ja" gesagt – und sie hatte gelitten, das wusste Sarah. Sie hatte gelitten, als Josef sie heimlich verlassen wollte und sie kein Wort sagen durfte, um ihn davon abzubringen. Als andere mit dem Finger auf sie zeigten und sie für eine unreine Frau hielten. Als grausame Menschen Jesus bereits als Baby töten wollten und sie in ein fremdes Land fliehen mussten. Vor allem aber, als sie mit eigenen Augen sah, wie Jesus gedemütigt, gequält und schließlich sogar getötet wurde. Unter all dem hatte sie gelitten und trotzdem hatte sie „Ja" gesagt und darauf vertraut, dass Gott letztendlich alles zum Guten führen würde.

„Sie hat ‚Ja' gesagt zu Gottes Willen und sie hat Gott gehorcht. Beides war eine große Herausforderung und ist es bis heute“, meinte P. Maximilian, „denn der Gehorsam gegenüber Gott erfordert manchmal große Opfer. So wie bei Maria, die Josef nicht sagen durfte, dass das Kind in ihr vom Heiligen Geist war. Selbst dann, als es ihr das Herz gebrochen hat und ihr Bräutigam sie fast verlassen hätte. Doch gerade ihr Gehorsam ist ihr zum Segen geworden. Denn Gott selbst hat Josef durch einen Engel darüber informiert, dass Marias Kind von ihm war, und dadurch war diese Nachricht viel glaubwürdiger, als wenn sie von Maria gekommen wäre. Wer weiß, was gewesen wäre, wenn Maria Gott nicht gehorcht hätte und es selbst gesagt hätte.“

„Ich denke, dann wäre es Josef sehr schwergefallen, es zu glauben, und er hätte immer wieder daran gezweifelt“, meinte Sarah.

„So könnte es gewesen sein“, bestätigte P. Maximilian, „ein Grund mehr, Maria auch darin als Vorbild zu nehmen: in ihrem bedingungslosen Gehorsam gegenüber Gott.“

„Sicher hast du das getan.“

„Selbstverständlich. Schließlich habe ich alles dafür getan, um ein würdiger Diener Mariens zu sein und viele Seelen für sie und Gott zu gewinnen. Und ich muss sagen: Zum Glück habe ich das getan. Denn der Gehorsam hat mich mehr als einmal vor einem großen Fehler bewahrt.“

Während Sarah ihn neugierig anblickte, begann er zu erzählen: „Obwohl ich Maria mit eigenen Augen sah und bereits früh erkannte, dass es Gottes Plan für mein Leben war, im Orden zu leben, hatte ich nach dem Eintritt ins Noviziat monatelang starke Zweifel. Ein Mitnovize wurde mir als Beistand gegeben. Wohl hundertmal am Tag kam ich mit meinen Zweifeln zu ihm und hundertmal gehorchte ich ihm blind, wenn er sagte, ich solle durchhalten und weiterkämpfen. Dieser Gehorsam war meine Rettung. Nach mehreren Monaten verschwanden die Zweifel und ich habe es nie bereut, im Orden geblieben zu sein."

„Zweifel können aber auch eine Warnung sein", meinte Sarah, „es kann ja auch sein, dass man auf dem falschen Weg ist und nicht an den Platz gehört, an dem man sich gerade befindet."

„Das stimmt", gab P. Maximilian ihr recht, „und wenn es so ist, dann sollte man lieber etwas ändern. Doch bei mir war es nicht so. Bei mir waren die Zweifel Angriffe. Wusste der Böse doch, wieviel ich bewirken konnte, wenn ich auf dem eingeschlagenen Weg blieb, und das wollte er mit aller Macht verhindern."

„Gab es eine weitere Situation, in welcher der Gehorsam dich gerettet hat?", wollte Sarah wissen.

„Ja, die gab es. Als ich schon länger im Orden war und die erste Druckerei gegründet hatte, gab es viel böses Blut. Eine Druckerei im Kloster! Damit kamen manche nicht zurecht. Sie dachten, das Verfassen von Zeitschriften sei gegen den Geist unseres Gründers. Wir sollten nur predigen und die Beichte abnehmen. Daher wurde ich von Krakau nach Grodno versetzt – in ein altes Kloster am anderen Ende Polens, das kaum Nachwuchs hatte. Dieses Mal war es sehr schwer zu gehorchen. Und dennoch habe ich es getan. Meine Oberen konnten sich täuschen, doch ich täuschte mich nicht, wenn ich ihnen gehorchte. Tat ich damit doch das, was die Königin des Himmels von mir erhoffte."

„Du bist also aus dem Gehorsam heraus nach Grodno gegangen. Und dann?"

„Ich übergab mich der Gottesmutter und sah mich ganz und gar als ihr Werkzeug. Dafür symbolisch legte ich meine

Uhr und meine Brille zu Füßen meiner Muttergottes-Statue nieder. *Meine Brille bedeutete meine Augen, meine Gedanken, meine Arbeit; die Uhr aber die Zeit, die mir noch blieb. Das alles gehörte ihr, ihr allein, mir aber sollte nichts mehr gehören. Alles habe ich ihr gegeben, sie sollte damit machen, was ihr gefiel.*[19] Und dann ist das passiert, was ich dir bereits erzählt habe: Ich baute eine neue, größere Druckerei und viele Brüder halfen mir dabei. Viel mehr Brüder als in Krakau, sodass wir die Auflage um ein Vielfaches erhöhen konnten. Das Werk wurde größer und größer. Und wenn ich mir doch einmal Sorgen machte, sagte ich mir: *Was hast du dir Sorgen zu machen, ist es dein Werk oder das Werk der Immaculata? Lass sie machen und dich an ihrer Hand führen.*[20]"

„Dein Gehorsam den Oberen gegenüber hat also dazu geführt, dass das Werk größer wurde."

„So ist es. Wenn es nach mir gegangen wäre, wäre ich in Krakau geblieben. Doch dann hat Maria durch meine Oberen zu mir gesprochen und mich nach Grodno geschickt. Und ausgerechnet in diesem Kloster, das sich bei meiner Ankunft im Verfall befand, konnte etwas Neues erblühen. Seitdem sage ich allen: *Habt gar kein Vertrauen auf euch selber, werft euch mit allen euren Prüfungen und Versuchungen der Immaculata hin und ihr werdet siegen.*[21] Ich bin der beste Beweis dafür, denn ich habe mit ihrer Hilfe gesiegt. Wenn auch mein Tod – viele Jahre später – auf den ersten Blick nicht so wirkte."

„Dein Tod, bei dem du als Märtyrer gestorben bist und den roten Kranz empfangen hast."

„Ja. Doch wie es dazu kam, werde ich dir ein anderes Mal erzählen. Wenn wir wieder in Jerusalem sind, denn für heute habe ich dir genug gezeigt", meinte P. Maximilian.

„Du gehst? Wann sehe ich dich wieder?"

„Wenn du in Betlehem bist.“

„Und wie soll ich nach Betlehem kommen?“, fragte Sarah, die sich noch nicht ganz an sein Vertrauen in Hilfe von oben gewöhnt hatte.

„Ich werde dir jemanden schicken, der dich in seinem Auto mitnimmt, sodass wir uns schon morgen dort begegnen werden.“

Mit diesen Worten drehte P. Maximilian sich um und verschwand, während Sarah zu ihrer Pilgergruppe zurückkehrte und sich fragte, wer ihr da wohl über den Weg geschickt werden würde.

Betlehem

P. Maximilian hatte sein Wort gehalten und Sarah tatsächlich jemanden geschickt, der sie mit nach Betlehem nehmen sollte: Pfarrer Herbert, einen älteren Priester aus Augsburg, der einen Leihwagen gemietet hatte und die heiligen Orte in der Reihenfolge aufsuchte, die ihm am besten zusagte.

Am Abend zuvor hatte ihn auf einmal das Bedürfnis überkommen, nach Betlehem zu fahren. Er wusste selbst nicht so recht warum. Doch als er Sarah am Frühstückstisch davon erzählte, stand rasch fest, dass sie ihn begleiten würde.

So stiegen sie gemeinsam in den roten Toyota Aygo X, den kleinsten Mietwagen, der momentan zu bekommen war, und machten sich auf den Weg. Eine Stunde und 40 Minuten sollte die Fahrt dauern. Eine gute Gelegenheit, sich gegenseitig besser kennenzulernen.

Pfarrer Herbert hatte jahrelang eine Gemeinde im Allgäu geleitet. So lange, bis er in den Ruhestand ging. Eigentlich wollte er in die Nähe der Berge ziehen, da er diese so sehr liebte, doch bei einem seiner Gottesdienste hatte er ganz deutlich eine Stimme gehört, die zu ihm sagte: „Augsburg“. Anfangs wollte er diese ignorieren und trotzdem in die Berge ziehen. Doch dann hatte er sie noch einmal gehört. Und so wurde der Traum von der Wohnung in den Bergen verabschiedet und stattdessen eine Wohnung in Augsburg gesucht. Seitdem lebte er dort und war für alle da, die Hilfe brauchten und sie bei ihm suchten. „Pfarrer in Rufweite“ wollte er sein, nicht „Pfarrer im Ruhestand“. Er bot auch Sarah an, jederzeit für sie zu beten, wenn sie seiner Hilfe bedurfte.

Gerührt bedankte Sarah sich und war sich sicher, dieses Angebot anzunehmen. Hilfe durch Gebet konnte sie auf jeden Fall brauchen. Und das in vielen Bereichen ihres Lebens, sei es für ihre Familie, für Freunde oder auch für ihre Schülerinnen und Schüler. Es gab immer ein Anliegen, für das sie gerade betete, und wenn ihr jemand anbot, ihr dabei zu helfen, so war das ein großes Geschenk.

Es dauerte nicht lange und sie vertraute Pfarrer Herbert so sehr, dass sie ihm in Kurzfassung von ihren Erlebnissen mit Tobi erzählte und von ihrer neu erwachten Hoffnung, dass er doch der Richtige sein könnte.

Pfarrer Herbert war alles andere als begeistert von dieser Erzählung. Er versuchte, sie zu warnen und zum Umdenken zu bringen. Trotzdem versprach er ihr, auch in diesem Anliegen für sie zu beten.

So verging die Zeit wie im Flug und schon waren sie in Jerusalem angekommen. Von hier aus waren es nur wenige Kilometer nach Betlehem.

Obwohl Jerusalem und Betlehem nahe beieinander lagen, waren sie streng voneinander getrennt. Das wurde Sarah spätestens jetzt bewusst, als sie mit dem Auto vor der acht Meter hohen Betonmauer standen, die dafür sorgte, dass keiner ohne Erlaubnis von der einen Stadt in die andere reiste. Mürrisch blickende Wachen, deren Waffen mehr sagten als tausend Worte, musterten Sarah und ihren Begleiter, bevor sie ihnen die Erlaubnis gaben, in Betlehem einzufahren. Einzufahren in die Stadt, in der einen die Zeichnung einer Friedenstaube mit Rüstung und Gewehr begrüßte. „Verkehrte Welt“, dachte Sarah, während sie an den grauen, teilweise sehr heruntergekommenen Häuserreihen vorbeifuhren, an der freistehenden Wiese, die viele als Mülldeponie benutzten, an einheimischen

Läden mit Bergen von bunt verpackten Süßigkeiten und an der übergroßen Aufschrift „I love Betlehem“, die zwischen all dem die Aufmerksamkeit auf sich zog.

Kurze Zeit später hielten sie auf einem öffentlich ausgeschilderten Parkplatz, um sich zu Fuß ihrem Ziel zu nähern: der Geburtskirche. Dem Ort, an dem Jesus vor über 2000 Jahren auf die Welt gekommen war. Sarah und Pfarrer Herbert gingen an den grauen Steinmauern der Kirche entlang, bis sie zu einem unscheinbaren Eingang kamen, der so niedrig war, dass sie sich bücken mussten, um sich nicht zu stoßen. Und dann sahen sie etwas, das sie zu dieser Jahreszeit nicht erwartet hatten: unzählige rote, blaue und goldene Christbaumkugeln, die an jeder Lampe und auch beim Altar hingen und von Anfang an Weihnachtsstimmung aufkommen ließen. Staunend durchschritten die beiden den langgezogenen Gang, bevor sie beschlossen, von hier an getrennte Wege zu gehen und sich am späten Nachmittag beim Auto zu treffen. Schließlich hoffte Sarah, hier Pater Maximilian wieder zu begegnen und war sich nicht sicher, ob er kommen würde, wenn sie in Begleitung war.

Während Pfarrer Herbert den Gang entlang nach vorne schritt und sich bei der Geburtsgrotte anstellte, setzte Sarah sich in eine der Bänke, ließ die Stimmung auf sich wirken und wartete auf ihren Freund aus dem Jenseits. Es dauerte nicht lange, da bemerkte sie, dass sich jemand neben sie setzte.

„Danke für die Mitfahrgelegenheit“, wandte Sarah sich mit einem Lächeln an ihn.

„Gern geschehen“, meinte P. Maximilian, „ich habe ja versprochen, dir jemanden zu schicken.“

„Die Methode ist interessant. Machst du das immer so, dass du einem Menschen einen Wunsch ins Herz legst, wenn du ihn zu etwas bringen willst?“

„Nicht immer, aber oft. Und das mache nicht nur ich so. Viele aus der geistigen Welt arbeiten auf diese Weise. Ist doch eine schöne Methode, oder?"

Während Sarah ihm nickend zustimmte, meinte er: „So kann sehr viel Gutes passieren und doch ist jeder frei, denn jedem steht es offen, sich dagegen zu entscheiden."

„Der freie Wille wird also respektiert."

„Ja, der freie Wille wird immer respektiert. Jeder kann auf das hören, was er in sich spürt. Auf das Herz oder auch die innere Stimme, wie viele es nennen. Doch niemand ist dazu verpflichtet."

„Und wenn man darauf hört, dann passiert etwas Gutes?", wollte Sarah wissen.

„Natürlich, wenn die Stimme von der guten Seite kommt und man darauf hört, passiert das, was das Beste für einen ist."

„Wenn es so positive Folgen hat, warum hören dann nicht mehr Menschen auf diese innere Stimme?"

„Weil sie es verlernt haben. Die einen haben den Zugang verloren und können sie gar nicht mehr wahrnehmen, die anderen haben nicht den Mut, sich nach ihr zu richten, weil sie ihren Plänen widerspricht, nicht erklärbar ist – oder warum auch immer. Doch lass uns jetzt nach draußen gehen, damit du das erleben kannst, wozu du hierhergekommen bist."

„Nach draußen?", fragte Sarah verwundert.

„Ja. Denn das, was ich dir als Erstes zeigen möchte, findet ein kleines Stück von hier entfernt statt."

Neugierig folgte Sarah P. Maximilian, bückte sich bei der viel zu niedrigen Tür, um ins Freie zu gelangen, und ging dann dorthin zurück, wo sie vor wenigen Minuten erst aus dem Auto gestiegen war.

Hier passierte das, was immer passierte, wenn sie zusammen mit P. Maximilian in die Vergangenheit eintauchte: Der Parkplatz löste sich in Luft auf, es war kein einziges Auto mehr zu sehen, stattdessen ein durchlöcherter Trampelpfad und eine Reihe niedriger Häuser. Vor einem dieser Häuser blieb ein junges Ehepaar mit einem Esel stehen. Josef und Maria. Während Maria auf dem Esel sitzen blieb und mit beiden Händen beruhigend über ihren Leib strich, ging Josef auf das Haus zu und klopfte kräftig an die Tür. Er klopfte. Doch niemand öffnete. Nach einem sorgenvollen Blick auf Maria klopfte er noch einmal. Wieder öffnete niemand. Erst beim dritten Klopfen ließ der Hausherr sich erweichen und öffnete die Tür. Dann stellte er sich mit verschränkten Armen vor Josef, warf einen Blick auf Maria, die kurz vor der Niederkunft stand, und schüttelte den Kopf. Als Josef zu einer Erklärung ansetzte und ihn um ein Dach über den Kopf anflehte, drehte er sich wortlos um und sperrte die Tür hinter sich zu.

Mit hängenden Schultern kehrte Josef zu Maria zurück. Eine Szene wie diese hatte sich an diesem Tag schon viel zu oft abgespielt. Sie klopften bei einer Herberge an, baten flehentlich um Aufnahme, doch keiner war bereit, ihnen einen Platz zu geben. Dabei war Maria hochschwanger und es konnte jede Minute soweit sein, dass sie ihr Kind zur Welt brachte.

Was sollten sie nur tun? Der Sohn Gottes konnte doch nicht auf der Straße geboren werden! Warum half Gott Vater ihnen nicht und erweichte die Herzen der Menschen? Schließlich war er allmächtig und es wäre ein Leichtes für ihn gewesen, ihnen in dieser Situation zu helfen. Wollte er denn nicht, dass sein Sohn in einer guten Umgebung auf die Welt kam?

Josef wollte nicht aufgeben. Entschlossen ging er auf das nächste Haus zu und klopfte. Dieses Mal wurde die Tür schneller geöffnet, aber wieder erntete er verschlossene Arme und ein abweisendes Schütteln des Kopfes. Als der Besitzer der Herberge einen Blick auf Maria warf, wurde sein Ausdruck weicher. Immer noch beharrte er darauf, kein Zimmer frei zu haben, aber wenigstens seinen Stall wollte er ihnen zur Verfügung stellen. Er ging ins Haus zurück, holte einen Mantel sowie eine Öllampe und führte die beiden zu der Stelle, an der soeben noch die Geburtskirche gestanden hatte. Nur dass jetzt keine schützenden Steinmauern mehr zu sehen waren, stattdessen befand sich dort eine armselige Höhle, die lediglich einem Ochsen als Stall diente.

Mit einem warmen Lächeln bedankte Maria sich bei dem Mann für seine Freundlichkeit, ließ sich durch Josef vom Esel herabhelfen und betrat die Höhle. Sarah, die den beiden folgte, erschrak, als sie sah, um was für ein elendes Loch es sich hierbei handelte. Der Boden war schmutzig und mit Löchern übersät, überall an den Wänden hingen Spinnweben und das Einzige, was einen warmen Eindruck vermittelte, war der Ochse, der in einer Ecke stand und Heu kaute. Mit seinen großen Augen blickte er die Gäste an, muhte ihnen zur Begrüßung zu und widmete sich dann einem neuen Heubündel.

Hier also würde der Sohn Gottes zur Welt kommen! Traurig blickte Josef sich um. So gerne hätte er Maria und seinem Sohn eine bessere Unterkunft geboten, doch keine seiner Bemühungen war von Erfolg gekrönt gewesen. Zuhause, da hatte er alles vorbereitet gehabt. Hatte die schönste Wiege geschnitzt und sie mit einem weichen Fell gefüllt, damit das Kind es so bequem wie möglich haben sollte. Hatte Spielzeug gefertigt“, mit dem der kleine Junge später einmal spielen konnte. Doch dann war die Volkszählung angeordnet worden und sie hatten ihr Zuhause verlassen müssen. Nun waren sie hier und alles, was sie hatten, war eine Höhle, die als Stall für einen Ochsen genutzt wurde. Es brach ihm das Herz.

Maria, die wusste, dass Gott alles in den Händen hatte, lächelte ihn liebevoll an. Kannte sie doch die Voraussage des Propheten Micha, in der es hieß, dass der Messias in Betlehem geboren werden sollte. Folglich musste es so kommen, dass Kaiser Augustus die Volkszählung anordnete und sie nach Betlehem reisten. Wenn Gott sogar weltliche Herrscher so beeinflussen konnte, dass sie Entscheidungen trafen, die zum Gelingen seiner Pläne beitrugen, wieviel mehr hätte er dem Besitzer einer der Herbergen ins Herz legen können, sie aufzunehmen. Doch er hatte es nicht getan. Daher nahm Maria an, dass er wollte, dass sein Sohn ganz arm zur Welt kam. So arm, dass er nicht einmal ein Bett hatte, in dem er liegen konnte. Er würde mit der Futterkrippe des Ochsen vorliebnehmen müssen. Maria und Josef aber würden auf dem Boden schlafen.

Was hatte Maria im Magnifikat über Jesus vorausgesagt? *„Er zerstreut, die im Herzen voll Hochmut sind; er stürzt die Mächtigen vom Thron und erhöht die Niedrigen. Die Hungernden beschenkt er mit seinen Gaben und lässt die Reichen leer ausgehen."*

All das würde er in Zukunft ausführen, doch zuerst würde er sich selbst ganz klein machen und in einer elenden Höhle auf die Welt kommen.

Während Josef den Boden mit trockenen Ästen reinigte, Stroh zu einem Lager aufschüttete und sorgsam eine Decke darüberbreitete, deutete P. Maximilian Sarah an, ihm nach draußen zu folgen. Zu intim war der Augenblick der Geburt, als dass fremde Augen hierbei stören sollten.

Als sie wieder im Freien standen, bemerkte Sarah, dass der Himmel sich verändert hatte. Es war, als wäre alles von einem überirdischen Leuchten erfüllt. Der Mond schickte silberne

Strahlen auf die Höhle herab und auch die Sterne gaben ihr Bestes, um den Ort in ein außergewöhnliches Licht zu hüllen. Während Sarah nach oben blickte, war es ihr, als sei der Himmel ein Baldachin aus dunkelblauem Samt, der mit zahllosen funkelnden Diamanten geschmückt war. So armselig die Höhle war, so prachtvoll war das Firmament, das seinen Schöpfer auf Erden willkommen heißen wollte.

Auch P. Maximilian blickte nach oben, erfreute sich an dem Wunder der Schöpfung und sagte dann: „*Der Mond und Maria haben eine Gemeinsamkeit. So wie der Mond in der Dunkelheit der Nacht das Licht der Sonne auf die Erde bringt, so bringt Maria in der Dunkelheit der Welt das Licht Gottes.*[22] Das macht sie hier in Betlehem, wo ihr Sohn gleich geboren werden wird, das macht sie aber auch in Zukunft. Sogar bis heute. Immer wieder bringt sie Jesus in die Dunkelheit, die durch Schicksalsschläge, Krankheit, das Gefühl der Verlassenheit, aber auch durch die Sünde und die damit verbundene Ferne zu Gott entsteht, und immer wieder wird es dadurch hell im Leben vieler Menschen."

Was für ein schöner Vergleich! Den würde Sarah sich merken, und wenn sie in Zukunft den Mond ansah, würde sie daran denken, dass es durch Maria heller wurde auf der Welt.

Jetzt entfernte sich P. Maximilian von der Höhle und Sarah folgte ihm. Gemeinsam näherten sie sich einem Feld, auf dem schon von Weitem ein Lagerfeuer zu sehen war, dessen Flammen mehrere umherstehende Männer ins Licht tauchten. Während sie näherkamen, erkannte Sarah, dass es sich hierbei um Hirten handelte, die voller Staunen zum Himmel emporschauten. So als könnten sie kaum glauben, was dort zu sehen war. Als Sarah ihren Blicken folgte, sah auch sie für einen Moment das, was die Männer so sehr mit Entzücken erfüllte: eine unendlich große Schar von Engeln, die eine Treppe bis in den Himmel hinein bildeten und mit ihrem Leuchten alles andere in den Schatten stellten. Und die nun einen Lobgesang auf Gott anstimmten. Dieser Gesang war der schönste, den Sarah je gehört hatte, und sie war sich sicher, auf Erden keinen vergleichbaren zu finden. Mitten hinein erklang das Zwitschern mehrerer Vögel, die von dem ungewöhnlichen Leuchten erwacht waren und nun das Ihre taten, um ihren Schöpfer auf Erden zu begrüßen. Und auch die Schafe schlossen sich mit einem leichten Blöcken an.

Dann kehrten die Engel in den Himmel zurück, der Gesang wurde schwächer und mit ihm auch das Licht, das alles erleuchtet hatte. Zurück blieben die staunenden Hirten, die gerade ein übergroßes Geschenk bekommen hatten.

Sarah beobachtete diese einfachen Männer, die Staub und Erde auf der armseligen Kleidung hatten, Hände voller Schwielen, die vom harten Leben auf dem Feld erzählten, Gesichter, in die sowohl die Kälte als auch die Hitze ihre Spuren gezeichnet hatten – und die doch von innen heraus so sehr leuchteten, dass sie schöner waren als viele, die in der wertvollsten Kleidung auftraten und sich selbst über andere stellten. Diese Hirten stellten sich über niemanden. Im Gegenteil. Sie wussten um ihre Armut und ihre niedrige Stellung in der Gesellschaft. Es war ihnen fremd, sich irgendetwas einzubilden – auch jetzt, als sie von Gott auserwählt worden waren, die ersten Besucher bei seinem Sohn zu sein.

Zunächst waren sie zu berührt, um zu sprechen, doch dann ergriff einer das Wort: „Habt ihr es gehört? Der Heiland ist uns geboren worden. Christus, der Erlöser."

„Hier in Betlehem!", fügte ein anderer hinzu.

„Worauf warten wir noch? Lasst uns losgehen und ihn suchen!"

„Ich weiß, wo er ist", meldete sich wieder ein anderer zu Wort, „ich habe eine hochschwangere Frau und ihren Mann in eine Höhle ganz in der Nähe gehen sehen. Die Frau hatte die Ausstrahlung eines Engels. Sie müssen es sein!"

„Was sollen wir ihnen mitbringen? Wir haben ja selbst nicht viel. Aber vielleicht ein Schaffell für das Kind, Milch, Käse und ein paar Lämmer."

Schon packten sie alles zusammen, zündeten am erlöschenden Feuer ihre Fackeln an und machten sich auf den Weg zur Höhle. Die Herde ließen sie zurück. Lediglich ein Mutterschaf und seine zwei Jungen durften mitkommen, um dem neugeborenen König und seinen Eltern als Geschenk übergeben zu werden.

Zusammen mit ihnen näherten Sarah und P. Maximilian sich der Höhle, die immer noch vom Mond und den Sternen beleuchtet wurde und die nun auch von innen heraus strahlte. Da wusste Sarah, dass Maria und Josef nicht länger allein waren: Jesus war auf die Welt gekommen und in ihrer Mitte.

Kurz vor der Höhle blieben die Hirten stehen. Sie wagten es kaum, diesen heiligen Ort zu betreten. Wie sollten sie sich verhalten? Sollten sie die Sandalen ausziehen? Sich niederknien und das neugeborene Kind anbeten?

Josef, der ihre Unsicherheit spürte, kam aus der Höhle heraus und bat sie, ihre Gäste zu sein. Fürsorglich führte er sie zu Maria, die auf dem Stroh saß und ihr Neugeborenes in den Armen hielt. Dieses kleine Kind, dessen Köpfchen so winzig war, dass es die Hand seiner Mutter gerade mal zur Hälfte füllte, war der menschgewordene Gott, der auf die Welt gekommen war, um die Menschheit zu retten. Maria blickte liebevoll auf ihn herab, dann beugte sie sich vor und küsste ihn dorthin, wo sein kleines Herz schlug. Dieses Herz, das schon jetzt für alle Menschen schlug und eines Tages für sie durchbohrt werden würde.

Ehrfürchtig traten die Hirten näher, legten ihre Gaben vor dem Kind ab und sanken auf die Knie, um es unter Tränen anzubeten.

Hier war er: der Sohn Gottes. Und sie waren eingeladen worden, zu ihm zu kommen. Ein junger Hirte, der von den anderen Levi gerufen wurde, wagte es, eine besondere Bitte auszusprechen: „Lasst uns sein Kleid küssen."

Maria war ganz ergriffen von der Liebe der Hirten, die sie ihrem Kind entgegenbrachten. Und da sie spürte, wie viel es ihnen bedeutete, nahm sie Jesus und hielt ihn den anbetenden Männern entgegen. Sie befreite seine kleinen Füße von dem wärmenden Tuch und einer nach dem anderen trat heran, kniete vor ihm nieder und küsste ihn. Schon in dieser einfachen Höhle wirkte Maria als Mittlerin der Gnaden. Denn die Männer, denen sie Jesus entgegenstreckte, bekamen zugleich mit dem Kuss viele Gnaden von Gott. Und Maria war es, die ihnen diese vermittelte, indem sie ihnen Jesus entgegenstreckte.

Während die Anbetung der Hirten einzig und allein Jesus galt, galt die Verehrung auch seiner Mutter. Was für eine außergewöhnliche Frau musste sie sein, wenn Gott gerade sie auserwählt hatte, die Mutter seines Sohnes zu sein!

Unter Tränen wandte ein Hirte namens Elias sich an Maria: „Heilig bist du, Maria, denn du bist würdig gewesen, ihn zu tragen. Befiehl, was wir für dich tun können, du, unsere Königin."

Gerührt blickte Maria ihn an und antwortete: „Am meisten bedeutet es mir, wenn ihr meinen Sohn liebt."

„Das werden wir machen. Immer! Doch können wir auch irgendetwas für dich tun? Jemanden benachrichtigen und den Weg zu euch weisen?"

„Wenn ihr wollt, könnt ihr meine Verwandte Elisabeth und ihren Mann Zacharias benachrichtigen."

„Das werden wir machen. Wir würden alles für euch tun!"

„Ihr habt schon so viel getan und dafür danken wir euch von Herzen", ergriff Josef das Wort.

Am liebsten wären die Hirten gar nicht mehr gegangen, doch sie spürten, dass es Zeit war, aufzubrechen und der Heiligen Familie Raum für sich zu geben. So verabschiedeten sie sich und verließen die Höhle. Und während ihre Körper sich mehr und mehr entfernten, so blieben doch ihre Herzen zurück und sollten für immer Jesus, ihrem Erlöser, gehören.

Nachdem die Hirten aufgebrochen waren, bemerkte Sarah, wie die Heilige Familie vor ihren Augen immer undeutlicher zu sehen war und schließlich ganz verschwand. Auch die schmutzige, nach Tieren und verbranntem Holz riechende Höhle verschwand. Zurück blieb ein kleiner Raum mit gefliestem Boden, in dem sich viele Menschen drängten. Und dort, wo soeben noch die Futterkrippe gestanden hatte, war ein Stern zu sehen, in dessen Mitte sich ein Loch befand, durch das man hindurchlangen konnte, um den ursprünglichen Boden zu berühren, der vor mehr als 2000 Jahren auch von Jesus berührt worden war.

Sie waren also wieder in der Gegenwart. Wie schade! Sarah wäre gerne länger bei der Heiligen Familie geblieben, die jetzt nur noch in einem gezeichneten Gemälde zu sehen war. Das Bild war schön. Keine Frage. Doch es kam in keiner Weise an das heran, was Sarah hier soeben noch erblickt hatte.

In der Mitte des Bildes befand sich Jesus, der in der Krippe lag. Links von ihm kniete Maria, rechts Josef. Beide beteten ihren Sohn mit gefalteten Händen an. Wie arm Jesus auf die Welt gekommen war! Selbst auf diesem Bild konnte man das erkennen, doch die Wirklichkeit war noch viel härter. Kein

Bild konnte den kalten Wind und den unangenehmen Geruch in der Höhle einfangen.

„Natürlich hätte Gott auch im Wohlstand auf die Welt kommen können", meinte P. Maximilian, „doch er hat sich bewusst für die Armut entschieden. Er wollte für alle da sein, besonders auch für die, die nicht viel haben, und der Welt zeigen, dass es nicht auf Geld, Statussymbole und Ansehen ankommt, sondern auf etwas ganz anderes."

Während in der Kirche Besucher kamen und gingen, fuhr P. Maximilian fort: „Einmal durfte ich den Wert dieser Armut selbst erfahren. Ich war zusammen mit vier anderen Brüdern in Japan, um auch dort die Menschen näher zu Jesus zu führen. Bewusst verzichteten wir auf eine bessere Unterkunft und übernachteten in einer baufälligen Baracke. Eines Tages gab es einen Schneesturm und der Schlafsaal war von einer Schneeschicht bedeckt. Das Essen kochten wir im Freien und oft regnete es hinein. Doch all das hat sich gelohnt. Denn gerade durch unsere Armut gewannen wir die Herzen der Japaner. Sie erkannten darin unsere Selbstlosigkeit und öffneten ihre Herzen für Gott. Vor allem Maria wirkte wie ein Magnet auf sie, sie lernten sie immer mehr kennen und lieben. Hätten wir nicht so arm gelebt, hätten wir mit Sicherheit nicht so viel für Gott bewirken können."

Sarah versuchte, sich die Situation vorzustellen, wie P. Maximilian in einer Baracke wohnte, die so heruntergekommen war, dass es sogar hineinschneite. Sicher war das keine leichte Zeit für ihn gewesen. Dann blickte sie wieder auf das Bild vor sich, auf dem die Familie zu sehen war, die ihm in seiner selbstgewählten Armut ein Vorbild gewesen war.

Auch die Hirten waren darauf zu sehen. Auch sie wussten, was es hieß, wenig zu haben und in den Augen der Welt geringgeachtet zu sein. Einer saß betend vor der Höhle, zwei andere blickten auf zu einem Engel.

„Die Hirten waren nach Maria und Josef die ersten Anbeter des göttlichen Leibes und in ihnen finden sich alle Eigenschaften, die wahre Anbeter haben sollten", fuhr P. Maximilian fort. „Da ist zum einen ihr fester Glaube. Sie hören von der Geburt des Erlösers und zweifeln keine Sekunde an der Wahrheit dessen. Zum anderen findet sich bei ihnen eine große Hochherzigkeit. Obwohl sie selbst so wenig haben, geben sie alles, was sie entbehren können. Auch Demut ist bei ihnen zu finden. Die Familie in der Höhle ist noch ärmer als sie, und doch knien sie sich nieder und machen sich zu deren Dienern. Sie haben den Wunsch, alles für Jesus zu tun, und sind sofort bereit, Marias Bitte nachzukommen, ihre Verwandten zu benachrichtigen. Und schließlich sind sie erfüllt von Liebe. Von Anfang an schließen sie Jesus in ihr Herz und selbst dann, als sie gehen, bleiben sie im Herzen noch bei ihm."

Glaube, Hochherzigkeit, Demut, Einsatzbereitschaft, Gehorsam und Liebe – all das machte also einen wahren Anbeter aus. Und in all dem waren sowohl Josef als auch Maria ein Vorbild. Während Sarah erneut das Bild betrachtete, dachte sie auch an Levi zurück, der den Wunsch geäußert hatte, Jesus zu berühren. Und daran, wie Maria nicht gezögert hatte, ihren Sohn den Hirten entgegenzustrecken. Wie mutig von diesem Levi! Da stand er vor dem lebendigen Gott, der die Gestalt eines Kindes angenommen hatte, und bat darum, ihn berühren zu dürfen. Und er durfte!

„Wer eine kindliche Seele hat, der sieht Gott", meinte P. Maximilian neben ihr, „und Maria ist immer die, die uns Jesus gibt. Wer zu Maria geht, findet Jesus. Wer Jesus bei ihr erbittet, erhält Jesus durch sie. Für sie gibt es nichts Schöneres, als wenn jemand zu ihr sagt: ‚Gib mir deinen Sohn, damit ich ihn lieben kann.' Dann leuchtet der ganze Himmel – so glücklich ist sie."

Durch Maria zu Jesus. Diese Aussage hatte Sarah schon oft gehört. Und von nun an hatte sie dazu ein konkretes Bild vor Augen: Maria als liebende Mutter, die der Welt ihren Sohn entgegenstreckte, damit dieser geliebt und verehrt werden konnte. Sie selbst war es nicht, die angebetet werden wollte – es ging ihr von Anfang an nur um ihren Sohn. Zu ihm sollten die Menschen finden und sie war bereit, dafür alles zu tun, was sie tun konnte.

„Ich will dir noch eine andere Szene zeigen", durchbrach P. Maximilian ihre Gedanken, „sie fand ganz in der Nähe statt: im Tempel von Jerusalem. Doch da ein Fußmarsch zu viel Zeit in Anspruch nehmen würde, erspare ich ihn dir und wir werden uns direkt vor Ort begeben."

Gleich darauf standen sie vor einer hohen steinernen Mauer, die sich um ein riesiges Gebäude herumzog: um das Heiligtum der Juden, ihren Tempel, für den viele sogar das Leben gegeben hätten.

In der Nähe der Pforte befand sich ein Unterschlupf für Tiere. Er bestand aus einem schützenden Dach, Pflöcken mit Ringen zum Festbinden und einem mit Stroh bestreuten Boden. Hier entdeckte Sarah die Heilige Familie, die gerade erst angekommen war. Maria saß noch auf dem Esel, den Josef an den Zügeln führte. Mit ihrem weißen Gewand und dem hellblauen Mantel, den sie sorgsam über ihr geliebtes Kind gebreitet hatte, strahlte sie eine Schönheit aus, die Sarah mitten im Herzen berührte.

Jetzt trat Josef auf sie zu und half ihr, vom Reittier abzusteigen. Er band das treue Tier an einem der Ringe fest, versorgte es mit Wasser und Heu und durchschritt dann zusammen mit seiner Familie die Pforte in den Tempelbereich. Hier zeigte sich das Bild, das Sarah aus Filmen über die Tempelreinigung kannte: Zwischen mehreren hohen Säulen reihte sich ein Verkaufsstand an den anderen. Es gab die Möglichkeit, Schafe und Tauben zu kaufen, oder aber Geld wechseln zu lassen. Wie auf jedem Markt bemühte sich jeder Händler, die Aufmerksamkeit der Käufer zu gewinnen und so ein möglichst großes Geschäft zu machen. Josef trat auf einen der Stände zu, um ein paar weiße Tauben zu kaufen. Wie gerne hätte er ein größeres Tier erworben, um das Gesetz der von Mose vorgeschriebenen Reinigung zu erfüllen, doch er hatte so wenig Geld, dass er sich dies nicht leisten konnte. Immerhin hatten sie nun die Tauben und konnten damit die Stufen zu einer Vorhalle des Tempels emporschreiten. Hier kam ihnen ein Priester entgegen und nahm die Tauben in Empfang, um mit ihnen das Reinigungsopfer durchzuführen. Denn jeder Erstgeborene gehörte dem Herrn und musste durch ein Opfer ausgelöst werden. So wollte es das Gesetz. Sarah wandte den Blick ab, um das Schicksal der Tiere nicht mitansehen zu müssen. Sie blickte erst dann wieder hin, als der Priester Maria mit Wasser besprengte und die Familie in eine weitere Vorhalle führte.

Dort bekam sie eine Ahnung von der wahren Größe des Tempels. Jede der Säulen und auch die riesige Decke waren geschmückt mit zahlreichen Skulpturen wie Engelsköpfen und Palmen sowie mit weiteren kunstvollen Verzierungen. Das Licht der Sonne, welches durch lange schmale Fenster hereinschlich, berührte das Gold an den Säulen und brachte es zum Leuchten, sodass man sich vorkam wie im Palast eines mächtigen Königs. Und so war es auch. In gewisser Weise war man im Palast eines mächtigen Königs. In dem des mächtigsten Königs. Denn der

Tempel war einzig und allein Gott geweiht und alles, was in ihn investiert worden war, sollte zur größeren Ehre Gottes dienen. Oder – wie es das Motto von P. Maximilian war – zur größten Ehre Gottes.

Maria folgte dem Priester, bis er vor einer Art Altar stehenblieb. Hier ließ er sich Jesus überreichen, wandte sich dem eigentlichen Tempel zu und hob Jesus mit ausgestreckten Armen hoch. Dann gab er ihn seiner Mutter zurück und ging davon. Seine Aufgabe war erfüllt. Dass es sich bei diesem Kind um den Sohn Gottes handelte, um den Messias, auf den das Volk der Israeliten seit über tausend Jahren sehnsüchtig wartete, hatte er nicht erkannt. Dafür war sein Herz nicht offen gewesen. Er hatte lediglich das Ritual der Reinigung durchgeführt, so wie es seine Aufgabe gewesen war und wie er es seit vielen Jahren regelmäßig tat.

Doch jemand anderer erkannte, dass es sich bei diesem Kind um ein ganz besonderes handelte: um den versprochenen Messias. Durch neugieriges Volk hindurch bahnte sich ein alter, gebrechlicher Mann seinen Weg. Seinem Gesicht sah man an, dass er schon viele Jahre auf Erden hinter sich hatte und auch schon so manchen Kummer erlitten hatte. Die Art, wie er sich auf seinem Stock abstützte, zeigte, wie schwer ihm das Gehen fiel. Simeon, so hieß der Mann, hatte vor vielen Jahren eine Offenbarung vom Heiligen Geist bekommen: Er werde den Tod nicht schauen, ehe er den Christus des Herrn gesehen habe. An diese Verheißung glaubte er felsenfest und betete täglich darum, dass sie in Erfüllung gehen möge. Auch wenn andere ihn belächelten, ließ er sich nicht von seinem Glauben abbringen: Gott hatte ihm ein Versprechen gegeben und dieses würde er auch halten.

Simeon war nicht immer im Tempel, doch an diesem Tag war er vom Heiligen Geist dorthin geführt worden, und als er die Frau mit dem Kind sah, wusste er, dass die Verheißung eingetroffen war: Er durfte den Messias mit eigenen Augen sehen.

Zielsicher steuerte er auf Maria zu, blickte voller Sehnsucht auf das Kind in ihren Armen und fragte, ob sie ihm die Ehre erweisen würde, es für kurze Zeit halten zu dürfen. Gerührt schaute Maria auf den alten Mann, beugte sich zu ihm vor und legte Jesus behutsam in seine Arme. Sogleich begann Simeon zu weinen. Es waren Tränen der Rührung und des Glücks, die über seine Wangen hinabliefen und in seinem langen weißen Bart versickerten. Jesus sah ihn neugierig an und es war, als würde er ihm ein Lächeln schenken, während er mit seinen kleinen Händen das Gesicht des Mannes berührte.

Da begann Simeon zu sprechen: *„Nun lässt du, Herr, deinen Knecht, wie du gesagt hast, in Frieden scheiden. Denn meine Augen haben das Heil gesehen, das du vor allen Völkern bereitet hast, ein Licht, das die Heiden erleuchtet, und Herrlichkeit für dein Volk Israel."*[23]

Staunend blickten Maria und Josef auf den alten Mann, der so große Worte sprach. Auf den Mann, der so viele Jahre lang unerschütterlich daran geglaubt hatte, dass er den Messias sehen werde, und der nun im Frieden von der Welt scheiden konnte, da dieses wunderbare Ereignis eingetroffen war.

Simeon legte Jesus zurück in die Arme seiner Mutter. Dann sah er sie eindringlich an und sagte Sätze, die ihr Herz schmerzhaft verwunden sollten: *„Siehe, dieser ist dazu bestimmt, dass in Israel viele zu Fall kommen und viele aufgerichtet werden, und er wird ein Zeichen sein, dem widersprochen wird – dir selbst aber wird ein Schwert durch die Seele dringen."*[24]

Maria wurde blass und drückte Jesus fest an sich, während Josef den Arm schützend um sie legte. Sie hatte gewusst, dass sie leiden werden würde. Und dass es Menschen geben werden würde, die ihren Sohn ablehnten. Aber diese Worte so direkt zu hören, traf sie mitten ins Herz. In eben jenes Herz, welches durchbohrt werden sollte. Nicht nur verletzt, sondern durchbohrt. Was erwartete Maria wohl in der Zukunft?

In diesem Augenblick näherte sich eine alte Frau, die den Schmerz Mariens spürte und ihr, vom Heiligen Geist erfüllt, Worte des Trostes zusprach: „Frau, Gott, der seinem Volk den Erlöser geschenkt hat, wird dir in deinem Leid beistehen und Engel zu dir senden, die dich trösten werden. Er hat Judith und Rachel nicht im Stich gelassen. Er wird auch dich nicht im Stich lassen, die du größer als alle anderen Frauen bist. Vielmehr wird er dir ein Herz aus Gold geben, sodass du dem Meer an Schmerzen gewachsen bist, denn du bist die größte Frau, die es je gab und je geben wird."[25]

Nach diesen Worten verschwand die Szene, die Sarah soeben noch gesehen hatte, und sie befand sich wieder in Betlehem. Dieses Mal allerdings vor einem einfachen Haus, nicht vor der armseligen Höhle, in der Jesus auf die Welt gekommen war.

„Eine Frau hatte Mitleid mit der Familie und nahm sie bei sich auf", hörte sie P. Maximilian neben sich sagen, „jetzt sind sie wenigstens nicht länger der Kälte und dem Schmutz ausgesetzt."

Hinter sich hörte Sarah die stampfenden Schritte mehrerer Lasttiere, und als sie sich umdrehte, sah sie, dass sich eine größere Reiterschar näherte. Inmitten der Pferde, Kamele und Dromedare waren drei auffallend prächtig gekleidete Männer zu erkennen. Sie ritten an der Spitze und warfen immer wieder einen Blick zum Himmel empor – so, als wollten sie sich dadurch vergewissern, auf dem richtigen Weg zu sein. Jetzt sah auch Sarah nach oben und da konnte sie ihn erblicken: einen auffallend leuchtenden Stern mit langem Schweif. Diesem Stern also folgten die Männer, und als sie erkannten, dass er auf das Haus, vor dem Sarah stand, hinwies, blieben auch sie bei diesem stehen und stiegen von den Reittieren ab. Während sie das taten, konnte die junge Frau einen genaueren Blick auf ihre Kleidung werfen: Der erste von ihnen, der auf einem Kamel gekommen und von dunklerer Hautfarbe war, war in einen Mantel aus schneeweißer Seide gehüllt. Der zweite trug einen gestreiften, mit Goldbrokat bestickten Mantel, der in den Farben der Sonne leuchtete. Der dritte schließlich ein seidenes Gewand mit langen, weiten Hosen und auf dem Kopf einen Turban, der von einer Diamantenkette gehalten wurde. Offensichtlich waren es sehr wohlhabende Männer, die einen weiten Weg voller Beschwerden auf sich genommen hatten, um zu dieser armseligen Ortschaft mit dem Namen Betlehem zu kommen.

Vorsichtig näherten die drei sich dem Haus, hinter sich ihre Diener, die wertvoll aussehende Truhen trugen. Auf keinen Fall wollten sie stören und ungelegen kommen – andererseits konnten sie es kaum erwarten, am Ziel ihrer langen Reise anzukommen: bei Jesus, dem verheißenen Messias.

Unabhängig voneinander hatten sie den Sternenhimmel erforscht, als sie plötzlich einen neuen Stern von ungewöhnlichem Glanz wahrgenommen hatten. Alle drei hatten erkannt, dass dieser Stern eine Botschaft brachte. Er sagte: Der Messias ist in die Welt gekommen. Und so hatten sie sich auf den Weg gemacht, um ihn zu finden und anzubeten. Es war keine leichte Reise gewesen und sie hatten viele Strapazen auf sich genommen. Doch all das hatte sich gelohnt, denn sie waren an ihrem Ziel angekommen.

Eigentlich hätten sie erwartet, dass der Messias in einem Palast zur Welt kommen würde, daher waren sie zuerst zu

König Herodes gegangen, um zu erfahren, wo der neue König zu finden sei. Herodes hatte noch nichts von ihm gehört, konnte ihnen aber durch die Schriftgelehrten mitteilen, dass Betlehem sein Geburtsort sein sollte. So waren sie hierher geritten und standen nun vor dem Ort, den der Stern ihnen zeigte.

Von all dem wussten Maria und Josef nichts, als sie mit Erstaunen sahen, wie diese königlich wirkenden Männer zu ihnen kamen, auf die Knie sanken und Jesus anbeteten. Und wie sich bei ihnen das Gleiche ereignete, das sich bei den armen Hirten ereignet hatte: Auch sie wurden erfüllt vom Licht des göttlichen Kindes und begannen, von innen heraus zu leuchten. Ja, sie waren kostbar gekleidet, hatten eine hohe Bildung und großen Reichtum, doch in diesem Raum spielte all das keine Rolle. Hier knieten sie auf dem Boden, machten sich selbst klein und beteten den an, der zwar die Gestalt eines kleinen Kindes hatte, aber doch so viel größer war als sie alle zusammen.

Jetzt traten ihre Diener vor und stellten die Truhen mit den kostbaren Gaben ab. Und während sie das taten, sagten die drei Männer:

„Hier ist Gold, wie es einem König gebührt", worauf das Gold mit dem Licht, das von außen durch die Fenster drang, in Verbindung kam und zu leuchten begann.

„Hier ist Weihrauch, wie er einem Gott gebührt", worauf der Weihrauch den Raum durchströmte und alle Anwesenden die Gegenwart Gottes spüren ließ, „und hier ist Myrrhe, denn euer Sohn ist sowohl Gott als auch Mensch und wird daher eines Tages den Tod erleiden. Für diese Stunde ist die Myrrhe, damit sein Fleisch keine Verwesung kennt, sondern unversehrt aufersteht", worauf das Herz Mariens für einen Augenblick erneut von tiefem Schmerz berührt wurde.

„Dürfen wir seine Füße küssen, damit der Segen des Himmels auf uns herabkommt?“

Bei dieser Frage legte sich ein strahlendes Lächeln auf das Gesicht von Maria und, wie schon bei den Hirten, nahm sie ihren Sohn und hielt ihn den Männern entgegen. Diese verbeugten sich voller Ehrfurcht und küssten – einer nach dem anderen – seine Füße.

Auch sie konnten sich einige Zeit später kaum von dem Kind und seinen Eltern trennen und auch sie ließen ihre Herzen bei ihm zurück, als sie schließlich doch gehen mussten.

Während Sarah zusammen mit den Männern vor das Haus trat, wurde ihr eines klar: Egal ob arm oder reich, ob herrschend oder untergeben, ob gebildet oder ungebildet: Vor Jesus waren alle gleich. Und wer vor ihm kniete, wurde mit etwas erfüllt, das die Welt ihm nicht geben konnte: mit einer Liebe, einem Frieden und einem Licht, das ihn von innen her entzündete und zum Strahlen brachte.

Sarah sah den Männern zu, wie sie ihre Reittiere bestiegen und sich Schritt für Schritt entfernten. Zugleich mit ihnen verschwand die friedliche Stimmung, die soeben noch geherrscht hatte. Das Licht der Sterne nahm ab und es wurde bedeutend dunkler, sodass Sarah klar wurde, dass einige Zeit vergangen war. Dann hörte sie, wie im Haus jemand panisch aufsprang. Als sie einen Blick hineinwarf, sah sie, dass es Josef war. Er musste etwas Schreckliches geträumt haben und war ganz bleich im Gesicht. Das, was er geträumt hatte, schien nicht nur erschreckend zu sein, sondern auch sehr dringlich, denn er eilte zu Maria und versuchte, sie durch ein sanftes Rütteln an der Schulter zu wecken.

„Maria, wach auf!“

Als Maria sich erhob und ihn verwirrt anblickte, sagte er: *„Im Traum ist mir ein Engel des Herrn erschienen. Er sagte: Nimm* *das Kind und seine Mutter und flieh nach Ägypten; dort bleibe, bis ich dir etwas anderes auftrage; denn Herodes wird das Kind suchen, um es zu töten.“*[26]

Nachdem sie diese Worte gehört hatte, wurde auch Maria ganz bleich. Ihr unschuldiges Kind sollte getötet werden! Er, der gekommen war, um den Menschen das Heil zu bringen, sollte selbst größtes Unheil erfahren. Schnell packte sie ihre wenigen Habseligkeiten zusammen und wickelte sie in ein Tuch. In der Zwischenzeit verpackte Josef die Geschenke der weisen Männer und befestigte sie am Esel, der gesattelt vor dem Haus stand. Sie würden sie in Ägypten brauchen, wenn sie dort als Flüchtlinge ankamen – ohne genügend Kleidung, ohne alles, was zum Führen eines Haushalts nötig war, und ohne ein Dach über dem Kopf. Was für ein Segen, dass die drei Weisen ihren Reichtum mit ihnen geteilt und ihnen das Gold gegeben hatten! Andernfalls würden sie innerhalb kürzester Zeit zu Bettlern werden. Gott hatte den Reichtum der einen gebraucht, um die Armut der anderen erträglicher zu machen und ihnen das Schlimmste zu ersparen.

Jetzt trat Maria auf Josef zu und er half ihr, zusammen mit Jesus auf dem Esel Platz zu nehmen. Josef selbst wollte wieder zu Fuß gehen. Wichtig war nur, dass es seiner Familie gut ging. Um sich selbst machte er sich keine Sorgen.

Als er sah, wie eine Träne über Marias Wange lief, hätte er beinahe selbst zu weinen begonnen. Er konnte es nicht ertragen, sie leiden zu sehen. „Weine nicht, Maria“, wandte er sich voller Fürsorge an sie.

„Verzeih mir Josef“, bat diese, „ich weine nicht wegen mir, sondern wegen dir. Du hast schon so vieles opfern müssen. Und jetzt wirst du weder Kunden noch ein Haus haben.“

„Mach dir darum keine Sorgen, Maria. Ich werde Arbeit finden. Und was bedeutet schon unser Haus im Vergleich dazu, dass wir Jesus bei uns haben? Wenn wir ihn haben, so haben wir alles."[27]

Josef sah sich ein letztes Mal um, ob sie auch nichts vergessen hatten, dann nahm er den Esel an den Zügeln und führte ihn weg. Weg von Betlehem, wo sie nicht länger sicher waren. Und weit weg von Jerusalem, wo ein machtbesessener König Pläne schmiedete, wie er seinen kleinen Pflegesohn töten könnte. Schon jetzt hätte Josef für Jesus sein Leben gegeben und er würde alles in seiner Macht Stehende tun, um ihn in Sicherheit zu bringen. Auch wenn das bedeutete, die Heimat zu verlassen und in einem fremden Land neu zu beginnen.

Während Sarah und P. Maximilian ihnen nachsahen, meinte die junge Frau: „Es ist unglaublich, wie nah Freude und Leid beieinander liegen. Gerade noch waren sie so glücklich über den Besuch der Sterndeuter und keinen Tag später befinden sie sich auf der Flucht."

„Ja, Freude und Leid liegen in der Tat sehr nah beieinander", bestätigte P. Maximilian, „vor diesem Auf und Ab des Lebens blieb nicht einmal die Heilige Familie bewahrt. Nicht von ungefähr wird von den sieben Schmerzen, aber auch den sieben Freuden Mariens gesprochen."

„Von den sieben Schmerzen? Davon habe ich noch nie gehört. Worin bestehen sie denn?", wollte Sarah wissen.

„Sie bestehen in der Weissagung Simeons im Tempel, in der Flucht nach Ägypten, darin, wie Maria und Josef Jesus im Tempel verlieren und drei Tage lang suchen; wie Maria ihm auf dem Kreuzweg begegnet; wie sie unter dem Kreuz steht bis zu seinem Tod; wie er vom Kreuz herabgenommen und in ihren Schoß gebettet wird und wie er schließlich ins Grab gelegt wird."

Nach einer kurzen Pause fügte er hinzu: „Wenn wir diese Szenen sehen, werde ich dir auch erzählen, wie ich selbst gestorben bin."

Bei diesen Worten erschrak Sarah. „War er grausam, dein Tod?"

„Oh ja, er war sehr grausam", bestätigte P. Maximilian, „doch nicht so grausam wie der von Jesus."

Die Vorstellung, von seinem Tod zu erfahren, machte Sarah traurig. Andererseits war es ihr wichtig, alles über sein Leben zu wissen, und dazu gehörte nun einmal auch der Tod. Doch noch wollte sie nicht daran denken. Jetzt wollte sie sich erst auf die schönen Dinge konzentrieren, daher fragte sie: „Du hast mir gesagt, worin die sieben Schmerzen bestehen, sagst du mir auch, worin die sieben Freuden bestehen?"

„Natürlich. Sehr gern sogar. Die Freuden erlebt sie, als sie durch Gabriel erfährt, dass sie Mutter von Gottes Sohn werden soll; als sie Elisabeth begegnet, die so sehr vom Heiligen Geist erfüllt wird; als sie Jesus auf die Welt bringt und in den Armen hält; als die Weisen kommen, um ihn anzubeten; als sie ihren Sohn im Tempel nach tagelanger Suche wiederfindet; als er am dritten Tag vom Tod aufersteht und als er sie zu sich in den Himmel holt."

„Und wirst du mir all diese Schmerzen und Freuden zeigen?"

„Die meisten wirst du sehen dürfen. Und noch mehr."

„Dann liegt noch eine lange Reise vor uns."

„So ist es", bestätigte P. Maximilian, „und daher wollen wir auch keine Zeit verlieren und in die nächste Szene eintauchen. Ich werde dir nicht zeigen, was sich hier in Betlehem bald abspielen wird. Das, worüber es in der Bibel heißt: ‚*Rahel weinte um ihre Kinder und wollte sich nicht trösten lassen, denn sie waren nicht mehr.*'[28] Es ist zu grausam. Ich werde auch nicht von dir verlangen, dass du wegen einer Szene aus dem Leben Jesu nach Ägypten reist. Aber wenn es dich interessiert, kannst du trotzdem sehen, wie die Heilige Familie dort lebte."

Ägypten! Natürlich wollte Sarah sehen, wie die Heilige Familie dort gelebt hatte. War sie doch schon einmal in diesem wunderbaren Land gewesen und hatte dort ihren schönsten Urlaub verbracht. Wie gerne dachte sie daran zurück, wie sie mit einer Freundin und zwei Beduinen zusammen stundenlang durch die Wüste geritten war. Einmal auf Kamelen und einmal auf Araber-Pferden. Dabei waren sie sogar galoppiert, obwohl Sarah zuvor noch nie geritten war. Es hatte einfach geheißen: am Sattel festhalten, zurücklehnen und los. So etwas ging nur in Ägypten!

Auch in Kairo war sie gewesen – der Stadt, die so viele unterschiedliche Seiten hatte, dass man nach wenigen Tagen bereits den Eindruck hatte, wochenlang unterwegs zu sein. Da waren die riesigen Basare, die gigantischen Moscheen, die Pyramiden, mitten in der Stadt Ziegen und Esel, dann wieder moderne Hochhäuser.

Sarah erinnerte sich sogar daran, beim Haus der Heiligen Familie gewesen zu sein. Es hatte sich unterhalb einer Kirche befunden und war eher unspektakulär gewesen. Damals war es Zufall gewesen, dass sie es entdeckt hatte. Auf einmal hatte sie davorgestanden und war die Treppen zu dem Raum unterhalb der Kirche hinabgestiegen. Die Räume waren recht niedrig, aber schön gewesen. Es gab mehrere Rundbögen und Säulen, welche die Decke abstützten. Von der damaligen Einrichtung war nichts mehr erhalten gewesen. Stattdessen stand ein schlichter Altar aus Holz da, um die Heilige Messe feiern zu können.

Nie hätte Sarah erwartet, ausgerechnet an diesem Ort in die Vergangenheit eintauchen zu dürfen. Umso größer war ihre Freude, als sie sich von einer Sekunde auf die andere dort wiederfand. Und zwar auf einer niedrigen Anhöhe mit Blick auf die Pyramiden. Da waren sie, diese Riesen, die vor mehr als 4000 Jahren gebaut worden waren und immer noch unverwüstlich an ihrem Platz standen. Menschen kamen und gingen, doch sie blieben stehen. Das letzte Mal, als Sarah sie gesehen hatte, war es vom Rücken eines Pferdes aus gewesen. Sie war durch den endlosen Sand geritten, hatte über sich einen Himmel voller Sternschnuppen und vor sich die Pyramiden. Noch jetzt wurde die junge Frau ganz ergriffen, wenn sie daran zurückdachte.

„Ich wusste, dass es dich freuen würde, die Pyramiden zu sehen", meinte P. Maximilian, der schweigend neben ihr gestanden hatte, „doch jetzt ist es Zeit, sie hinter sich zu lassen und zum Haus der Heiligen Familie zu gehen."

Neugierig folgte Sarah ihm, als er den sandigen Weg entlangschritt an einem Brunnen und mehreren Palmen vorbei, bis zu einem kleinen, bescheiden wirkenden Haus. Statt hineinzugehen, umrundete er es, und kurz darauf standen sie in einem ordentlich angelegten Garten. Er war umgeben von einem einfachen Holzzaun, an dem eine Ackerwinde emporkletterte. Auf der linken Seite stand ein blühender Jasmin, auf der rechten ein Rosenstrauch mit schneeweißen Blüten. Dazwischen waren mehrere Beete zu sehen, die trotz des trockenen, sandigen Bodens bebaut worden waren.

Mitten in all dem streckte sich ein Baum empor, an dem eine schwarzweiße Ziege angebunden war, die genüsslich Blätter von den Zweigen knabberte. Offensichtlich wurde dieser Baum auch von Jesus und Maria sehr geschätzt, denn beide saßen darunter und genossen seinen Schatten. Während Maria am Webstuhl arbeitete, saß Jesus auf dem Boden und spielte mit hölzernen Pferden und Schafen. Mittlerweile war er kein Baby mehr, sondern ein kleiner Junge von etwa zwei bis drei Jahren. Mit seinen braunen Locken und dem pausbackigen Gesicht war er ein entzückender Anblick und sein unbeschwertes Lachen steckte auch Sarah an. Sie konnte kaum von ihm wegsehen und auch Maria warf ihm immer wieder liebevolle Blicke zu.

Jetzt waren Schritte zu hören. Jesus sprang auf und lief zum Gartenzaun. Ob es wohl Josef war, der gerade nach Hause kam?

Er war es! Während Sarah zum Zaun ging, konnte sie sehen, wie er mit Werkzeug behangen den Weg entlangkam, den auch sie vor Kurzem gegangen waren. Als er Jesus entdeckte, breitete sich ein Strahlen auf seinem Gesicht aus. Er eilte zum Zaun, öffnete das Tor und beugte sich zu seinem Pflegesohn hinab, der liebevoll die Arme um seinen Hals legte, sich an ihn drückte und ihm einen zärtlichen Kuss auf die Wange gab. Auch Josef gab Jesus einen Kuss. Dann griff er in die Tasche seines dunkelbraunen Gewandes und holte einen Apfel heraus, den er Jesus entgegenstreckte.

„Wer so begrüßt wird, kann es sicher kaum erwarten, nach Hause zu kommen", dachte Sarah, während sie die Szene gerührt beobachtete.

Inzwischen war auch Maria herangetreten und von Josef ebenso liebevoll begrüßt worden. Gemeinsam betraten sie das Haus. Der erste Eindruck hatte Sarah nicht getäuscht. Das Haus war tatsächlich ziemlich klein und schien aus nur zwei Zimmern zu bestehen. In dem Raum, in dem sie gerade standen, befanden sich eine Feuerstelle, in der eine kleine Flamme loderte, eine Hobelbank sowie ein Esstisch. Der andere würde dann wohl der Schlafraum sein. Behutsam setzte Josef Jesus auf einem Schemel ab und eilte in den Garten, um den Webstuhl hereinzuholen. Schließlich sollte Maria nicht so schwer tragen müssen. Dann nahm er einen Krug und ging zur Ziege, um sie zu melken. Währenddessen deckte Maria den Tisch, zündete eine Öllampe an und bereitete alles zu, was für das Abendessen gebraucht wurde. Viel würde es nicht geben: ein paar Scheiben Brot, gekochtes Gemüse und Oliven. Dazu einen Krug Wasser und Milch von der Ziege.

„Der ganz normale Alltag einer kleinen Familie", hörte Sarah P. Maximilian neben sich sagen, „was ihn aber so besonders macht, ist, dass die beiden alles, was sie tun, aus Liebe tun, und gerade dadurch wird es so unglaublich wertvoll. Maria bereitet das Mahl und deckt den Tisch aus Liebe. Josef holt den Webstuhl und die Milch aus Liebe. Alles tun sie aus Liebe."

Nachdem Josef zurück war, stellten die drei sich um den Tisch, um ein Gebet zu sprechen. Sarah konnte nicht verstehen, was sie genau beteten, nahm aber an, dass es sich um Psalmen handelte. Anschließend dankten sie Gott für alles, was er ihnen gegeben hatte und für sie tat.

Erst dann setzten sie sich, um das wohlverdiente Abendmahl zu sich zu nehmen. Das Abendmahl armer Leute. Doch während die drei hier saßen, vom Licht der Öllampe erhellt und in tiefer Liebe miteinander verbunden, wäre keiner auf die Idee gekommen, sie für arm zu halten. Und auch sie selbst hielten sich in diesem Moment nicht für arm, sondern für überreich gesegnet.

Es war ihnen nie wichtig gewesen, reich zu sein. Darum hatten sie Gott nicht gebeten und das hatte Gott auch nie für sie geplant. Ihnen genügte ein Dach über dem Kopf, genug zu essen und ausreichend Arbeit, um auch an den kommenden Tagen für Unterkunft und Essen bezahlen zu können. Und sie versuchten stets, aus dem, was sie hatten, das Beste zu machen – indem sie den Garten so gut wie möglich bebauten, selbst Kleidung herstellten, das Haus auffallend ordentlich hielten und es mit handgemachten Gegenständen verschönerten.

Sarah und P. Maximilian verließen das Esszimmer, um der Familie einen Abend in ungestörter Dreisamkeit zu lassen. Sie gingen den sandigen Weg entlang, bis sie noch einmal auf der kleinen Anhöhe standen und einen letzten Blick auf die Pyramiden werfen konnten. Hinter diesen ging gerade die Sonne unter und legte ihre Strahlen auf die uralten Steine, die das goldene Licht auffingen und dadurch zu leuchten begannen. Auch der Himmel leuchtete, wenn auch nicht so hell wie die Pyramiden. Er war von einem dunkleren Gelb durchdrungen, das nach außen hin in ein kräftiges Orange überging.

„So also sah das Leben der Heiligen Familie in Ägypten aus“, meinte Sarah schließlich, während sie das Schauspiel der Natur auf sich wirken ließ.

„So sah es aus“, bestätigte P. Maximilian, „wenn man nicht wusste, wer sie waren, konnte man sie fast für eine normale Familie halten. Josef ging morgens aus dem Haus, um Arbeit zu finden und seine Familie zu versorgen. Abends kam er erschöpft zurück. Trotzdem nahm er sich noch Zeit, um mit seinem Sohn zu spielen und Maria bei ihren Aufgaben zu unterstützen. Ihr Glück war auch sein Glück und er war jederzeit bereit, ihr zu dienen. Maria hingegen nutzte das in keiner Weise aus. Für sie stand fest, dass Josef das Haupt der Familie war, und sie tat alles, um das Leben für Jesus und ihn so angenehm wie möglich zu machen. Dazu kümmerte sie sich um das Haus, baute Gemüse an und bereitete das Essen zu. Nebenbei webte sie Stoffe und fertigte Kleidung an. Sie, die sogar Engel als ihre Königin ansahen, war so demütig, dass sie sich für keine Arbeit zu schade und bereit war, das zu tun, was Josef für das Richtige hielt.“

Josef als das „Haupt der Familie“. Diese Formulierung sagte Sarah überhaupt nicht zu. Hatte sie doch schon einmal erlebt, wie jemand den Anspruch, das Haupt zu sein, ihr gegenüber geltend gemacht hatte – und das hatte sich alles andere als gut angefühlt. Es hatte dazu geführt, dass sie unterdrückt worden war und keine abweichende Meinung mehr haben durfte. Ihr war gesagt worden, was sie kochen, welche Gebete sie sprechen und was für Ansichten sie vertreten sollte.

Sarah war sich sicher, dass Josef Maria niemals so behandelt hätte, wie sie damals behandelt worden war. Offensichtlich war sein Verständnis davon, was es hieß, das Haupt der Familie zu sein, ein völlig anderes. Er wollte den Seinen dienen und aus Liebe zu ihnen alles tun, damit es ihnen gut ging. Sicher traf er seine Entscheidungen nicht allein, sondern fragte Maria nach ihrer Meinung. Und nie hätte er eine Entscheidung gegen ihren Willen getroffen.

Mit so einem Mann an seiner Seite war man als Frau sicher gesegnet. Wusste man doch, dass er alles für einen geben würde und das Glück von einem über sein eigenes stellte. Und so einen Mann wollte man sicher selbst auch glücklich machen und seinerseits alles tun, was dazu nötig war. Wenn bei einem Paar nur der Eine versuchte, den Anderen glücklich zu machen, der Andere aber nur an sich dachte, dann war eine Beziehung zum Scheitern verurteilt. Wenn aber beide alles taten, um sich gegenseitig glücklich zu machen, dann sollte eine Beziehung eigentlich gelingen. Oder? Jedenfalls war es so bei Maria und Josef. In ihrem Haus herrschte die Liebe.

„Ein bisschen erinnert die Szene mich an mein Zuhause", meinte P. Maximilian, und als Sarah ihn fragend ansah, fuhr er fort: „Wir hatten auch nicht viel, doch wir hielten zusammen und jeder gab sein Bestes, um zum Lebensunterhalt beizutragen. Um meinen Vater finanziell zu unterstützen, eröffnete meine Mutter einen Kramerladen für arme Leute, und da ich schon immer gut rechnen konnte, stand bald fest, dass ich ihr dabei helfen sollte. So arbeiteten wir tagsüber im Laden, abends, wenn Vater nach Hause kam, beteten wir und nahmen das Nachtmahl ein. Auch bei uns war dieses sehr bescheiden, doch es wurde mit viel Liebe zubereitet. Oft sogar von mir, als ich alt genug war."

„Du hast gekocht?", fragte Sarah überrascht.

„Natürlich", meinte P. Maximilian mit einem Schmunzeln, „um meine Mutter zu unterstützen und ihr eine Freude zu machen, habe ich sogar gekocht. Und gar nicht so schlecht, wie es hieß."

„Wenn ihr so wenig Geld hattet, wie kam es dann, dass du studieren konntest?"

„Das ist eine gute Frage. Für meinen Bruder reichte es gerade noch, doch ich konnte nicht einmal zur Schule gehen, sondern wurde zuhause unterrichtet. Dann griff die göttliche Vorsehung in der Gestalt des Apothekers Kotowski ein. Meine Mutter, die nebenbei auch noch als Hebamme arbeitete, beauftragte mich, Medikamente für sie abzuholen. Als ich dem Apotheker den vollständigen lateinischen Namen des Medikaments nannte, war er so überrascht, dass wir ins Gespräch kamen. Daraufhin bot er mir an, mir Lateinunterricht zu geben, damit ich zusammen mit meinem Bruder an der Prüfung teilnehmen konnte. Überglücklich nahm ich dieses Angebot an, lernte fleißig und bestand alle Prüfungen erfolgreich. Das führte dazu, dass meine Eltern sich schweren Herzens dazu entschlossen, mich studieren zu lassen."

Für Sarah zeigte diese Situation wieder einmal, dass für Gott wirklich nichts unmöglich war. Wenn er wollte, dann ließ er genau die richtigen Menschen zusammenkommen. Dann öffnete er sowohl Herzen als auch Türen, sodass am Ende genau das geschehen konnte, was in seinem Sinne war. Dann wurde es im Leben eines Menschen so hell wie auf den Pyramiden, die immer noch von der Sonne angestrahlt wurden, und der Mensch begann ebenso wie diese zu leuchten.

Nach einem Augenblick des Schweigens fragte sie: „Wie ging es weiter?“

„Ich hatte viel Freude am Lernen. Vor allem an der Naturwissenschaft und Mathematik. Als ich 13 Jahre alt war, kamen Franziskaner in unsere Gegend, die auf der Suche nach Nachwuchs waren. Franz und ich baten um die Aufnahme im Knabenseminar in Lemberg und wurden angenommen. Daraufhin mussten wir unsere Heimat verlassen und in ein fremdes Land reisen: nach Österreich, wo wir ganz neu beginnen mussten. Dieser Schritt war nicht leicht für uns. Aber bei Weitem nicht so hart wie für Maria und Josef, als sie Israel verlassen mussten, um nach Ägypten zu gehen. Schließlich gingen wir freiwillig und waren nicht auf der Flucht. Außerdem wurden wir mit offenen Armen aufgenommen.“

„Wie wurden denn Maria und Josef aufgenommen? Darüber haben wir noch gar nicht gesprochen.“

„Die erste Zeit, als sie in Ägypten ankamen, war extrem hart. Sie wurden voller Misstrauen beobachtet – zumal sie den Ägyptern nicht erklären konnten, warum sie aus Israel geflohen waren. Doch sowohl Maria als auch Josef behandelten jeden, mit dem sie zu tun hatten, mit Wertschätzung und waren jederzeit bereit zu helfen, wenn jemand ihre Hilfe brauchte. So wurden sie nach und nach von vielen sehr gemocht. Und trotzdem fühlten sie sich in Ägypten fremd. Sie vermissten ihre Verwandten, ihre Freunde und auch ihren Tempel. In Ägypten wurde eine andere Sprache gesprochen, gab es andere Traditionen und einen anderen Glauben. Hier waren und blieben sie Flüchtlinge und gehörten nie ganz dazu.“

Dass Jesus, Maria und Josef Flüchtlinge waren, hatte Sarah zwar schon einmal gehört, aber erst jetzt war ihr bewusst geworden, was das bedeutete. Auch wenn die drei dankbar waren, sich gegenseitig zu haben, und das Beste aus der Situation machten, waren es sehr harte Jahre voller Ungewissheit und alltäglicher Sorgen gewesen. Jahre, in denen sowohl ihr Glaube als auch ihr Vertrauen geprüft wurde und sie auf vieles verzichten mussten. Doch sie hatten die Prüfung bestanden, hatten weder Gott noch sich gegenseitig Vorwürfe gemacht und waren schließlich dorthin zurückgerufen worden, von wo sie gekommen waren.

Während die Sonne sich mehr und mehr zurückzog, erzählte P. Maximilian: „Eines Tages kam wieder ein Engel zu Josef und sagte ihm im Traum, dass die Leute tot seien, die seinem Kind nach dem Leben getrachtet hatten, und er mit seiner Familie nach Israel zurückkehren solle. Du kannst dir denken, wie froh sie darüber waren."

Das konnte Sarah. Was für eine Freude musste es gewesen sein, nach so vielen Jahren in der Ferne heimzukehren nach Nazareth. An den Ort, an dem sie sich zuhause fühlten. Endlich konnten sie Jesus all das zeigen, was sie vor seiner Geburt liebevoll für ihn vorbereitet hatten, und ihn ihren Verwandten und Freunden vorstellen – falls diese denn noch am Leben waren.

Inzwischen war die Sonne ganz untergegangen und die Pyramiden standen wieder in ihrem ursprünglichen Braunton da. Da wusste Sarah, dass für sie der Zeitpunkt gekommen war, Ägypten zu verlassen und nach Israel zurückzukehren. Sie wusste nur nicht, in welches Jahr sie dieses Mal eintauchen würden. Aber das würde sie früh genug erfahren.

Gleich darauf befand sie sich an dem Ort, an dem sie vor mehreren Stunden schon einmal gewesen war: in einer der

Vorhallen des Tempels von Jerusalem. Mitten im Raum stand ein Jüngling von etwa zwölf Jahren mit lockigem, braunem Haar. Er trug ein weißes Gewand und darüber ein weites, rubinrotes Tuch. An den Füßen hatte er lederne Sandalen. Dieser Junge stand inmitten mehrerer weißgekleideter Männer. Es waren Priester, Pharisäer und weitere Gesetzeslehrer, die um ihn herumstanden und ihm aufmerksam zuhörten. Manche blickten voll Wohlwollen auf ihn, andere voll Zorn.

Sarah hörte, wie Jesus sagte: „Es ist wahr, der Messias ist bereits hier auf der Erde."

Mehrere der Gelehrten gaben ihm durch ein Nicken recht. Andere hingegen schüttelten erbost den Kopf: „Wie kannst du das behaupten? Weißt du denn nicht, dass zusammen mit seinem Auftreten ein Reich des Friedens anbrechen wird? Doch hier in Jerusalem ist nichts von Frieden zu spüren! Du brauchst nur an die Gewalttaten der Römer zu denken, dann weißt du, dass der Messias noch nicht auf Erden sein kann."

„Worauf gründest du deine Sicherheit?", fragte ein anderer.

„Erinnert ihr euch an die Voraussage über den Stern aus dem Buch Numeri? Dieser Stern war bereits da und er stand über Betlehem, der Stadt, in welcher der Messias geboren werden sollte."

„Wäre er wirklich in dieser Stadt geboren worden, wäre er schon lange tot, denn Herodes ließ alle Neugeborenen bis zum Alter von zwei Jahren in Betlehem und der Umgebung ermorden."

„Von diesem Mord habe ich gehört", bestätigte Jesus traurig, „doch glaubst du nicht, Gott ist in der Lage, Engel zu schicken, um den Messias vor der Grausamkeit der Menschen zu bewahren?"

„Er hat recht", bestätigte einer der Gelehrten, die Jesus wohlgesonnen waren, „warum sollte Gott nicht die Macht haben, den Messias zu beschützen?"

„Der junge Mann sprach von Prophezeiungen", meinte ein anderer, „warum holen wir nicht die heiligen Schriften und lesen nach, was genau darin steht?"

Sofort machte einer sich auf den Weg, holte mehrere Schriftrollen und ging damit auf Jesus zu: „Lassen wir ihn daraus vorlesen. Er ist vor Kurzem erst von seinen Eltern in den Tempel gebracht worden, um anlässlich seiner Volljährigkeit geprüft zu werden, und hat dabei bewiesen, dass er fähig ist, fehlerfrei aus den heiligen Schriften vorzulesen."

Von seinen Eltern war er hergebracht worden – und doch waren diese weit und breit nicht zu sehen. Erst jetzt wurde Sarah bewusst, dass weder Josef noch Maria hier waren.

„Wo sind seine Eltern?", wandte sie sich an P. Maximilian.

„Auf dem Weg nach Nazareth."

„Ohne ihren Sohn?"

„Ohne ihren Sohn. Männer und Frauen gehen in getrennten Gruppen. Während Maria denkt, dass Jesus bei seinem Vater sei, geht Josef davon aus, dass er bei seiner Mutter sei. Doch der Augenblick wird kommen, in dem sie beide mit Entsetzen feststellen, dass sie ihn verloren haben. Komm mit, dann werde ich ihn dir zeigen."

Der Tempel verschwand und Sarah fand sich inmitten einer Gruppe pilgernder Frauen wieder. Gemeinsam sangen sie Psalmen, um Gott während ihrer Pilgerreise zu preisen. Unter ihnen ging Maria. Auch sie sang bei den Psalmen mit und nichts an ihr deutete darauf hin, dass sie auch nur im Geringsten beunruhigt war. Sie freute sich über den Lobpreis Gottes und das Wunder der Natur, die den Winter überstanden hatte und gerade am Erblühen war. Aus den Zweigen der Äste blinzelten die Spitzen saftig grüner Blätter hervor, aus dem

Boden die zarten Stängel neugeborener Frühlingsblumen. Die Luft war angenehm warm und der Himmel durch die untergehende Sonne in ein zartes Rot getaucht. Auf den Wiesen sprangen kleine Lämmer herum und wetteiferten um die Aufmerksamkeit ihrer Mütter. Es war ein Augenblick tiefen Friedens. Doch wie schon einmal lagen Freude und Leid im Leben Mariens nah beieinander.

Nachdem den Frauen bewusst geworden war, wie weit der Tag schon fortgeschritten war, hielten sie an, um das Lager für die Nacht vorzubereiten. Kurz darauf näherte sich ein dunkelhaariger, braun gekleideter Mann. Als Maria ihn erblickte, legte sich ein breites Lächeln auf ihr Gesicht. Dann hielt sie nach Jesus Ausschau, konnte ihn aber nirgendwo entdecken. Sollte Josef etwa ohne ihren Sohn zu ihr kommen? Oder war Jesus nur hinter ihm verborgen und würde gleich mit seinen leuchtenden Augen und dem strahlenden Lächeln hervortreten?

Josef kam näher, doch immer noch war Jesus nicht zu sehen. Auch er sah umher und schien auf der Suche nach jemandem zu sein. Durch diese Blicke wurde Maria bewusst, dass etwas nicht so war, wie es sein sollte, und langsam breitete sie sich in ihr aus: die Vorahnung, dass ihre ganze Welt ins Wanken geraten würde.

Auch Josef merkte, dass etwas nicht stimmte, und als er vor ihr stand und ihr in die Augen sah, wurde es beiden klar: Sie hatten ihren Sohn verloren. Jesus war weder bei seiner Mutter noch bei seinem Vater. Und keiner von beiden hatte auch nur die geringste Ahnung, wo er sein konnte.

Von einer Sekunde auf die andere verlor Maria ihr Lächeln und wurde kreidebleich. Ihre Augen, die sonst so gütig blickten, starrten angsterfüllt aus dem Gesicht hervor.

„Verloren! Wir haben unseren Sohn verloren!“ Nie hätte sie gedacht, dass sie diese Sätze einmal denken musste.

„Josef, was sollen wir nur tun?“, brach es aus ihr heraus, während sie so sehr zu zittern begann, dass sie das Gleichgewicht verloren hätte – wäre da nicht Josef gewesen, der ihr stützend den Arm entgegenstreckte.

„Wir müssen noch jetzt zurück nach Jerusalem eilen, um ihn zu finden.“

Auch Josef hatte jedes Lächeln verloren und auch in seinem Gesicht war nur noch eines zu lesen: übergroße Sorge um den wunderbaren Sohn, der ihm von Gott anvertraut worden war. Er sollte ihn beschützen und für ihn da sein. Und doch war Jesus nun vollkommen allein in der Fremde. Wenn ihm nur nichts zustieß! Es waren so viele dunkle Gestalten unterwegs in Jerusalem. Wer konnte sagen, ob Jesus nicht Böses angetan wurde?

Beide wussten, was nun zu tun war: Sie würden umkehren und nach Jerusalem eilen. Und dort würden sie so lange nach ihrem Sohn suchen, bis sie ihn wieder in die Arme schließen konnten. Maria warf einen Blick zum Himmel, der mittlerweile nicht mehr zart und frühlingshaft wirkte, sondern in einem kräftigen Rot brannte. Auch die spielenden Schafe strahlten keinen Frieden mehr aus. Vielmehr erinnerten sie Maria daran, dass sie eines Tages in den Tempel gebracht werden würden, um dort ihr Leben als Opfer für die Menschen zu geben. So wie auch ihr Sohn eines Tages sein Leben als Opfer für die Menschen geben sollte.

Gehörte diese Suche vielleicht schon zu dem Schmerz, der ihr vorausgesagt worden war? Würde der Leidensweg ihres Sohnes bereits in so jungen Jahren beginnen?

Von Josef gestützt eilte Maria los. Auf dem Weg trafen sie mehrere Bekannte und fragten, ob nicht einer von ihnen Jesus gesehen habe. Doch jeder schüttelte bedauernd den Kopf. Nein,

Jesus hatte keiner gesehen. Ob er denn nicht bei ihnen war, seinen Eltern? Dort sollte ein Kind in diesem Alter doch sein und Schutz und Sicherheit finden!

Verzweifelt eilten sie weiter. Sie hatten kaum die Hoffnung, ihn unterwegs zu finden. Doch in Jerusalem! Dort würde er irgendwo sein! Wenn ihm nur nichts zustieß! Wo sollte er schlafen, wenn es dunkel wurde? Und wer sollte ihm etwas zu essen geben?

In dieser Situation passierte etwas nur allzu Menschliches: Maria, die stets voller Vertrauen gewesen war, wurde durchdrungen von Angst und Sorge. Sie litt, so wie jede Mutter gelitten hätte, die ihr Kind inmitten einer Großstadt verloren hatte und das erst Stunden später bemerkte. Es war nicht ihre Schuld gewesen. Auch nicht die Schuld von Josef. Und doch war es passiert.

„Du kannst dir vorstellen, dass sie nun grausame Stunden durchleben", sagte P. Maximilian, der neben Sarah stand und ihr ein Zeichen gab, den beiden nicht länger zu folgen. „Sie werden die ganze Nacht durch laufen und sich auch in Jerusalem kaum eine Pause gönnen. Drei Tage werden sie nach Jesus suchen. Werden in der Unterkunft nachfragen, in der sie übernachtet haben, werden jede Straße entlanggehen, die sie mit ihm gegangen sind, werden auch zum Tempel eilen und schauen, ob es nicht einen Aushang gibt, dass nach den Eltern eines Kindes Ausschau gehalten werde. Doch nichts wird von Erfolg gekrönt sein. Auf die Idee, im Inneren des Tempels nach ihm zu suchen, kommen sie erst nach drei Tagen. Zu unwahrscheinlich scheint es ihnen zu sein, dass ihr zwölfjähriger Sohn sich dort aufhält."

„Ist nicht gerade das naheliegend?", wollte Sarah wissen.

„Für uns, denen bekannt ist, wie die Suche endete, schon", bestätigte P. Maximilian, „doch Gott lässt es zu, dass die beiden, die sonst so vom Heiligen Geist erfüllt sind, vollkommen im Dunkeln tappen. Sie kommen nicht auf die Idee, im Tempel nachzusehen. Erst nach drei Tagen. Da ist es an der Zeit, dass ihr leidvoller Zustand beendet wird."

Drei Tage voller Sorge um das Leben ihres Kindes! Was würde das mit Maria und Josef gemacht haben? Sarah mochte sich nicht vorstellen, wie es ihr ergehen würde, wenn sie in einer solchen Situation wäre. Oder eine ihrer Schwestern, die bereits mehrere Kinder hatten. Auch wenn Jesus mit seinen zwölf Jahren kein Kleinkind mehr war, so war er doch in einer fremden Stadt, in der es vor Menschen nur so wimmelte. Einer Stadt, in der es viel Gewalt gab – vor allem durch Streitereien mit den Römern. Einer Stadt, in der vor Kurzem noch ein Herrscher gelebt hatte, der Jesus nach dem Leben trachtete. Und auch wenn Herodes tot war – sein Sohn lebte noch und wer konnte wissen, ob er Jesus wohlgesonnen war, wenn er durch irgendwelche Umstände erfahren sollte, wer er war?

Für P. Maximilian und Sarah gingen diese drei Tage schneller vorbei als für die leidenden Eltern. Sie durften Jesus bereits kurze Zeit später im Tempel wiedersehen, wo er immer noch von einer Schar Gelehrter umringt war und über den Sinn der Schrift diskutierte.

Gerade erklärte er: „Ich sage dir Rabbi, dass das Königreich des Messias nicht das ist, was du dir vorstellst. Durch ihn werden die Menschen nicht von den Römern, sondern von der Knechtschaft des Bösen befreit werden, die sie von Gott trennt."

In diesem Moment kam Maria in den Raum, erblickte ihren Sohn und rannte mit offenen Armen auf ihn zu. Dabei rief sie: *„Kind, warum hast du uns das angetan? Siehe, dein Vater und ich haben dich mit Schmerzen gesucht."*

Jesus sah sie erstaunt an und fragte: „*Warum habt ihr mich gesucht? Wusstet ihr nicht, dass ich in dem sein muss, was meinem Vater gehört?*"[29]

Scheinbar konnte Jesus nicht verstehen, warum sie sich Sorgen gemacht hatten. Schließlich war der Tempel das Haus seines Vaters und er hatte sich nichts dabei gedacht, allein hierzubleiben. Auf die Idee, seinen Eltern damit großen Kummer zu bereiten, war er nicht gekommen, doch als er jetzt auf ihren Gesichtern sah, was für schlimme Tage sie hinter sich hatten, tat es ihm von Herzen leid. So, wie sie aussahen, hatten sie mehrere Nächte lang nicht geschlafen und viele Tränen vergossen. Bereitwillig ließ er sich von seiner Mutter an die Hand nehmen und folgte ihr nach draußen.

Maria aber hatte seine Worte tief in ihrem Herzen aufgenommen und dachte noch lange darüber nach. Ihr war bewusst, dass Gottes Interessen immer über den ihren standen, und auch wenn sich in den kommenden Jahren Freuden und Schmerzen abwechselten, fragte sie nie mehr: „Kind, warum hast du uns das angetan?" Die Sonne des Vertrauens war in ihr Herz zurückgekommen; fortan nahm sie den Willen Gottes stets bereitwillig an.

Damit endete die Szene für Sarah und sie kehrte mit P. Maximilian nach Betlehem zurück. Dort standen sie – mehrere Stunden später und um viele Erlebnisse reicher – vor der Geburtskirche, und als Sarah einen Blick auf die Uhr warf, sah sie, dass es bereits später Nachmittag war. Die Zeit, die sie in Betlehem hatte, würde bald abgelaufen sein, doch in ihrer Erinnerung würde sie bestehen bleiben, denn hier hatte sie mehrere Freuden Mariens miterlebt, aber auch ihr Leid, und sie dadurch um einiges besser kennengelernt.

„Es ist Zeit, sich zu trennen", meinte P. Maximilian, „Pfarrer Herbert wird jede Minute zu dir zurückkommen. Doch wir werden uns bald schon wiedersehen."

„Und wo?"

„Wenn du willst, noch heute Abend in Nazareth."

Natürlich wollte Sarah! Zwar würde sie den Abend dann wieder nicht mit der Reisegruppe verbringen, aber die Erlebnisse zusammen mit P. Maximilian waren so wertvoll für sie, dass alles andere in den Hintergrund trat.

Kurz darauf sah sie Pfarrer Herbert auf sich zukommen, P. Maximilian hingegen war nirgends mehr zu sehen.

Während sie gemeinsam zum Auto gingen und sich auf den Rückweg nach Nazareth machten, erfuhr Sarah, dass auch Pfarrer Herbert in Betlehem eine sehr gesegnete Zeit gehabt hatte und die Nähe Gottes in ganz besonderer Weise hatte spüren dürfen. Die Reise nach Israel war ein langjähriger Wunsch, den er sich nun endlich erfüllt hatte. Zwar hatte er als Gemeindepfarrer viele Fahrten organisiert nach Lourdes, Fatima, Ars, nach Medjugorje und an zahlreiche andere Wallfahrtsorte, doch er wurde über 80 Jahre alt, bis er nach Israel kam.

Über 80! Und trotzdem fuhr er so gut Auto! Und war körperlich so fit. Sarah konnte nur hoffen, dass es ihr in diesem Alter auch so gehen würde.

Ihr Begleiter hatte etwas herausgefunden, das er unbedingt mit ihr teilen wollte: „Wusstest du, dass Betlehem übersetzt ‚Haus des Brotes' heißt? Und ausgerechnet hier kam Jesus, das Brot des Lebens, zur Welt. Das ist doch faszinierend!"

Während sie so redeten, verging die Zeit wieder einmal wie im Flug und schon bald standen sie vor ihrem Hotel in Nazareth. Bevor sie sich verabschiedeten, machte Pfarrer Herbert seiner jungen Begleiterin das Angebot, ihr erneut als Fahrdienst zur Verfügung zu stehen, falls sie das denn wünschen sollte, und irgendetwas sagte ihr, dass sie dieses Angebot bald schon annehmen würde.

Jetzt aber war es an der Zeit, zur Verkündigungsbasilika aufzubrechen, um P. Maximilian wiederzusehen und ein weiteres Mal in die Vergangenheit einzutauchen.

Nazareth

Zielstrebig eilte Sarah auf die Basilika zu. Meinte sie doch zu wissen, wo sie P. Maximilian dieses Mal treffen würde. Und tatsächlich: Er stand im Inneren der Kirche. Dort, wo sich bis in die Gegenwart Mauerreste des Hauses der Heiligen Familie befanden. Doch als Sarah neben ihren himmlischen Begleiter trat, veränderten diese sich und nahmen wieder die Form an, die sie vor mehr als 2000 Jahren gehabt hatten.

Das letzte Mal hatte Sarah dieses Haus vor der Geburt Jesu gesehen. Seitdem waren einige Jahre vergangen. Und als sie durch eines der Fenster nach innen blickte, sah sie, dass sich einiges verändert hatte.

Vor allem aber hatte Jesus sich verändert, der mitten im Raum stand und mit viel Geduld und Geschick Bretter glatthobelte. Er war nicht länger ein kleiner Junge oder Jugendlicher. Nein, Jesus war zu einem erwachsenen Mann geworden, der das Handwerk seines Vaters erlernt hatte und selbst als Zimmermann arbeitete. Sein Aussehen war nun so, wie Sarah es von Bildern her kannte: Er war groß, trug ein langes Gewand, das in diesem Fall allerdings braun und nicht weiß war, hatte lockige, braune Haare, die zu den Schultern reichten, und einen kurzen Bart auf der Oberlippe, dem Kinn und den Wangen.

Wenn Jesus so viele Jahre älter war, dann würde es auch seine Mutter sein. Wie würde sie wohl aussehen? Und vor allem: Wie würde es ihr gehen? Auf eine Antwort darauf musste Sarah nicht lange warten, denn in diesem Augenblick betrat Maria den Raum.

Sofort wusste Sarah, dass Maria in Not war, denn sie eilte auf Jesus zu und griff mit beiden Händen nach seinem Arm, um sich daran festzuhalten. In ihren Augen glänzten Tränen und nur mit Mühe konnte sie sagen: „Oh Jesus, komm. Bitte komm. Es geht ihm schlechter."

Sofort legte Jesus alles Werkzeug beiseite, legte den Arm um seine Mutter und ging mit ihr zusammen in das Nebenzimmer. Hier war Josef zu sehen, der auf einem niedrigen Lager lag und dessen Zustand der Grund für ihre Tränen war.

Selbst Sarah konnte es erkennen: Josef lag im Sterben. Sein Gesicht war totenbleich, die Augen erloschen, aus dem Mund war ein mühsames Keuchen zu hören. Josef war am Ende seiner Kräfte, selbst das Atmen fiel ihm schwer. Er, der so viele Jahre lang treu für die Seinen gesorgt hatte, lag am Boden und wartete auf das Ende.

Beide knieten neben seinem Lager nieder – Maria auf der einen Seite, Jesus auf der anderen. Dann zog Maria ein Tuch hervor und wischte liebevoll den Schweiß ab, der auf den eingefallenen Wangen Josefs glänzte. Sie bemühte sich sehr darum, die Fassung zu bewahren. Als sie aber die Träne sah, die im Augenwinkel ihres treuen Gefährten hing, liefen auch ihr Tränen über die Wangen und hörten nicht mehr auf zu fließen. Zu groß war der Schmerz darüber, den Mann, den sie aus ganzem Herzen liebte und der sie ebenso sehr liebte, loslassen zu müssen.

Jesus nahm die rechte Hand Josefs liebevoll in die seine. Dann neigte er sich vor und betete einen Psalm: „*Ich habe mir den HERRN beständig vor Augen gestellt; weil er zu meiner Rechten ist, wanke ich nicht. Darum freut sich mein Herz und jubelt meine Ehre, auch mein Fleisch wird wohnen in Sicherheit. Denn du überlässt mein Leben nicht der Totenwelt; du lässt deinen Frommen die Grube nicht schauen. Du lässt mich den Weg des Lebens erkennen. Freude in Fülle vor deinem Angesicht, Wonnen in deiner Rechten für alle Zeit.*"[30]

Sarah konnte erkennen, wie gut diese Worte Josef taten und wie er Jesus voller Dankbarkeit ansah. Er wollte etwas erwidern, doch die Stimme gehorchte ihm nicht mehr und er brachte kein Wort über die Lippen.

Jesus, der ihn auch ohne Worte verstand, wischte eine Träne weg, die über die Wange seines Pflegevaters lief, und sagte dabei: „Danke Vater für alles, was du für Mutter und mich getan hast! Du hast an uns große Nächstenliebe geübt und der Herr wird es dir lohnen."

Dann trug er erneut einen Psalm vor: „*Wer im Schutz des Höchsten wohnt, der ruht im Schatten des Allmächtigen. Ich sage zum HERRN: Du meine Zuflucht und meine Burg, mein Gott, auf den ich vertraue. (…) Ja, du, HERR, bist meine Zuflucht. Den Höchsten hast du zu deinem Schutz gemacht. Dir begegnet kein Unheil, deinem Zelt naht keine Plage. Denn er befiehlt seinen Engeln, dich zu behüten auf all deinen Wegen. Sie tragen dich auf Händen, damit dein Fuß nicht an einen Stein stößt.*"[31]

Und während Sarah diesen Psalm hörte, war es ihr, als könnte sie sehen, wie Josef von Engeln empfangen und beschützt wurde. Sicher würden sie auch im Jenseits an seiner Seite sein – sie, die so oft zu ihm gesandt worden waren, um ihm eine Botschaft von Gott zu überbringen. War es doch ein Engel gewesen, der Josef gesagt hatte, er solle Maria als seine Braut zu sich nehmen, da das Kind vom Heiligen Geist sei. Ebenso war es ein Engel gewesen, der ihn vor den bösen Absichten von Herodes warnte und ihm auftrug, mit seiner Familie nach Ägypten zu fliehen. Sicher würde auch ein Engel ihn nun auf seinem letzten Weg begleiten.

Inzwischen hielt Maria Josefs linke Hand in ihrer, während sie mit der anderen liebevoll über seine Wange strich. Und während die beiden sich in die Augen sahen, erkannte

Sarah, dass es bei ihnen keiner Worte mehr bedurfte. Sie wussten auch so, wieviel sie einander bedeuteten und wie groß der Schmerz Mariens sein würde, wenn er bald von ihr gehen würde.

Ja, sie glaubte an ein ewiges Leben und an ein Wiedersehen im Himmel. Und doch zerriss es ihr Herz, dass Josef jetzt schon gehen musste und sie in Zukunft ohne ihn leben sollte. Ohne ihn, der immer für sie und ihren Sohn dagewesen war. Der in Freude und Leid an ihrer Seite gewesen war. Und der stets alles getan hatte, um sie vor den Angriffen derer, die ihr schaden wollten, zu beschützen.

Als Josef immer schwächer wurde und sein Atem kaum noch zu spüren war, trat Jesus hinter ihn, setzte sich auf sein Lager und nahm ihn in die Arme. Während er ihn so hielt, sagte er: „Bald werde ich nachkommen, Vater, und dich emporziehen in die Herrlichkeit, die dich erwartet. Gehe in Frieden."

Da atmete Josef ein letztes Mal ein, um dann seinen Geist auszuhauchen und dorthin zu gehen, wo er auf das Kommen seines Sohnes warten würde.

Josef würde erspart bleiben, was Maria auf Erden noch erleiden sollte. Sie würde Jesus ohne seine tröstende Nähe auf dem Kreuzweg beistehen, ohne ihn unter dem Kreuz stehen, ohne ihn den toten Sohn in den Armen halten und ins Grab legen.

Jesus, der wusste, was seiner Mutter noch alles bevorstand, legte Josef behutsam in seinem Lager nieder, dann trat er an Maria heran und nahm sie voller Liebe und Mitgefühl in die Arme. Und als die Tränen seiner Mutter nicht aufhörten zu fließen, drückte er sie noch fester an sich und strich liebevoll mit den Fingerspitzen über ihre Wangen, um ihr zu zeigen, dass sie nicht allein war. Er würde an ihrer Seite sein und sie über den Verlust Josefs hinwegtrösten.

Doch es würde der Tag kommen, an dem auch er gehen würde. Und zwar dann, wenn er sich ganz in den Dienst für das Reich Gottes stellen würde.

Dann würde Maria vollkommen allein in diesem Haus leben und es würde keinen geben, der sie in die Arme nehmen konnte, um ihre Tränen zu trocknen. Sie würde erfahren, wie es war, allein zu leben und keinen Menschen zu haben, der am Abend heimkam und mit dem man sich austauschen konnte. Keinen, mit dem man den Alltag teilen konnte.

Aber bis es soweit war, würden noch ein paar Jahre vergehen. Ein paar Jahre sollten ihr noch gegeben sein, um sich über die Gegenwart ihres Sohnes zu freuen und dadurch die Kraft zu erhalten, die sie später brauchte, um alles durchzustehen. Ein paar Jahre, um ihn ihrerseits mit Liebe zu überschütten und alles für ihn zu tun, was eine Mutter nur für ihren Sohn tun konnte.

Während Jesus seine weinende Mutter noch immer in den Armen hielt, war es für Sarah an der Zeit, in die Gegenwart zurückzukehren.

Dort stand sie wieder vor den Mauerresten in der Verkündigungsbasilika. Die Szene aber, die sie gerade vor sich gesehen hatte, hatte sich so tief in ihre Seele eingeprägt, dass sie ihr immer noch vor Augen stand.

Maria war die Mutter des Herrn, die Mutter Gottes und hatte alles für ihn getan. Sie lebte ein gutes Leben, liebte Gott und liebte ihre Mitmenschen. Und trotzdem wurde auch sie nicht bewahrt vor dem menschlichen Leid. Wie leicht wäre es für Gott gewesen, Josef noch länger an ihrer Seite zu lassen. Doch er hatte es nicht getan. Dafür gab es sicher einen Grund. Bei allem, was Gott tat und zuließ, gab es einen Grund. Nur welchen, das war in vielen Fällen nicht gleich zu erkennen.

Ob Maria den Grund dafür kannte, dass Josef schon so früh aus dem Leben gerufen wurde? Wahrscheinlich nicht. Doch sie hatte gelernt, den Willen Gottes nicht zu hinterfragen, sondern selbst im Leid „Ja" zu ihm zu sagen. So kam kein einziger Vorwurf über ihre Lippen, als Josef ihr genommen wurde. Einzig und allein ihre Tränen sprachen davon, wieviel Leid sein Tod ihr bereitete.

„Wie du weißt, war Maria in vielem ein Vorbild für mich", sagte P. Maximilian leise neben ihr, „sie war auch darin ein Vorbild, einen geliebten Menschen ohne Verbitterung gehen zu lassen. Wie leicht wäre es gewesen, Gott in dieser Situation mit Vorwürfen zu überschütten. Oder auch Jesus, ihren geliebten Sohn, bei dem sie wusste, dass für ihn alles möglich war. Aber Maria hat das nicht getan. Stattdessen klammerte sie sich mitten im größten Schmerz an Jesus. Sie klammerte sich an Gott und vertraute darauf, dass er stets das Beste im Sinn hatte und es daher das Beste für Josef war, gerade jetzt zu gehen. Auch wenn sie nicht wusste, warum."

„Hast du das selbst auch einmal erlebt?"

Als P. Maximilian sie fragend ansah, fügte Sarah hinzu: „Dass du jemanden viel zu früh gehen lassen musstest, der dir viel bedeutet hat."

„Das habe ich", bestätigte dieser, „wenn auch nicht bei einem Menschen, der mir so viel bedeutet hätte wie Josef für Maria. Ich erzähle es dir, doch lass uns dazu ins Freie gehen, damit wir niemanden stören."

Sarah folgte P. Maximilian und stellte sich neben ihn vor die große Eingangstür zur Basilika. Und während sie von den Strahlen der untergehenden Sonne berührt wurden, begann er zu erzählen: „Von meinen Ordensoberen war ich nach Rom geschickt worden, um dort zu studieren. Davor hatte ich große Angst. Galt Rom damals doch als eine Stadt, in der viele Ordensleute zu Fall gebracht wurden. Und tatsächlich wurde mir dort bewusst, wie viele Menschen träge im Guten wurden und vom Glauben abfielen. Um dieser Entwicklung entgegenzuwirken, gründete ich die Miliz der Immaculata. Mit ihr erklärte ich dem Bösen und allen dunklen Mächten den Krieg. Du kannst dir vorstellen, dass der Anfang dieser Gründung sehr steinig war. So wie jede Neugründung, war sie mit Leid, Widerspruch und Einsamkeit verbunden. Doch ich gab nicht auf, betete unaufhörlich und verteilte wundertätige Medaillen, um die Feinde der Muttergottes in die Flucht zu schlagen. Schließlich war es dann soweit: Es kam zu unserer ersten Versammlung. Diese fand heimlich in der Nacht statt. Wir begannen mit nur sieben Mitgliedern und machten im ersten Jahr keine sichtbaren Fortschritte. Im Gegenteil. Es gab Mitglieder, die der Miliz schaden und andere zum Aussteigen bringen wollten. Dann geschah etwas, das mich tief traf: Zwei der Mitglieder starben. Zwei, die wahrhaft auserwählt waren und voll und ganz hinter der Miliz standen. Gerade diese musste ich gehen lassen. Doch in meiner Trauer um ihren Tod durfte ich eines erkennen: *Wenn die Sache schief zu gehen droht, ruft die Immaculata einen von uns zu sich, um wirksamer zu helfen. Hier auf der Welt können wir nur einhändig arbeiten, denn wir brauchen die andere Hand, um uns selber festzuklammern, damit wir nicht fallen. Im Himmel werden wir beide Hände frei haben und die Muttergottes wird unser Guardian sein.*[32]"

Als Sarah ihn leicht fragend ansah, erklärte er: „Ich erkannte, dass die beiden im Himmel bei der Muttergottes waren und uns unter ihrer Führung weiterhin halfen. Wären sie auf der Erde geblieben, hätten sie nicht so viel für die Miliz tun können wie jetzt, da sie im Himmel waren. Und tatsächlich kamen von da an ständig neue Mitglieder dazu, sodass die Miliz größer und größer wurde."

Wie hieß es doch im Alten Testament? *„Meine Gedanken sind nicht eure Gedanken und eure Wege sind nicht meine Wege. So hoch der Himmel über der Erde ist, so hoch erhaben sind meine Wege über eure Wege und meine Gedanken über eure Gedanken.*"[33] Wer wollte sich also anmaßen, Gott zu verstehen? Wenn man als Mensch nur einen Teil von Gottes Plänen verstehen konnte, dann war es schon mehr als genug.

Trotzdem hoffte Sarah, dass Gott nicht auch von ihr einmal verlangen würde, einen geliebten Menschen viel zu früh gehen zu lassen. Sie konnte sich nicht vorstellen, dabei so voller Vertrauen zu sein, wie Maria und auch P. Maximilian es waren. Dazu musste ihr Glaube erst noch um einiges tiefer werden.

Inzwischen war von der Sonne nichts mehr zu sehen und wie schon in Ägypten war das der Hinweis aufzubrechen. Dieses Mal jedoch nicht, um in der Zeit weiterzureisen, sondern um zu dem Ort zurückzukehren, von dem sie beide gekommen waren.

„Versuche, morgen nach Kana zu fahren", riet P. Maximilian ihr noch, bevor er verschwand.

Dann machte Sarah sich auf den Weg zum Hotel. Nach Kana sollte sie fahren? Nun, sie wusste schon, wen sie darum bitten konnte, sie dorthin zu bringen.

Kana

Gleich nach dem Frühstück begaben Pfarrer Herbert und Sarah sich zum gemieteten Toyota Aygo X, um wieder einmal gemeinsam loszufahren. Dieses Mal nach Kana. Zu der Stadt, in der die bekannte Hochzeit stattfand und Jesus sein erstes öffentliches Wunder wirkte. Wieder einmal versprach es, ein brütend heißer Tag zu werden, doch solange sie im Auto saßen, konnte ihnen das egal sein. Hier übernahm die Klimaanlage den Dienst und versorgte sie mit erfrischend kühler Luft.

Während der Fahrt berichtete Pfarrer Herbert, dass es sich beim heutigen Kana gar nicht um den ursprünglichen Ort handelte, an dem die Hochzeit stattgefunden hatte. Der ursprüngliche Ort befand sich mehrere Kilometer davon entfernt – das war sicher. Unsicher jedoch war, wo genau er sich befand, denn es gab zwei Orte, von denen behauptet wurde, das ursprüngliche Kana zu sein. Der eine war „Khirbet Qana“, der andere „Kafr Kana“. Während in Khirbet Qana nur die Ruinen zu sehen waren, die durch Ausgrabungen ans Tageslicht gekommen waren, stand in Kafr Kana eine große Hochzeitskirche, die 1883 erbaut worden war und bis heute an das Wunder von damals erinnerte.

Allerdings wurde von der Zeit der Kreuzfahrer an bis ins 16. Jahrhundert hinein angenommen, der ursprüngliche Ort sei Khirbet Qana, und auch neuere Untersuchungen ließen vermuten, dass dem so sei – was ungünstig war, da dort keine Kirche stand, in der man die Hochzeit von damals aufleben lassen konnte, indem man selbst darin heiratete oder aber sein Ehegelübde erneuerte.

Bei all diesen Informationen schwirrte Sarah der Kopf. Wohin sollten sie nun fahren? Auf jeden Fall nicht in die Stadt, die aktuell den Namen Kana trug.

Nach längerem Überlegen entschloss sie sich für Khirbet Qana – in der Hoffnung, dort P. Maximilian zu begegnen. Und sollte er an diesem Ort nicht auftauchen, so konnte sie Pfarrer Herbert immer noch bitten, sie nach Kafr Kana zu bringen.

Während ihrer ersten gemeinsamen Fahrt hatte sie ihm nicht erzählt, wen sie treffen würde – zu sehr hatte sie befürchtet, für verrückt erklärt zu werden. Doch jetzt würde es schwierig werden, die Wahrheit zu verheimlichen. Konnte es doch sein, dass sie schon nach kurzer Zeit zu einem anderen Ort gebracht werden musste. Und so begann sie zu erzählen.

Sie erzählte von ihrem trostlosen Zustand im Englischen Garten, als P. Maximilian ihr das erste Mal begegnet war. Von ihrem Wiedersehen in Lourdes, wo sie zunächst durch großes Leid hindurchmusste, dann jedoch so überreich beschenkt wurde, indem sie Bernadette begegnete und Zeugin bei mehreren Erscheinungen sowie Heilungen sein durfte. Und schließlich erzählte sie von ihren vielen Begegnungen, seit sie hier in Israel war. Heute war erst der fünfte Tag in diesem segensreichen Land, doch ihr kam es vor, als sei sie bereits Wochen unterwegs gewesen.

Pfarrer Herbert hörte all das schweigend an, ohne sich anmerken zu lassen, was er davon hielt. Und als Sarah fertig war mit ihrer Erzählung, sagte er nur einen Satz: „Ich glaube dir."

„Du glaubst mir? Einfach so?", Sarah konnte kaum glauben, dass das so war. Doch er wiederholte: „Ja, ich glaube dir. Schließlich habe ich selbst bereits genug erlebt, um zu wissen, dass bei Gott nichts unmöglich ist. Auch ich habe einmal jemanden getroffen, der bereits von der Welt geschieden war. Warum sollte es bei dir also nicht möglich sein?"

Staunend blickte Sarah ihren Begleiter an, der sie nicht nur überallhin brachte, wohin sie wollte, sondern ihr noch dazu Verständnis entgegenbrachte. Damit hatte sie nicht gerechnet, dass sie jemandem begegnen würde, der so perfekt zu ihrer aktuellen Situation passte. Und der ihr noch dazu versprach, auch in Zukunft für sie und in ihren Anliegen zu beten. Pfarrer Herbert war ein wahres Geschenk des Himmels.

Die Fahrt von Nazareth nach Khirbet Qana erstreckte sich über eine Länge von 24 Kilometern. Heute dauerte sie mit dem Auto 35 Minuten. Vor 2000 Jahren brauchte man um einiges länger. Waren Jesus und Maria zu Fuß gegangen? Oder auf einem Esel geritten? Sicher waren sie voller Vorfreude, als sie auf dem Weg nach Kana waren. Schließlich war eine Hochzeit meistens ein Grund zur Freude.

All das ging Sarah durch den Kopf, während sie sich Khirbet Qana näherten. Das letzte Stück fuhren sie durch ein weitläufiges Tal, in dem verschiedene Obstsorten angebaut wurden und darauf warteten, geerntet zu werden. Das Gras auf den Wiesen jedoch war von der Hitze ausgetrocknet und eher braun als grün. Dann ging es bergauf, bis sie sich auf einem etwa 100 Meter hohen Hügel befanden. Hier brachte Pfarrer Herbert den Wagen zum Stehen. Wollte er eine Pause machen – oder waren sie vielleicht schon angekommen? Erst, als er den Gurt löste und sich anschickte, aus dem Wagen zu steigen, begriff Sarah, dass diese verlassene Landschaft ihr Zielort war. Die zahlreichen Steine, die auf den Wiesen verteilt waren, lagen nicht zufällig hier. Sie waren vor mehr als 2000 Jahren Bestandteile jenes bedeutsamen Ortes gewesen, der sich Kana in Galiläa nannte.

Gemeinsam machten die beiden sich auf die Suche nach der Stelle, an der die Hochzeit stattgefunden hatte. Zwar waren durch die Ausgrabungen mehrere Gebäude von damals wieder an die Oberfläche gebracht worden, doch Sarah konnte nicht erkennen, worum es sich dabei jeweils handelte. Um gewöhnliche Wohnhäuser oder gar um eine Synagoge? Inmitten der brütenden Hitze, die von Minute zu Minute unangenehmer wurde, gingen sie zwischen den steinernen Gebäuden hindurch – immer auf der Suche nach einem, das so aussah, als könnte hier die Hochzeit stattgefunden haben.

Sarah schickte ein kleines Stoßgebet zum Himmel mit der Bitte, sie bei der Suche zu unterstützen. Da entdeckten sie abseits von den anderen Gebäuden mehrere Höhlen. Und als sie eine von ihnen, die besonders hervorstach, betraten, fühlte es sich so an, als wären sie endlich am Ziel angekommen.

Jedenfalls war die Höhle auf Besucher ausgerichtet. Sowohl der Boden als auch die Wände waren mit Gips bearbeitet worden. Mehrere Bänke ermöglichten es, sich hinzusetzen und länger zu verweilen. Mittendrin fiel ein steinerner Tisch ins Auge, auf dem eine ebenfalls steinerne Schale stand. Daneben war ein Kreuz zu erkennen. War dies der Tisch, an dem Jesus mit dem Brautpaar gesessen hatte? Wenn ja, dann war er Zeuge der übernatürlichen Verwandlung, die damals geschehen war. Wie es aussah, wurde er jetzt als Altar für Gottesdienste genutzt. Dann blieb er seiner ursprünglichen Funktion treu und war auch heute noch Zeuge einer übernatürlichen Verwandlung. Mit dem Unterschied, dass die Verwandlung damals für alle offensichtlich war, wohingegen die Verwandlung heute nur mit den Augen des Glaubens wahrgenommen wurde.

Als Sarah sich näher umschaute, entdeckte sie an der Wand ein Graffiti in griechischer Schrift. Was es bedeutete, konnte sie nicht entziffern. Dennoch war es ein weiterer Hinweis darauf, dass es sich bei dieser Höhle um eine besondere handeln musste.

Pfarrer Herbert, der wusste, wie sehr sie auf das Erscheinen ihres himmlischen Freundes hoffte, bot an, außerhalb der Höhle auf sie zu warten. Dort würde er sich einen Platz im Schatten suchen, in der Heiligen Schrift lesen und beten. Als „Pfarrer in Rufweite" hatte er genug Anliegen, in denen er sein Gebet versprochen hatte. Und unter einem schattigen Baum würde die Hitze schon auszuhalten sein. Dankbar nahm Sarah sein Angebot an und setzte sich auf eine der Bänke. Ob es wohl das richtige Kana war?

Offensichtlich ja, denn es dauerte nicht lange, da setzte sich ein Ordensmann in schwarzer Kutte neben sie.

„Schön, dass du hierher gefunden hast", begrüßte er sie.

„Das war nur möglich, weil du mir in Pfarrer Herbert eine so gute Begleitung geschickt hast", erwiderte Sarah, „die Reisegruppe ist heute beim See Genezareth. Sie fand Kana nicht wichtig genug, um den Ort ins Programm aufzunehmen."

„Wie schade! Dabei wirst du gerade hier eine wunderschöne und sehr bedeutende Szene aus dem Leben Mariens sehen."

Nachdem P. Maximilian das gesagt hatte, befand Sarah sich nicht länger in der Höhle. Stattdessen stand sie mitten in einem festlich geschmückten Saal. Alle Tische waren bereits gedeckt und auf einer großen Tafel wartete eine Fülle an Speisen auf das Erscheinen des Brautpaares und der Gäste. Daneben standen mehrere steinerne Krüge. Jeder von ihnen war bis oben hin gefüllt mit Wein. Jetzt betraten zwei Frauen den Saal, legten ihre Mäntel ab und blickten sich um, um zu sehen, wo sie noch helfen konnten. In einer von ihnen erkannte Sarah Maria. Dieses Mal trug sie ein hellgelbes Kleid, das sie wie die Sonne leuchten ließ. Die Frauen verteilten auf den Tischen Girlanden aus Blumen, rückten die Sitzbetten zurecht, sodass alles sehr ordentlich wirkte, und überprüften, ob in den Lampen genügend Öl war. Viel Zeit blieb ihnen nicht, denn schon war von unten Musik zu hören, die immer näherkam. Kurz darauf betrat die Hochzeitsgesellschaft das Haus, stieg die Treppen empor und kam in den Saal. Und mit ihr auch Jesus, Mariens geliebter Sohn, den sie seit mehreren Monaten nicht mehr gesehen hatte. Während die Augen aller anderen an dem Brautpaar hingen, hingen Mariens Augen einzig und allein an ihrem Sohn.

Er war gekommen!

Vor Kurzem erst hatte sie Verwandte zu ihm gesandt, um ihm ausrichten zu lassen, wie sehr sie sich über sein Erscheinen auf dieser Hochzeit freuen würde. Und er war tatsächlich gekommen. Obwohl sein ganzer Einsatz jetzt dem Reich Gottes gehörte, war es ihm wichtig gewesen, seiner Mutter eine Freude zu machen und an dieser Hochzeit teilzunehmen.

Glücklich lief Maria auf ihren Sohn zu und ließ sich von ihm in die Arme nehmen. Dann blickte sie mit einem liebevollen Lächeln hoch und sah ihm in die Augen. Und wieder einmal wurde durch einen Blick mehr gesagt als durch tausend Worte.

In diesem Moment kam es zu einem Sprung in der Zeit. Sarah wusste nicht, wie viele Stunden vergangen waren, sie sah nur, dass die Hochzeit in vollem Gange war. Alle Tische waren besetzt und mittendrin befand sich ein vor Glück strahlendes Brautpaar. Bei ihnen an der Tafel saßen auch Jesus und Maria und unterhielten sich angeregt mit den Anwesenden. Gerade wurden neue Platten voll duftenden Bratens gebracht. Auf dieser Hochzeit fehlte es an nichts.

Während alle ausgelassen miteinander redeten, lachten, aßen und tranken, bemerkte Maria, dass ein Diener zum Tafelmeister lief und ihm etwas zuflüsterte. Dieser erschrak, ging zu den Krügen, die vor Kurzem noch bis oben hin voller Wein gewesen waren, und warf einen Blick hinein – in jeden Einzelnen. Dann wusste er, dass der Diener recht hatte: Der Wein war ausgegangen! Was für eine Blamage für ihn und für das Brautpaar! Was war eine Hochzeit ohne Wein? Und was sollten die Gäste denken? Dass sie zu geizig waren, um ihnen genug zu trinken zu geben? Oder aber, dass sie nicht in der Lage waren, ein Fest zu organisieren?

Maria sah, wie groß die Not des Tafelmeisters war, und wusste auch ohne Worte, worum es ging. Voller Mitgefühl wandte sie sich an ihren Sohn und sagte: „*Sie haben keinen Wein mehr.*"

Er antwortete: „*Was willst du von mir, Frau? Meine Stunde ist noch nicht gekommen.*"

Dem ersten Anschein nach war diese Antwort sehr ernüchternd. Doch sein Lächeln und der Blick, den er seiner Mutter dabei zuwarf, waren liebevoll wie immer. Irgendetwas musste Maria in seinen Augen gelesen haben. Etwas, das kein anderer sah, denn sie stand auf, ging zu den Dienern und sagte: „*Was er euch sagt, das tut.*"

Nun stand auch Jesus auf und ging auf sechs steinerne Krüge zu, die abseits von den anderen standen und sie von der Größe her weit übertrafen. Es waren Krüge, die der Reinigungssitte der Juden entsprachen. Jeder Einzelne von ihnen fasste etwa 100 Liter und war fast so hoch, wie Sarah groß war.

Die Diener folgten Jesus, und als er sagte: „*Füllt die Krüge mit Wasser!*", liefen sie los und begannen, Wasser vom Brunnen zu holen. Sie fragten nicht wozu, stellten seine Worte nicht in Frage. Nein, sie gehorchten, ohne zu wissen, was er vorhatte.

Immer wieder hörte Sarah die Kette rasseln, wenn der Eimer in den Brunnen hinabgelassen wurde, immer wieder sah sie einen Diener herbeieilen und einen der Krüge füllen. So lange, bis alle bis zum Rand gefüllt waren.

Dann sagte Jesus: *„Schöpft jetzt und bringt es dem, der für das Festmahl verantwortlich ist!“*[34]

Die Diener schöpften aus einem Krug und eilten zum Tafelmeister. Als dieser von der Flüssigkeit kostete, konnte er kaum glauben, was er da schmeckte. Es war Wein! Der beste Wein, den er je getrunken hatte. Und viel besserer Wein als es zu Beginn gegeben hatte. Das Fest war gerettet!

In der Zwischenzeit hatte sich herumgesprochen, was Jesus getan hatte. Die Diener waren zu überwältigt, um dieses Wunder für sich zu behalten. Immer mehr Leute kamen herbei, um von dem Wein zu kosten. Dann begannen sie, Jesus laut dafür zu preisen.

Der aber stand da, blickte auf seine Mutter und schenkte ihr ein liebevolles Lächeln. Dann sagte er: „Bedankt euch bei Maria. Ihr habt ihr dieses Wunder zu verdanken.[35]“

Bei seinen Worten errötete Maria. Es freute sie von ganzem Herzen, dass ihr Sohn den Gastgebern geholfen hatte, da ihr Herz erfüllt von Liebe zu ihnen war. Sie selbst jedoch wollte nicht im Mittelpunkt stehen. Die Menschen sollten auf ihn, ihren Sohn, blicken. War er es doch, der das Wunder gewirkt hatte.

Doch Jesus wollte, dass seine Mutter gesehen wurde. Er wollte der Welt ihre Macht über sein Herz zeigen. Dieses Wunder – sein erstes in der Öffentlichkeit – hatte er für sie getan. Aus Liebe zu ihr, weil sie ihn darum gebeten hatte und er ihr keine Bitte abschlagen konnte – und das, obwohl seine Zeit noch nicht gekommen war.

Hier endete die Szene für Sarah und sie befand sich wieder in der Gegenwart. Dort, wo nur noch ein steinerner Tisch an das erinnerte, was sich hier ereignet hatte.

„Für mich ist diese Szene eine besonders wichtige", hörte sie P. Maximilian neben sich sagen, „zeigt sie doch, wie viel Maria bei Gott bewirken kann. Ihr Herz fließt über vor Liebe zu uns und wenn sie sieht, dass wir in Not sind, eilt sie zu ihrem Sohn, um ihn zu bitten, uns zu helfen. Oft schon, bevor wir unser Leid aussprechen, wenn wir sie nur in unser Leben einladen und ihr darin einen besonderen Platz geben – so, wie es das Brautpaar von Kana machte. Und Jesus wird uns helfen, wenn seine Mutter ihn darum bittet, weil er ihr keine Bitte abschlagen kann.

Natürlich können wir Jesus auch selbst um etwas bitten, aber der Weg über Maria ist der, der ihn schneller zum Handeln bringt. Wenn sie bei seinem Herzen anklopft, öffnet er es schneller und beschleunigt die Zeit der Gnade. Sie ist sozusagen ein Schlüssel zu seinem Herzen. So groß ist ihre Stellung bei ihm.

Sarah dachte daran, wie bescheiden Maria inmitten all der Menschen gewirkt hatte – und das, obwohl sie so große Macht hatte. Sie hatte sich im Hintergrund gehalten, aber geholfen, wo sie nur konnte. Um dem Brautpaar zu dienen, war sie eigens früher gekommen und hatte Jesus sofort um Unterstützung gebeten, als sie gesehen hatte, dass eine unangenehme Situation entstanden war.

Dann dachte Sarah an ihr eigenes Leben, an ihre Situation mit Tobi und fragte sich, wo Maria hier war: „Wenn Maria einem immer hilft, wenn man in Not ist, warum bin ich dann nicht schon längst mit Tobi zusammen? Ich habe sie 17 Jahre lang um Hilfe gebeten", konnte sie nicht unterlassen zu sagen.

„Weil nicht die richtige Zeit für eine Beziehung zwischen euch gewesen wäre. Ihr musstet beide euren Weg gehen und habt viel dabei gelernt. Wenn ihr damals zusammengekommen wärt, wäre die Beziehung zum Scheitern verurteilt gewesen. Ihr wart beide viel zu unreif."

Viel zu unreif! Nett war es nicht, was P. Maximilian da sagte. Aber vielleicht trotzdem richtig. Sarah hatte viel erlebt in diesen Jahren und sich in manchen Bereichen sehr verändert. Es waren harte Jahre gewesen, aber keine schlechten. Und trotz vieler Tiefschläge hätte sie nicht auf das Schöne verzichten wollen, das sie erlebt hatte.

„Kann es sein, dass Maria Bitten umwandelt und etwas anderes macht, als man will?", fragte sie P. Maximilian.

„Ja, das kann sein. Sie wird uns immer helfen, wenn wir sie darum bitten. Immer! Aber wenn sie weiß, dass die Erfüllung einer Bitte nicht zu unserem Besten wäre, wird sie uns auf andere Weise helfen, als wir erwarten. Sie wird uns so viel Kraft geben, uns so viel Gutes zukommen lassen, dass wir das Leid, das sie uns nicht ersparen kann, aushalten. Dass wir nicht daran zerbrechen, sondern stärker werden."

„War das in deinem Leben der Fall? Denn du hast doch gelitten, obwohl du so viel gebetet hast, oder?"

„Ja, bei mir war das der Fall. Und ja, ich habe viel gelitten – doch du darfst nie vergessen, dass ich dazu bereit war. In meinen Augen hieß lieben zugleich leiden. Ich bot daher mein Leiden an, um möglichst viele Seelen zu retten, und bat Gott nie darum, mich vom Leid zu erlösen, sondern immer nur, mir zu helfen, es anzunehmen und noch mehr Seelen zu retten."

„Und in welcher Form trat das Leiden ein?"

„Das erzähle ich dir, wenn wir in Jerusalem sind und Jesus auf seinem Leidensweg begleitet haben. Es wird schon morgen soweit sein."

Was? Schon morgen sollte sie in Jerusalem miterleben, wie Jesus gekreuzigt wurde? Sarah wusste nicht, ob sie das emotional ertragen würde.

P. Maximilian, der ihre Gedanken erkannte, beruhigte sie: „Keine Sorge. Ich werde dir nur Ausschnitte davon zeigen. Die, welche für Maria besonders bedeutsam waren. Und du wirst die Kraft bekommen, sie auszuhalten. Erfreue dich heute noch an der Hochzeit zu Kana und trink ein Glas Wein mit jemandem, den du gern hast."

„Das werde ich sehr gerne machen."

„Dann bis morgen in Jerusalem", verabschiedete P. Maximilian sich.

„Ja, bis morgen in Jerusalem", sagte Sarah mit einem Lächeln und verließ die Höhle.

Sie war nicht weit gegangen, da fand sie Pfarrer Herbert, der tatsächlich einen Baum entdeckt hatte, in dessen Schatten es auszuhalten war. Als sie auf ihn zukam, fragte er, ob sie Lust hätte, auch noch nach Kafr Kana zu fahren. Zu gerne wollte er die Kirche dort sehen. Auch Sarah fand die Vorstellung, dort vorbeizuschauen, schön und so gingen sie zum Auto, vertrieben die Hitze daraus, stellten die Klimaanlage auf die kälteste Stufe und fuhren los. Dieses Mal sollte die Strecke nur 15 Kilometer lang sein, von der Zeit her aber beinahe genauso lange dauern wie die Fahrt von Nazareth nach Khirbet Qana. Das würden wohl Straßen sein!

Während sie so vor sich hinfuhren, fragte Sarah, welche Person aus dem Jenseits er denn getroffen habe. Aber darüber wollte er nicht sprechen. Es war bei der Beichte gewesen, nur soviel mochte er sagen. Dann würde es wohl jemand gewesen sein, dem dieses Sakrament besonders wichtig war. Doch wenn er nicht verraten wollte, wer, würde Sarah auch nicht länger nachfragen. Stattdessen kamen sie noch einmal auf das Wunder von Kana zu sprechen.

„Ich finde es schön, dass Jesus die großen Krüge mit Wein füllte und nicht die kleineren, die zuvor verwendet worden waren“, meinte Sarah.

„Ich auch“, stimmte Pfarrer Herbert ihr zu. „Meiner Meinung nach zeigt das, wie großzügig Gott zu uns ist. Wenn er uns etwas gibt, dann in Fülle. Und noch dazu das Beste. Schließlich war der Wein von Jesus viel besser als der, den es zuvor gegeben hatte.“

Daran hatte Sarah noch gar nicht gedacht. Aber es war ein schöner Gedanke. Und sie fand es sehr sympathisch, dass Jesus den Menschen Wein und nicht Wasser gegeben hatte. War die Stimmung dadurch doch um einiges besser.

Dann meinte Pfarrer Herbert: „Ich nehme von dem Wunder noch etwas anderes für mich mit: Wenn in unserem Leben der Wein ausgeht, dann können wir zu Maria gehen und sie darum bitten, uns neuen Wein zu geben.“

Irritiert sah Sarah ihn an: „Glaubst du wirklich, dass Jesus auch heute noch Wasser in Wein verwandelt, wenn wir Maria darum bitten?“

„Theoretisch ist es sicher möglich. Aber du hast recht, es ist eher unwahrscheinlich. Ich sehe das auch im übertragenen Sinn. Der Wein kann für unsere Kraft zum Guten, für unsere Liebe und Freude stehen. Und wenn die ausgehen, dann können wir uns an Maria wenden und sie um neue Kraft, tiefere Liebe und größere Freude bitten.“

„Die wir dann wahrscheinlich bekommen.“

„Die wir sicher bekommen“, bekräftigte Pfarrer Herbert.

Als sie sich Kafr Kana näherten, sah Sarah, dass es einen großen Unterschied zu Khirbet Qana gab, wo sie eben noch gewesen waren. Hatten dort nur leerstehende Ruinen gestanden, stand hier eine vollständige Stadt, die immer noch bewohnt war. Bereits aus der Ferne waren zahlreiche Häuser mit mehreren Stockwerken zu sehen und mittendrin eine Moschee. Hier wären sie ohne ein technisches Hilfsmittel nicht so schnell ans Ziel gekommen, doch dank Google Maps standen sie schon bald vor der katholischen Hochzeitskirche. Angeblich gab es auch eine orthodoxe Hochzeitskirche, aber für sie als Katholiken hatte die katholische Vorrang.

Beeindruckt nahm Sarah den Anblick der Kirche in sich auf. Sie war von mittlerer Größe und von der Farbe her eine Mischung aus Weiß und einem hellen Braun. Rechts und links ragten zwei gleich gebaute Türme mit türkisfarbener Spitze und einem goldenen Kreuz in die Höhe. Dazwischen waren zwei Engel und eine Statue der Gottesmutter zu sehen.

Sarah und Pfarrer Herbert gingen auf den Eingang zu, vorbei an den steinernen Säulen und unter den Rundbögen hindurch. Dann betraten sie die Kirche. Sie war eher schlicht gehalten in den Farben Gelb, Blau und Weiß, ohne besondere Bilder an der Wand, aber trotzdem schön.

Gerade fand eine Feier statt. Einige festlich gekleidete Menschen saßen in den vorderen Bänken, die durch eine Schnur abgetrennt waren, sodass kein Besucher sie stören konnte. Die hinteren Bänke jedoch waren frei zugänglich und gaben Pfarrer Herbert und Sarah Platz, um jeder für sich leise zu beten. Sarah konnte nicht verstehen, was der Priester sagte, hatte aber den Eindruck, dass es sich um die Erneuerung eines Eheversprechens handelte. In der ersten Reihe saß ein älteres Paar, das sich liebevoll an den Händen hielt. Um sie herum saßen zwei jüngere Paare mit Kindern. Es berührte Sarah jedes Mal, wenn sie ältere Leute sah, denen man anmerken konnte, dass sie sich immer noch liebten. Was gab es Schöneres, als eine Liebe, die so tief war, dass sie bis ins hohe Alter hielt. Und die auf viele andere Menschen ausstrahlte.

Ob sie auch einmal so dasitzen durfte – umgeben von geliebten Menschen, die ihre eigene Familie waren? Sie hoffte es sehr, doch eine Garantie dafür hatte sie nicht. Nur die Stimme und die vielen Zeichen, die ihr im Laufe der Jahre immer wieder geschenkt worden waren. Das musste ihr reichen.

Während sie nach vorne blickte, fiel ihr Blick auf das Altarbild, auf dem die Szene der Hochzeit zu Kana abgebildet war. In der Mitte saß Jesus, links von ihm Maria, die demütig den Kopf neigte. Ihrem Ausdruck nach hatte sie die Worte schon gesprochen: „Sie haben keinen Wein mehr." Und Jesus hatte auf diese Worte hin bereits gehandelt.

Sarah überlegte, in welchen Bereichen auch ihr der Wein ausgegangen war – wo sie zu wenig Liebe hatte, zu wenig Freude und von Trägheit gefangen war. Wie schwer war es doch oft, durchzuhalten im Guten, und wieviel leichter, sich gehen zu lassen. Die Gedanken auf Reisen zu schicken, die zu nichts führten. Erfüllung in sinnlosen Beschäftigungen zu suchen, statt im Gebet. Abends vor dem Bildschirm zu liegen, statt noch einmal aufzustehen und den Gottesdienst zu besuchen.

Dabei wollte sie das eigentlich gar nicht. Sie wollte den geraden Weg gehen und tun, was Gott gefiel. Eine enge Verbindung mit Gott haben und ihn in ihrem Leben wirken lassen.

„Sie haben keinen Wein mehr" – immer wieder gingen ihr diese Worte durch den Kopf und sie bat Maria von ganzem Herzen, auch ihr neuen Wein zukommen zu lassen.

Während das ältere Paar aus der ersten Reihe nach vorne trat, um sich den Segen geben zu lassen, zeigte Pfarrer Herbert Sarah an, dass er gehen wollte. Wie schade! Zu gerne hätte sie die beiden noch länger beobachtet. Aber er hatte sich oft genug nach ihr gerichtet, nun würde sie sich auch einmal nach ihm richten. So verließen sie die Kirche, suchten ihren roten Toyota und machten sich auf den Rückweg nach Nazareth.

Auf der Fahrt stellte Pfarrer Herbert dann die Frage, die Sarah schon so oft gestellt worden war und die sie beim besten Willen nicht mehr hören konnte: „Hast du schon einmal darüber nachgedacht, ob du vielleicht berufen bist?“

Sie versuchte ruhig zu bleiben, sich nicht aufzuregen und die Frage ganz gelassen zu beantworten. Ja, sie hatte darüber nachgedacht, nachdem sie wieder und wieder dazu gedrängt worden war, und Gott sogar gebeten, es ihr zu zeigen, falls das ihr Weg sein sollte. Mit der Folge, dass sie in eine große Traurigkeit verfiel und jedes Mal zu weinen begann, wenn sie sich vorstellte, dass Gott diesen Weg von ihr wünschen könnte. Das ging so lange, bis sie sich bei Gott dafür bedankte, dass ein Leben im Orden nicht sein Plan für sie war, und darauf vertraute, dass er ihr den richtigen Partner geben werde. Von da an versiegten die Tränen und sie hatte wieder Freude am Leben.

Sicher war die Berufung zum Ordensleben eine ganz besondere. Aber nicht für jeden. Und es gab nicht nur diese eine Berufung. Es gab viele verschiedene Berufungen. So wie es auch verschiedene Menschen gab, die unterschiedliche Sehnsüchte und Stärken hatten und daher unterschiedliche Wege gingen.

Und während P. Maximilian, Pfarrer Herbert und auch Mirjam glücklich dabei waren, von Gott zu einem gottgeweihten Leben berufen worden zu sein, war Sarah glücklich dabei, von ihm nicht dazu berufen worden zu sein, sondern zur Ehe. Denn das war sie. Da war sie sich sicher. Warum sonst hätte die Stimme, die sie vor vielen Jahren gehört hatte, zu ihr gesagt: „Er wird dich heiraten.“

Seit sie hier in Israel war, glaubte sie immer mehr daran, dass Gott dieses Versprechen bald schon erfüllen würde. Und falls sie sich irren sollte, so bat sie einzig und allein ihn darum, sie vom Gegenteil zu überzeugen. Kein Mensch sollte versuchen, ihr das auszureden. Nur Gott. Sein Wille sollte geschehen und nur er wusste, was er ihr ins Herz gelegt hatte.

Überhaupt fand sie, dass kein Mensch das Recht hatte, einem anderen eine Berufung einzureden. Nur Gott hatte dieses Recht. Und wenn er jemanden ganz für sich haben wollte, dann würde er Mittel und Wege finden, es ihm zu zeigen. Auch da war sie sich sicher.

Pfarrer Herbert erkannte, dass er mit seiner Frage nicht gerade das beste Thema angeschnitten hatte. Er wollte sich nicht anmaßen, besser als Gott zu wissen, wozu Sarah berufen war, und sie auf keinen Fall in eine bestimmte Richtung drängen.

Um die Stimmung wieder zu bessern, hielt er bei einem der zahlreichen Weinhändler an. In Kafr Kana konnte man nicht nur sein Eheversprechen erneuern, man konnte auch sehr guten Wein kaufen. Sie einigten sich auf eine Flasche Rotwein, dann fuhren sie weiter.

Sarah erzählte ihrem Begleiter, dass sie am nächsten Tag mit der Pilgergruppe nach Jerusalem zurückkehren werde und dies ihre letzte gemeinsame Fahrt sei.

„Wenn das so ist“, meinte Pfarrer Herbert traurig, „dann musst du mir versprechen, mich in Augsburg zu besuchen. Dort gibt es auch eine Wallfahrtskirche – die zu Maria, der Knotenlöserin.“

„Maria, der Knotenlöserin?“

„Ja. Man pilgert hierher, um Maria zu bitten, die Knoten, unter denen man in seinem Leben leidet, aufzulösen, sodass sich etwas Neues auftun kann.“

„Das wäre ja der perfekte Wallfahrtsort für mich“, meinte Sarah.

„Sag ich doch“, betonte Pfarrer Herbert, „und bei der Gelegenheit können wir uns wiedersehen und mit einem Glas Wein auf die Hochzeit von Kana anstoßen.“

„Das machen wir. Aber jetzt müssen wir erst einmal mit diesem Wein anstoßen“, sagte Sarah lachend und deutete auf die Flasche, die ihr Begleiter gerade erst gekauft hatte.

„Auch das machen wir“, stimmte Pfarrer Herbert ihr zu, während sie auf Nazareth zufuhren. „Wir stoßen an auf alles, was wir hier in Israel erlebt haben, und auf alles, was die Zukunft uns noch bringen wird.“

„Auf die Zukunft und diese Reise“, dachte Sarah – und wollte zu gerne jetzt schon wissen, was noch alles kommen würde.

Jerusalem

Da die Reisegruppe gleich nach dem Frühstück losgefahren war, kam sie noch vor der Mittagszeit in Jerusalem an. Während der Fahrt saß Sarah wieder neben Jakob und unterhielt sich mit ihm. Er war wirklich ein äußerst netter Mensch und ein guter Gesprächspartner. Dadurch verlief die Fahrt sehr angenehm.

In Jerusalem bezogen sie das selbe Hotel wie beim letzten Mal und Sarah hatte das Glück, sogar das selbe Zimmer zu bekommen. Vor allem die rote Couch hatte es ihr angetan. Sie strahlte solche Lebenskraft aus.

So gern Sarah die Reisegruppe inzwischen hatte, zum Mittagessen wollte sie nicht mitgehen. Hoffte sie doch darauf, P. Maximilian zu treffen und mit ihm zusammen mehr aus dem Leben Mariens zu sehen. Daher machte sie sich schnellstmöglich auf den Weg, um ihm irgendwo in Jerusalem zu begegnen.

Irgendwo war die richtige Bezeichnung für den Ort des Wiedersehens, denn erst jetzt wurde ihr bewusst, dass sie keinen genauen Treffpunkt vereinbart hatten. Sie konnte nur vermuten, dass sie ihm auf der Via Dolorosa begegnen würde, da er ihr den Leidensweg Jesu zeigen wollte.

Wieder einmal ging sie die Straße mit den zahlreichen Galerien entlang, vorbei am verlassen daliegenden Fußballfeld und durch das Jaffator, das seit mehr als 1500 Jahren die Vorübergehenden in die Stadt einlud. Das letzte Mal hatte sie sich rechts gehalten, um zum Tempel zu kommen, dieses Mal hielt sie sich links, in der Hoffnung, P. Maximilian bei der Via Dolorosa zu begegnen. Doch so weit musste sie gar nicht gehen. Vor dem Eingang zu einem blühenden Garten stand er plötzlich vor ihr.

„Ich habe meine Meinung geändert“, meinte er auf Sarahs erstaunten Blick hin, „bevor wir Maria auf dem Kreuzweg begegnen, will ich dir noch eine Szene zeigen, die weniger schmerzhaft ist, aber auch deutlich macht, wie groß die Liebe zwischen Mutter und Sohn ist. Komm nur herein in diesen Garten, dann wirst du sie sehen.“

Neugierig betrat Sarah den Garten, der daraufhin noch schöner wurde, als er ohnehin schon war. Soeben noch war den Pflanzen die Hitze des Sommers anzusehen gewesen, jetzt erstrahlten alle in frischem Grün. Zahlreiche Blumen streckten ihre Köpfe dem Himmel entgegen und in der Luft lag der Duft von Kampfer, Nelken, Zimt und vielen anderen Pflanzen. Während Sarah dem Zwitschern der Vögel lauschte, vergaß sie fast, dass sie sich immer noch mitten in Jerusalem befand. Hier herrschte nahezu paradiesischer Frieden.

Durch den Garten hindurch floss ein kleiner Bach, und als Sarah diesem folgte, entdeckte sie mehrere Männer, die sich im kühlen Nass erfrischten. Ein Stück von ihnen entfernt fiel ihr eine von zarten Jasminblüten bedeckte Pergola ins Auge. Auf diese steuerte P. Maximilian zu, und während Sarah ihm folgte, versuchte sie, den Frieden dieses Ortes bis in ihre Seele hinein dringen zu lassen. Je näher sie der Pergola kamen, umso deutlicher war dieser Friede zu spüren, und kurze Zeit später wusste Sarah auch, wieso: Hier war Jesus. Er saß auf einer Bank, hatte den Kopf auf dem Tisch abgelegt und schlief. Um ihn herum lagen weiße Blütenblätter, die sich aus dem Strauch gelöst hatten und sein Ruhelager schmückten.

Ehrfürchtig blieben Sarah und P. Maximilian stehen und beobachteten ihn, bis sich schließlich eine weitere Person näherte. Sie war ein wenig gealtert, aber immer noch eindeutig zu erkennen: Maria, seine Mutter. Als sie sah, dass ihr Sohn schlief, setzte sie sich neben ihn, um seinen Schlaf zu bewachen. Mit einem liebevollen Lächeln betrachtete sie ihn, während lautlos Tränen über ihre Wangen liefen. Ein Lächeln auch im Leid. Das war schon lange etwas, das zu Maria gehörte. Immer versuchte sie, anderen ein Lächeln zu schenken – ganz egal, wie es in ihrer Seele aussah. Und gerade dadurch wurde ihr Lächeln umso wertvoller.

Ob sie wusste, dass dies die letzte Gelegenheit war, über ihren Sohn zu wachen? Oder ahnte sie lediglich, dass es bald soweit sein würde, dass die Stunde bald kam, die ihr Herz mehr als 30 Jahre lang leiden lassen hatte? Denn immer schon hatte sie um diese Stunde gewusst und stets gelitten, wenn sie daran gedacht hatte, was ihren unschuldigen Sohn erwarten würde. Ihr Leidensweg sollte nicht erst jetzt beginnen. Er hatte bereits viele Jahre zuvor seinen Anfang genommen.

Maria faltete die Hände wie zum Gebet, nur einmal loste sie diese Haltung kurz, um eine Fliege zu verscheuchen, die sich auf dem Gesicht ihres Sohnes niedergelassen hatte. Nichts sollte seinen Schlaf stören, nichts ihm die Erholung rauben, die er so sehr brauchte.

Jesus war inzwischen 33 Jahre alt. Ein erwachsener Mann. Er war drei Jahre lang durch das Land gewandert, hatte die Botschaft vom Reich Gottes verkündet und zahlreiche Wunder gewirkt. Sogar Tote hatte er zu neuem Leben auferweckt. Er hatte viele Freunde gefunden, Menschen, die ihn so sehr liebten, dass sie ihr Leben für ihn gegeben hätten, aber auch erbitterte Feinde, die an seiner Lehre so großen Anstoß nahmen, dass sie nichts so sehr wünschten wie seinen Tod.

Es war also vieles passiert, seit Maria ihn vor 33 Jahren in Betlehem auf die Welt gebracht hatte. Vieles hatte sich verändert. Aber eines war gleichgeblieben und würde es für immer bleiben: Sie war und blieb seine Mutter. Der Mensch, der ihn am meisten liebte und der auch von ihm am meisten geliebt wurde.

Bisher strahlte Jesus großen Frieden aus, während er schlief, doch mit einem Mal änderte sich das. Es war, als würde er im Schlaf weinen. Dann schreckte er hoch und stieß einen Namen aus: „Judas!"

Erschrocken rückte Maria näher an ihn heran, legte den Arm um ihn und sagte: „Du hast geträumt, Jesus. Es war nur ein böser Traum."

Dann schenkte sie ihm ein Lächeln voller Liebe und strich mit den Fingern vorsichtig über seine Wangen, um die Tränen zu vertreiben.

Jesus lächelte zurück und sagte: *„Du bist immer die Mama, die tröstet. Die Mama, die alles wiedergutmacht. Meine Mama!"*[36]

Dann reichte er ihr eine Hand, die sie sogleich mit ihren beiden umschloss und mit einem innigen Kuss bedeckte.

Jesus, der wusste, was seiner Mutter bevorstand, fragte: „Mama, wenn du einmal allein bist, bei wem wirst du dann bleiben?"

Es war Maria anzusehen, dass ihr diese Frage großen Kummer bereitete, denn ihre Lippen begannen zu zittern. Dennoch antwortete sie beherrscht: „Bei dem, den du mir nennst, mein Sohn. Ich habe dir gehorcht, bevor du zur Welt gekommen bist. Ich werde dir weiterhin gehorchen, nachdem du mich verlassen hast."

Gerührt blickte Jesus auf die Frau, die seit mehr als 33 Jahren an seiner Seite stand, die jeden Tag aufs Neue „Ja" zu ihm, ihrem über alles geliebten Sohn gesagt hatte, zu jeder Freude, die sie durch ihn erlebt hatte, zu jedem Schmerz, und die selbst jetzt noch „Ja" zu ihm sagte, als sein Leidensweg so kurz bevorstand. Selbst wenn alle ihn verlassen würden, sie würde ihn nicht verlassen. Sie würde bei ihm ausharren bis zum Ende. Und sogar darüber hinaus, wenn seine Seele den Körper längst verlassen hatte und zum Vater gegangen war. Selbst dann würde sie noch da sein und ihn in den Armen halten.

Er blickte auf die Frau, die ihm bedingungslosen Gehorsam zusagte und der er selbst als ergebener Sohn 30 Jahre lang gehorcht hatte. So lange, bis er sich ganz in den Dienst seines himmlischen Vaters gestellt hatte. Dann sagte er: *„Welch ein Friede, bei dir zu sein! Denn siehst du, Mama, die Welt kann es nicht verstehen, aber ich finde Ruhe bei den Gehorsamen. ... Ja, Gott ruht sich bei den Gehorsamen aus. Gott hätte nicht leiden, sich nicht mühen müssen, wenn der Ungehorsam nicht in die Welt gekommen wäre. Alles passiert, weil man Gott nicht gehorchen will. Daher der Schmerz auf der Welt. ... Daher unser Schmerz!"*[37]

Kurz darauf wurde die innige Szene von mehreren Frauen durchbrochen, die Lebensmittel bei sich trugen, um Jesus und seine Mutter zu stärken. Eine brachte eine gebratene Taube, eine andere frische Früchte und roten Essig gegen den Durst. Eine dritte stand dabei und schämte sich, nichts mitgebracht zu haben. Jesus, der ihr Unbehagen bemerkte, sagte: „Du hast mir dein ganzes Herz gegeben. Das genügt mir." Dankbar blickte die Frau ihn an, dann setzten sich alle und begannen nach einem Dankgebet an Gott mit dem Mahl. An dieser Stelle gab P. Maximilian Sarah ein Zeichen, den Garten zu verlassen. Für sie war es an der Zeit, in die nächste Szene einzutauchen. Sich dem Kreuzweg Jesu immer mehr zu nähern. Beim Hinausgehen kamen sie noch einmal an den Männern vorbei, die sich im kühlenden Bach erfrischt hatten, nun aber in der Wiese lagen und sich von den Strapazen des Tages erholten; nahmen noch einmal den Duft von Kampfer, Nelken und Zimt auf, lauschten ein letztes Mal dem Zwitschern der Vögel. Alles war so friedlich. Sarah konnte kaum glauben, dass dieser Friede derart trügerisch sein konnte und schon am folgenden Tag der Leidensweg beginnen sollte. Aber so war es nun einmal im Leben: Freude und Leid lagen nah beieinander.

„Wohin gehen wir jetzt?", wollte sie wissen.

„Dorthin, wo bald das Letzte Abendmahl stattfinden wird. Ich möchte dir die letzte Begegnung zwischen Jesus und seiner Mutter zeigen, bevor er das Kreuz auf seine Schultern nimmt."

Während sie durch die Gassen gingen, sah Sarah ein ganz anderes Jerusalem als in der Gegenwart. Alles war viel einfacher, aber trotzdem schön. An vielen Stellen war der Weg so eng, dass man sich sehr schmal machen musste, wenn einem jemand auf einem Esel oder gar Pferd entgegenkam und man nicht in Berührung mit dem Reittier kommen wollte.

Mit einem Mal wurde es schlagartig dunkler. Ein Zeichen dafür, dass sie ein Stück in der Zeit vorausgereist waren. Wahrscheinlich sogar um mehr als einen Tag. Nun kamen ihnen keine Reiter mehr entgegen, wohl aber Menschen, die mit einer Öllampe in der Hand den Weg durch die Gassen suchten. Einer von ihnen ging auf ein Haus zu, klopfte und trat ein. P. Maximilian deutete Sarah an, ihm zu folgen. Sie waren an ihrem Ziel angekommen: bei dem Haus, in dem Jesus mit seinen Jüngern das Letzte Abendmahl eingenommen hatte.

Von außen konnten sie nicht erkennen, was innen vor sich ging, da die Läden geschlossen waren. Aber sobald sie im Inneren standen, sahen sie, dass die Jünger Jesu hier waren und an einer langen Tafel Platz genommen hatten. Durch das Licht eines mehrarmigen Ölleuchters war jeder der Zwölf deutlich zu erkennen, Jesus jedoch war nirgends zu sehen.

Auf der Suche nach ihm folgte Sarah P. Maximilian in einen kleineren Nebenraum. Und hier war er. Er saß nah neben seiner Mutter und hielt ihre Hand in der seinen. Beide wirkten zutiefst traurig und nachdenklich. Obwohl Sarah Maria vor Kurzem erst gesehen hatte, erschrak sie bei ihrem Anblick. Sie wirkte um Jahre gealtert, ihr Gesicht war eingefallen, ihre Augen eine Quelle unendlicher Tränen, die unaufhörlich über ihre Wangen liefen und erst auf der Hand ihres Sohnes zum Stillstand kamen. Tief wie das Meer war ihr Schmerz. Jetzt, da sie wusste, dass die Stunde nahe war, in der Jesus all das erleiden sollte, was seit hunderten von Jahren vorausgesagt worden war.

Jesus, der es kaum ertragen konnte, seine Mutter so leiden zu sehen, sagte: „Mama, ich bin gekommen, um Kraft und Trost bei dir zu holen. Hilf mir mit deiner Liebe und deinem Gebet. Die anderen feiern. Sie wissen nicht, wie schnell sich alles wenden wird. Nur du weißt, wie es mir in dieser Stunde geht. Nur du kannst mich verstehen."

Dann sank er vor seiner Mutter auf die Knie, schaute sie an und umarmte sie. Maria ihrerseits legte beide Arme um ihn. Um ihn, ihren geliebten Sohn, den sie nun ein letztes Mal an ihr Herz drücken konnte.

Dort, an ihrem Herzen, fuhr Jesus fort: *„Mama, für diese Stunde bin ich gekommen und doch fürchte ich sie sehr! Denn auf mich warten Verrat, Verleugnung, Gewalt, Lästerung und Verlassenheit. Steh mir bei, Mama. Hör nicht auf, für mich zu beten."*

Maria drückte ihn noch fester an sich und stammelte immer wieder: *„Sohn! Sohn! Jesus! Mein Jesus!"*

Schließlich stand Jesus wieder auf, wischte die Spuren der Tränen ab, richtete seinen Mantel und ging zur Tür. Dort blieb er noch einmal stehen, blickte auf seine Mutter, die nach wie vor weinend dasaß, und erhob die Hand zum Segen. Dann drehte er sich langsam um und ging.[38]

Maria blieb allein zurück. Weinend und betend. Sie würde ihren Sohn nicht im Stich lassen. Erst recht jetzt nicht, als er sie in der Not um ihre Unterstützung bat. Sie würde beten. Beten, dass er die Kraft bekam, durchzuhalten. Dass er den Weg bis zum Ende gehen konnte. Denn daran, dass er diesen Weg gehen musste, um die Menschheit zu erlösen, gab es keinen Zweifel. Er konnte also nicht abgewendet werden. Es ging nur darum, dass Jesus die Kraft bekam, durchzuhalten. Durchzuhalten, während er mit Judas, dem Verräter, am Tisch saß und das Abendmahl feierte, obwohl er genau wusste, was dieser bald tun würde. Während er am Ölberg von allen verlassen war und so große Angst hatte, dass er Blut schwitzte. Während er wieder und wieder gegeißelt wurde und sein Körper eine einzige Wunde war. Während er zum Spott eine Krone aus Dornen aufgesetzt bekam, die sich tief in sein Haupt hineindrückte. Durchzuhalten auch, während er das Kreuz auf sich nahm und es unter Schlägen und Spott bis zur Schädelhöhe trug.

Alles, was Maria jetzt noch für ihren Sohn tun konnte, war da zu sein und für ihn zu beten. So fiel sie auf ihre Knie und flehte aus ganzem Herzen: „Schenk ihm Kraft, Gott! Schenk ihm Kraft!"

Nach diesen Worten verließen Sarah und P. Maximilian den Raum, durchquerten den Saal, in dem Jesus und seine Jünger das gemeinsame Mahl einnahmen, und traten in die Dunkelheit hinaus. Hier standen sie und lauschten den Geräuschen der Nacht. Dem sanften Plätschern des Brunnens in der Nähe des Hauses und dem leisen Pfeifen des Windes in den engen Gassen. Von hier aus wirkte alles so friedlich, doch im Inneren des Hauses war die Stimmung längst eine andere. Die Apostel spürten, dass Jesus zu Tode betrübt war. Dadurch wurden auch sie traurig. Es wurde von Verrat gesprochen, doch noch wussten die meisten nicht, dass es einer aus ihrer Mitte sein würde, der Jesus an die Feinde auslieferte. In diese Situation hinein brach Jesus das Brot und sprach die Worte, die noch 2000 Jahre später bei jeder Eucharistiefeier gesprochen werden sollten: *„Nehmt und esst, das ist mein Leib."* Dann nahm er den Wein und sagte: *„Trinkt alle daraus; das ist mein Blut, das Blut des Bundes, das für viele vergossen wird zur Vergebung der Sünden."*

Auch wenn Sarah die Szene nicht live miterlebte, wusste sie, dass hier der Anfang eines der größten Wunder stattfand, das bis in die Gegenwart in jeder Eucharistiefeier aufs Neue vollzogen wird: die Verwandlung des Brotes in den Leib Christi und die Verwandlung des Weines in sein Blut.

Kurze Zeit später wurde die Tür aufgerissen und ein dunkel wirkender Mann eilte heraus. Es kam Sarah vor, als sei er auf der Flucht vor jemandem. Als befürchte er, im letzten Moment noch aufgehalten zu werden. Er zog die Kapuze über das Haupt, um nicht erkannt zu werden, und verschwand mit großen Schritten in der Gasse. Das Letzte, was Sarah von ihm wahrnahm, war die blutrote Kordel, die er um seine Mitte gebunden hatte.

„Gerade hast du Judas gesehen, der sich auf den Weg zum Tempel macht, um Jesus für 30 Silberstücke zu verraten", erklärte P. Maximilian.

„Wie konnte es sein, dass ihn ausgerechnet einer seiner Apostel verriet? Jemand, der jahrelang in seiner Nähe war, seine Worte hörte, seine Wunder sah und Zeuge seiner selbstlosen Liebe war", fragte Sarah, die nicht verstehen konnte, dass jemand, der Jesus kannte, zu einer solchen Tat fähig war.

„Judas hat es nie wirklich ehrlich gemeint. Er wollte in der Nähe von Jesus sein, weil er dachte, dadurch persönlichen

Gewinn zu haben und in den Augen der Welt groß dazustehen. In all den Jahren öffnete er sein Herz nicht für die Liebe Jesu, lebte nicht nach seinen Worten. Und als er merkte, dass Jesus ihm nicht zu irdischem Reichtum und Ansehen verhelfen wollte, war er sehr enttäuscht. Die Feinde Jesu erkannten das und dachten, dass sie ihn für sich gewinnen würden, wenn sie ihm Geld für den Verrat anboten. Damit sollten sie recht behalten. Für Geld hat Judas Jesus verraten. Doch es sollte ihm kein Glück bringen, wie ich dir später noch zeigen werde."

In diesem Moment wurde die Tür erneut geöffnet und die übrigen Apostel kamen heraus. In ihrer Mitte Jesus. Durch das Licht einer Fackel konnte Sarah erkennen, dass viele Jünger Spuren von Tränen auf dem Gesicht trugen. Sie wussten mittlerweile, was ihren Meister erwarten würde. Noch dachten sie, treu zu sein. Bei ihm zu bleiben, auch im Leid. Doch bald schon würden sie um ihr eigenes Leben fürchten und ihn im Stich lassen. Einer der Apostel ging besonders nah bei Jesus, und während Sarah ihn näher betrachtete, sah sie, wie Jesus seinen Arm nahm und sich daran festhielt.

„Du siehst hier Johannes, den Jünger, den Jesus besonders liebt, weil er ein so reines Herz hat", klärte P. Maximilian sie auf, „auch Johannes seinerseits liebt Jesus sehr, er würde alles für ihn tun. Trotzdem wird auch er ihn bald verlassen und fliehen. Doch er wird schon kurze Zeit später zurückkommen, um dann bis zum Ende an seiner Seite zu bleiben."

Sarah beobachtete diesen dunkelhaarigen jungen Mann mit den leuchtend blauen Augen und dem engelgleichen Gesichtsausdruck, der Jesus in einer so schweren Stunde Stütze und Halt gab. Dann fragte sie: „Sie gehen jetzt also zum Ölberg?"

„Ja, sie gehen zum Ölberg. Dort werden die Jünger schlafen, obwohl Jesus in Todesnot ist und sie um ihr Gebet bittet.

Mehrmals wird er sie bitten zu beten. Und trotzdem werden sie schlafen. Jesus aber wird sich in der größten Not seines Lebens von allen verlassen fühlen. Selbst von seinem Vater im Himmel. Dann werden die Feinde kommen, unter ihnen Judas, der ihn mit einem Kuss auf die Wange verraten wird. Ausgerechnet mit einem Kuss, dem Zeichen der Freundschaft. Die Schergen werden Jesus wie einen Verbrecher abführen und bereits auf dem Weg wird er große Qualen erleiden. Die Stricke, mit denen er gefesselt ist, werden in sein Fleisch schneiden. Man wird ihn mit Steinen und mit Kot bewerfen. Er wird geschlagen und getreten werden. Das Werk Satans hat begonnen und immer mehr Menschen werden sich davon einnehmen lassen. Inzwischen werden Petrus und Johannes aus Liebe zu ihrem Meister zurückkommen. Jesus wird sie sehen und ihnen trotz seiner blutigen Lippen ein unendlich gütiges Lächeln schenken. Dann werden die Schergen ihn vor die Hohepriester führen.

Diese werden ihn fragen, was er denn getan habe, aber nicht hören wollen, wenn er sagt: *Ich habe die Blinden sehend gemacht: sehend mit den Augen und mit dem Herzen. Ich habe die Ohren der Tauben geöffnet: für die Stimmen der Erde und die Worte des Himmels. Ich habe die Lahmen und die Krüppel gehend gemacht, damit sie den Weg zu Gott beginnen, zuerst mit dem Leib und dann mit der Seele. Ich habe die Aussätzigen rein gemacht: von dem Aussatz, von dem das Gesetz des Mose spricht, und von dem, der in den Augen Gottes unrein macht, den Sünden. Ich habe die Toten erweckt. Ich nenne es nicht groß, das Fleisch zum Leben wiederzuerwecken, sondern es ist groß, einen Sünder zu erlösen; und ich habe es getan. Ich habe den Armen geholfen und die geizigen und reichen Hebräer das heilige Gebot der Liebe zum Nächsten gelehrt. Ich bin arm geblieben trotz des Goldstromes, der durch meine Hände geflossen ist, und habe allein mehr Tränen getrocknet, als ihr alle zusammen, die ihr Reichtümer besitzt. Schließlich habe ich einen Reichtum geschenkt, der keinen Namen hat: die Kenntnis des Gesetzes, die Kenntnis Gottes, die Gewissheit, dass wir alle gleich sind, und dass in den heiligen Augen des Vaters auch die Tränen oder die Verbrechen gleich sind, ob nun die des Tetrarchen oder des Hohepriesters oder die des Bettlers oder des Aussätzigen, der am Weg stirbt.'*[39] *‚Ich habe die Liebe gelehrt aus Mitleid mit der Welt. Ich habe gelehrt, nicht habgierig zu sein und Barmherzigkeit zu üben.*[40]

All das wird Jesus ihnen antworten, doch sie werden es nicht hören wollen. Stattdessen werden sie ihm vorwerfen, eine neue Lehre eingeführt zu haben und Gott zu lästern. Werden ihn verhöhnen, anspeien, treten, Lügen über ihn verbreiten und alles tun, damit er zum Tod verurteilt wird. Da sie dieses Urteil selbst nicht ausüben können, werden sie ihn zu Pilatus bringen. Dieser wiederum wird ihn zu Herodes, dem König, senden.

Während all dieser Zeit wacht Maria und betet unter Tränen für ihren Sohn. Auch sie fühlt sich von Gott und den Menschen verlassen und leidet in ihrem Herzen unermesslich große Qualen. Dennoch fleht sie ununterbrochen auf den Knien zu Gott.

Judas jedoch eilt wie ein Wahnsinniger durch die Stadt. Für ihn wird es keinen Frieden mehr geben – weder zu Lebzeiten noch nach dem Tod. Bei jeder Bewegung erschrickt er, von allem fühlt er sich verfolgt. Überall meint er, das Blut Jesu zu sehen. Er geht zu den Hohepriestern und will ihnen das Geld zurückgeben, doch diese lachen ihn nur aus. Bald schon wird er hierher zurückkommen. Du wirst ihn kaum wiedererkennen und daran sehen können, was der Verrat mit ihm gemacht hat."

Während P. Maximilian erzählte, verschwand die Dunkelheit der Nacht immer mehr und das Licht des neuen Tages erhellte die Stadt. Auch wenn es ein Tag voller Schrecken werden sollte, kam die Sonne ihrer Aufgabe nach und ging vom Osten her über Jerusalem auf.

Dann kam ein Mann die schmale Gasse vor dem Haus entlanggerannt. Immer wieder schaute er sich um, um zu sehen, ob auch niemand hinter ihm sei. Für ihn war alles zur Bedrohung geworden – selbst das Plätschern des Brunnens vor dem Haus, das sich in seinen Ohren wie ein Weinen anhörte. Erinnerte es ihn doch an das Blut des Unschuldigen, das auf seinen Verrat hin vergossen werden würde.

Tatsächlich erkannte Sarah Judas kaum wieder. Wäre da nicht die blutrote Kordel um seine Mitte gewesen, hätte sie sich ernsthaft gefragt, wer dieser Mann war, dem der Irrsinn geradezu aus den Augen herausschaute. Sein Gesicht war geschwollen, die Wange wie von einem Biss blau gefärbt, aus dem Mund rann ihm Speichel, die Augen waren blutunterlaufen.

So stand er vor dem Haus. Überlegte, ob er es betreten sollte. In diesem Moment passierte etwas, womit er nicht gerechnet hatte. Maria hatte Schritte gehört und kam heraus, um zu sehen, wer da war. Hier stand sie, die Mutter dessen, den er verraten hatte. Die Frau, der er durch seine selbstsüchtige Tat größten Kummer bereitet hatte. Während er in ihre Augen sah, die ihn aus dem kreidebleichen Gesicht heraus anschauten, schrie er auf und wich mehrere Schritte zurück. Genauso hatte ihn Jesus angesehen, als er zu Herodes geführt worden war und an ihm vorbeikam. Mit dem gleichen leidvollen Blick, in dem trotz allen Schmerzes immer noch Liebe zu erkennen war.

Judas wusste genau, was er getan hatte, aber Reue konnte er nicht empfinden. Er war verzweifelt und glaubte, wegen seines Verbrechens dem Satan anzugehören. Doch Reue empfand er nicht. Deshalb konnte er auch nicht auf Jesus zugehen und ihn um Vergebung bitten.

Maria richtete die von Tränen verwundeten Augen unverwandt auf ihn, dann begann sie zu sprechen: „Judas, wozu bist du gekommen?"

Bei diesen Worten schrie Judas auf, war es doch die gleiche Frage, die Jesus ihm gestellt hatte, da er ihn verraten hatte.

Obwohl Maria das Reden schwerfiel, war in ihrer Stimme Güte zu hören, als sie sagte: *„Judas, was hast du getan? Auf soviel Liebe hast du mit Verrat geantwortet. Ich sage dir in seinem Namen: Bereue Judas! Er verzeiht."*[41]

Judas aber rief: „Er kann mir nicht verzeihen!" Dann drehte er sich um und lief davon.

Hier in Maria begegnete ihm die Möglichkeit zur Umkehr, die Möglichkeit, Gnade und Vergebung zu empfangen. Er aber ließ diese Gelegenheit ungenutzt vergehen. Sein Herz war verstockt, war nicht offen für die Botschaft der Liebe. Deshalb lief er davon. Flüchtete vor der Frau, die ihm trotz allem, was er ihr angetan hatte, die Vergebung ihres Sohnes zusagte – falls er denn bereuen und um Vergebung bitten würde. Doch das wollte er nicht. Sein Stolz und sein mangelnder Glaube hinderten ihn daran, diesen Schritt zu gehen. Er wollte nur eines: davonlaufen vor ihr, davonlaufen vor ihrem Sohn, davonlaufen vor allen. Und dazu sah er nur einen Weg: Er würde die rote Kordel von seiner Mitte lösen, sie an einem festverwurzelten Baum befestigen und sich daran aufhängen. Und dann würde er für immer zu dem gehen, auf den er gehört hatte, als er Jesus für Geld an seine Feinde verraten hatte. Zu dem, der alles tat, um Menschen von der Gnade Jesu zu trennen – und sich dabei besonders gern des Geldes, der Macht oder der Verlockungen des Fleisches bediente.

Während Judas davoneilte, um sein Vorhaben in die Tat umzusetzen, blieb Maria vor dem Haus stehen und sah ihm traurig nach. Ja, Judas hatte ihr unvorstellbares Leid bereitet – und trotzdem wollte sie, dass er nicht verlorenging. War doch auch er ein Kind Gottes! Wie gerne hätte sie ihn an der Hand genommen und zu ihrem Sohn zurückgeführt. Hätte sich mit ihm unter das Kreuz ihres Sohnes gestellt, damit Jesu Blut auch auf ihn, den Verräter, tropfen konnte. Damit es ihn reinwaschen konnte von seiner Schuld. All das hätte sie für Judas getan – doch er hat es nicht gewollt und somit selbst sein Schicksal besiegelt.

„Judas wollte nicht umkehren. Er wollte keine Vergebung. Es war die Macht seines Willens, die ihn von Gott wegführte. Und Gott akzeptierte das. Er akzeptiert den Willen eines Menschen immer“, hörte Sarah P. Maximilian neben sich sagen, „und es ist immer der Wille, der zählt. Im Guten wie im Bösen. Wenn einer fällt, ohne es zu wollen, verzeiht Jesus. Er verzeiht Petrus, der dreimal leugnete, ihn zu kennen, und er verzeiht auch allen anderen Aposteln, die in der Stunde seiner größten Not flohen. Denn sie alle hatten das nicht gewollt. Sie alle hatten ihr Handeln aus tiefstem Herzen bereut und bittere Tränen darüber vergossen. Nicht so Judas. Er hatte sich bewusst für das Böse entschieden. Hatte den Verrat gewollt und ihn nicht bereut. Natürlich hatte er Gewissensbisse, aber keine aufrichtige Reue aus Liebe zu Jesus. Daher gab es für ihn keine Vergebung.“

„Wie traurig“, dachte Sarah, „dass ein Mensch sich bewusst gegen die Liebe Gottes entschied und dann zu stolz war, um umzukehren.“

Jeder konnte fallen, das wusste sie – sei es willentlich oder unwillentlich. Und es konnte lange dauern, bis jemand zurückkehrte. Doch warum manche nie zurückkehrten, konnte sie nicht verstehen. Warb Gott doch um das Herz eines jeden. Und es gab so viele Möglichkeiten der Umkehr.

Eine davon war, sich von Maria an der Hand nehmen zu lassen und sie zu bitten, einen zurück zu Jesus zu bringen. Sie würde alles tun, um einen Menschen wieder mit ihrem Sohn zu versöhnen. Das war Sarah bewusst geworden durch die Begegnung zwischen Judas und ihr. Denn immer noch stand Maria vor dem Haus und sah dem Verräter nach. Hoffend und betend, dass er die Gnade doch annehmen und umkehren würde.

Wenn Maria sogar Judas zu Jesus zurückgebracht hätte, wen würde sie dann nicht zu ihm zurückbringen? Schlimmer als Judas konnte keiner ihren Sohn verletzen.

Mitten in ihre Gedanken hinein hörte Sarah P. Maximilian sagen: „Zu einer solchen Begegnung war es auch schon viele Jahre zuvor gekommen – zur Begegnung zwischen einer Mutter und dem Mann, der den Tod ihres geliebten Sohnes zu verantworten hatte. Doch damals war sie ganz anders abgelaufen."

Fragend blickte Sarah P. Maximilian an, dann fuhr dieser fort: „Der Schuldige, der seinen eigenen Bruder ermordet hatte, war verflucht und verstoßen worden."

Jetzt wusste Sarah, um wen es sich handelte: „Die Frau war Eva."

„Ja, es war Eva. Ihr stand der erste Kain gegenüber, nachdem er seinen Bruder Abel ermordet hatte, und sie verfluchte ihn. Maria, neue Eva, muss auslöschen, was durch die erste Eva an Leid in die Welt kam. Ihr stand in Judas der zweite Kain gegenüber und sie verzieh ihm. Statt ihn zu verstoßen, rief sie ihn voller Liebe zur Umkehr auf."

Inzwischen war Judas ganz in der Gasse verschwunden, Maria aber stand immer noch vor dem Haus. Sie hoffte bis zuletzt, dass er die Gnade annehmen und umkehren würde. Wusste sie doch, dass ihr Sohn gekommen war, um zu retten, nicht um zu richten. Dass er allen verzeihen würde, die voller Reue zu ihm kamen.

Da näherte sich ein anderer Mann. Einer, der ihren Sohn über alles liebte und der auch sie, seine Mutter, aus ganzem Herzen liebte. Der immer von einem inneren Strahlen erfüllt war. Der jetzt aber so gebückt ging, als würde er von einer schweren Last niedergedrückt werden. Erst auf den zweiten Blick erkannte Sarah in ihm Johannes, den Jünger mit dem reinen Herzen, denn auch er sah vollkommen anders aus als noch vor wenigen Stunden. Sein Gesicht war bleich, seine Wangen eingefallen, die Augen von Tränen gerötet.

Sobald er Maria sah, eilte er auf sie zu und schloss sie schützend in die Arme.

„Johannes. Wo ist mein Sohn? Was haben sie mit ihm getan?"

Einen Augenblick schien Johannes zu überlegen, ob er ihr die Wahrheit zumuten konnte, doch als sie ihn flehend ansah, brachte er mit gebrochener Stimme hervor: „Sie haben ihn verhaftet und zu Pilatus gebracht. Der hat den Befehl gegeben, ihn geißeln zu lassen."

Nach diesen Worten versagte seine Stimme. Dicke Tränen flossen über seine Wangen, während er zu Boden sank und sein Gesicht in den Saum von Marias Gewand drückte. Während Maria ihm liebevoll über den Kopf strich, sagte er: „Es war schrecklich. Sie haben ihn ununterbrochen geschlagen. Bis sein ganzer Leib aus einer einzigen Wunde bestand. Überall strömte Blut heraus. Auch aus seinem Kopf, auf den sie eine Krone aus Dornen gesetzt haben. Er war überströmt von Blut.

Und trotzdem hat er mir ein Lächeln geschenkt, als er mich in der Menge sah. Dabei habe auch ich ihn ihm Stich gelassen! Ich habe ihn im Stich gelassen, Maria!"

Erneut versagte seine Stimme und es dauerte, bis er bekennen konnte: „Während er am Ölberg große Qualen erlitt, lag ich da und schlief. Ich schlief, als er mein Gebet so sehr gebraucht hätte! Und als er verhaftet wurde, bin ich davongelaufen. Ich weiß selbst nicht, was über mich gekommen war, doch plötzlich konnte ich nur noch laufen. Es tut mir so leid, Maria! Es tut mir so unendlich leid!"

Weinend kniete er am Boden, das Haupt geborgen bei Maria, die ihn voller Liebe an sich drückte.

„Er verzeiht dir, Johannes! Er hat dir schon verziehen. Denn er liebt dich und du bist zurückgekommen. Sobald du die Kraft dazu hattest, bist du zurückgekommen zu ihm und hast ihm gezeigt, dass er nicht allein ist. Und jetzt bist du hier bei mir, seiner Mutter, um auch für mich da zu sein. Obwohl du selbst so sehr leidest, bist du immer noch für ihn und seine Mutter da. Wie sollte er dir da nicht längst alles verziehen haben?"

Als Maria spürte, dass das Weinen von Johannes leichter wurde, bat sie: „Sag mir doch, Johannes: Wo ist er jetzt?"

„Er steht gefesselt vor Pilatus, um das Kreuz auf sich zu nehmen und auf den Berg Golgota zu tragen."

„Dann komm, Johannes. Lass uns zu ihm eilen, um in diesen schmerzhaften Stunden an seiner Seite zu sein."

Bei diesen Worten bekam Johannes neue Kraft. Er stand auf und reichte Maria den Arm, um sie zu stützen. Dann eilten die beiden los zu Jesus, der das Kreuz bereits auf seine Schultern gelegt hatte.

„Während sie zu Jesus eilen, hat der Kreuzweg bereits begonnen für ihn", sagte P. Maximilian zu Sarah, „komm, lass auch uns losgehen, um dabei zu sein, wenn sie ihm begegnen. Zuvor möchte ich dir aber noch eines sagen: Wenn dir das, was du zu sehen bekommst, zu grausam wird und du an deine Grenzen kommst, dann denk an die Auferstehung! Überhaupt: Denk immer an die Auferstehung, dann wirst du alles überstehen!"

Nach diesen Worten machten sie sich auf den Weg. Sie durchschritten die Gasse, die an diesem Tag schon so viele Menschen durchschritten hatten. Die Gasse, die Jesus und seine Jünger betreten hatten, als sie am frühen Abend zum Letzten Abendmahl zusammenkamen, und die sie wieder betraten, als sie mitten in der Nacht zum Ölberg gingen. Die Judas entlanglief, als er aufbrach, um Jesus zu verraten, und die er wieder entlanglief, als er sich wie von Sinnen selbst in sein Verderben stürzte. Die Johannes entlangeilte, als er zu Maria ging, um für sie da zu sein, und die er jetzt wieder entlangeilte, um an der Seite Mariens zu Jesus zurückzukehren.

„Wenn die Steine dieser Gasse reden könnten, sie hätten viel zu sagen", dachte Sarah, „auch Jahre später noch, wenn tausende von Menschen hier entlanggehen, ohne daran zu denken, was sich hier einmal ereignet hat."

Je näher Sarah und P. Maximilian der Via Dolorosa kamen, umso mehr Menschen waren unterwegs. Umso lauter wurden auch die Schreie derer, die den Tod von Jesus forderten: „Ans Kreuz mit ihm!", „Kreuzigt den Gotteslästerer", „Ans Kreuz! Ans Kreuz mit ihm!"

Die Feinde Jesu hörten nicht auf, das zu schreien, und immer mehr ließen sich von ihnen anstecken und schrien mit. Sarah erschrak bei der hasserfüllten Stimmung, die hierbei zu spüren war. Wie konnte es sein, dass Menschen derart wankelmütig waren? War es doch hier in Jerusalem gewesen, dass Jesus auf einem Esel durch die Gassen geritten war und mit lauten

„Hosanna-Rufen“ bejubelt worden war. Noch dazu erst vor fünf Tagen. Und jetzt forderten viele der Menschen, die ihm begeisterte Worte zugerufen hatten, seinen Tod.

„Die Macht Satans war zu einflussreich geworden“, erklärte P. Maximilian ihr, „zu viele Menschen hatten sich in seine Hand gegeben und lebten den Hass statt die Liebe. Deren Kraft aber war so groß, dass sie andere mitrissen, die zwar selbst nicht so verdorben waren wie sie, doch auch nicht gut genug, um standhaft zu bleiben und nicht zu fallen. So konnte es kommen, dass derart viele Menschen von Hass erfüllt den Tod Jesu forderten. Zwar waren auch Freunde von Jesus hier in Jerusalem, doch die konnten gegen die Masse der Tobenden nichts ausrichten. Sie konnten nur dastehen, beten und weinen, während Jesus vor ihren Augen verspottet und gequält wurde.“

Inzwischen waren Sarah und P. Maximilian an der Via Dolorosa angekommen. Noch war Jesus hier nicht vorbeigegangen, doch bald würde es soweit sein. Schon hörte Sarah das Stampfen und Schnauben sich nähernder Pferde. Dann sah sie einen römischen Soldaten auf sich zureiten. Es war Longinus, der die Aufgabe bekommen hatte, Jesus und zwei Verbrecher auf den Berg zu bringen, um sie dort zu kreuzigen. Hinter Longinus folgten weitere Soldaten. Ein paar ritten ebenfalls auf Pferden, andere gingen zu Fuß. In ihrer Mitte schließlich sah Sarah ihn: Jesus, den Mann voller Schmerzen, der dieses unvorstellbare Leid aus Liebe zu den Menschen freiwillig auf sich nahm. Niemand, der nicht wusste, um wen es sich handelte, hätte Jesus hier wiedererkannt.

Er wurde fast erdrückt von der Last des meterlangen Kreuzes auf seinem Rücken. Mit blutigen Händen versuchte er, dieses Kreuz festzuhalten, während er keuchend Schritt für Schritt voranging. Aus den Wunden an seinem Kopf floss Blut und verteilte sich über sein Gesicht, seinen Hals und sein Gewand. Auch aus den Wunden unterhalb seines Gewandes trat Blut hervor und floss über seinen Körper. Es gab keine Stelle an ihm, die nicht von Blut bedeckt wurde.

Und trotzdem hatte die lärmende Menge kein Mitleid. Vielmehr versuchte sie, ihn mit Steinen zu bewerfen und lachte schadenfroh auf, wenn es jemandem gelang, ihn zu treffen. Wenn das Kreuz besonders stark auf die verwundete Schulter drückte und er qualvoll aufstöhnte. Wenn das Schild über ihm gegen die Dornenkrone schlug und diese noch tiefer in sein Haupt drückte. Wenn er zu Boden fiel und nur unter äußersten Qualen wieder aufstehen konnte.

Nicht einmal die Sonne hatte Erbarmen. Gnadenlos brannte sie auf seinen geschundenen Körper, der vor Hitze, Fieber und Anstrengung glühte. Und immer noch waren die hasserfüllten Rufe zu hören: „Ans Kreuz mit ihm! Kreuzigt ihn!"

Trotz all dem kam kein Wort des Vorwurfs über seine Lippen. Kein Wort der Klage. Er hatte die Augen halb geschlossen, klammerte sich an sein Kreuz und sammelte all die Kraft, die er noch hatte, um diesen Weg bis zum Ende gehen zu können.

Es fiel schon Sarah schwer, Jesus in diesem Zustand zu sehen – wie schwer musste es erst für Maria sein, die nicht weit entfernt stand. Noch hatte sie Jesus nicht gesehen. Verdeckten doch die Soldaten den Blick auf ihn. Doch als sie ihn entdeckte, schrie sie laut auf: „Mein Sohn! Mein Sohn!"

Jesus hob suchend den Blick. Und fand ihren. In diesem Moment schien die Welt für einen Augenblick stehenzubleiben.

Dann streckte Maria die Arme aus und lief los. Lief los, um bei ihrem Sohn zu sein, der in Not war. So, wie sie immer bei ihm gewesen war, wenn er in Not war.

Sie sah nicht mehr die Menge, die Jesus hämisch verspottete, sah nicht mehr die Wachen, die sie aufhalten wollten. Sie sah nur noch ihren Sohn, der unter der Last des Kreuzes fast zusammenbrach und dieses eine Wort sagte, das ihr mehr bedeutete als alle anderen: „Mama! Oh, Mama!"

Dieses Wort, das sogar die Herzen der Wachen berührte. Hatte doch jeder von ihnen eine Mutter. Und wollte doch keiner, dass sie derart leiden musste wie Maria. Longinus, der von Anfang an Mitleid mit Jesus hatte, gab seinen Männern ein Zeichen, ihr nicht länger im Weg zu stehen. Sie sollte ein letztes Mal bei ihrem Sohn sein können. Ihm ein letztes Mal nahe sein können, bevor er an das Holz des Kreuzes geschlagen wurde.

Schweigend traten die Wachen zur Seite und ließen Maria durch. Da stand sie vor Jesus. Wollte ihn umarmen. Und musste doch erkennen, dass eine Umarmung nicht mehr möglich war. Jede Berührung hätte dem Körper ihres Sohnes neue Schmerzen zugefügt. Alles, was möglich war, war eine Berührung der Seele, während sie ihm in die Augen schaute und ihm trotz all des Leids ein liebevolles Lächeln schenkte. Jesus erwiderte dieses Lächeln. Er wusste, dass Maria bei ihm bleiben würde. Den Weg bis zum Ende mit ihm gehen würde. Bis zum Tod am Kreuz, durch den er die Menschheit erlösen würde.

Dieser kurze Moment der Liebe war alles, was ihnen gegeben war, denn schon begann die Menge wieder zu schreien und vorwärts zu drängen. Sie hatte kein Mitleid mit den beiden. Wollte keinen Aufschub. Vielmehr begann sie, jetzt auch Maria zu beleidigen. Sie sprach Beschimpfungen aus, die keiner wiederholen sollte, und manche schrien: „Schlagt auch den Leib, der ihn getragen hat, ans Kreuz! Schlagt sie ans Kreuz!"

Longinus bemerkte, dass es an der Zeit war, weiterzugehen. Er bemerkte aber auch, dass Jesus kaum noch Kraft hatte, und war sich nicht sicher, ob er den Weg bis zum Ende durchhalten würde. Am Wegesrand sah er einen kräftigen Mann stehen, der die Straße mit seinem Gefährt überqueren wollte, jetzt aber warten musste, bis der Zug vorbei war. Einen Mann namens Simon, der aus Cyrene kam. Diesen rief er zu sich. Erst wollte Simon seinen Ruf ignorieren, hoffte, nicht gemeint zu sein. Doch Longinus rief noch einmal nach ihm. Und sein Ruf duldete keinen Widerspruch. So ging Simon los. Als er vor dem römischen Hauptmann stand, forderte der ihn auf, das Kreuz mit Jesus zu tragen. Erschrocken blickte der Cyrener auf den zerschundenen Mann. Er konnte doch keinem Verbrecher zur Seite stehen! Dann sah Jesus ihn aus seinen blutunterlaufenen Augen heraus an. Und dieser Blick war es, der Simon zum Umdenken brachte. Mit einem Mal wusste er, dass er dem Mann helfen musste. Er trat hinter Jesus und hob das Kreuz an.

Ein Mensch half Jesus, das schwere Kreuz zu tragen – nach seiner Auferstehung aber würde es genau andersherum sein. Da würde es Jesus sein, der den Menschen half, ihr Kreuz zu tragen. Der an ihrer Seite stand, selbst wenn sie von allen anderen verlassen wurden. Er und seine Mutter – sie würden immer da sein.

Maria war längst von der Menge zur Seite gedrängt worden. Sie stand am Wegesrand, von Johannes gestützt, und hielt die Augen auf ihren Sohn gerichtet. Als sie sah, dass Simon bereit war, das Kreuz mit ihm zu tragen, ging ein Strom der Dankbarkeit und Liebe durch ihr Herz. Diese Tat der Nächstenliebe würde er nicht umsonst machen. Dafür würde er mehr Gnaden von Gott bekommen, als er erahnen konnte.

Inzwischen war der Zug am Ort der Hinrichtung angekommen und die Soldaten drängten alle zurück, die dort standen. Sie brauchten Platz für die Kreuzigung. Die Löcher waren bereits gegraben, jetzt mussten nur noch die Kreuze darin aufgestellt werden.

Maria stand zusammen mit Johannes und anderen Frauen, die Jesus treu gefolgt waren, ein Stück davon entfernt. Da fiel ihr Blick auf eine Gruppe einfacher Männer, die sich von den Soldaten nicht vertreiben ließen und ebenfalls bis zum Ende in Jesu Nähe sein wollten. Es waren dieselben Männer, die auch zu Beginn seines Lebens dagewesen waren: die Hirten von Betlehem. Ihr Anblick trieb Maria erneut die Tränen in die Augen. Hilflos standen sie da. Staubig und in zerrissenen Gewändern. Doch treu bis zum Ende.

Jetzt sah auch Jesus die Hirten dort stehen. In ihrer Nähe seine Mutter, Johannes und die treuen Frauen, die ihm bis hierher gefolgt waren. Und während über ihre Gesichter Tränen des Kummers liefen, trat auf sein Gesicht ein Lächeln der Liebe. Er wurde geliebt! Wurde geliebt bis zum Ende! Wenn er auch in den letzten Stunden seines Lebens der Macht seiner Feinde ausgeliefert war, so gab es doch viele, die ihn liebten!

Longinus gab den Befehl, die Gefangenen zu holen, und Jesus wurde zu der Stelle gebracht, an der sein Kreuz aufgerichtet werden sollte. Er sollte in der Mitte gekreuzigt werden, rechts und links umgeben von Verbrechern. Aus einer Anwandlung von Güte heraus kam der Centurio herbei und bot Jesus schmerzlindernden Myrrhenwein an, damit er weniger leiden sollte. Jesus jedoch lehnte den Wein ab. Er wollte das Leid voll und ganz annehmen. Wusste er doch, dass es gerade sein Leiden war, das so viele Menschen vor dem ewigen Verderben retten konnte.

Jetzt wurde den Verurteilten der Befehl gegeben, sich zu entkleiden. Nicht einmal das sollte Jesus erspart werden! Er, der stets die Reinheit gelebt hatte, musste sich vor den Augen aller entblößen. Betroffen wandte Sarah den Blick ab, bis sie sah, dass ihm jemand ein Tuch reichte, damit er wenigstens die Lenden bedecken konnte.

Erst jetzt war zu erkennen, wie verwundet sein Körper tatsächlich war. Sein Oberkörper, sein Unterleib, seine Arme und seine Beine waren blutüberströmt. Er war übersät von Blutergüssen und offenen Wunden, denn die Geiseln hatten das Fleisch in ganzen Stücken aus seinem Körper herausgerissen. Als sie ihren Sohn so sah, hielt Maria die Hand vor den Mund, um nicht laut aufzuschreien.

Während die beiden Räuber an ihre Kreuze gebunden wurden, wehrten sie sich mit Händen und Füßen und stießen Flüche gegen Gott und die Welt aus. Jesus hingegen wehrte sich nicht. Bereitwillig legte er sich auf das Kreuz, bettete den Kopf an die Stelle, die ihm angezeigt wurde, öffnete die Arme und streckte die Beine. Zwei Henker setzten sich auf seinen Oberkörper, um ihn festzuhalten, wenn er sich gleich vor Schmerz krümmen würde. Ein dritter nahm den rechten Arm, hielt mit einer Hand den Unterarm und mit der anderen die Finger fest. Der vierte schließlich prüfte, ob die Hand Jesu sich über dem vorgebohrten Loch befand. Dann nahm er einen spitzen viereckigen Nagel, setzte ihn auf der Hand auf und tat den ersten Schlag. Jesus schrie vor Schmerz laut auf, als der Nagel Schlag um Schlag durch sein Fleisch geschoben wurde.

Nicht weit von ihm entfernt stand Maria und krümmte sich vor Schmerz, als sie ihren Sohn so leiden sah. Es brach ihr das Herz, zu sehen, wie sehr er gequält wurde. Und dennoch wandte sie die Augen nicht ab, während ein weiterer Nagel durch seine linke Hand gebohrt wurde. Auch als sein Körper gewaltsam gestreckt und seine Füße durchbohrt wurden, wandte sie den Blick nicht ab. Bereitwillig nahm sie dieses unendlich große

Leid an, um vereint mit ihrem Sohn so viele Menschen wie nur irgend möglich zu retten. Sie litt zusammen mit ihrem Sohn, um der Welt das Heil zu erwirken.

Sarah aber konnte schon lange nicht mehr hinsehen. Zu grausam war das, was sich da vor ihren Augen abspielte. Sie konnte es kaum fassen, dass es trotzdem noch Menschen gab, die Jesus Beleidigungen zuschrien und laut auflachten, wenn sie sahen, wie sehr er litt. Was musste passiert sein, dass Menschen derart abgestumpft waren? Dass sie vom Hass derart zerfressen waren? Dass sie kein Mitleid empfanden, sondern grausame Freude, während ein anderer zu Tode gequält wurde? Noch dazu jemand, der unschuldig war und all das Böse aus Liebe über sich ergehen ließ.

In diesem Moment hörte Sarah ein lautes Poltern. Erschrocken blickte sie zur Hinrichtungsstätte. Gerade hatten die Henker versucht, das Kreuz Jesu aufzurichten, doch es war ihren Händen entglitten und zu Boden gefallen. Konnte Jesus denn nicht einmal dieser Schmerz erspart werden? Musste er alles an Schmerzen ertragen, das nur irgend möglich war?

Erneut griffen die Männer nach dem Kreuz, um es aufzurichten. Dieses Mal gelang es. Das Holz traf in das Loch am Boden und kam mit einem Ruck zum Stehen. Dabei wurde der Körper Jesu gewaltsam nach unten gezogen. Die Löcher an seinen Händen und Füßen weiteten sich, die Dornen drangen noch tiefer in sein Haupt ein und sein Blut tropfte vom Holz des Kreuzes auf die Erde hinab. Dieses Blut, das jedem, der es annahm, Heil und Erlösung bringen sollte. Und immer noch schlug das Herz in ihm – erfüllt von Liebe. Es schlug so stark, dass jeder, der vorüberging, es durch den gemarterten Brustkorb hindurch sehen konnte.

Gleich nachdem Jesus am Kreuz hing, begannen die Soldaten, um sein Gewand zu losen. Seine Feinde aber schrien immer noch hasserfüllte Beleidigungen und lachten jedes Mal laut auf, wenn sein Gesicht sich vor Schmerz verzog.

In dieser Situation blickte Jesus flehend zum Himmel und betete: „*Vater, vergib ihnen, denn sie wissen nicht, was sie tun!*"

Sarah konnte erkennen, dass manche betroffen zu Boden blickten. Die meisten aber blieben davon unberührt und fuhren fort damit, den Sohn Gottes zu beleidigen. Mitten im Leid betete Jesus für seine Feinde und bat Gott, ihnen zu vergeben – doch sie machten genauso hartherzig weiter wie zuvor.

In diesem Augenblick veränderte sich die Sonne. Sie wurde so grell, dass das bloße Auge ihr Licht kaum ertrug, die Hitze aber, die von ihr ausging, wurde noch drückender. Jesus, der seit Stunden nichts getrunken hatte, litt unter grausamem Durst. In seiner Not versuchte er sogar, den blutigen Schweiß, der über sein Gesicht lief, aufzufangen, um seinem ausgetrockneten Körper Linderung zu verschaffen.

Während ihr Sohn am Kreuz litt und sein Blut für die Menschheit vergoss, stand Maria unverwandt da und blickte zu ihm empor. So gerne wollte sie näher zu ihm hingehen, doch die Soldaten ließen sie nicht passieren. Hilflos musste sie mitanhören, wie seine Feinde über ihn herzogen, und konnte nichts tun, um ihm Trost zu spenden.

Sie riefen: „*Du willst den Tempel niederreißen und in drei Tagen wieder aufbauen? Wenn du Gottes Sohn bist, rette dich selbst und steig herab vom Kreuz!*"

Besonders hasserfüllt waren die Worte der Hohepriester, der Schriftgelehrten und der Ältesten, die voller Hohn sagten: „*Andere hat er gerettet, sich selbst kann er nicht retten.*" „*Er ist doch der König von Israel! Er soll jetzt vom Kreuz herabsteigen, dann werden wir an ihn glauben.*" „*Er hat auf Gott vertraut, der soll ihn jetzt retten, wenn er an ihm Gefallen hat; er hat doch gesagt: Ich bin Gottes Sohn.*"[42]

Sogar einer der Verbrecher, die neben ihm am Kreuz hingen, schloss sich den Spottenden an und fragte: „Bist du denn nicht der Christus? Dann rette dich selbst und auch uns!"

Während Sarah ihren Reden betroffen zuhörte, sagte P. Maximilian: „All diese Worte trafen Jesus mitten ins Herz. Ja, er war der Christus. Der Sohn Gottes. Und es wäre ein Leichtes für ihn gewesen, vom Kreuz herabzusteigen, sich selbst zu heilen und in Sicherheit zu bringen. Doch er wollte es nicht. Stattdessen wollte er diesen grausamen Weg bis zum Ende gehen. Er, der neue Adam, der durch seinen qualvollen Tod die Welt mit Gott versöhnte und das Tor zum Himmel aufschloss, damit so viele die Möglichkeit bekamen, dort hineinzukommen. Wie weh tat es ihm, von Feinden umgeben zu sein, die diese Möglichkeit nicht nutzen wollten. Die sich für den Hass, statt für die Liebe entschieden."

Nun passierte etwas, das den Schmerz, den Jesus soeben noch verspürt hatte, ein wenig lindern sollte. Auch der Verbrecher zur rechten Seite ergriff das Wort. Er stellte sich auf die Seite Jesu und wies den Spötter zur linken zurecht: „*Nicht einmal du fürchtest Gott? Dich hat doch das gleiche Urteil getroffen. Uns geschieht recht, wir erhalten den Lohn für unsere Taten; dieser aber hat nichts Unrechtes getan.*" Dann wandte er sich an Jesus und sagte: „*Jesus, denk an mich, wenn du in dein Reich kommst!*"

Hier begegnete Jesus jemandem, der die Gnaden, die durch seinen Tod freigesetzt wurden, annahm; der ihm in der Stunde seiner größten Not bewies, dass das, was er gerade tat, nicht umsonst war. Und voller Güte antwortete er: „*Amen, ich sage dir: Heute noch wirst du mit mir im Paradies sein.*"[43]

Zwei Verbrecher, zwei Reaktionen. Und zwei vollkommen unterschiedliche Konsequenzen. Dabei wäre es so leicht für den Mann zur Linken gewesen, ebenfalls ins Paradies zu kommen.

Wenn er in seinen letzten Stunden nur eingesehen hätte, Unrecht getan zu haben, statt dieses sogar noch zu vergrößern, indem er den Sohn Gottes verspottete. Doch er hatte es nicht gewollt.

Während all das geschah, stand Maria immer noch da und blickte unverwandt zu ihrem Sohn empor. Neben sich unerschütterlich treu Johannes, der ihr Halt gab, wenn sie vor Kummer ohnmächtig zu werden drohte. Da endlich berührte ihr Anblick das Herz von Longinus und er gab die Anweisung, sie zu Jesus durchzulassen. Dankbar blickte sie auf diesen Römer, der zwar die Befehle von Pilatus ausführte, doch ein Herz hatte, das von Mitgefühl erfüllt war. Dann eilte sie, von Johannes gestützt, auf das Kreuz zu, um darunter auszuharren bis zum Ende.

Als Jesus sie zu seinen Füßen stehen sah, sagte er nur: „Mutter! Oh, Mutter!“

Und Maria antwortete mit halberstickter Stimme: „Mein Sohn!“

Mehr Worte waren nicht nötig. In diesen wenigen war alles gesagt.

Die Stunden vergingen und eine schwarze Wolkenfront nahm den Himmel ein, schob sich vor die Sonne und löschte ihr Licht gnadenlos aus. Irritiert sahen die Menschen nach oben. Was war hier los? Warum wurde es mitten am Nachmittag dunkel?

Auch Maria sah zum Himmel empor und erkannte, dass die letzte Stunde ihres Sohnes gekommen war. Schon bald würde er seinen irdischen Körper verlassen und zum Vater gehen. Die Welt aber würde ihr Licht verlieren, das sie durch ihre Hartherzigkeit selbst zum Erlöschen gebracht hatte.

Jesus wusste ebenfalls, dass seine letzte Stunde unmittelbar bevorstand. Er sammelte alle Kraft, die er noch hatte, und beugte sich ein letztes Mal zu seiner Mutter herab. Ein letztes Mal trafen sich ihre Blicke, als er zu ihr sagte: *„Frau, siehe, dein Sohn!*“

Dann blickte er Johannes an. Den Jünger, den er so sehr liebte. Der als Einziger bis zum Ende bei ihm geblieben war. Der das reinste Herz von allen seinen Jüngern hatte und der nicht nur an ihn, seinen Freund, dachte, sondern auch an seine geliebte Mutter. Die Frau, die ihm nahestand wie kein anderer Mensch. In seinen Augen lag große Dankbarkeit, in seiner Stimme tiefe Liebe, als er sagte: *„Siehe, deine Mutter!*“

Da trat Johannes noch näher an Maria heran und legte den Arm schützend um sie. Ja, er würde das Geschenk, in ihr eine Mutter zu haben, mit großer Freude annehmen und alles geben, um ihr der bestmögliche Sohn zu sein.

Bisher hatte P. Maximilian zu allem geschwiegen, doch nun war es ihm ein Bedürfnis, ein paar Worte an Sarah zu richten: „Christus weiß, dass jetzt die Stunde gekommen ist, in der sich die alte Weissagung erfüllt: Durch seinen Tod am Kreuz besiegt er die Schlange, die am Baum des Paradieses Sünde und Tod in die Welt gebracht hat. Jetzt ist Maria die neue Eva, die mit ihm leidet, um das Heil der Welt zu erwirken. *Vereint mit Jesus nimmt sie im Gehorsam den Willen des Vaters an. In jenem Gehorsam, der den wahren Sieg über das Böse und den Tod schenkt.*[44]“

Soweit verstand Sarah seine Erklärung, nur eines blieb ihr unverständlich: „Warum nannte er Maria ‚Frau‘? Das hört sich so lieblos an. Sieht er sie denn nicht länger als Mutter?“

„Natürlich sieht er sie noch als Mutter und das wird er für immer tun“, sagte P. Maximilian voller Überzeugung, „doch mit der Anrede ‚Frau‘ weist er darauf hin, dass die alte Weissagung jetzt in Erfüllung geht. So wie Eva, die ‚Frau‘, Mutter aller Lebenden wurde, so machte Jesus Maria, die ‚Frau', zur Mutter aller Erlösten. Mit den Worten ‚Frau, siehe, dein Sohn' schenkte er uns das Kostbarste, das er auf Erden hatte: seine Mutter. Maria aber nahm in diesem Augenblick nicht nur Johannes, sondern alle Menschen als ihre Kinder an. Von nun an galt ihre Liebe all denen, für die ihr Sohn sein Blut vergossen hatte, denn dieses, sein letztes Testament, war ihr heilig."[45]

„Was aber ist mit der ‚alten' Eva und dem ‚alten' Adam? Hat der Kreuzestod Jesu auch Auswirkungen für sie?"

„Die beiden sind im Jenseits und warten zusammen mit vielen anderen darauf, dass Jesus sie erlöst. Sie werden gerettet und in den Himmel kommen, da sie ihre Schuld zutiefst bereut und unter vielen Tränen gebüßt haben. Sobald Jesus den Tod überwunden hat, bricht im Jenseits unendlich großer Jubel aus. Die Tore zum Himmel werden geöffnet und so viele, die lange Zeit darauf gewartet haben, werden endlich hineinkommen, um dort für immer glücklich zu sein. Und glaube mir: Es gibt nichts Schöneres, als in den Himmel zu kommen und in Ewigkeit mit Gott vereint zu sein. Doch noch ist es nicht soweit. Noch ist der Tod nicht besiegt."

Während sie so sprachen, hing Jesus unverwandt am Kreuz und vergoss das Blut, das so vielen zum Heil werden sollte. Da kam zu seinem körperlichen Schmerz auch ein seelischer Schmerz hinzu, der seine Kräfte beinahe überstieg. Unendlich tiefe Traurigkeit zog in sein Herz ein. Die Flut trostlosen Schmerzes, die ihn schon am Ölberg überwältigt hatte, kehrte wieder und mit ihr die Wogen der Sünden der ganzen Welt, die ihn mit ihrer Bitterkeit überfluteten. Er konnte alles sehen, womit die Menschen seinen Vater sowohl in der Vergangenheit als auch in der Zukunft beleidigten. Jede einzelne Sünde stand vor seinen Augen und bereitete ihm bitteres Leid. Vor allem aber kehrte das Gefühl wieder, dass Gott ihn verlassen hatte. Dieses Gefühl quälte ihn mehr als jede andere Qual – mehr als alle Beleidigungen, mehr als die Geißelung, mehr auch als die Kreuzigung. Es war dieses Gefühl der Verlassenheit, das ihn dem Tod sehr nahebrachte, und er schrie laut zum Himmel: *„Eli, eli, lema sabachthani?“*

„Mein Gott, mein Gott, warum hast du mich verlassen?“, wiederholte P. Maximilian ergriffen. „Wie sehr muss er gelitten haben, als er diesen Satz rief. Er, der bereit war, die Schuld der ganzen Welt auf sich zu nehmen, und dem daher kein Schmerz erspart blieb.“

Nicht einmal die Natur stand auf seiner Seite. Stattdessen wehte ein kalter, staubiger Wind und quälte die Lunge, den Rachen und die Gliedmaßen des Erlösers. Es schien, als hätte alles sich gegen ihn verschworen, sodass er mehr und mehr leiden musste.

Mitten in dieser Pein erklang seine Stimme: *„Mich dürstet.“*

Ein Römer lief zum Kreuz, tauchte einen Schwamm in Flüssigkeit und steckte ihn auf ein Rohr, um Jesus trinken zu lassen. Begierig legte er die Lippen auf den Schwamm, schreckte aber gleich darauf zurück, denn es war kein Wasser, sondern Essig, der ihm da gereicht wurde und die aufgerissenen Lippen schmerzhaft verätzte. Ihm, der Wasser in Wein verwandelt hatte, um die Menschen glücklich zu machen, war nicht einmal ein Schluck zu trinken vergönnt.

Gab es denn noch irgendjemanden, der zu ihm stand? Er war inzwischen so geschwächt, dass er die Augen kaum noch öffnen konnte und dass ihm auch die Zunge kaum noch gehorchte. Nur mit äußerster Mühe brachte er hervor: „Mama! Bist du noch hier?“

Da hörte er sie unter dem Kreuz antworten: „Ich bin hier, mein Sohn. Ich bin hier.“

Neben ihr stand immer noch Johannes, der die Tränen nicht mehr halten konnte und laut zu schluchzen begann.

Es fiel Jesus immer schwerer, sich am Kreuz zu halten. Er hatte kaum noch Kraft. Da fiel sein Leib in sich zusammen. Durch das Gewicht seines Körpers rissen die Wunden an den Händen und Füßen noch weiter auf. Die Lähmung der Lunge nahm zu.

Die Worte „*Es ist vollbracht*" kamen nur noch als Röcheln aus ihm hervor.

Noch atmete er, doch sein Atmen wurde leiser, der Abstand zwischen den Atemzügen größer. Mit letzter Kraft wandte Jesus sich an seinen himmlischen Vater: „*Vater, in deine Hände lege ich meinen Geist.*"

Dann fiel er in sich zusammen und hauchte seinen Geist aus.

In diesem Moment wurde es noch dunkler, als es ohnehin schon war. Der Wind, der Jesus soeben noch gequält hatte, wurde zu einem Wirbelsturm und nahm alles mit, was sich ihm in den Weg stellte. Die Erde begann zu beben. Der Himmel schleuderte Blitze über die Schaulustigen, die Stadt und den Tempel. Erschrocken begannen viele, um ihr Leben zu rennen. Das Spotten war ihnen vergangen, stattdessen streckten sie die Hände hilfesuchend nach oben.

Johannes hielt sich mit einem Arm am Kreuz fest, den anderen legte er um Maria, um sie vor dem Toben der Natur zu schützen. So standen sie reglos da, bis die Erde sich wieder beruhigt hatte. Dann erst wurde Maria bewusst, dass Jesus von ihnen gegangen war.

Mit bebenden Lippen rief sie: „Jesus? Jesus!" Doch sie bekam keine Antwort.

Da sank sie zu Boden, umklammerte das Kreuz und begann bitterlich zu weinen. Solange ihr Sohn noch am Leben gewesen war, hatte sie sich bemüht, lautlos zu weinen, da sie ihn mit ihren Tränen nicht belasten wollte. Nun aber ließ sie ihrem Kummer freien Lauf. Johannes blieb an ihrer Seite, um ihr Halt zu geben. Auch mehrere Frauen eilten auf sie zu, stellten sich zu ihr unter das Kreuz und versuchten, sie zu trösten. Dabei waren sie selbst aufs Tiefste getroffen – diese treuen Frauen, denen Jesus auf dem Kreuzweg bereits begegnet war und die bis zum Ende an seiner Seite geblieben waren.

In der Zwischenzeit gab Longinus den Befehl, den Verbrechern rechts und links von Jesus die Gebeine zu zerschlagen, um einen schnelleren Tod herbeizuführen. Ihr Röcheln sollte Sarah noch lange verfolgen.

Dann nahm Longinus eine Lanze zur Hand, trat unter das Kreuz und stieß von unten her in das Herz Jesu hinein. Sogleich flossen Blut und Wasser heraus. In diesem Moment bekam der Hauptmann eine große Gnade. Er sank zu Boden und rief: „*Wahrhaftig, dieser Mensch war Gottes Sohn.*“

„Das ist der Augenblick seiner Bekehrung“, sagte P. Maximilian leise neben Sarah, „Longinus wird von jetzt an ein begeisterter Nachfolger Jesu werden. Indem er die Lehre Jesu überzeugend lebt und voller Leidenschaft verkündet, werden viele Menschen zum Glauben finden und gerettet werden.“

„Wie eigenartig Gottes Wege doch manchmal sind“, dachte Sarah, „da bekehrte sich ausgerechnet der Mann, der für die Hinrichtung Jesu zuständig war, und wurde zu einem Mitarbeiter im Reich Gottes.“

„Für Gott ist eben nichts unmöglich“, meinte P. Maximilian, „er kann jeden zu einem Mitarbeiter in seinem Reich machen, wenn der Betroffene es denn will. Und Longinus wollte es. Es ist der freie Wille, der letztendlich entscheidend ist.“

In diesem Moment dachte Sarah an Tobi. Ob auch er sich mit seinem freien Willen dazu entscheiden würde, zu Gott zurückzukehren? Sie wusste es nicht, konnte es nur hoffen und weiterhin dafür beten. Und das würde sie tun. Sie würde voller Vertrauen beten. Ganz gleich, was dann geschehen würde.

Kurze Zeit später eilten zwei Männer herbei. Johannes begrüßte sie als Joseph und Nikodemus. Die beiden waren bei Pilatus gewesen und hatten von ihm die Erlaubnis bekommen, den Leichnam Jesu angemessen zu bestatten. Longinus wollte ihnen dabei nicht im Weg stehen. Er warf einen letzten Blick auf den Gekreuzigten, bestieg sein Pferd und ritt davon.

Sogleich lehnten die Männer eine Leiter an das Kreuz, stiegen mit einer Zange ausgestattet nach oben und begannen, Jesus vom Holz des Kreuzes zu lösen. Sie zogen die Nägel heraus und lösten seine linke Hand, seine rechte Hand und schließlich seine Füße. Dann trugen sie ihn behutsam nach unten. Dort wollten sie ihn auf ein Leinentuch legen, das sie eigens dafür vorbereitet hatten, doch Maria wollte ihren Sohn ein letztes Mal in den Armen halten, bevor er ins Grab gelegt wurde. Sie setzte sich mit dem Rücken ans Kreuz, öffnete den Mantel und streckte ihnen bittend die Arme entgegen. Wie hätten sie sich einem solchen Wunsch widersetzen können?

So oft hatte Maria ihren Sohn schon in den Armen gehalten, seit sie ihn vor 33 Jahren in Betlehem zur Welt gebracht hatte. Nun wurde er ein letztes Mal dort hineingelegt. Doch welch ein Unterschied zu den vielen Malen zuvor! Aus dem Körper, den sie nun umklammert hielt, war jedes Leben gewichen. Er war übersät von Blut und Wunden, steif und kalt, während sie ihn fest an ihr Herz drückte.

Dabei dachte sie zurück an die Begegnung mit dem greisen Simeon, der ihr diesen unglaublichen Schmerz vorausgesagt hatte. Noch heute konnte sie sich an jedes seiner Worte erinnern: *„Siehe, dieser ist dazu bestimmt, dass in Israel viele zu Fall kommen und aufgerichtet werden, und er wird ein Zeichen sein, dem widersprochen wird, dir selbst aber wird ein Schwert durch die Seele dringen."*[46]

Auch die Myrrhe, die sie vor so vielen Jahren von den drei Weisen aus dem Morgenland bekommen hatte, stand ihr wieder vor Augen. Auch diese war bereits eine Vorbereitung gewesen auf die Stunde, die jetzt gekommen war.

So vieles war eine Vorbereitung auf die Stunde seines Todes gewesen. Maria wusste das. Und doch linderte es den Kummer, der sie in diesem Augenblick erfasste, nicht. Sie nahm die Hände ihres Sohnes, versuchte, sie gerade zu biegen, küsste sie und beweinte die Wunden. Dann küsste sie die eingefallenen Augen und den leicht geöffneten Mund. Behutsam löste sie die Dornenkrone, die noch immer in seinem Haupt steckte. Sie brachte sein Haar in Ordnung und reinigte sein Gesicht durch ihre Tränen, die ununterbrochen auf ihn herabtropften. Schließlich legte sie die Hand auf die Wunde an seiner Seite, tauchte die Finger ein, blickte hinein und sah das Herz Jesu. Dieser Anblick war zu viel für sie. Sie schrie auf und sank über dem toten Körper zusammen.

Hierbei blieb kein Auge tränenleer. Es war der Anblick des größten Schmerzes, wie die Mutter zusammengesunken auf dem Boden saß – in ihren Armen den toten Sohn.

Sarah hatte gewusst, dass Maria gelitten hatte, doch nun, da sie diese leidende Mutter mit eigenen Augen sah, erkannte sie, dass sich kaum jemand vorstellen konnte, wie sehr. Viele Künstler hatten versucht, diese Szene darzustellen. Sogar Michelangelo, dessen Pietà im Petersdom zu sehen war. Doch keine der Darstellungen konnte den wahren Schmerz ausdrücken, der die Seele Mariens durchdrang, als sie ihren toten Sohn in den Armen hielt.

Nun trat Joseph von Arimathäa auf sie zu. Ehrfürchtig verneigte er sich, dann wies er darauf hin, dass es bald Abend werden würde und sie den Leichnam Jesu ins Grab legen sollten. Es fiel Maria unendlich schwer, sich von ihm zu lösen, dennoch ließ sie zu, dass die Männer ihren Sohn hochhoben und behutsam auf das Leinentuch legten. Sie hüllten ihn darin ein, dann gingen sie den Berg Golgota hinab. Hinter sich Maria und die Frauen, die ihr Stütze und Halt gaben.

Am Fuße des Berges betraten sie einen blühenden Garten, in dem sich das in Kalkstein gehauene Grab Josephs befand. Vor der eigentlichen Grabkammer war ein Vorraum mit einem steinernen Tisch. Auf diesen wurde Jesus gelegt. Und während die Männer im Licht von Fackeln alles für die Einbalsamierung vorbereiteten, beugte Maria sich über ihren Sohn. Wieder konnte sie die Tränen nicht zurückhalten. Diese fielen auf den Körper Jesu und wischten überall dort, wo sie aufkamen, das Blut von ihm ab.

Erneut legte Maria die Hände ihres Sohnes in die ihren, versuchte, die Finger gerade zu biegen und die Wunden zu schließen. Dann drückte sie die geliebten Hände zärtlich an sich und bedeckte sie mit Küssen. Auch die Wunde an der Seite versuchte sie zu schließen. Sie konnte es nicht ertragen, das Herz ihres Sohnes, das kalt und leblos in seinem Brustkorb lag, durch diese Wunde hindurch zu sehen.

Nun wandte sie sich seinem Gesicht zu. Versuchte, die toten Augen zu schließen, und fuhr zärtlich durch sein Haar. Wie oft hatte sie diese Geste im Laufe der Jahre wiederholt! War er doch ihr Sohn, dem ihre ganze Liebe galt und um den sie sich stets sorgte. Schon als kleines Kind wollte man ihn töten.

Doch damals konnten sie fliehen. Seine Zeit zu gehen war noch nicht gekommen. Jetzt aber war sie gekommen und sein Tod war grausamer gewesen, als sie ihn sich je vorgestellt hatte.

„Was haben sie dir angetan, Jesus? Was haben sie dir nur angetan?", brach es aus ihr hervor, während sie beide Arme um den toten Körper legte und ihn fest an ihr Herz drückte. „Wenn sie mich doch zusammen mit dir getötet hätten, dann könnten wir gemeinsam in diesem Grab liegen. Was will ich noch auf der Welt? Ganz allein und ohne dich."

Inzwischen hatten Joseph und Nikodemus alles für die Einbalsamierung vorbereitet. Sie brachten mehrere Tücher, Gefäße mit Salben und ein Becken mit Wasser. Maria aber wollte sie nicht beginnen lassen. Sie klammerte sich an ihrem Sohn fest und rief: „Was tut ihr da? Wozu wollt ihr ihn einbalsamieren? Glaubt ihr etwa nicht an die Auferstehung? Ihr wisst doch, dass er am dritten Tag auferstehen wird!"

Voller Mitgefühl blickten die Männer auf die Frau, denn tatsächlich fiel es ihnen schwer, daran zu glauben, dass Jesus mit diesem zerschundenen Körper auferstehen sollte. Ja, er hatte Tote auferweckt. Davon hatten sie gehört. Doch keiner dieser Toten war in einem solch erbarmungswürdigen Zustand gewesen, wie er es jetzt war.

Maria erkannte ihre Zweifel und diese verletzten sie sehr. Vergrößerten sie doch ihre innere Qual. Sie schrie laut auf: „Zurück! Zurück! Schweig, du Grausamer!"

Besorgt eilte Johannes auf sie zu, legte den Arm um sie und fragte: „Wer soll schweigen, Mutter?"

„Der Satan. Er möchte mir einreden: ‚Er wird nicht auferstehen. Kein Prophet hat es gesagt.' Oh, helft mir! Ich verliere den Verstand und kann mich an nichts erinnern. Helft mir doch! Was haben die Propheten gesagt? Was steht in Jesaja?"

Eine der Frauen kam ihr zu Hilfe und zitierte, was Jesaja vor mehr als 500 Jahren vorausgesagt hatte: „*Doch er wurde durchbohrt wegen unserer Vergehen, wegen unserer Sünden zermalmt. Zu unserem Heil lag die Züchtigung auf ihm, durch seine Wunden sind wir geheilt. Wir hatten uns alle verirrt wie Schafe, jeder ging für sich seinen Weg. Doch der HERR ließ auf ihn treffen die Schuld von uns allen. Er wurde bedrängt und misshandelt, aber er tat seinen Mund nicht auf. Wie ein Lamm, das man zum Schlachten führt, und wie ein Schaf vor seinen Scherern verstummt, so tat auch er seinen Mund nicht auf. … Er wurde vom Land der Lebenden abgeschnitten und wegen der Vergehen meines Volkes zu Tode getroffen. … Doch der HERR hat Gefallen an dem von Krankheit Zermalmten. … Nachdem er vieles ertrug, erblickt er das Licht.*“[47]

„Er wurde zu Tode getroffen und erblickt das Licht. Er wird also auferstehen. Hilf mir, Sohn! Hilf mir, Gott, den Glauben nicht zu verlieren!“, rief Maria verzweifelt. „Lass nicht zu, dass ich zweifle! Oh Sohn, vertreibe den Satan, der mein Vertrauen zerstören will. Hilf mir zu sagen ‚ich glaube‘ – auch gegen eine Welt, die nicht glaubt.“

Immer noch hielt sie den toten Körper ihres Sohnes in den Armen, als sie sagte: „*Welch ein Schmerz ist es doch, nicht zu glauben! Denen, die nicht glauben, muss man vieles verzeihen, denn wenn man nicht mehr glaubt, ist man allen Schrecknissen ausgesetzt. Oh Vater, hab Mitleid mit den Glaubenslosen. Schenke ihnen neuen Glauben!*“[48]

Immer noch standen Joseph und Nikodemus neben ihr und baten sie stumm darum, Jesus einbalsamieren zu dürfen. Maria erkannte, dass sie diese Arbeit nicht länger hinauszögern konnten, und sagte: „Dann fangt schon an. Aber ich sage euch: Er wird auferstehen! Kurze Zeit darf der Satan auch mich mit

Ängsten quälen. Auch diese Qual ist nötig zur Erlösung. Daher ertrage ich sie und opfere sie auf für die zukünftigen Menschen. Doch er wird auferstehen!"

Daraufhin stand sie schweigend und betend neben den Männern, welche die Glieder Jesu mit einem Tuch reinigten und den ganzen Körper mit Salben einschmierten. Dann banden sie das Kinn fest, sodass der Mund nicht länger offenstand, und wickelten das Leinentuch um ihn herum. Als ihr Werk vollendet war, nahmen sie die Fackeln und begaben sich zum Ausgang des Grabes. Maria aber beugte sich noch einmal über Jesus, küsste ihn durch die Tücher hindurch und sagte: „Leb wohl, mein Sohn! Leb wohl, mein Kind! Und erbarme dich meiner!" Dabei begannen ihre Tränen erneut zu fließen. Noch einmal beugte sie sich herab und küsste ihren Sohn durch das Leinentuch hindurch, dann ließ sie sich von Johannes aus dem Grab hinausführen.

Von außen wurde ein großer Stein vor das Grab gerollt. Er war so schwer, dass die Männer zusammen helfen mussten, um sein Gewicht bewältigen zu können. Dann wollten sie sich auf den Heimweg machen. Maria aber eilte noch einmal zurück, sank vor dem Stein zu Boden, legte die Arme um ihn herum und flehte: „Lasst mich zu meinem Sohn! Bitte lasst mich zu meinem Sohn! Ich will hierbleiben bei ihm und auf seine Auferstehung warten."

„Wir können dich nicht allein hier zurücklassen, Mutter", sagte Johannes liebevoll zu ihr, „sieh doch, schon kommen römische Soldaten, um das Grab zu bewachen."

„Außerdem brauchen wir dich, Maria", schaltete sich eine der Frauen ein, „du bist gut, heilig und stark. Selbst als die meisten geflohen sind, bist du geblieben. Wir brauchen dich, um unseren Glauben zu stärken und unser Vertrauen!"

Diese Worte gaben den Ausschlag. Für ihren Sohn konnte Maria nichts mehr tun, doch für seine Jünger und alle, die ihm gefolgt waren, sich jetzt aber in tiefer Trauer befanden und unter quälenden Schuldgefühlen litten. Ihnen konnte sie Liebe und neue Hoffnung schenken – und die Aussicht auf Vergebung. Bereitwillig stand sie auf und ließ sich von Johannes aus dem Garten führen. Auch alle anderen verließen den Garten, nur Sarah und P. Maximilian blieben zurück und setzten sich auf eine Bank ganz in der Nähe des Grabes.

Von Israel nach Polen

Inzwischen war der Abend angebrochen. Im Garten war es dunkel geworden, am Himmel aber breiteten der Mond und die Sterne ihr Licht aus. Die Sterne, diese treuen Begleiter, leuchteten unerschütterlich – unabhängig davon, was sich auf der Erde gerade abspielte.

Sarah ließ die Ereignisse der vergangenen Stunden noch einmal Revue passieren. Das Letzte Abendmahl, die Verhaftung Jesu, die Begegnung zwischen ihm und seiner Mutter auf dem Kreuzweg, die grausame Kreuzigung. Alle Gespräche, die vom Kreuz aus stattgefunden hatten, und seinen Tod. Den Schmerz Mariens, als der tote Körper ihres Sohnes in ihren Schoß gelegt wurde – und als er ins Grab gelegt, einbalsamiert und allein zurückgelassen worden war.

Es waren Stunden voller Leid gewesen. So voller Leid, dass sie kaum zu ertragen gewesen waren. Warum nur dieses unermesslich große Leid?

„Er hat unsere Krankheit getragen und unsere Schmerzen auf sich geladen", zitierte nun auch P. Maximilian Jesaja, „er wurde durchbohrt wegen unserer Vergehen, wegen unserer Sünden zermalmt. Zu unserem Heil lag die Züchtigung auf ihm, durch seine Wunden sind wir geheilt. Der Herr ließ auf ihn treffen die Schuld von uns allen."

„Die Schuld von uns allen", murmelte Sarah vor sich hin, „was für eine unglaubliche Last muss ihn da getroffen haben."

„Ja, die Last war unglaublich groß", bestätigte P. Maximilian, „deshalb war auch sein Leiden so unermesslich groß. Und deshalb durfte sich in seinen letzten Stunden alles gegen ihn verschwören und ihm den Leidensweg so hart wie nur irgend möglich machen."

„Und trotzdem blieb Maria an seiner Seite."

„Ja, sie blieb an seiner Seite. Doch wie sehr hat sie dabei gelitten! So sehr, dass sie vor Kummer beinahe das Bewusstsein verloren hätte und am liebsten zusammen mit ihrem Sohn gestorben wäre. Dennoch blieb sie bei ihm, war dabei, als er starb, als er vom Kreuz herabgenommen und ins Grab gelegt wurde. Während dieser Handlungen war sie noch ganz in ihrem Kummer gefangen, sobald sie aber diesen Garten verlassen hatte, kam Kraft in sie zurück. Ist es doch ihre Aufgabe, die Mutter zu sein, die für alle anderen da ist. Die sie tröstet in ihrem Leid. Die ihnen neue Hoffnung zuspricht und ihnen hilft, an die Auferstehung Jesu zu glauben. Die den bitterlich weinenden Petrus an ihr Herz drückt und ihm zusagt, dass Jesus seinen Verrat ganz gewiss vergeben wird."

„Sie macht es wieder wie der Mond", erinnerte Sarah sich an ihr Gespräch in Betlehem zurück, während sie zum Himmel emporblickte, „so, wie er die Nacht erhellt, indem er das Licht der Sonne bringt, so erhellt sie das Leben der Trauernden und Verzweifelten, indem sie den Glauben an Jesus zu ihnen bringt."

„Genau so", bestätigte P. Maximilian, „und sie hat auch mein Leben jedes Mal erhellt, wenn es besonders dunkel um mich herum wurde."

„Und das wurde es oft?"

„Ja, das wurde es sogar sehr oft. Der Weg, den ich ging, war kein leichter, doch du musst wissen, dass ich mich selbst dafür entschieden hatte, ihn anzunehmen. Ich war bereit zu leiden, seit ich ein kleiner Junge war und Maria mir erschienen ist. Du erinnerst dich?"

Natürlich erinnerte Sarah sich. Sie konnte nicht vergessen, dass Maria ihm während der Erscheinung zwei Kränze angeboten hatte: einen weißen für die Reinheit und einen roten für den Tod als Märtyrer. Und dass er beide gewählt hatte.

„Wirst du mir nun erzählen, in welcher Form das Leiden bei dir eintrat?"

„Das werde ich. Denn nun, da du die Kreuzigung miterlebt hast, wirst du mit dem, was ich dir erzählen werde, besser umgehen können. Du wirst verstehen, wie mir das Vorbild Jesu gerade auch im Leid half, alles anzunehmen, was auch immer von mir verlangt wurde."

Nach diesen Worten blickte P. Maximilian auf das Grab, in dem der Körper Jesu gerade noch lag, aus dem er aber bald schon auferstehen würde. Auf die Finsternis folgt das Licht. Auf den Tod das Leben. Das hatte er selbst immer wieder erlebt.

Und dann begann er zu erzählen: „Die Herausforderungen in meinem Leben zeigten sich in verschiedenster Form: In der Zeit des Noviziats in Form von starken Zweifeln an meinem Weg. Im Lauf des Lebens immer wieder in Unverständnis und Verleumdung. In Spott und Einsamkeit. Oft wurden meine besten Absichten falsch ausgelegt und ich wurde gerade durch die enttäuscht, die mir besonders am Herzen lagen. Doch dieses Leid kennst du auch. Habe ich recht?"

Nickend stimmt Sarah ihm zu. Ja, diesen Schmerz kannte sie! Denn sie hatte es schon mehrmals erlebt, wie jemand ihre besten Absichten falsch ausgelegt hatte. Auch starke Zweifel am eigenen Weg waren ihr bekannt.

Und durch die Sache mit Tobi war außerdem das Leid durch Unverständnis ein regelmäßiger Begleiter in ihrem Leben. Irgendwie konnte sie es ja verstehen, wenn andere nicht glauben konnten, dass zwischen Tobi und ihr alles gut werden würde – schließlich musste sie selbst oft hart darum kämpfen, es glauben zu können. Vor allem seit der Nachricht in Lourdes …

Und doch tat es unglaublich weh, wenn ihr vorgeworfen wurde, dass sie stur daran festhalte, ohne das Ganze zu hinterfragen. Dass sie nicht offen sei für Gottes Pläne in ihrem Leben. Denn so war es nicht! Immer wieder hatte sie alles in Frage gestellt. Hatte Gott gebeten, ihr zu zeigen, wenn sie auf dem falschen Weg sei und das mit Tobi lassen solle. Aber immer wieder hatte Gott ihr zu verstehen gegeben, dass sie weiterhin daran glauben und vertrauen solle.

Doch sie wollte nicht im Selbstmitleid versinken, sondern lieber hören, was P. Maximilian ihr zu erzählen hatte. Der sagte gerade: „Auch in Form von Krankheit trat das Leid in mein Leben. Soweit ich mich erinnern kann, war meine Gesundheit angegriffen. Ständig hatte ich Kopfschmerzen, auch beim Studieren, was dieses oft sehr mühsam für mich machte. Dennoch lernte ich weiter und bekam sogar sehr gute Ergebnisse."

Sarah erinnerte sich: Er hatte bereits mit 21 Jahren einen Doktortitel! Dass dieser so erlitten worden war, hatte sie jedoch nicht gewusst.

Dann fuhr P. Maximilian fort: „Im Alter von 23 Jahren hatte ich mehrere Blutstürze. Einmal mitten bei einem Fußballspiel. Ich legte mich auf den Rasen, spuckte Blut und dachte, das Ende sei gekommen. Dabei war ich gar nicht einmal so schockiert – war der Himmel doch immer schon mein größtes Ziel."

„Gut, dass Gott dich noch auf der Erde gelassen hat", warf Sarah ein, „schließlich hattest du noch einiges zu erledigen."

„So war es", bestätigte der Ordensmann, „meine Zeit für den Himmel war noch nicht gekommen. Nach dem Blutsturz ging ich oft sehr langsam, um keinen weiteren hervorzurufen. Die Mitbrüder wussten nicht, warum, da ich kaum über die

Krankheit sprach. Daher verspotteten mich einige und bezeichneten mich als ‚Marmelade'. Mit 25 Jahren erkrankte ich an Tuberkulose, musste aber trotzdem als Professor arbeiten. Als ich wegen eines schweren gesundheitlichen Rückfalls ins Krankenlager kam, wurde ich von keinem besucht. Sei es, dass sie Angst vor einer möglichen Ansteckung hatten, oder aber mich schlichtweg vergaßen. In all dem Leid durfte ich eines erkennen: *Unser Wirken wird umso größer, wenn es in der äußeren und inneren Finsternis geschieht, wenn wir traurig, ermattet und trostlos, unter Misserfolg und von allen verlassen, verhöhnt und lächerlich gemacht werden wie Jesus am Kreuz; wenn wir nur aus ganzen Kräften für unsere Verfolger beten und sie mit allen Mitteln durch die Immaculata zu Gott führen wollen.*[49] Und das tat ich: Ich betete unermüdlich und opferte alles, was mich belastete, auf. So begann mein sogenanntes ‚Postulat der Schmerzen'. Gerade im Leid wuchs die Liebe in mir und das musste ich auch ausgestrahlt haben, denn von dieser Zeit an durfte ich zahlreiche Herzen gewinnen. Als ich zur Kur war, wurde ich gebeten, Vorträge zu halten. Diese hatten eine solche Überzeugungskraft, dass viele sich bekehrten. Später gründete ich die Miliz der Immaculata, die immer mehr Mitglieder bekam. Unser Ziel war die Rettung aller Seelen – der Seelen von damals bis zum Ende der Welt. Schließlich strebten wir nach dem Höchsten und gaben uns nie mit dem Mittelmaß zufrieden. Unsere Waffen im Einsatz für Gott waren das Beispiel, das Gebet, das Leiden, die Arbeit. Wobei wir durch das Leiden mehr erreichten als durch die Arbeit. Viel mehr."

Nach diesen Worten trat kurze Zeit Stille zwischen ihnen ein und sie rückten in der Zeit ein großes Stück vorwärts. Ob einen oder zwei Tage, konnte Sarah nicht sagen. Sie bemerkte nur, dass die Nacht dem Licht der Morgensonne wich, die zögerlich im Osten über Jerusalem aufging. Als Jesus sterbend am Kreuz hing, hatte dieselbe Sonne unerbittlich auf ihn herabgeschienen und ihn durch ihre Hitze zusätzlich gequält, jetzt wirkte sie so, als ob alle Kraft aus ihr entwichen sei und sie nicht recht wusste, ob sie ihr Licht überhaupt entfalten sollte über den Bewohnern von Jerusalem, die Jesus so grausam gequält und verspottet hatten.

„Bei dem, was Jesus und seine Mutter hier auf Golgota erlitten haben, wirkt mein Leid fast schon harmlos", meinte P. Maximilian, „und auch die Verleumdung und der Spott, denen ich durch Mitmenschen ausgesetzt war. Ich brauchte nur auf das Kreuz zu schauen, dann konnte ich alles annehmen, was mir Schmerz bereitete, und voller Vertrauen weitergehen. Zumal das Leid schon zu meinen Lebzeiten Früchte tragen durfte: Wie du bereits weißt, gründete ich mehrere Zeitschriften. Der Anfang war unglaublich zäh und ich wollte fast schon aufgeben. Doch als ich wie ein alter, struppiger Besen am Boden lag, kam die Immaculata, hob mich auf und begann, mit mir ein Meisterwerk zu erschaffen. Die Druckerei wurde größer und größer. Wir bekamen moderne Werkstätten und neue Maschinen und konnten immer höhere Auflagen drucken, die dazu beitrugen, dass zahlreiche Menschen durch Maria näher zu Christus fanden. Für uns selbst blieben wir bescheiden – wir lebten sehr einfach und aßen sehr einfach. Doch für die Immaculata wollten wir stets das Beste haben: die besten Drucker, die beste Zeitschrift, damit möglichst viele Menschen gerettet werden konnten.

Schließlich schenkte die Muttergottes uns sogar das Grundstück, von dem ich dir berichtet habe. Darauf gründeten wir die Stadt Niepokalanów, die Stadt der Mutter Gottes. Wieder war der Anfang hart und steinig. Als wir die ersten Baracken bauten, übernachteten wir oft trotz des gefrorenen Bodens auf freiem Feld. Doch wir hielten durch und die Stadt wurde ebenso wie die Druckerei größer und größer. Wir bauten mehrere Werkstätten. In jeder stand eine Statue der Immaculata. Pro Stunde wurden 20.000 Zeitschriften produziert. Während ringsum bei anderen Verlegern der Umsatz sank, stieg er bei uns an. War doch Maria *unsere Königin, unser ganzes Leben. Durch sie wollten wir dem Herrn die Seelen gewinnen, alle Seelen der ganzen Welt, bis ans Zeitenende. Alles war ihr Werk.*[50] Und deshalb war es auch so sehr von Erfolg gekrönt. Es gab Zeiten, da wurde jeder Neuauflage unseres Verlages ein großer Misserfolg prophezeit. Jedes Mal beteten wir sehr viel. Und jedes Mal wurde es ein Erfolg. Nicht einmal große Verleumdungen, die gegen mich in Umlauf gebracht wurden, konnten daran etwas ändern. Zu dem außerordentlichen Erfolg mit den Zeitschriften kam auch noch großer Nachwuchs hinzu. Jährlich meldeten sich etwa 1.800 Kandidaten und baten um Aufnahme in unseren Orden, doch nur um die 100 wurden aufgenommen. Von diesen wiederum machten etwa 50 Profess. Schließlich sollte Niepokalanów eine Schule der Heiligen sein, in der sich keiner mit einem Mittelmaß zufriedengeben wollte."

Wieder legte P. Maximilian eine Zeit des Schweigens ein und blickte auf das Grab, in dem der Körper Jesu noch immer ruhte. Dann sagte er: „Ja, wir hatten große Erfolge. Doch umsonst bekamen wir sie nicht. Immer wieder ging es mir körperlich sehr schlecht und auch große seelische Kämpfe musste ich bewältigen. Es gab Zeiten, da tappte ich so sehr im Finstern, dass ich dachte, es sei besser für das Lebenswerk, wenn ich sterben würde. Dann hielt ich mich umso stärker an der Hand der Immaculata fest und ließ mich von ihr durch alle Kämpfe hindurchführen."

„Doch irgendwann kam er: der Zeitpunkt, an dem du sterben solltest."

„Ja, er kam. Und ich werde dir von ihm berichten. Doch lass mich dir zuvor noch eine Szene aus meinem Leben zeigen, die mir besonders viel bedeutet."

Endlich sollte Sarah in sein Leben eintauchen dürfen! Sollte ihn wenigstens einmal inmitten seiner Brüder sehen.

Gleich darauf befand sie sich in einem vollkommen anderen Umfeld. Sie stand inmitten eines einfachen Saales, in dem mehrere Klosterbrüder saßen und zu Abend aßen. Sie aßen schweigend, lediglich das Klappern des Geschirrs durchbrach die Stille. Alle hatten die gleiche schwarze Kutte an, die Sarah bei P. Maximilian schon so oft gesehen hatte. Doch wo war er selbst? Es war ganz ungewohnt, ihn nicht an ihrer Seite zu haben.

Suchend ging die junge Frau die Reihe der Brüder entlang, bis sie ihn schließlich entdeckte. Er war einige Jahre älter geworden, trug einen Bart und hatte einen äußerst ernsten Gesichtsausdruck. Gerade war er mit dem Essen fertig geworden und legte sein Besteck zur Seite. Doch er wartete geduldig ab, bis auch der Letzte der Brüder das Mahl beendet hatte. Dann standen alle auf, wandten sich dem Kreuz zu und sprachen ein Gebet.

Anscheinend wurde an dem Abend noch ein Mysterienspiel aufgeführt. Sarah hörte, wie einige Brüder sich darüber unterhielten. Dann hörte sie die ihr vertraute Stimme sagen: „Ihr könnt gern dorthin gehen. Wer Lust hat, kann aber auch bei mir bleiben."

Die Brüder diskutierten kurz, was sie tun sollten, dann ging ein Teil von ihnen hinaus, um bei dem Spiel zuzuschauen, ein anderer Teil blieb und kam um P. Maximilian herum zusammen.

Dieser forderte sie mit gütiger Stimme auf: „Setzt euch, Kinder, setzt euch ganz nah zu mir."

Nachdem sie alle ganz nah bei ihm Platz genommen hatten, schaute er einen nach dem anderen voller Liebe an und sagte dann: *„Meine lieben Kinder, vorläufig bin ich noch bei euch. Ihr liebt mich so, wie ich euch liebe, doch müssen wir uns damit abfinden, dass ich nicht immer bei euch bleiben werde. Ich werde sterben, ihr werdet bleiben. Aber bevor ich euch verlassen muss, möchte ich euch etwas hinterlassen ..."*

Erschrocken blickten die Brüder ihn an. Und auch Sarah blickte ihn ganz erschrocken an. Er sah nicht so aus, als ob er bald sterben würde. Warum sagte er dann solche Worte? Viel Zeit, darüber nachzudenken, blieb nicht, denn schon sprach er weiter: *„Meine Kinder, ihr wisst, dass ich viel älter bin als ihr und nicht immer da sein werde, deshalb möchte ich euch etwas anvertrauen. Darf ich, Kinder?"*

„O ja, Pater Kolbe! Sprechen Sie, bitte sprechen Sie!", war die einstimmige Antwort.

Da begann Pater Maximilian Kolbe zu sprechen: *„O meine Kinder, wenn ihr um mein Glück wüsstet und es begreifen könntet! Mein Herz quillt* über *vor Freude und innerem Frieden. Allen meinen Sorgen und Mühen zum Trotz, die jeden meiner Tage bis zum Rande füllen, fühle ich zutiefst in meinem Herzen einen unsagbaren Frieden, eine gewaltige, süße Freude, für die es keine Worte gibt."*

Er schwieg eine Weile, dann sprach er leise weiter: *„Meine lieben Kinder, liebt die Mutter Gottes, liebt die Immaculata, liebt sie! Sie wird euch glücklich machen. Vertraut ihr, gebt euch ihr ganz hin, ganz und grenzenlos. ... Ich wollte euch noch etwas anderes sagen, aber genügt das nicht?"*

Dann schaute er sie alle eindringlich an und in seinen Augen bildeten sich vor Ergriffenheit Tränen. Sie aber flehten ihn an, ihnen nichts zu verbergen, und so sprach er weiter: „*Ich habe euch von meinem inneren wunderbaren Glück erzählt, meine Kinder, und wie meine Seele vor Freude überquillt. Und wisst ihr den Grund? Weil mir der Himmel mit voller Sicherheit versprochen wurde! O meine Kinder, liebt die Immaculata, liebt die Immaculata, liebt die Immaculata!*“

Nun konnte er die Tränen nicht länger zurückhalten und sie flossen unaufhörlich über seine Wangen herab. Zu groß war seine Ergriffenheit darüber, dass ihm der Himmel versprochen worden war. Dennoch drängten ihn die Brüder: „Sprich weiter! Oh bitte, so sprich doch weiter!“

Nach kurzem Zögern sagte er: „*Weil ihr mich darum bittet und drängt, so sei es. Ich will euch noch etwas sagen: dass es in Japan war. Jetzt sage ich euch nichts mehr.*“

Immer noch drängten die Brüder, doch er wollte nichts Näheres mehr preisgeben als nur: „*Ich habe euch mein Geheimnis verraten, damit es euch Kraft und Stütze sei in den Prüfungen, die auf euch warten. … Denkt alsdann an meine Worte und bereitet euch auf die größten Opfer vor. … Eines nur dürft ihr euch wünschen: den Willen der Immaculata zu erfüllen, der der Wille Gottes ist.*“

Als er sah, dass jetzt auch die Brüder zu weinen begannen, versuchte er sie zu trösten: „*Wir befinden uns in einer Lage, wo niemand und nichts uns etwas anhaben kann. … Sind wir nicht zu allem bereit für die Immaculata? Gesetzt wir würden getötet: Was ist das anderes als eine Gratis-Fahrkarte für den Himmel? … Mit einem Wort: Wir sind unbesiegbar. … Welch ein Glück, sterben zu dürfen mit der Gewissheit und Genugtuung, für sie gearbeitet und gelitten zu haben!*“[51]

Bei jeder Begegnung mit P. Maximilian hatte Sarah gemerkt, wie groß seine Liebe zu Maria war, aber wie weit er wirklich für sie gehen würde, das wurde ihr erst jetzt bewusst. Er würde ALLES für sie tun, sogar sein Leben würde er ohne zu zögern für sie geben. Was für eine Liebe! Was für eine unglaublich große Liebe! Wie musste es ihn geschmerzt haben, seine himmlische Mutter beim Kreuzweg und unter dem Kreuz Christi so sehr leiden zu sehen, ohne etwas für sie tun zu können! Wenn Maria doch damals schon gewusst hätte, wie viel Großes Menschen mit ihrer Hilfe in der Zukunft für ihren Sohn tun würden! Es hätte sie mit Sicherheit getröstet. Doch leider war ihr dieses Wissen damals nicht geschenkt worden.

Während Sarah darüber nachdachte, wie traurig die Gottesmutter bei ihrer letzten Begegnung gewirkt hatte, verschwand die Szene, die sie soeben noch gesehen hatte, und sie saß erneut vor dem Grab Jesu. Neben sich auf der Bank P. Maximilian, der wieder um einiges jünger war als noch soeben.

„War das deine letzte Botschaft an die Brüder?"

„In gewisser Weise ja, auch wenn ich danach noch ein paar Mal mit ihnen gesprochen habe. Ich spürte, dass mein Ende nahe war, und wollte ihnen an diesem Abend so etwas wie mein letztes Testament mit auf den Weg gegeben."

„Warum hast du dann nicht alle dazu einberufen?"

„Sie sollten vollkommen frei sein zu gehen oder zu bleiben, damit auch hier der Wille der Gottesmutter geschehen konnte. Denen, die dabei sein sollten, legte sie den Wunsch zu bleiben ins Herz und sie blieben. Es sollten auch noch nicht alle wissen, dass mein Ende bereits sehr nahe war. Nur die Anwesenden – und diese stärkten mich durch ihr Gebet.

Inzwischen hatte der Zweite Weltkrieg begonnen. Das Konzentrationslager Auschwitz befand sich ganz in unserer Nähe.

Immer mehr Grausamkeiten der Deutschen wurden bekannt und der Hass auf sie wuchs und wuchs."

„Hast auch du die Deutschen gehasst?", wollte Sarah wissen.

„Nein, das habe ich nie", sagte P. Maximilian voller Überzeugung, „Hass kommt vom Bösen, er ist immer falsch! Die richtige Haltung ist nur die Liebe. Liebe zu allen. Zu Freunden und Feinden – und sei es auch noch so schwer! Denn Gott ist die Liebe!"

„Die sogenannte Feindesliebe – eine echte Herausforderung", dachte Sarah. „Kein Wunder, dass die Menschen Jesus angriffen, als er sie dazu aufforderte. Doch er hatte jedes Recht, sie zu fordern, denn er hat sie selbst gelebt. Sogar am Kreuz hat er noch um Vergebung für die gebeten, die ihn so sehr leiden ließen."

P. Maximilian erzählte weiter und riss sie wieder aus ihren Gedanken: „Als die Gefahr im Kloster wuchs, rief ich die Brüder zusammen und empfahl ihnen, heim zu ihren Familien zu fahren. Ein paar wollten unbedingt bleiben. Natürlich durften sie auch das. Ich erneuerte mit ihnen die Hingabe an Maria, erteilte die Generalabsolution und reichte ihnen das Kreuz Christi zum Kuss. Hier am Kreuz war er für uns gestorben, und wenn es nötig sein sollte, dann waren auch wir bereit dazu, für ihn zu sterben. Kurze Zeit später kamen die Deutschen, um uns zu holen, da sie mit unserer Pressetätigkeit nicht einverstanden waren. Im Viehwagen wurden wir ins Lager Amtitz gebracht. Dort warteten Hunger, Durst, Kälte und viele Grausamkeiten auf uns. Wir aber dankten der Muttergottes für alles, hatten selbst für unsere Feinde ein Lächeln und beteten unaufhörlich, um möglichst viele Seelen für Gott zu gewinnen. Und wir durften erfahren, dass es die Wahrheit ist: *Wer wahrhaft der Mutter Gottes geweiht ist, greift ohne Weiteres, wo er auch sei, in die Herzen der Menschen hinein, auch der schlimmsten, und rettet unzählige Seelen.*[52]"

„Wie durftet ihr das denn erfahren?", wollte Sarah wissen.

„Indem sich viele bekehrten. Sogar das Herz der Frau des Lagerführers wurde erweicht und sie buk mir einen Kuchen. Nach einer Weile wurden wir wieder freigelassen und durften ins Kloster zurückkehren."

„Also bist du nicht im Konzentrationslager getötet worden?"

„Doch, das bin ich – aber nicht in diesem. Noch war nicht der richtige Zeitpunkt gekommen, den Märtyrertod zu sterben. Noch wurde ich auf Erden gebraucht, denn es kamen immer mehr Brüder ins Kloster zurück und wir fuhren damit fort, unsere Zeitschrift zu veröffentlichen. Am 17. Februar 1941 war es dann soweit: Ein schwarzes Auto hielt vor der Klosterpforte."

Als Sarah vor Spannung den Atem anhielt, meinte er: „Wenn du willst, kannst du mit eigenen Augen sehen, wie es weiterging."

Die junge Frau nickte und gleich darauf befand sie sich wieder in dem Kloster in Polen, in dem sie vor Kurzem schon gewesen war. Dieses Mal jedoch nicht im Speisesaal, sondern vor der schweren Eingangstür, an die mit den Fäusten geschlagen wurde. Erschrocken wich Sarah ein paar Schritte zurück, als mehrere Männer brüllten: „Aufmachen! Macht sofort die Tür auf!"

Ein schwarzgekleideter Mönch eilte herbei und schob mit zitternden Händen den Riegel zurück. Vor der Tür aber standen fünf SS-Männer, die im Auftrag Hitlers unterwegs waren.

„Bring sofort Pater Kolbe zu uns!"

Der Mönch erschrak zutiefst. Hatten sie etwa herausgefunden, dass das Kloster, dem P. Maximilian vorstand, viele Juden versteckt hatte, um sie vor der Ermordung zu retten? Er drehte sich panisch um und eilte los, um seinem Vorgesetzten Bescheid zu geben. Ob er ihn bat, sich in Sicherheit zu bringen? Sarah wusste es nicht. Wenn ja, war diese Bitte ohnehin auf taube Ohren gestoßen, denn P. Maximilian kam kurze Zeit später zur Tür und stellte sich den SS-Männern gegenüber. Sein Gesicht war blass und er wirkte ganz abgezehrt. Und doch stellte er sich aufrecht und nach außen hin ruhig vor seine Gegner.

Einer der Männer las vier weitere Namen vor und befahl dem Mitbruder, auch sie zu holen. Der Bruder warf einen fragenden Blick auf P. Maximilian. Dieser wurde sichtbar blasser, nickte aber und gab die Erlaubnis, die Genannten zu holen. Wusste er doch, dass jeder Widerstand zwecklos war.

Als alle fünf vor der Eingangstür standen, wurden jedem von ihnen die Hände zusammengebunden. Dann wurden sie wie Schwerverbrecher zu einem schwarzen Auto geführt, dessen Dunkelheit einen nach dem anderen in sich verschluckte.

Inzwischen hatten viele Brüder mitbekommen, was passiert war. Weinend standen sie vor der Klostertür und versuchten, einen letzten Blick auf die geliebten Mitbrüder zu werfen. Noch konnten sie nicht wissen, dass sie nur zwei von ihnen lebend wiedersehen würden.

P. Maximilian warf ihnen einen langen Blick voller Liebe und Sorge zu. Ihnen, die in Freude und Leid an seiner Seite gewesen waren und die jetzt so verängstigt und verloren vor der Tür standen – wie Schafe, die keinen Hirten mehr haben. Dann segnete er sie ein letztes Mal und stieg in das Fahrzeug. Dabei war auf seinem Gesicht zu lesen: Er wusste, dass er nie mehr zurückkommen würde.

Während das Auto davonfuhr – und mit ihm das Leben der Brüder – wurde auch Sarah an einen anderen Ort gebracht. Hier stand sie mitten in einer Gefängniszelle. Neben sich die Brüder, die sie kaum wiedererkannte. Zwar trugen sie noch das Ordensgewand, doch zeigte ihr Äußeres, dass ihnen kaum Gelegenheit gegeben wurde, sich frisch zu machen – geschweige denn die Haare oder den Bart zu schneiden. Es tat Sarah weh, ihren Freund in diesem Zustand zu sehen. Dabei sollte das noch gar nichts sein, wie sie gleich merkte. Denn in diesem Moment kam einer der Aufseher vorbei, ein kräftig gebauter Mann mit hasserfülltem Gesichtsausdruck. Aus irgendeinem Grund hatte er es auf P. Maximilian abgesehen. Er steuerte direkt auf ihn zu, zog an seinem Rosenkranz, der an der Kutte befestigt war, und fragte hämisch: „Glaubst du wirklich an das?"

P. Maximilian sah ihn an und sagte voller Überzeugung: „O ja, ich glaube."

Hierauf holte der Aufseher aus und schlug ihm mit der Faust ins Gesicht.

Dann fragte er ihn noch einmal: „Und jetzt – glaubst du immer noch an das?"

Und wieder antwortete P. Maximilian: „Ja, ich glaube."

Da wurde der Aufseher ganz rot im Gesicht, stürzte sich auf ihn, packte ihn am Hals und schlug mit der Faust auf ihn ein. Erst ins Gesicht, dann in den Magen. Dann wieder ins Gesicht, bis das Blut aus mehreren Öffnungen hervorströmte. Während P. Maximilian sich vor Schmerzen krümmte, musste Sarah den Blick abwenden. Sie konnte es nicht ertragen, ihn so leiden zu sehen.

Nach einer Weile ging dem Peiniger die Kraft aus und er stampfte davon, als ob nichts gewesen wäre. Die Mitbrüder aber eilten zu P. Maximilian, um ihm beizustehen. Und während sie versuchten, das Blut von seinem Gesicht zu entfernen, tröstete er sie: *„Meine Freunde, freuet euch mit mir! Es kommt den Seelen zugute. Es ist für die Immaculata!"*

Wieder war sie zu spüren: seine übergroße Liebe zur Muttergottes. Alles hätte er für sie gegeben. Wirklich alles! Und jedes Leid, das ihn traf, nahm er bereitwillig an, um es für sie aufzuopfern. Damit sie Seelen retten konnte. Immer ging es ihm um die Rettung der Seelen.

Kurz darauf verschwamm das Bild vor Sarahs Augen und sie saß wieder neben P. Maximilian beim Grab Christi.

„Das, was du gerade gesehen hast, war nicht das Schlimmste", sagte P. Maximilian, „vom Gefängnis aus kam ich ins KZ Auschwitz und dort hätte mich einer der Aufseher beinahe totgeprügelt. Meine Verletzungen waren so schwer, dass ich sogar ins Sterbehaus gebracht wurde, doch immer noch war meine Stunde nicht gekommen. Aber bald! Bald sollte es soweit sein."

Er sah eine Weile schweigend auf das Grab Jesu – so, als wolle er dort Kraft schöpfen für das, was er gleich erzählen würde –, dann sprach er weiter: „Nach dem Sterbehaus kam ich erst in den Block der Invaliden und dann in Block 14, wo das eintreffen sollte, was ich bereits als kleiner Junge gewählt hatte."

„Der Tod als Märtyrer."

„Ja, hier trat der Tod als Märtyrer ein. Es war Ende Juli 1941. In unserem Block fehlte ein Insasse und man ging von einer neuen Flucht aus. Lagerführer Fritzsch wurde unglaublich wütend und drohte uns an, dass für jeden Ausbrecher mehrere von uns in den Hungerbunker mussten. Sagt dir dieser Ort etwas?"

„Es ist ein Bunker, in dem man weder zu essen noch zu trinken bekommt und so lange eingesperrt wird, bis man tot ist."

„Genauso ist es. Immer wieder hörte man entsetzliches Geheul aus dem Bunker dringen – vor allem nachts, wenn sonst alle Geräusche verstummt waren. Du kannst dir vorstellen, dass die Vorstellung, dorthin zu müssen, große Panik verursachte. Alle hofften, dass der verschwundene Insasse gefunden wurde, um diesem Schicksal zu entgehen. Doch das wurde er nicht. Am nächsten Tag musste unser Block stundenlang in der Hitze stehenbleiben. Wir alle waren völlig entkräftet, die meisten so abgemagert, dass man jede Rippe sehen konnte. Daher war es kein Wunder, dass viele diese Schikane nicht durchhielten und zu Boden fielen. Wenn Schläge nicht dazu führten, dass sie wieder aufstanden, wurden sie von den Wachen abgeschleppt und auf einen Haufen geworfen. Auf einen Haufen aus leblosen Körpern, der stündlich größer wurde. Um halb drei durften wir für eine halbe Stunde gehen, um die kärgliche Lagersuppe zu uns zu nehmen. Dann mussten wir wieder in Reih und Glied aufrecht stehenbleiben. Abends kamen die Mannschaften zurück. Fritzsch hörte sich ihre Berichte an und dann kam er zu uns."

Fast hoffte Sarah, die folgende Szene nicht mit eigenen Augen sehen zu müssen, doch P. Maximilian ging davon aus, dass sie es ertragen würde, und so stand sie kurze Zeit später mitten im KZ Auschwitz. Vor ihr standen in mehreren Reihen Gefangene in gestreiften Sträflingsanzügen. Sie alle hatten eingefallene Gesichter, aus denen leiderfüllte Augen glühten. Hinter den Männern schnitten die Baracken die Flucht ab, vor ihnen mehrere SS-Wärter, die sie schlechter als Tiere behandelten. In der Mitte stand einer, der besonders herausstach: Lagerkommandant Karl Fritzsch. Wie die anderen trug er die graue Uniform der SS. Von seiner Dienstmütze grinste ein Totenkopf herab.

Den Häftlingen war anzusehen, dass sie sich kaum noch auf den Beinen halten konnten. Trotzdem blieben sie unverwandt stehen. Wussten sie doch, dass jedes Zeichen der Schwäche ihr Todesurteil sein konnte. Voller Anspannung blickten alle auf Fritzsch, dessen Worte über Leben und Tod entscheiden sollten. Da begann er auch schon zu sprechen: „Der Ausreißer ist noch nicht aufgefunden worden. Zehn von euch werden an seiner Stelle im Hungerbunker sterben."

Ein gequältes Stöhnen ging durch die Menge, doch keiner wagte es, laut aufzuschreien. Die Gefahr war zu groß, dadurch die Aufmerksamkeit auf sich zu ziehen. Fritzsch trat auf die erste Reihe zu, sah einem nach dem anderen in die Augen und schien nachzudenken. Dann fuhr er einen Mann an: „Maul auf, Zunge raus, zeig die Zähne!"

Zitternd gehorchte der Mann. Fritzsch war zufrieden mit dem, was er sah, und ging weiter. Noch hatte er keinen für den Hungerbunker ausgewählt. Er genoss es, Spannung aufzubauen, für eine Zeit Herr über Leben und Tod zu sein. Schließlich hob er die Hand und zeigte auf einen: „Der da." Palitsch, sein Adjutant, schrieb die Nummer des Angezeigten auf, während der Mann kreidebleich und mit pfeifendem Atem aus der Reihe heraustrat.

„Und der. Und der." So ging es weiter, bis er zehn hatte. Zehn zum Tode Verurteilte.

Sie alle mussten vortreten und ihre Schuhe vor aller Augen ausziehen. Nichts als die reine Sträflingskleidung sollten sie in den Bunker mitnehmen. Da begann einer der Männer laut zu schluchzen und zu schreien: „Habt Erbarmen! Ich habe eine Frau und Kinder! Was soll aus ihnen werden, wenn ich tot bin?"

Fritzsch berührte das nicht im Geringsten – jemand anderen aber umso mehr. Aus einer der Reihen trat ein Häftling, näherte sich dem Lagerführer und blieb mit geneigtem Haupt vor ihm stehen.

Durch die Reihen der Gefangenen ging ein Gemurmel: „Pater Kolbe. Pater Maximilian Kolbe."

Sarah dachte für einen Augenblick, das Herz würde ihr stehenbleiben. Warum trat er vor? War ihm denn nicht bewusst, dass er sich dadurch in Lebensgefahr begab?

Fritzsch trat einen Schritt zurück, zückte die Pistole und schrie: „Halt! Was will das Polenschwein?"

P. Maximilian blieb unverändert stehen und sagte so leise, dass es nur die ersten Reihen hören konnten: „Ich möchte anstelle eines dieser Verurteilten sterben."

Damit hatte Fritsch nicht gerechnet. Unbeholfen fragte er: „Warum?"

Und P. Maximilian antwortete: „Ich bin alt und zu nichts nütze. Mein Leben hat nicht mehr viel Wert."

„Und für welchen willst du sterben?"

„Für den da, er hat Frau und Kinder", erwiderte P. Maximilian und zeigte auf den Mann, der eben noch so laut geschrien hatte – auf Wachtmeister Franz Gajowniczek.

So etwas hatte Fritzsch noch nie erlebt und er konnte nicht verstehen, dass jemand zu einer solchen Handlung fähig war. Fassungslos fragte er: „Wer bist du?"

„Katholischer Priester."

Mehr war nicht wichtig. Es spielte keine Rolle, wie er hieß oder woher er stammte. Wichtig war nur, dass er als katholischer Priester Gott, seiner himmlischen Mutter und der Kirche diente und in diesem Dienst alles für sie gab. Sogar sein Leben. Mit seiner Aussage, er sei alt und zu nichts nütze, machte er Fritzsch die Niederlage leicht. Sollten die Alten und Schwachen doch von der SS liquidiert werden.

Einen Augenblick herrschte tödliche Stille. Sarah aber ließ ihre Augen auf P. Maximilian ruhen. Dessen Gesicht wirkte wie verklärt, während seine Augen über den SS-Mann hinweg in die Ferne blickten.

Als Sarah seinem Blick folgte, nahm sie zum ersten Mal an diesem Tag den Himmel wahr. Er hatte sich tiefrot gefärbt. „Rot wie Blut", dachte Sarah.

Innerlich hoffte sie, Fritzsch würde nicht auf den Vorschlag eingehen, doch dann hörte sie ihn mit rauer Stimme sagen: „Gut! Geh mit."

Danach sagte er nichts mehr.

Palitsch aber strich auf der Liste eine der Nummern und schrieb eine neue hin: die 16.670. Jetzt waren sie vollständig. Es waren wieder zehn. Zehn zum Tod Verurteilte.

Der Befehl zum Abmarsch wurde gegeben. Die Verurteilten sollten sich zu Trakt 13 begeben, wo der Hungerbunker auf sie wartete. Sie drehten sich um und gingen los. Barfuß und in Sträflingskleidung, so schritten sie langsam dem Tod entgegen. Jeder Schritt schien ihnen seelischen Schmerz zu bereiten. Am Ende ging P. Maximilian. Er ging wie ein Hirte, der seine Herde auf dem letzten Weg begleitete und bis zum letzten Atemzug an ihrer Seite blieb.

Das Licht des Tages zog sich immer mehr zurück und die Nacht breitete sich aus, als die Verurteilten den Bunker betraten und in seinen todbringenden Mauern verschwanden. Sarah folgte ihnen in die Tiefen des Kellers, aus dem Geschrei und Geheul kam. Hier lagen bereits mehrere Opfer im Sterben.

Die Männer wurden in eine dunkle, feuchte Zelle gebracht. Sarah, die außerhalb stehenblieb, hörte gerade noch, wie ihnen der Befehl gegeben wurde, sich bis auf die Haut zu entkleiden. Dann fiel die schwere Tür vor ihr ins Schloss.

Fassungslos stand sie allein im Dunkeln. Mit so einer Situation hatte sie nicht gerechnet. Wie sehr wünschte sie sich, P. Maximilian wieder so zu sehen, wie er ihr während ihrer gemeinsamen Reise begegnet war. Als positiven und leuchtenden Menschen. Nicht als einen Menschen, der zutiefst gedemütigt und grausam ermordet wurde. Und doch war er immer noch derselbe. Auch dieses Leid gehörte zu ihm – es gehörte ebenso zu ihm wie alle Momente der Freude und des Erfolgs.

Leid und Freude, Schatten und Licht – zum Leben gehörte immer beides. Wenn auch nicht immer in so ausgeprägter Form wie bei P. Maximilian.

Während sie so dastand, spürte sie, dass einige Zeit vergangen war. Die Schreie aus den umliegenden Zellen waren verstummt und auch aus der Zelle P. Maximilians war nichts zu hören. Ob er schon tot war?

Die Antwort darauf sollte sie bald bekommen, denn ein Wärter näherte sich und sperrte die Tür für einen Augenblick auf. Diese Gelegenheit nutzte Sarah und ging ebenfalls hinein. Was sie zu sehen bekam, traf sie zutiefst. Alle Männer lagen auf dem Boden. Die, welche noch die Kraft dazu hatten, stützten sich mit dem Rücken an der Wand ab. Hatten sie schon zuvor nur noch aus Haut und Knochen bestanden, so war ihr Zustand jetzt noch um einiges erbarmungswürdiger. Mehreren standen die letzten Stunden kurz bevor. Und dennoch klagten sie nicht. Stattdessen klammerten ihre Augen sich an P. Maximilian, der in ihrer Mitte kniete und ihnen durch seine Gebete und Worte Trost und Hoffnung gab. Gerade stimmte er ein Marienlied an und alle, die es kannten, begannen, leise mitzusingen.

Es war kein Singen, das in den Augen der Welt Lob errungen hätte, und doch war es ergreifender als alles, was Sarah je gehört hatte. Es war der Hilfeschrei sterbender Männer, welche sich an ihre Himmelskönigin wandten, die sie schon bald im Jenseits empfangen würde.

Und dann erfuhr Sarah, warum auch aus den umliegenden Zellen keine Schreie mehr drangen. Viele lebten noch, aber sie waren nicht länger in der Verzweiflung gefangen. Auch für sie gab es Hoffnung: Hoffnung auf ein Leben nach dem Tod. Und mit letzter Kraft erhoben sie ihre schwachen Stimmen und sangen mit bei dem Lied, das P. Maximilian soeben angestimmt hatte.

Daraufhin herrschte einen Augenblick Stille, bevor sie alle gemeinsam beteten: „Heilige Maria, Muttergottes, bitte für uns Sünder, jetzt und in der Stunde unseres Todes. Amen."

Ja, sie stand kurz bevor – die Stunde des Todes. Doch keiner unter ihnen musste vor dieser Stunde Angst haben. Denn es gab jemanden, der im Jenseits ein gutes Wort für sie einlegen würde: Maria.

Zurück in Jerusalem

In diesem Moment verschwand das Bild vor Sarahs Augen und sie befand sich wieder einmal beim Grab Christi, das mittlerweile vom Licht der Abendsonne beschienen wurde. Neben ihr saß P. Maximilian. Er sah aus wie immer und nichts an ihm deutete darauf hin, dass er ihr gerade Szenen gezeigt hatte, die kurz vor seinem Tod stattgefunden hatten. Sarah war dankbar, dass er ihr ersparte, sein Sterben zu sehen. Trotzdem wollte sie wissen, wie es weiterging:

„Was passierte dann?"

„Ich war zwei Wochen im Hungerbunker und durfte in dieser Zeit viel für Gott bewirken. Die anderen Gefangenen kamen zu mir, um ein letztes Mal zu beichten, und wenn sie den Geist aushauchten, saß ich an ihrer Seite und begleitete sie im Gebet. Hier hatte nicht länger die Verzweiflung das Sagen, sondern ein tiefer Friede Gottes. Im Laufe der Wochen wurde einer nach dem anderen aus dem Leben gerufen. Schließlich war ich der Einzige, der noch das Bewusstsein hatte. Jetzt konnten die Wärter meinen Anblick nicht länger ertragen. Einer kam und gab mir eine Spritze. Da ging auch ich ins Jenseits ein.

Was für eine Freude war es, dass mein Tod ausgerechnet am 14. August eintrat. Am Tag vor Mariä Himmelfahrt, sodass ich dieses Fest mit meiner geliebten Königin im Himmel feiern konnte."

„Und seitdem hast du im Himmel dein Glück gefunden?"

„Ja, seitdem habe ich dort mein Glück gefunden", bestätigte P. Maximilian strahlend, „ein Glück, welches so groß ist, dass Worte nicht ausreichen, um es zu beschreiben. Liebe, die so tief ist, dass man nie wieder auf sie verzichten möchte. Und die Gelegenheit, immer noch viel Gutes auf Erden zu bewirken. Mehr sogar als zu Lebzeiten. Denn wie du weißt, habe ich hier beide Hände frei, da ich mich nicht mehr festhalten muss, um nicht zu fallen. Man muss mich nur um Hilfe bitten, dann werde ich da sein."

„Bist du dann auch für mich da, wenn ich dich später einmal um Hilfe bitte?", wollte Sarah wissen.

„Für dich ganz besonders", meinte er mit einem liebevollen Blick, „bist du mir doch während unserer gemeinsamen Reise sehr ans Herz gewachsen."

„Du bist mir auch sehr ans Herz gewachsen", sagte Sarah gerührt, „und ich bin schon jetzt traurig bei der Vorstellung, mich von dir trennen zu müssen."

„Noch ist es ja nicht soweit. Noch haben wir einiges vor. Und wenn es irgendwann soweit ist, dann darfst du nie vergessen, dass ich vom Himmel aus immer noch für dich da sein werde."

Was für eine schöne Vorstellung! Er würde vom Himmel aus für sie da sein. Sarah war sich sicher, dass sie das nie vergessen und mehrmals darauf zurückkommen würde.

P. Maximilian wäre nicht P. Maximilian gewesen, wenn seiner Zusage nicht noch eine andere gefolgt wäre. Daher erstaunte es die junge Frau nicht, als er sagte: „Was noch wichtiger ist: Auch Maria wird jederzeit für dich da sein, Sarah. Vergiss nie: Durch sie kannst du jede Gnade erlangen. Wenn du in Not bist, wende dich an sie. Sie wird dir immer weiterhelfen! Wird dir IMMER helfen, aufs Neue zu hoffen und zu lieben."

Sarah würde das ganz gewiss nicht vergessen. Nicht nach all dem, was sie bisher schon erlebt hatte. Und sie waren ja immer noch nicht am Ende der Reise angekommen. Nur am Ende dieses Tages, den die Sonne mittlerweile verlassen hatte. Wenn

Sarah sich nicht täuschte, dann würde bald die Auferstehung Jesu kommen. Seine Auferstehung – das Zeichen dafür, dass das Leben immer über den Tod siegte. Wie sehr hoffte sie, dass P. Maximilian ihr diese Szene zeigen würde!

Doch der hatte gerade ganz einen anderen Gedanken: „Möchtest du zwischendurch zu deiner Reisegruppe zurückkehren, Sarah?"

Entsetzt schaute die junge Frau ihn an. Sie wollte ganz bestimmt nicht zur Gruppe zurückkehren, sondern das Ereignis miterleben, das die Ursache so großer Hoffnung war: die Auferstehung Jesu. Ihr Begleiter würde doch wohl nicht so grausam sein, sie zurückzuschicken, bevor sie diese Szene gesehen hatte?

P. Maximilian musste lachen, als er ihren schockierten Blick sah. Dann meinte er: „Keine Sorge, ich werde dich nicht zur Rückkehr zwingen. Wenn du sofort weiterreisen willst, können wir das gerne machen."

So reisten sie wieder einmal mehrere Stunden in der Zeit. Es war früh am Morgen. Der Himmel war in ein leichtes Türkis getaucht und die ersten Strahlen der Sonne fanden den Weg in den Garten. Sie weckten die Natur und brachten die zahlreichen Tautropfen zum Funkeln.

Vor dem Grab Jesu standen noch immer römische Wachen. Übermüdet und leicht verfroren lehnten sie am Felsen und fragten sich, wozu sie überhaupt hier waren. Schließlich war die letzten Tage über nichts Außergewöhnliches geschehen. Vor allem aber hatte keiner versucht, den Leichnam Jesu zu stehlen – wie es von manchen seiner Gegner befürchtet worden war.

Mit einem Mal war himmlischer Gesang zu hören. Erstaunt blickten die Wachleute sich um, doch sie konnten keinen entdecken. Woher kam dann der Gesang? Kurz darauf begann die Erde zu beben und der schwere Stein vor dem Grab rollte weg. Die Römer versuchten noch, ihn aufzuhalten, aber sie waren machtlos gegen die Kraft, mit der er weggerollt wurde. Stattdessen fielen sie wie betäubt zu Boden, während aus dem Grab heraus grelles Licht kam.

Was passierte hier gerade? Sarah und P. Maximilian traten näher heran. Da sahen sie, wie der Körper Jesu sich unter dem Leinentuch bewegte. Der Geist war in den Körper zurückgekehrt und alle Organe neu zum Leben erwacht. Das Herz, das vor drei Tagen erst mit der Lanze durchbohrt worden war, begann zu schlagen. Der Brustkorb hob und senkte sich.

Dann stand Jesus auf. In einem leuchtend weißen Gewand stand er mitten im Grab und strahlte dabei übernatürliche Würde und Schönheit aus. Die meisten seiner Wunden waren verschwunden. Lediglich an den Händen, Füßen und am Herzen blieben offene Stellen, die an seinen Kreuzestod erinnerten. Jetzt aber floss nicht länger Blut aus ihnen heraus. Stattdessen kamen Strahlen von Licht hervor und trafen jeden, der sich ihm näherte. Nicht nur aus den Wundmalen, aus seinem ganzen Körper kam Licht hervor. Jesus sah aus wie ein Mann aus Licht und staunend beobachtete Sarah, wie er in den Garten hinaustrat.

Die Wachen lagen immer noch betäubt vor dem Grab. Sie konnten seine Auferstehung nicht wahrnehmen. Konnten nicht wahrnehmen, dass der allmächtige Gott ganz nahe bei ihnen war. So, wie bis in die Gegenwart hinein viele nicht wahrnehmen konnten, dass Gott da war, weil sie nicht offen für ihn waren. Oder aber, weil sie durch ihre Lieblosigkeit den Zugang zu ihm verloren hatten.

Ganz anders die Natur, die mit einem Mal zum Leben erwachte. Die Vögel begannen zu singen. Die Bäume und Blumen öffneten ihre Blüten. Die Tautropfen glitzerten wie Diamanten im Licht der Sonne. Der sanfte Wind erfüllte die Luft mit Leben und ließ zartrosa Blütenblätter um den Erlöser tanzen.

In diesem Moment war es Sarah, als wären jede Erinnerung an Leiden, jede Traurigkeit und jede Sorge um die Zukunft ausgelöscht. Es herrschte nichts als Freude. So große Freude, dass sie am liebsten zu tanzen begonnen hätte.

Der Ruf „Der Herr ist auferstanden! Er ist wahrhaft auferstanden!" bekam eine ganz neue Bedeutung für sie. Ja, er war auferstanden! Er war wahrhaft auferstanden und hatte den Tod ein für alle Mal besiegt. Von jetzt an brauchte keiner mehr Angst vor dem Sterben zu haben. Denn Jesus hatte bewiesen, dass das Leben auch danach noch weiterging. Dass er wirklich die Auferstehung und das Leben war und es daher keinen Tod gab für den, der an ihn glaubte.

Mitten im Garten blieb Jesus noch einmal stehen und bedankte sich mit einem liebevollen Lächeln bei der Natur, die ihn so herzlich begrüßt hatte. Dann schritt er auf den Ausgang zu, um zu dem Menschen zu gelangen, der ihm mehr als alle anderen bedeutete.

P. Maximilian sagte: „Schnell, wir müssen uns beeilen, wenn wir die erste Begegnung mit dem Auferstandenen sehen wollen."

Gleich darauf standen sie erneut in dem Haus, in dem das Letzte Abendmahl stattgefunden hatte. Vor ihnen kniete Maria. Sie betete und beugte sich dabei so tief hinab, dass ihre Stirn den Boden berührte. Im Raum war es dunkel, lediglich eine Öllampe schenkte der Betenden ein wenig Licht.

Da war ein lautes Geräusch zu hören. Wie von selbst öffneten sich die hölzernen Läden an den Fenstern und das Licht der Sonne trat herein. Zugleich mit dem Licht aber hatte noch jemand den Raum betreten: Jesus, der Auferstandene, stand vor seiner Mutter und blickte mit einem strahlenden Lächeln auf sie herab.

Und wie er so dastand in seinem weißen Gewand und heller leuchtend als die Sonne, kam es Sarah vor, als sei er in diesem Moment noch schöner als im Garten. So schön, wie sie ihn noch nie zuvor gesehen hatte.

Als Maria ihn sah, kreuzte sie die Hände über der Brust und stammelte unter Tränen: „Mein Herr und mein Gott." Voller Liebe blickte sie in das Gesicht ihres Sohnes, auf dem ein so strahlendes Lächeln lag, dass ihre Tränen getrocknet wurden und auch sie wieder zu lächeln begann.

Und dann durfte sie das Wort hören, das sie mehr berührte als jedes andere: „Mama!"

Dabei streckte Jesus ihr beide Hände entgegen und half ihr, vom Boden aufzustehen, um sie liebevoll in seine Arme zu nehmen. Zärtlich strich sie mit den Händen über seinen Rücken, während ihr Gesicht an seiner Brust ruhte und den Schlag seines Herzens spürte. Endlich schlug es wieder, dieses Herz, das sie so sehr liebte und dessen Stillstand ihr so großes Leid bereitet hatte!

Dann nahm sie seine linke Hand, strich sanft mit den Fingern darüber und drückte einen innigen Kuss auf die Stelle, die vor drei Tagen grausam durchbohrt worden war, aus der jetzt aber gnadenreiches Licht floss. Das Gleiche tat sie mit der rechten Hand. Daraufhin sank sie auf die Knie und küsste beide Füße. So, als wolle sie mit ihren Küssen erneut das Leid lindern, das er erlitten hatte. Als sie wieder vor ihm stand, fiel ihr Blick auf die Stelle, an der sein Herz schlug. Sie hatte jedoch Scheu, ihn darum zu bitten, auch diese Stelle küssen zu dürfen.

Jesus kam seiner Mutter entgegen und fragte: „*Und diese willst du nicht küssen, Mama? Diese, die dir so großen Schmerz bereitet hat und die zu küssen nur du allein würdig bist … Küsse mein Herz, Mama. Dein Kuss wird die letzte Erinnerung an alles, was Schmerz ist, verwischen und mir jene Freude schenken, die mir zu meiner Freude als Auferstandener noch fehlt.*[53]“

Da beugte Maria sich vor und liebkoste auch diese Stelle mit ihren Lippen. Als erneut eine Träne über ihre Wange floss, sagte Jesus: „*Alles ist zu Ende, Mama. Nun brauchst du nicht mehr um deinen Sohn zu weinen. Die Prüfung ist bestanden. Die Erlösung ist vollbracht. Mutter, ich danke dir, dass du mich empfangen, aufgezogen und mir im Leben und im Sterben geholfen hast. Ich habe deine Gebete gefühlt, die zu mir kamen. Sie waren meine Kraft im Schmerz, meine Begleiter auf den Wanderungen des irdischen Lebens und auf meiner Reise in das andere Leben. … Der Vater und der Heilige Geist haben sie gesehen und gelächelt wie über die schönste Blume und den süßesten Gesang des Paradieses. … Der ganze Himmel singt dir, meine Mutter, heilige Mutter, sein Hosanna. Ein Hosanna, das nie verstummt.*“[54]

Maria strahlte, als sie hörte, dass ihre Gebete bei Jesus angekommen waren und sie ihm dadurch hatte zur Seite stehen können. Wie sehr hatte sie sich gewünscht, dass er durch ihr Gebet wenigstens ein wenig Linderung bekommen sollte, und wie glücklich war sie jetzt, da sie hörte, dass dem so gewesen war.

Jesus legte erneut den Arm um seine Mutter und sagte: „*Nun gehe ich in meinem menschlichen Kleid zum Vater. Das Paradies muss den Sieger in seinem Menschengewand sehen, in dem er die Sünde des Menschen besiegt hat. Doch dann werde ich wiederkommen. Ich muss jene im Glauben festigen, die noch nicht glauben und doch glauben müssen, damit sie andere zum Glauben führen können. Ich muss die Kleinmütigen stärken, die so viel Glauben brauchen werden, um der Welt zu widerstehen. Dann werde ich zum Himmel auffahren. Aber ich werde dich nicht allein lassen. Du wirst mich im Sakrament besitzen, so wirklich wie damals, als du mich getragen hast.*"[55]

„Sicher ist es nicht leicht für Maria, ihn noch einmal gehen zu lassen und allein auf der Welt zurückzubleiben", sagte P. Maximilian leise zu Sarah, „doch wie trostreich ist es, zu wissen, dass er im Sakrament immer bei ihr sein wird. Sie wird ihn darin viel stärker wahrnehmen als jeder andere Gläubige. Ist sie doch die Mutter des Erlösers und glaubt aus ganzem Herzen an seine Gegenwart – wohingegen viele andere nicht einmal daran denken, dass Jesus bei ihnen ist, wenn sie ihn in der Kommunion empfangen. Geschweige denn es glauben."

„Das Sakrament der Eucharistie gab es also wirklich von Anfang an?"

„Natürlich, Jesus hat es eingesetzt und die ersten Apostel haben es fortgeführt", bestätigte P. Maximilian.

Dann richtete er die Aufmerksamkeit wieder auf Jesus, der seine Mutter immer noch im Arm hielt und fest an sein Herz drückte – so innig, als wolle er den Schmerz heilen, den sie in den letzten Tagen hatte erfahren müssen. Dann sprach er: *„Du wirst nie allein sein, Mutter. In diesen Tagen bist du es gewesen. Aber zu der von mir gewirkten Erlösung war auch dein Schmerz notwendig. Vieles muss immerwährend der Erlösung hinzugefügt werden, denn es wird zu allen Zeiten viele neue Sünden geben. Ich werde alle meine Diener zur Teilhabe am Erlösungswerk aufrufen. Du allein wirst mehr dazu beitragen als alle Heiligen zusammen. Daher war auch diese lange Verlassenheit notwendig.*

Nun ist sie das nicht mehr. Denn ich bin nicht mehr vom Vater getrennt und du wirst nicht mehr vom Sohn getrennt sein. Und da du den Sohn hast, hast du auch unsere Dreifaltigkeit. Als lebendiger Himmel wirst du auf Erden die Dreifaltigkeit unter die Menschen bringen und die Kirche heiligen, du, die Königin des Priestertums und die Mutter der Christenheit. Dann werde ich kommen und dich holen. Und du wirst in meinem Reich sein, um das Paradies zu verschönern.

Nun gehe ich, Mama. Ich gehe, um die andere Maria glücklich zu machen. Dann gehe ich zum Vater und danach komme ich zu denen, die nicht glauben."[56]

Nach diesen Worten drückte Maria einen letzten Kuss auf seine Wange, dann lösten sie sich aus der Umarmung und er gab ihr mit der durchbohrten Hand den Segen. Und während Maria demütig das Haupt neigte, sah Sarah, wie Strahlen aus Jesu Hand sie mit Licht durchdrangen. So blieb sie stehen – mit demütig geneigtem Haupt, von Licht erfüllt –, während ihr Sohn den Raum verließ, um sich Maria Magdalena zu zeigen.

Auch Sarah und P. Maximilian verließen den Raum, durchschritten den Abendmahlssaal und stellten sich wieder an ihren Platz vor dem Haus. Inzwischen hatten sich zahlreiche Vögel um das Gebäude herum niedergelassen und sangen in den schönsten Tönen. Es war, als wüssten sie von der Auferstehung Jesu, die sich vor Kurzem ereignet hatte, und als wollten auch sie ihre Freude darüber zum Ausdruck bringen.

Nur das Wasser des Brunnens plätscherte unverändert vor sich hin – als sei alles genau wie immer. Aber so war es nun einmal mit dem Wasser. Es kümmerte sich nicht um die Geschehnisse der Welt, sondern ging einfach seinen Weg. So wie auch schon im Englischen Garten.

Während der Gesang der Vögel unverändert erklang, meinte Sarah: „Ich wusste gar nicht, dass Jesus seiner Mutter zuerst erschienen ist. Ich dachte immer, zuerst sei er bei Maria Magdalena oder den Aposteln gewesen."

„Natürlich ist er zuerst seiner Mutter erschienen", erwiderte P. Maximilian, „wer sonst hätte es so sehr verdient gehabt, ihn als Erste zu sehen. Aber Maria war so demütig, dass sie kaum darüber gesprochen hat. Außerdem sollte die Aufgabe, anderen von der Auferstehung zu berichten, nicht ihr zukommen, sondern Maria Magdalena. Der Frau, deren Leben durch die Liebe Jesu vollständig verändert worden war. Die vor der Begegnung mit ihm ein ausschweifendes Leben geführt hatte und in ihrer Sehnsucht nach Liebe von einem Mann zum nächsten gegangen war. Die dann aber in der reinen Liebe Jesu ihre ganze Erfüllung fand und alles befolgte, was er sie lehrte. Ihre Begeisterung und Liebe für ihn waren so groß, dass sie genau die Richtige war, um zu den Jüngern zu eilen und ihnen zu sagen, dass sie dem Auferstandenen begegnet war. Sie war so glücklich über diese Begegnung, dass sie sich nicht einmal durch den Spott, der ihr entgegengebracht wurde, entmutigen ließ. Wusste sie doch, was sie gesehen hatte. Da konnten die anderen sagen, was sie wollten."

„Und wieder einmal wurde jemandem nicht geglaubt, der etwas Außergewöhnliches erlebt hat", überlegte Sarah laut, „warum ist das eigentlich so? Warum tun sich Menschen so schwer damit, etwas zu glauben, das außergewöhnlich ist?"

„Dafür gibt es verschiedene Gründe", meinte P. Maximilian, „die einen glauben einem nicht, weil sie generell an nichts glauben. Andere glauben nur das, was sie selbst erlebt haben. Sie können sich nicht vorstellen, dass eine andere Person mehr Außergewöhnliches erleben sollte als sie selbst. Wieder andere sehen hinter allem eine Falle und einen Angriff von unten. So gibt es verschiedenste Gründe dafür, dass Menschen einem nicht glauben. Das habe ich selbst oft genug erlebt. Doch wenn du dir sicher bist, dass etwas von Gott kommt, dann glaube es. Glaube es, selbst wenn die ganze Welt dich angreift und über dich lacht."

„Und wenn ich mich dann doch täuschen sollte und die anderen zurecht über mich lachen?"

„Dann ist es so. Du aber hast nach bestem Wissen und Gewissen alles gegeben. Wie heißt es doch? Wer nicht bereit ist, sich lächerlich zu machen, kann auch nicht das Große bewirken, das Gott mit ihm vorhat."

Dieser Satz war Sarah in Lourdes schon einmal begegnet, als Bernadette dem Auftrag der Gottesmutter nachgekommen war, in der Erde gewühlt und schlammiges Wasser getrunken hatte. Wie war sie doch beschimpft und verspottet worden. Doch dann war genau aus jenem Loch in der Erde die Quelle entsprungen, die so vielen Menschen Heil und Segen brachte.

Vielleicht sollte auch sie selbst in Bezug auf Tobi wieder mutiger sein. Vielleicht sollte sie wieder offen dazu stehen, dass sie immer noch glaubte, dass er der Richtige für sie war – ganz gleich, was andere dazu sagten. Und wenn sie sich am Ende doch täuschte, dann war es eben so. Immerhin musste sie sich dann nicht vorwerfen, nicht alles gegeben zu haben.

Noch immer standen die beiden vor dem Haus. Ob Jesus Maria Magdalena bereits begegnet war? Was für eine Freude sie wohl empfand, wenn sie ihn sah! Kein Wunder, dass sie gleich danach zu den Jüngern eilen und allen davon erzählen würde!

Später würde Jesus auch den Aposteln und vielen seiner Jüngerinnen und Jünger begegnen und sogar noch 40 Tage lang bei ihnen bleiben, bis er schließlich in den Himmel auffuhr. Doch auch dann würde er sie nicht im Stich lassen, sondern den Heiligen Geist zu ihrer Stärkung schicken, damit sie in die Welt gehen und das Evangelium zu vielen Menschen bringen konnten.

All das wusste Sarah durch die Bibel. Durch die Evangelien und die Apostelgeschichte. Was sie aber nicht wusste, war, wie es im Leben Mariens weitergegangen war.

P. Maximilian, der ihre Frage kannte, noch bevor sie diese aussprach, sagte: „Maria blieb viele Jahre lang hier in Jerusalem und wohnte in dem Haus, vor dem wir gerade stehen. Johannes, dem sie unter dem Kreuz als Mutter anvertraut worden war, blieb bei ihr und war immer für sie da. Er war für sie ein wahrer Sohn und sie für ihn eine wahre Mutter – ganz so, wie Jesus es gewollt hatte.

Hier in Jerusalem verbreitete Maria den Glauben an Jesus und tat viel Gutes für die Menschen in ihrem Umfeld. Sie betete ohne Unterlass für alle, die sich ihr anvertrauten. Für alle, die in der Gegenwart lebten und auch für die, die in der Zukunft den Glauben an Jesus annahmen. Auch für Verstorbene betete sie – oft sogar in Kreuzesform auf dem Boden liegend – und ermöglichte es ihnen dadurch, bald schon in den Himmel zu ihrem Sohn zu kommen.

Solange die Apostel in Jerusalem lebten und Jesu Botschaft verkündeten, sorgte Maria für ihr leibliches Wohl. Sie kochte und umsorgte sie.

Mit großer Ehrfurcht nahm sie teil an der Feier der Eucharistie, ließ sich von ihnen den Segen geben und bezeugte auf verschiedenste Weise ihre Ehrfurcht vor deren Würde als Priester ihres Sohnes.

Nachdem die Apostel Jerusalem verlassen hatten, sorgte sie aus der Ferne für sie, indem sie ihnen Trost und Kraft durch ihr Gebet zukommen ließ und Engel zu ihnen sandte.

Doch nicht nur für die Apostel, auch für alle anderen, die sie um Hilfe baten, war Maria da. Sie besuchte Arme und Kranke, brachte Nahrung und Geschenke zu ihnen, pflegte sie und reinigte ihr Zuhause. Obwohl sie selbst nicht viel hatte, teilte sie doch alles mit ihren Mitmenschen. Nie stellte sie sich über andere. Im Gegenteil. Sie kam als die Dienerin aller Notleidenden und erfüllte ihre Herzen mit Freude.

Immer wieder geschah es, dass Menschen auf ihr Gebet hin sogar geheilt wurden. Und auch zahlreiche Bekehrungen gingen darauf zurück. Sogar zur Bekehrung von Paulus hat sie durch ihr unermüdliches Gebet viel beigetragen.

Schon damals begannen die Menschen, sie zu verehren. Sogar in Saragossa im weit entfernten Spanien, wo der heilige Jakobus ihr zu Ehren eine Kirche bauen ließ. Jesus selbst versprach, alle Verehrer Mariens, die ihn dort in Demut anriefen, reichlich zu segnen. Und auch Maria versprach allen, die dort beteten, große Gnaden, Segnungen und sicheren Schutz[57]. Diese Kirche sollte ihr Tempel, ihr Haus und ihr Erbteil und ihr Besitztum sein. Zum Zeugnis dessen befahl sie den Engeln, eine Säule mit einem heiligen Bild an den Ort zu stellen, an dem sie bis heute steht.

Und sie versprach, dass der Glaube an diesem Ort und in diesem Tempel bis zum Ende der Welt bleiben sollte."

„Bis heute stehen die Säule und das Bild in Saragossa?", fragte Sarah nach, die nicht ganz sicher war, ob sie das gerade richtig verstanden hatte.

„Bis heute", bestätigte P. Maximilian, „und bis heute schenkt Maria denen, die sie dort um Hilfe anflehen, viele Gnaden."

Nach einer kurzen Pause fuhr er fort: „Du siehst also, dass Maria in der Zeit, die sie noch auf Erden verweilte, viel Gutes bewirkte. Es war ein großer Segen für die Welt, dass sie Jesus nicht gleich in den Himmel folgte, sondern noch einige Jahre hierblieb, um allen zu helfen, die zu ihr Zuflucht nahmen.

Und doch war es eines Tages soweit. Eines Tages kam der Zeitpunkt, an dem sie sich von der Erde verabschieden sollte, um dorthin zu gelangen, wo ihr Sohn bereits einen herrlichen Platz für sie vorbereitet hatte."

Immer noch standen Sarah und P. Maximilian vor dem Haus, in dem das Letzte Abendmahl stattgefunden und Maria viele Jahre lang gelebt hatte.* Doch die Stimmung war eine völlig andere als vor wenigen Minuten. Die Sonne war von dichten grauen Wolken verdeckt, sodass nur einzelne Strahlen den Weg nach Jerusalem fanden.

Zwar hatten erneut zahlreiche Vögel um das Gebäude herum Platz genommen, doch waren die Töne, die sie von sich gaben, nicht länger von Freude erfüllt. Stattdessen drückten sie eine große Melancholie aus. Es war, als wären die Tiere in tiefer Trauer.

Aus der Gasse näherte sich ein grauhaariger Mann. Er eilte in großen Schritten auf das Haus zu und klopfte energisch an die Tür. Von innen öffnete ihm jemand, den Sarah viele Jahre zuvor schon einmal hier gesehen hatte. Es war Johannes, der treue Begleiter Mariens, der erleichtert ausrief: „Petrus! Endlich bist du da! Ich dachte schon, du würdest zu spät kommen!"

„Ich bin sofort aufgebrochen, als Mariens Engel zu mir kam und mich über ihren bevorstehenden Tod informierte", erwiderte Petrus, „wie froh bin ich, es rechtzeitig geschafft zu haben!"

---

* Anmerkung zu diesem Gebäude: Zu dem Ort, an dem Maria starb, gibt es verschiedene Theorien. Hier wird der gefolgt, welche annimmt, Maria sei in dem Haus gestorben, in dem das Letzte Abendmahl stattfand. Es ist aber möglich, dass Maria in einem anderen Haus in Jerusalem oder auch in Ephesus starb.

Dann hielten sie sich einen Augenblick lang in den Armen. Es war lange her, dass sie sich das letzte Mal gesehen hatten, aber die tiefe Verbindung zwischen ihnen war immer noch die selbe wie vor vielen Jahren.

Aus dem Inneren des Hauses kamen weitere Männer hervor. Sie alle umarmten Petrus und es war ihnen anzumerken, wie glücklich sie darüber waren, wieder einmal beisammen zu sein. Dann führten sie ihn hinein, nahmen ihm den Mantel und den Stab ab und brachten ihn zu Maria.

Diese lag auf einem niedrigen Lager und wurde durch mehrere Kissen gestützt. Ihr Körper war in ein weißes Tuch eingehüllt, ihr Haar durch einen Schleier bedeckt. Dazwischen war ihr gütiges Antlitz zu sehen, welches beinahe so bleich wie die beiden Stoffe war. Es war deutlich zu erkennen, dass Maria am Ende ihrer irdischen Kräfte angekommen war. Dennoch versuchte sie, sich aufzurichten, als Petrus an ihr Lager eilte, neben ihr auf die Knie fiel und um ihren Segen bat. Mit einem liebevollen Blick hob sie die Hand und machte das Zeichen des Kreuzes über ihn. Dann bat sie auch ihn um seinen Segen, den er ihr mit großer Hingabe erteilte.

Inzwischen klopfte es erneut an der Tür und Johannes eilte, die Neuankömmlinge willkommen zu heißen. Einer nach dem anderen kehrte zurück. Sie kamen aus vielen Ländern angereist und hatten zum Teil große Strapazen auf sich genommen. Doch ihnen war jedes Opfer recht, wenn sie nur da sein konnten, wenn die geliebte Mutter von ihnen ging. Jeder eilte sogleich ans Lager Mariens und bat sie um ihr Gebet und ihren Segen. Und obwohl Maria schon so sehr geschwächt war, gewährte sie jedem, worum er bat.

Als Sarah sich näher umsah, bemerkte sie, dass sich auch einige Frauen eingefunden hatten, die in engem Kontakt mit

Maria gestanden hatten und ebenso wie die Apostel dabei sein wollten, wenn sie zu ihrem Sohn in den Himmel ging.

Obwohl alle Anwesenden versuchten, die Fassung zu bewahren und stark zu sein in diesen schweren Stunden, blieb kein Auge trocken. Zu groß war der Schmerz darüber, dass ihnen bald der liebste Mensch auf Erden genommen werden sollte.

Doch bevor es soweit war, wollten sie ein letztes Mal zusammen mit ihr die heilige Eucharistie feiern. Sarah beobachtete, wie die Apostel sich in lange weiße Gewänder kleideten. Darüber legten sie prächtige Priestergewänder an. Dann traten sie an einen rotweiß bedeckten Altar in Sichtweite von Maria. Ganz vorne stand Petrus als Hauptzelebrant.

Während Maria sich in den Kissen aufrichtete und mit gefalteten Händen jedem ihrer Worte andächtig lauschte, feierten die Apostel gemeinsam den Gottesdienst zu Ehren ihrer geliebten Mutter.

Sarah erkannte darin vieles wieder, das bis in die Gegenwart erhalten geblieben ist. Besonders, als Petrus Brot und Wein in seine Hände nahm, sie voller Ehrfurcht hochhielt und die Worte sprach, die sie in den Leib und das Blut Christi verwandelten; oder auch, als er ehrfürchtig den Leib seines Herrn empfing und ihn dann allen anderen Zelebranten reichte.

Schließlich war die Zeit gekommen, Maria die Letzte Ölung zu bringen. Judas Thaddäus ging voran und schwenkte ein Becken, aus dem wohlriechender Weihrauch emporstieg. Ihm folgte Petrus mit dem Allerheiligsten. Danach kam Johannes mit dem Blut Christi und einer Büchse gefüllt mit Öl.

Als Sarah einen Blick auf Maria warf, bemerkte sie, wie diese voller Sehnsucht auf Petrus blickte. So, als könne sie es kaum erwarten, durch den Empfang der Eucharistie mit ihrem Sohn aufs Innigste verbunden zu sein.

Petrus stellte das Allerheiligste auf einem kleinen Altar neben ihrem Lager ab. Dann nahm er die Büchse mit dem Öl und salbte Maria im Angesicht, an den Händen und an den Füßen. Danach reichte er ihr den Leib des Herrn. Jetzt trat auch Johannes hervor und reichte ihr den Kelch mit dem Blut des Herrn. Maria empfing beides mit der größten Ehrfurcht, die ihr in ihrem geschwächten Zustand möglich war, und Sarah sah, wie zeitgleich ein Glanz in sie einging, der nicht von dieser Welt war. Wie entzückt sank die heilige Jungfrau auf ihrem Lager nieder und blickte unverwandt nach oben – als würde sie bereits sehen, welche Herrlichkeit sie dort erwartete. Von diesem Augenblick an nahm sie um sich herum nichts mehr wahr. Nicht, wie die Apostel den Leib des Herrn auch an alle Übrigen verteilten und dann zurückkehrten zum Altar. Nicht, wie alle Anwesenden sich um ihr Lager herum versammelten und viele Tränen flossen.

Maria sah nur nach oben. Dorthin, wo ihr geliebter Sohn bereits auf sie wartete. Dabei bemerkte Sarah, dass ihr Gesicht sich merklich veränderte. Alle Spuren von Leid und Erschöpfung verschwanden. Zurück blieb ein übernatürliches Leuchten.

In diesem Augenblick flüsterte P. Maximilian ihr zu: „Nun ist die Todesstunde von Maria gekommen – so wie im Leben eines jeden Menschen einmal diese Stunde kommen wird. Zwar wird keiner so gesegnet von der Welt scheiden, wie die Jungfrau Maria, doch gibt es etwas, das jeden Einzelnen trösten kann: Bei einer ihrer Erscheinungen hat Maria versprochen, dass alle ihre Verehrer, die sie in der Todesstunde anrufen und den Herrn bitten, er möge ihnen im Hinblick auf ihr seliges Sterben helfen, in jener Stunde unter ihrem besonderen Schutz stehen. Sie selbst wird sie vor dem bösen Feind beschützen, ihnen beistehen und helfen."[58]

Immer noch hatte Maria die Augen nach oben, gen Himmel, gerichtet. Da geschah es, dass die Zimmerdecke von einem Augenblick auf den anderen verschwand und den Blick freigab mitten hinein in das himmlische Jerusalem. Rechts und links von Maria waren Wolken aus Licht zu sehen, die von der Erde bis zum Himmel reichten und aus denen die Gesichter zahlreicher Engel hervorsahen. Zwischen ihnen ergoss sich eine Lichtbahn vom Himmel herab bis zum Lager Mariens.

Während Maria ihre Arme mit unendlicher Sehnsucht nach oben streckte, verließ ihre Seele den Körper. Eine kleine, reine Lichtgestalt mit emporgestreckten Armen trat aus dem Leib heraus und schwebte auf der Lichtbahn entlang nach oben. Da kamen zwei Engelchöre aus den Wolken heraus und trennten sie von ihrem Körper, der im Moment der Scheidung mit gekreuzten Armen auf das Lager zurücksank.

Nun war dem Leib Mariens das widerfahren, was auf Erden als Tod bezeichnet wird. Ihre Seele aber war lebendiger denn je und kam dem himmlischen Jerusalem näher und näher. Hier war es, das Ziel ihrer ganzen Sehnsucht: der Thron Gottes, wo der Vater, der Sohn und der Heilige Geist sie voller Liebe erwarteten.

Kurz bevor Maria diesen Thron erreichte, war zu beobachten, dass viele bekannte Seelen ihr entgegenzogen. Darunter Anna und Joachim, ihr Bräutigam Josef, ihre Verwandten Elisabeth, Zacharias und Johannes. Sie alle waren erfüllt von unbeschreiblicher Freude über das Wiedersehen und begleiteten Maria, die unaufhörlich auf den Thron Gottes zu schwebte. Hinein in die offenen Arme ihres Sohnes, der seine über alles geliebte Mutter in seinem himmlischen Reich willkommen hieß.[59]

In diesem Moment verschwand das himmlische Jerusalem aus den Augen Sarahs und mit ihm auch Jesus und Maria. Zurück blieb das Zimmer, in dem der Leib der heiligen Jungfrau mit geschlossenen Augen und über der Brust gekreuzten Armen leblos dalag, während die Apostel, Jüngerinnen und Jünger auf den Knien lagen und unter Tränen beteten.

Immer noch war das Antlitz Mariens von einem übernatürlichen Leuchten erfüllt. Und sie sah wieder aus wie in ihrer Jugend. Als hätten die letzten Jahre auf Erden keinerlei Spuren hinterlassen.

Nun nahm Sarah auch noch etwas weiteres wahr: einen Wohlgeruch, der sich vom Lager Mariens her ausbreitete und den ganzen Raum einnahm. Auch andere nahmen diesen wunderbaren Geruch wahr, atmeten mehrmals tief ein und blickten erstaunt auf ihre himmlische Mutter, die selbst in der Stunde ihres Todes noch Wunder für sie bewirkte.

Die ganze Szene hatte Sarah so sehr eingenommen, dass sie ihren himmlischen Begleiter ganz vergessen hatte. Erst als er jetzt neben sie trat, wurde ihr wieder bewusst, dass sie sich immer noch auf einer Reise in die Vergangenheit befand und jederzeit davon zurückgeholt werden konnte. P. Maximilian war nicht so grausam, ihr das anzutun, verließ aber doch die Situation, in der sie gerade noch gewesen waren, und reiste mit ihr mehrere Stunden in die Zukunft.

Nicht länger befanden sie sich am Sterbelager der heiligen Jungfrau. Stattdessen standen sie vor dem Eingang zu einer Grabhöhle. Im Inneren lag der leblose Körper Mariens, eingehüllt in ein weißes Grabtuch und umringt von zahlreichen Blumen und Kräutern. Davor knieten betend und weinend mehrere Menschen, die gekommen waren, um Abschied zu nehmen. Und obwohl die Sonne bereits untergegangen war, standen viele weitere in einer langen Reihe vor dem Grab an.

Sie alle wollten noch einmal zu Maria kommen und Abschied von ihrer himmlischen Mutter nehmen.

Als Sarah sah, dass auch P. Maximilian sich hinkniete und die Hände zum Gebet faltete, beschloss sie, es ihm gleichzutun und die Zeit am Grab für ein persönliches Gespräch mit Maria zu nutzen.

So sagte sie in ihrem Herzen: „Maria, ich danke dir für alles, was du für mich getan hast! Für den Schutz, den du mir und meiner Familie in so vielen Situationen geschenkt hast! Wie oft hätte etwas böse ausgehen können und wurde doch im letzten Moment so verändert, dass es gut ausgegangen ist. Wie oft hast du jemanden von uns vor einem großen Unglück oder sogar dem viel zu frühen Tod bewahrt. Wie oft hast du geholfen, dass Missverständnisse bereinigt wurden und wir uns nach Konflikten wieder versöhnen konnten. Wie oft hast du mir gezeigt, was die richtige Entscheidung für mein Leben ist, und mir dann auch geholfen, zu dieser zu stehen. Wie oft hast du mich davon abgehalten, etwas zu tun, das mir geschadet hätte – mir aber auch dann wieder geholfen, wenn ich mich trotz allem für etwas Falsches entschieden hatte.

Ich danke dir auch dafür, dass ich immer wieder zu dir zurückkommen kann – selbst dann, wenn ich mich von dir abgewendet habe, dir schwere Vorwürfe mache und mir einbilde, von dir im Stich gelassen worden zu sein. Jetzt weiß ich, dass du mich nie im Stich gelassen hast – und es auch in Zukunft niemals tun wirst.

Ganz besonders danke ich dir auch für diese Reise, während der ich dich ganz neu kennenlernen durfte und mein Vertrauen zu dir neu aufbauen konnte. Und ich danke dir schon jetzt dafür, dass Gott mir, verbunden mit deiner Fürsprache, zur rechten Zeit einen wunderbaren Ehemann geben wird.

Zusammen mit dir glaube ich, dass für Gott nichts unmöglich ist. Er ist es, der alles in den Händen hält. Der jedes Herz berühren, alle Wege ebnen und jeden Menschen zur Umkehr bewegen kann. Er ist es, dem man jederzeit vertrauen kann und der sein Wort immer halten wird. Er ist es auch, der dich in der Person Jesu Christi über alles liebt und dir keinen Wunsch abschlagen wird, wenn du vor ihn hintrittst und ihn um Hilfe für einen von uns bittest.

Daher flehe ich dich an: Bitte tritt vor deinen Sohn hin und bitte ihn um Hilfe für Tobi und mich. Flehe ihn an, die Wege zwischen uns zu ebnen und uns nach so vielen Jahren des Kummers doch noch gemeinsames Glück zu schenken."

In der Zwischenzeit hatten sich immer mehr Menschen von Maria verabschiedet. Die Nacht war angebrochen und es war an der Zeit, das Grab zu verschließen. Die Apostel warfen einen letzten Blick auf ihre geliebte Mutter, dann versiegelten sie den Eingang mit einem schweren Stein.

Nun machten sich die meisten Anwesenden auf den Heimweg. Nur Einzelne blieben noch am Grab – betend und über den Leichnam Mariens wachend. Große Stille senkte sich über das Feld. Da geschah es, dass über dem Grab ein wunderbares Leuchten zu sehen war. Wie schon nach dem Tod der Gottesmutter senkte sich eine Lichtbahn vom Himmel auf die Erde hinunter. Auf ihr war die Seele Mariens zu sehen, die in Begleitung ihres göttlichen Sohnes herabkam und in dem Grab verschwand. Kurz darauf kam sie mit ihrem verklärten Leib vereinigt viel deutlicher und strahlender aus diesem hervor und zog zusammen mit Jesus in das himmlische Jerusalem ein.[60]

Gebannt blickte Sarah nach oben. Dorthin, wo Jesus zusammen mit seiner geliebten Mutter vor den göttlichen Thron trat und ihr neben sich einen Platz anbot.

Dann hörte sie Gott Vater sprechen: „*Unsere Tochter Maria ist nach unserem ewigen Ratschluss aus allen Geschöpfen auserwählt (…) Sie hat uns vor allen anderen das höchste Wohlgefallen bereitet. Nie hat sie sich der Würde einer Tochter unwürdig gezeigt. Sie hat ein Recht auf unser Reich. Darum soll sie als Herrin und einzige Königin anerkannt und gekrönt werden.*"

Jesus sagte: „*Meiner wahren leiblichen Mutter sind alle Geschöpfe zu eigen, die ich erschaffen und erlöst habe. Über alles, was ich als König besitze, soll auch sie die rechtmäßige und höchste Königin sein.*"

Und der Heilige Geist sprach: „*Weil Maria meine auserwählte Braut ist, die sich in Treue bewährt hat, gebührt ihr die Krone einer Königin für alle Ewigkeit.*"[61]

Dann setzten die drei göttlichen Personen auf das Haupt Mariens eine Krone von wunderbarem Glanz und unschätzbarem Wert.

Zur gleichen Zeit ging vom Thron eine Stimme aus: „*Freundin, Auserwählte von allen Geschöpfen! Unser Reich gehört dir. Du bist Herrin, Gebieterin und Königin über die Seraphim, über alle unsere Diener, die Engel und über das All der Schöpfung. Achte, befiehl und herrsche glücklich über sie, denn nach unserem höchsten Ratschluss geben wir dir Herrlichkeit, Majestät und Gewalt. Von deinem königlichen Throne aus sollst du herrschen bis zum Mittelpunkt der Erde. Durch die Macht, die wir dir verleihen, wirst du die Hölle und alle ihre Bewohner unterwerfen. Alle werden dich fürchten als die höchste Gebieterin und Herrscherin über jene Abgründe, in denen unsere Feinde hausen. Du sollst herrschen über die Erde und über alle Geschöpfe, die darauf leben. (…) Selbst unser Wille soll darauf achten, den deinigen zu erfüllen. Du sollst Königin und Herrin der Streitenden Kirche, ihre Beschützerin, Fürsprecherin, Mutter und Lehrerin sein. (…)*

Wenn diese und alle Kinder Adams dich von Herzen anrufen, dir dienen und deine Huld erwerben, wirst du ihnen in ihren Nöten helfen. (...) In deine Hand legen wir unsere Gnaden und Gaben nieder, damit du sie austeilst. (...) Nichts wollen wir den Menschen verweigern, was du ihnen gewährst. Die Gnade wird ausgegossen sein über deine Lippen bei allen deinen Bitten und Anordnungen im Himmel und auf Erden. Die Engel und Menschen werden dir gehorchen. Alles, was unser ist, das ist auch dein, wie du allezeit unser Eigentum warst. Du wirst mit uns in Ewigkeit regieren.“[62]

Nach diesen Worten schloss sich der Himmel und Sarah konnte nicht länger einen Blick hineinwerfen. Sie sah nur, dass die Apostel, Jüngerinnen und Jünger immer noch am Grab Wache hielten. Ein paar von ihnen blickten wie gebannt nach oben, bevor sie sich anbetend auf die Erde niederwarfen.

Dann eilten aus der Ferne mehrere Personen mit Fackeln ausgerüstet herbei.

Einer unter ihnen klagte unter Tränen: „Ich bin zu spät! Sie ist bereits begraben. Wäre ich doch früher aufgebrochen! Wenn ich wenigstens ihren Leib noch einmal sehen darf!“

Da bekamen die Anwesenden Mitleid und gingen zum Grab, um es noch einmal zu öffnen. Voller Ehrfurcht traten sie ein. Kurz darauf ging ein erstauntes Raunen durch die Höhle: Der Körper Mariens war nicht mehr im Grab. Dort, wo er geruht hatte, lagen lediglich die Tücher, mit denen er bedeckt gewesen war.

Jetzt war es offensichtlich: Maria war mit Leib und Seele in den Himmel aufgefahren. Die Vision, die mehrere von ihnen gehabt hatten, war echt gewesen: Von nun an saß Maria auf dem Thron der göttlichen Dreifaltigkeit neben ihrem Sohn und regierte von dort aus als Königin des Himmels und der Erde.

Überwältigt vor Freude fielen die Anwesenden sich in die Arme und begannen, Gott in Lobliedern und Psalmen zu preisen. Dann traten sie gemeinsam den Heimweg an. Ihre Anwesenheit am Grab war nicht länger vonnöten. Jetzt konnten sie in ihren Alltag zurückkehren, und voller Vertrauen alles tun, um möglichst vielen Menschen das Evangelium Jesu Christi zu verkünden. Wussten sie doch, dass Jesus und Maria ihnen vom Himmel aus jederzeit zur Seite stehen würden.

Sarah und P. Maximilian schlossen sich ihnen an und blieben erst stehen, als sie sich wieder vor dem Haus befanden, in dem das Abendmahl stattgefunden hatte. So vieles hatten sie von hier aus mitbekommen: das Letzte Abendmahl Jesu, den Aufbruch zum Ölberg, die Begegnung zwischen Maria und Judas, die Begegnung zwischen Johannes und Maria, die letzten Stunden im Leben Mariens und ihre Aufnahme in den Himmel.

„Jetzt ist Maria in ihrer wahren Heimat angekommen und wird für immer dortbleiben“, hörte Sarah P. Maximilian neben sich sagen. „Dennoch wird sie die, die noch auf Erden sind, nie vergessen. Sie wird sie erhören, wenn sie zu ihr beten, und ihren schützenden Mantel um sie legen. Und sie wird immer wieder auf der Welt erscheinen, um möglichst viele Menschen näher zu ihrem Sohn zu bringen. So zum Beispiel in Fatima – an dem Ort, an dem wir uns als Nächstes begegnen werden.“

Überrascht sah Sarah ihn an: „Ist unsere Reise hier denn schon zu Ende?“

„Das ist sie. Nachdem du die Krönung Mariens im Himmel gesehen hast, hast du hier alles Entscheidende über sie gesehen und es ist an der Zeit, zu einem neuen Ort aufzubrechen.“

„Und wieso gerade nach Fatima? Schließlich gibt es auch noch andere Orte, an denen die Gottesmutter erschienen ist.“

„Die gibt es“, stimmte P. Maximilian ihr zu, „aber gerade die Botschaften von Fatima werden dir für dein weiteres Leben viel bringen. Und du wirst dort Zeuge eines überwältigenden

Wunders werden, welches sich vor mehr als 70 000 Menschen ereignet hat."

Nach einer kurzen Pause fügte er hinzu: „Und außerdem wird dir dort ein besonderes Geschenk gemacht werden."

„Das wäre?", wollte Sarah neugierig wissen.

Doch das Lächeln, das P. Maximilian ihr daraufhin schenkte, teilte ihr mit, dass sie das wieder einmal erst dann erfahren würde, wenn seiner Meinung nach der richtige Zeitpunkt dafür gekommen war.

Daher fragte sie nur: „Wann werden wir uns denn dort sehen?"

„Ich würde vorschlagen, in den nächsten Ferien: den Herbstferien. Dann ist es zwar nicht mehr ganz so warm in Portugal, aber immer noch warm genug, um einen angenehmen Aufenthalt zu haben. Bis es so weit ist, möchte ich dir noch ein kleines Geschenk machen."

Gespannt beobachtete Sarah, wie er aus der Tasche seines Ordensgewandes einen kleinen silbernen Gegenstand herausholte. Dann öffnete sie die Hand, um ihn entgegenzunehmen.

Es handelte sich um eine Medaille, auf der Maria abgebildet war. Sie stand mit ausgebreiteten Armen auf der Weltkugel. Aus ihren geöffneten Händen kamen Strahlen hervor und um sie herum war zu lesen: „O Maria, ohne Sünde empfangen, bitte für uns, die wir zu dir unsere Zuflucht nehmen."

„Diese Medaille wurde erstellt, nachdem Maria 1830 in Paris einer Ordensschwester namens Catherine Labouré erschienen ist und sie bat, diese Medaille anfertigen zu lassen", erklärte P. Maximilian. „Maria zeigte der Schwester genau, wie sie aussehen sollte, und versprach, dass alle, die sie tragen, große Gnaden empfangen werden. Da schon bald über wundersame Heilungen im Zusammenhang mit der Medaille berichtet wurde, bekam sie den Namen Wundertätige Medaille. Ich selbst war schon zu Lebzeiten von ihrer Wirkkraft überzeugt und habe sie bei der Miliz an viele Menschen verteilt. Und ich bin immer noch so überzeugt von ihr, dass es mich freuen würde, wenn du sie tragen würdest, damit du ganz viele Gnaden bekommst – so, wie Maria es versprochen hat."

Gerührt nahm Sarah die Medaille und drückte sie einen Augenblick lang an ihr Herz. Ja, sie würde sie tragen. Und sie würde offen sein für alle Gnaden, die Maria ihr dadurch schenken wollte.

Neben ihr sagte P. Maximilian: „Es ist Zeit, sich zu verabschieden, Sarah. Auch wenn du noch ein paar Tage hier in Israel sein wirst, wirst du mir hier nicht mehr begegnen. Unser nächstes Treffen wird in Fatima sein."

„Darauf freue ich mich schon jetzt", meinte die junge Frau.

„Ich freue mich auch darauf", erwiderte P. Maximilian, „da fällt mir ein: Es ist wichtig, dass du nur den Hinflug buchst. Für die Heimreise wird gesorgt sein."

Dann winkte er ihr noch einmal zu und verschwand in der Gasse, in der schon so viele gekommen und gegangen waren.

Sarah aber machte sich auf den Weg zum Hotel. Dabei wanderte ihr Blick zum Himmel, von dem der Mond auf sie herablächelte. Und sie dachte daran, wie P. Maximilian ihr in Betlehem erklärt hatte: „So wie der Mond in der Dunkelheit der Nacht das Licht der Sonne auf die Erde bringt, so bringt Maria in der Dunkelheit der Welt das Licht Gottes."

Dann sagte sie zum Himmel gewandt: „Danke, Maria, dass du auch in mein Leben das Licht zurückbringst. Ich freue mich schon jetzt darauf, dir in Fatima wieder zu begegnen, und ich bin sehr gespannt darauf, welches Geschenk mich dort erwarten wird."

Fatima

Erschöpft saß Sarah im Aufenthaltsraum des Hostels und schmierte Quark auf jede Stelle ihres Körpers, die das Licht der portugiesischen Sonne nicht ganz so gut vertragen hatte. Das waren die kompletten Waden, beide Unterarme, aber auch ihre Wangen. Vielleicht war es etwas ungewöhnlich, so in einem Aufenthaltsraum zu sitzen, und sie erntete auch mehr als einen erstaunten Blick, aber in ihr Zimmer konnte sie sich noch weniger zurückziehen. Hatte sie doch ein Bett in einem Schlafsaal gemietet, den sie sich mit sieben anderen Frauen teilte und in dem es nur eine einzige Sitzgelegenheit gab: das eigene Bett.

Möglicherweise sollte sie in Zukunft doch wieder ein Einzelzimmer nehmen – selbst wenn dieses einiges mehr kostete. Dann würde es ihr auch nicht passieren, dass sie ins Zimmer kam und das Bett, welches das Ihre sein sollte, schon belegt war. Andererseits war sie jetzt um einige Erfahrungen reicher, was auch wertvoll war.

Nachdem alle geröteten Stellen eingesalbt waren, lehnte Sarah sich zurück und schloss für eine Weile die Augen. Am Tag zuvor hatte sie ihre letzte Reise mit P. Maximilian angetreten. Gleich nach Unterrichtsende war sie zum Flughafen gefahren und von dort aus nach Lissabon geflogen. Wie sie am Ende der Woche nach Hause zurückkommen sollte, wusste sie nicht. Schließlich wollte P. Maximilian unbedingt, dass sie lediglich den Hinflug buchte. Zu gern hätte sie erfahren, welcher Plan damit verbunden war.

Sie fragte sich außerdem, welches Wunder sie miterleben werde und welches Geschenk sie in Fatima erwartete – doch wie so oft liebte es ihr Freund aus dem Jenseits, sie für eine Weile im Ungewissen zu lassen.

Da es für Sarah undenkbar war, nach Lissabon zu fliegen, ohne Lissabon zu sehen, hatte sie sich einen Tag lang Zeit genommen, diese wunderschöne Stadt zu besichtigen. Vom Hostel aus war sie in Richtung Alfama gegangen und durch die malerischen Gassen der Altstadt geschlendert. Dann war sie weiter zum Meer marschiert, hatte sich für mehrere Stunden in einen Liegestuhl mit Blick aufs Wasser gelegt, hausgemachte Limonade genossen und endlich wieder einmal Tagebuch geschrieben. So vieles hatte sich in den letzten Wochen getan und so wenig Zeit war geblieben, das Wichtigste festzuhalten.

Noch immer war sie ganz erfüllt von dem, was sie in Israel erlebt hatte, und es gab keinen Tag, an dem sie nicht darüber nachdachte, was sie dabei über das Leben Mariens erfahren hatte. Gleich nachdem sie zurück in München gewesen war, hatte sie wieder begonnen, in der Ludwigskirche ein Lichtermeer an Kerzen anzuzünden, in der Amalienstraße einen Rosenkranz nach dem anderen zu beten und zu Fuß nach Altötting zu gehen. Dabei war es zu einem Wandel bei ihren Gebetsanliegen gekommen. Immer öfter hatte sie in den Anliegen der Muttergottes gebetet, statt in ihren eigenen. Und irgendwie hatte sie den Eindruck, dass gerade dadurch umso mehr Gutes in ihr Leben kam.

Je mehr sie in den Anliegen der Gottesmutter betete, umso mehr kümmerte Maria sich auch um ihre Anliegen.

Vor allem in der Schule war ihr viel Schönes begegnet. Wieder durfte sie Klassenleitung einer wunderbaren Klasse sein und viele Schüler unterrichten, die ihr schon jetzt so sehr ans Herz gewachsen waren, dass sie sich darauf freute, sie nach den Ferien wiederzusehen. Und immer wieder kamen ehemalige Schüler zu Besuch, die sie nicht vergessen hatten. Sarah wusste, dass all das nicht selbstverständlich war, und sah es als ein großes Geschenk des Himmels an.

Traurig war dagegen der Abschied von Mirjam gewesen. Tatsächlich hatte sie ihren Plan umgesetzt und war in den Karmel eingetreten. Zuvor hatten sie sich ein letztes Mal zum Frühstücken getroffen. Es war ein eigenartiges Gefühl gewesen zu wissen, dass sie das in Zukunft nie wieder tun konnten. Dass sie nie wieder zusammen in einem Café sitzen und einen Latte Macchiato nach dem anderen genießen konnten. Doch dann hatte Sarah auch bei dieser Begegnung ein Geschenk des Himmels bekommen: Während Mirjam einen Augenblick nicht da war, wurde ihr die große Sicherheit ins Herz gelegt, dass bei ihnen beiden alles gut werden würde. Beide würden ihr Glück finden, Mirjam – und auch Sarah. Das durfte sie deutlich spüren. Und nach diesem geschenkten Augenblick war es leichter gewesen, loszulassen und Mirjam ihren Weg gehen zu lassen. Außerdem war sie ja nicht aus der Welt. Sarah konnte sie immer noch besuchen, sie konnte ihr Briefe schreiben, und wenn sie es gar nicht aushielt, konnte sie das Handy zur Hand nehmen und anrufen. Und sie hoffte, dass bei Mirjam eintreffen würde, was Therésè von Lisieux ihr so gewünscht hatte: dass sie in der Liebe ihre Berufung finden und aus der Liebe heraus viele Seelen für Jesus gewinnen könnte.

Während Sarah so dasaß und die Gedanken schweifen ließ, merkte sie, dass der Quark seine Aufgabe erfüllte und den Schmerz nach und nach verschwinden ließ. Sie würde noch ein wenig sitzenbleiben und dann mit Sicherheit schlafen können, ohne bei jeder Umdrehung an die Stunden in der Sonne erinnert zu werden.

In diesem Moment vibrierte ihr Handy. Es war eine Nachricht von Pfarrer Herbert, der ihr eine gesegnete Zeit in Fatima wünschte und ihr dazu Gebet und Segen versprach. Wie lieb, dass er immer noch an sie dachte! Regelmäßig meldete er sich, um ihr Gebet und Segen zuzusprechen. Manchmal las er sogar eine Heilige Messe in ihren Anliegen. In ihm hatte Sarah einen treuen Freund gefunden. Hoffentlich durfte er noch lange auf Erden bleiben und Teil ihres Lebens sein! Ein Besuch in Augsburg stand noch aus, aber den würde sie sicher bald machen. Schließlich wollte sie ihn sehr gerne wiedersehen und auch Maria, der Knotenlöserin, einen Besuch abstatten. Jetzt aber würde sie erst nach Fatima fahren und war sehr gespannt, was diese Reise für sie bereithielt.

Am nächsten Tag saß Sarah bereits früh im Bus, der sie von Lissabon nach Fatima brachte. Eineinhalb Stunden sollte die Fahrt dauern. Die Zeit würde sicher schnell vergehen. Neben ihr saß ein etwas kräftigerer Mann, der sich im Schlaf immer mehr in ihre Richtung ausbreitete, sodass sie halb auf dem Gang saß, aber auch das ließ sich überstehen.

Je weiter der Bus fuhr, umso ländlicher wurde die Umgebung. Besonders auffallend waren die weiten von Eichen und Sträuchern eingenommenen Flächen, auf denen kaum Gras wuchs. Auf ihnen entdeckte Sarah etwas, das ihr besondere Freude bereitete: einen Hirten, der mit einer Herde Ziegen über die Felder wanderte. Munter hüpften sie um ihn herum, seine weißen, braunen und gefleckten Schützlinge, und freuten sich über jeden Grashalm, den sie abnagen konnten.

Kurze Zeit später fuhr der Bus in einen großen Parkplatz ein: Sie waren in Fatima angekommen. Sarah schnappte sich ihr Gepäck und marschierte los zum Hotel. Dabei kam sie an der riesigen Basilika zur Heiligsten Dreifaltigkeit vorbei, von der aus man einen ersten Blick auf die Erscheinungskapelle werfen konnte: auf die Stelle, an der Maria vor mehr als hundert Jahren erschienen war. Aus der Ferne war nicht viel zu erkennen, nur dass zahlreiche Menschen vor der Kapelle standen. Sicher, um dort zu beten. Andere befanden sich mitten auf dem riesigen Platz und näherten sich dem Ort der Erscheinungen auf den Knien.

„Das muss weh tun“, dachte Sarah, während sie sich auf eine niedrige Betonmauer setzte und das beeindruckende Umfeld auf sich wirken ließ. Nun befand sich die Basilika zur Heiligsten Dreifaltigkeit in ihrem Rücken, doch vor ihr ragte eine andere, noch schönere in die Höhe: die Basilika Unserer Lieben Frau des Rosenkranzes. Bei dieser hatten die Bauherren sich besonders große Mühe gegeben. Das Erste, das ins Auge fiel, war der meterhohe Glockenturm. An seiner Spitze war eine goldene Krone zu sehen, die das Kreuz Jesu trug. Weiter unten stand eine große Statue der Muttergottes, auf den Fassaden rechts und links mehrere Marmorengel. Zu Füßen der Basilika erstreckte sich eine breite Tribüne mit einem Altar für Gottesdienste im Freien.

Sarah ließ die Schönheit des Gebäudes eine Weile auf sich wirken, dann lenkte sie den Blick auf eine andere Szene. Nicht weit von ihr entfernt hatten Kinder damit begonnen, Tauben zu füttern. Immer mehr dieser Vögel flogen herbei und ließen sich um die Kinder herum nieder. Die klatschten vor Freude in die Hände und versuchten, einzelne Tiere zu fangen. Das war aber nicht im Sinne der Tauben und sie rannten auf ihren kleinen Füßchen davon. Jedoch immer nur ein winziges Stück. Schließlich wollten sie unbedingt etwas abbekommen von den Brotstücken, die verteilt wurden.

Sarah lachte laut auf, als sie ihnen dabei zusah. Auf einmal hörte sie, wie neben ihr jemand mitlachte. Neugierig blickte sie nach rechts, um zu wissen, wer dort saß, und entdeckte einen älteren Geistlichen in einem langen weißen Gewand. Auf dem Kopf trug er ein ebenfalls weißes Scheitelkäppchen, um den Hals eine lange Kette mit einem goldenen Kreuz. Sein Gesichtsausdruck zeigte Güte, aber auch Sinn für Humor. Irgendwie kam er ihr bekannt vor.

Während sie ihn prüfend beobachtete, meinte er lächelnd: „Wenn du wissen willst, wer ich bin, brauchst du nur zu der Statue zu schauen, die dort drüben steht."

Tatsächlich stand wenige Meter entfernt eine große Statue, die einen Mann abbildete, der kniend betete und auf die Erscheinungskapelle blickte. Sarah erhob sich, um nachzulesen, um wen es sich handelte: Es war Johannes Paul II.! Ungläubig starrte sie auf den Mann, der immer noch bei ihrem Gepäck saß. Nachdem sie die Fassung wiedererlangt hatte, ging sie zurück und setzte sich neben ihn.

Dann sagte sie: „Es ist wirklich eine Reise voller Überraschungen. Normalerweise habe ich solch außergewöhnliche Begegnungen erst, sobald P. Maximilian bei mir ist. Die Begegnung mit Ihnen ist die erste ohne ihn."

Gelassen erwiderte Johannes Paul II.: „Ich dachte, es wäre schön, dich gleich zu Beginn in Fatima zu begrüßen. Und das möchte ich hiermit machen: Schön, dass du da bist, Sarah! Außerdem kannst du gerne ‚du' zu mir sagen. Das förmliche ‚Sie' bedeutet mir nichts mehr."

„Und warum habe ich die Ehre, gerade von dir begrüßt zu werden?"

Mit einem Schmunzeln meinte Johannes Paul II.: „Wenn schon das Kind deiner Freunde meinen Namen trägt – was mich übrigens sehr freut –, muss ich mich doch kurz bei dir blicken lassen."

Dann wurde er wieder ernst und sagte: „Ich bin hier zu treffen, weil mir Fatima sehr am Herzen liegt. Und jeder, der die Gottesmutter liebt, auch. Denn ich habe ihr so vieles zu verdanken – nicht zuletzt sogar mein Leben. Ohne sie hätte ich die Welt um einige Jahre früher verlassen."

„Was war geschehen?", fragte Sarah.

„Jemand übte ein Attentat auf mich aus. Ausgerechnet am 13. Mai! Dem Tag der ersten Erscheinung in Fatima. Daher wusste ich auch gleich, dass Maria es war, die mich gerettet hatte. Doch höre, was passiert war: Am 13. Mai 1981 war ich zu einer Generalaudienz auf dem Petersplatz. Mehrere Kinder hielten mir Heiligenbildchen Unserer Lieben Frau von Fatima entgegen. Ich bückte mich, um sie zu segnen, und in diesem Moment schoss der Attentäter Ali Agca mit der Pistole auf mich. Eigentlich hatte er auf meinen Kopf gezielt, doch da ich mich genau in diesem Moment bückte, traf er daneben. Daher schoss er ein weiteres Mal und zielte auf meinen Bauch. Dieses Mal traf er. Ich wurde sofort ins Krankenhaus gebracht und mehrere Stunden lang operiert. Francesco Crucitti, der Chef des Ärzteteams, sagte später zu mir: ‚Es scheint, als ob eine magische Hand die Kugel von Ihren lebenswichtigen Organen abgelenkt hat – die Kugel beschreibt eine seltsame Kurve in Ihrem Körper.'[63]

Für mich stand sofort fest, wessen Hand das war: die Hand meiner himmlischen Mutter. Daher pilgerte ich auch so bald wie möglich nach Fatima, um mich zu bedanken und ihr die Kugel zu übergeben. Sie wurde in die Krone der Muttergottes eingearbeitet und ist bis heute hier. Und wie du siehst, bin auch ich bis heute hier – wachend und betend, um vom Himmel aus noch viel Gutes zu tun."

„Hat Maria dir auch vor der Rettung schon so viel bedeutet?"

„Natürlich! Immer schon. Nicht umsonst ließ ich auf meinem Wappen ein M für Maria anbringen.

Doch jetzt möchte ich dich nicht länger aufhalten. Wie es aussieht, warst du noch nicht einmal bei deiner Unterkunft.“

„Das stimmt“, bestätigte Sarah, „aber wer will schon ins Hotel, wenn er dir begegnen kann.“

Johannes Paul II. ließ kurz ein herzliches Lachen hören. Dann wurde er wieder ernst, denn eines wollte er der jungen Frau noch sagen: „Fatima ist Freude und Leid, Sarah. Und beides wird dir hier begegnen.“

Freude und Leid. Und beides würde ihr begegnen. Sarah wusste nicht recht, wie sie mit dieser Aussage umgehen sollte. Sie konnte ihn aber auch nicht fragen, was genau er damit meinte, denn gleich, nachdem er das gesagt hatte, verschwand er. Zurück blieb nur die bronzefarbene Statue auf dem Platz, vor der Pilger standen, Fotos machten und beteten.

„Freude und Leid“, dachte Sarah, während sie ihr Gepäck nahm und sich auf den Weg zum Hotel machte, „Freude und Leid“.

Zum Glück hatte sie ihre Unterkunft günstig gewählt. Sie war nicht weit vom Heiligtum entfernt, sodass sie nicht allzu weit gehen musste. Nach einem unkomplizierten Check-in machte sie sich ein wenig frisch und brach zur Erscheinungskapelle auf. Vielleicht würde P. Maximilian ihr ja dort begegnen.

Beim Gehen fiel ihr Blick auf die zahlreichen Souvenirläden am Straßenrand. Einer reihte sich an den anderen. Doch wie sollte es auch anders sein an einem Wallfahrtsort! Schließlich wollten die Menschen Erinnerungen mit nach Hause nehmen. Ein weißer Pullover mit der Aufschrift „Fatima“ erlangte kurz ihre Aufmerksamkeit. Dann eilte sie schon wieder weiter. Wollte sie doch unbedingt P. Maximilian treffen.

Prüfend wanderten ihre Augen über den Gehweg, suchten nach der schnellsten Strecke – und blieben dann erschrocken an einem anderen Augenpaar hängen. Ignatius! Ihr Ex-Freund. Was machte der hier in Fatima?

Lachend sah er sie an, offensichtlich höchst erfreut, sie zu sehen. Während sie in ihrem Inneren nur dachte: „Gott, warum lässt du das zu?"

Es war einige Jahre her, seit sie für kurze Zeit in einer Beziehung gewesen waren. Damals hatte sie gerade ihr Vertrauen verloren und konnte es nicht mehr aushalten, so viele Jahre auf Tobi zu warten. Daher versuchte sie, Gott einzureden, dass Ignatius besser zu ihr passen würde und es richtig sei, wenn sie mit ihm zusammenginge. Das tat sie dann auch.

Irgendwie war sie sich sicher, dass Gott Ignatius und sie mit Gewalt auseinanderreißen würde, wenn sie einen Fehler gemacht hatte und eigentlich weiterhin auf Tobi warten sollte. Das tat Gott dann auch.

Im Nachhinein wusste sie, dass Ignatius und sie überhaupt nicht zusammenpassten. Er war ein sehr netter Mensch mit einem großen Herzen für Gott und auch für andere; daher bereute sie die Monate nicht, die sie mit ihm zusammen gewesen war. Aber charakterlich waren sie zu verschieden, um miteinander glücklich werden zu können. Sie konnte nur hoffen, dass er das genauso sah und hier nicht gerade ein neues Problem für sie entstand.

Nach einem kurzen Smalltalk teilte sie ihm mit, dass sie unbedingt weitermüsse, da sie hoffe, bald jemanden zu treffen. Er wollte wissen, ob sie wenigstens zusammen Essen gehen könnten, wenn sie schon beide hier seien.

„Das könnten wir", meinte Sarah. Dann eilte sie weiter.

Dabei fragte sie in Gedanken immer wieder: „Gott, warum lässt du das zu? Warum lässt du das zu?" Denn irgendwie ahnte sie, dass diese Begegnung ihr noch Probleme bereiten würde.

Es dauerte nicht lange, da war sie auf dem Platz zwischen den Basiliken und näherte sich dem Ort der Erscheinung. In der Mitte stand eine kleine weiße Kapelle. Vor ihr in einem Glasschrein eine Statue der Muttergottes. Um beide herum war eine größere Kapelle gebaut worden mit einem schlichten Holzdach und großen Glasfenstern, die zur vorderen Seite hin offen war.

Sarah nahm auf einer der Holzbänke Platz, die in U-Form um die Marienstatue herum angeordnet waren. Dann ließ sie die Augen auf Maria ruhen. Wie schön sie aussah mit dem weißen Gewand und der goldenen Krone! Und was für eine Ausstrahlung sie hatte mit dem liebevollen Gesichtsausdruck und den gefalteten Händen. Wenn die Statue auch nicht an die Begegnungen in Israel herankam, so wurde Sarah doch ganz warm ums Herz, als sie hier saß.

Dann dachte sie noch einmal über die Begegnung mit Ignatius nach und erkannte immer mehr, was das Problem daran war: Sie konnte dazu beitragen, dass die Begegnung zwischen Tobi und ihr in Lourdes nicht mehr ernst genommen wurde. Hatte sie doch bei der Wallfahrt „für den Richtigen" in Altötting Jakob getroffen, auf der Fahrt nach Israel ein weiteres Mal Jakob und hier in Fatima Ignatius.

Irgendjemand tat alles, um der Begegnung zwischen Tobi und ihr den Zauber zu nehmen. Irgendjemand, der es nicht gut mit ihr meinte. Der alles durcheinanderbringen wollte. Und er arbeitete sehr klug, indem er ihr an jedem Wallfahrtsort, den sie aufsuchte, einen Mann ins Leben stellte, der ihr auf irgendeine Art und Weise gefährlich werden konnte.

Irgendjemand. Und das war ganz gewiss nicht Gott!

In diesem Moment erinnerte Sarah sich an den Film „Himmel und Hölle“, in dem es um den Heiligen Philipp Neri ging. Er nahm arme Kinder von der Straße auf und tat alles, um sie näher zu Gott zu führen. In seiner Nachbarschaft stand ein Haus, dessen Mieter stets vom Bösen geschickt wurden, um die Kinder wieder von Gott wegzuführen und somit Philipps Einsatz zunichte zu machen. Als Philipp Neri dem letzten Mieter begegnete und erkannte, dass er erneut zu seinem Schaden da war, schaute er ihn nur an und sagte aus tiefstem Herzen: „Gibst du denn nie auf?“

„Gibt er denn nie auf?“, fragte sich auch Sarah. „Gibt er nie auf?“

Dann fiel ihr Blick auf die Marienstatue, die vor ihr stand. Und sie erinnerte sich an das, was P. Maximilian ihr in Israel gesagt hatte: Maria war stärker als der Böse. Sie war immer stärker als er. Und wenn sie im Leben eines Menschen wirkte, dann musste der Böse weichen. Vielleicht konnte er noch Fallen stellen, Verwirrung stiften und Menschen für eine gewisse Zeit quälen, doch letztendlich würde er verlieren. Gegen Maria würde er immer verlieren!

Bei diesen Gedanken fühlte sie, wie sie neu mit Zuversicht und Hoffnung durchflutet wurde.

„Ja, gegen Maria wird er immer verlieren“, hörte sie eine vertraute Stimme neben sich sagen. P. Maximilian! Und wieder einmal hatte er ihre Gedanken gelesen.

„Wie schön, dass du da bist“, sagte Sarah. Inzwischen war er zu einem so wertvollen Freund für sie geworden, dass sie sich gar nicht vorstellen konnte, wie es sein würde, wenn er ihr nicht mehr begegnen würde. Aber er hatte ja versprochen, auch vom Jenseits aus für sie da zu sein. Und dieses Versprechen würde er ganz bestimmt halten.

„Ich freue mich auch sehr, dich wiederzusehen“, meinte P. Maximilian. Dann fügte er mit einem geheimnisvollen Lächeln hinzu: „Ich hoffe, du hast nur den Hinflug gebucht.“

„Natürlich. Wenn ich mich auch frage, wie ich nach Hause kommen soll.“

„Das wirst du erfahren, wenn es soweit ist. Doch jetzt solltest du lieber aufstehen, denn wir werden gleich in die Vergangenheit eintauchen.“

Und während Sarah noch dabei war, seiner Empfehlung nachzukommen, veränderte sich das Umfeld. Nicht länger standen hier zwei Basiliken und eine Kapelle. Stattdessen war der Platz mit Gras, zahlreichen Blumen und einzelnen Bäumen bedeckt. Dort, wo soeben noch die Statue gewesen war, wuchs eine kleine Steineiche empor. Zaghaft streckte sie ihre zarten Äste nach oben, ohne zu wissen, welche Bedeutung sie bald schon haben würde. Um die Eiche herum standen mehrere Schafe und fraßen genüsslich ein Grasbüschel nach dem anderen. Auch ein paar Blumen mussten daran glauben und verschwanden in den hungrigen Mägen. Irgendwie war es beruhigend, ihnen zuzusehen, wie sie so dastanden, das Gras genossen und zwischendurch lediglich ein Blöken von sich gaben. Dabei strahlten sie eine unerschütterliche Ruhe aus, als würden sie sich über nichts Sorgen machen. Über gar nichts.

Wo aber waren die Hirten? Sarah blickte sich in der Umgebung der Steineiche um. Da sah sie drei Kinder im Gras sitzen. Zwei Mädchen und einen Jungen. Alle drei hatten ein Brot in der Hand und aßen es genüsslich.

Neugierig ging Sarah näher zu ihnen hin.

P. Maximilian folgte ihr. Dann deutete er auf das älteste der Kinder: „Das ist die zehnjährige Lúcia.“ Sarah warf einen Blick auf das Mädchen mit den großen dunklen Augen und den dichten Augenbrauen. Das ebenfalls dunkle Haar war nur ansatzweise zu sehen, da es unter einem Kopftuch verborgen war.

„Und das ist ihre siebenjährige Cousine Jacinta“, fuhr P. Maximilian fort und zeigte auf das jüngere Mädchen. Auch sie hatte dunkle Haare, die großteils unter einem Kopftuch verborgen waren. Aber ihre Augen waren heller und die Gesichtszüge viel feiner als bei Lúcia.

„Hier siehst du Jacintas Bruder: den neunjährigen Francisco“, beendete P. Maximilian die Vorstellungsrunde. Ebenso wie seine Schwester hatte der Junge ein eher rundliches Gesicht und feine Gesichtszüge mit schmalen Lippen. Sein Haar war kurz und sehr dunkel.

Die Kleidung der Kinder war bescheiden, aber nicht ärmlich. Während beide Mädchen weite Röcke trugen, war der Junge in einfache Hosen gekleidet.

Inzwischen hatten sie ihr Mahl beendet.

„Es ist Zeit für den Rosenkranz“, erinnerte Lúcia die anderen beiden.

Die wirkten nicht ganz so begeistert und Francisco bat: „Können wir ihn wieder so beten wie gestern? Sonst haben wir kaum Zeit zum Spielen.“

„Können wir“, meinte Lúcia. Dann zog jeder einen Rosenkranz heraus und sie begannen.

Sarah war gespannt, wie die drei beten würden, um Zeit zu sparen. Die Lösung, die sie zu hören bekam, brachte sie zum Lachen. Dumm waren sie nicht, die Kinder. Das musste man ihnen lassen!

Lúcia begann. Sie nahm die ersten zehn Perlen zur Hand und sagte bei jeder einzelnen „Ave Maria“. Bei der großen aber „Vater Unser“. Mehr nicht. Nur diese paar Worte.

Jacinta und Francisco machten es genauso. Bei jeder kleinen Perle sagten sie „Ave Maria“, bei jeder großen „Vater Unser“. So dauerte es keine fünf Minuten, bis sie fertig waren. Dann holte

Francisco eine Flöte hervor und begann, eine Melodie zu spielen. Die beiden Mädchen aber fingen an zu singen und zu tanzen. Zwischendurch pflückten sie ein paar Blumen und steckten sie ins Haar. Da näherte sich ein besonders freches Schaf und versuchte, eine von Jacintas Blumen als Mahlzeit zu ergattern.

„Hast du Hunger, Sternchen?“, fragte das kleine Mädchen lachend. „Dann nimm dir bitte eine andere Blume, schließlich ist die Wiese voll davon.“

Die drei strahlten so viel Lebensfreude aus, dass es ein Genuss war, ihnen zuzusehen.

Auf einmal leuchtete ein helles Licht auf. Wie ein Blitz am helllichten Tag. Erschrocken blickten die Kinder sich an. Es würde doch kein Gewitter kommen? Ein Blick nach oben zeigte, wie ungewöhnlich die Situation war. Der Himmel war tiefblau, keine einzige Wolke war zu sehen. Trotzdem war da dieser Blitz gewesen.

„Lasst uns lieber nach Hause gehen“, sagte Lúcia, „nicht, dass uns doch noch ein Gewitter überrascht.“

Sofort gehorchten die anderen. Es war klar zu erkennen, dass Lúcia diejenige war, die das Sagen hatte. Sie packten alles zusammen und liefen los, um die Schafe zusammenzutreiben. Doch sie sollten nicht weit kommen. Als sie sich der Steineiche näherten, blieben sie wie angewurzelt stehen. Auf dem Baum stand eine wunderschöne Frau. Sie trug ein langes weißes Kleid, das von Gold durchwirkt war. Darüber einen ebenfalls weißen Mantel, der ihren Kopf bedeckte, sodass ihr Haar nicht zu sehen war. Die Hände hielt sie auf Höhe der Brust gefaltet. Darin befand sich ein Rosenkranz, dessen Perlen wie Sterne leuchteten und dessen Kreuz strahlte. Von der Frau ging ein Licht aus, das heller war als die Sonne und jeden berührte, der in ihrer Nähe stand.

Sprachlos standen die Kinder da und blickten nach oben. Auch Sarah blickte nach oben – überglücklich darüber, dass auch sie Maria sehen durfte. Diese war schön wie eh und je, während sie auf der Eiche stand und zu den Kindern herabblickte.

Dann sagte sie: „*Habt keine Angst! Ich tue euch nichts Böses!*"

Lúcia war die Erste, welche zur Sprache zurückfand, und fragte: „*Woher kommen Sie?*"

„*Ich komme vom Himmel!*", war die klare Antwort.

„Und was wollen Sie von mir?"

„*Ich bin gekommen, euch zu bitten, dass ihr in den folgenden sechs Monaten jeweils am Dreizehnten zur selben Stunde hierherkommt. Dann werde ich euch sagen, wer ich bin und was ich will. Ich werde danach noch ein siebtes Mal hierher zurückkehren.*"

Erst dann würde sie ihnen sagen, wer sie war? Das war mit Sicherheit eine große Prüfung ihres Vertrauens. Denn was sollten die Kinder sagen, wenn jemand fragte, wen sie da sahen? Auch wenn sie sich sicher waren, dass es Maria war, so hatten sie doch keine hundertprozentige Bestätigung dafür.

Nach einem kurzen Augenblick der Stille brach es aus Lúcia heraus: „Komme ich auch in den Himmel?"

„*Ja!*"

„Und Jacinta?"

„*Auch.*"

„Und Francisco?"

„*Auch, aber er muss noch viele Rosenkränze beten.*"[64]

Während Lúcias und Jacintas Gesichtsausdruck sich bei dieser Aussage veränderten, blickte Francisco unverändert auf die Dame. So, als würde er sie zwar sehen, aber nicht hören.

Seit Lúcia vernommen hatte, dass jeder von ihnen in den Himmel kommen würde, lag ein seliges Lächeln auf ihrem Gesicht. Gleichzeitig gab es aber noch etwas, das sie bedrückte. Vor Kurzem waren zwei Mädchen gestorben, die sie sehr gern hatte, und sie machte sich Sorgen um ihr Wohlergehen. Daher fragte sie die Dame: „Ist Maria das Neves schon im Himmel?"

„Ist sie", antwortete Maria.

„Und Amelia?"

„Sie ist im Fegefeuer."

Bei diesen Worten traten Tränen in Lúcias Augen. Wie sehr hätte sie es der Freundin gewünscht, schon im Himmel zu sein!

Dann sagte Maria: *„Wollt ihr euch Gott anbieten, um alle Leiden zu ertragen, die er euch schicken wird, zur Sühne für alle Sünden, durch die Er beleidigt wird, und als Bitte für die Bekehrung der Sünder?"*

Sarah erschrak, als sie diese Frage hörte, doch die Kinder antworteten ohne zu zögern: „Ja, wir wollen es!"

Und Maria fuhr fort: *„Ihr werdet also viel leiden müssen, aber die Gnade Gottes wird eure Stärke sein!"*

Daraufhin begann die Muttergottes, sich langsam zu erheben, und verschwand Richtung Osten. In die Richtung, aus der die Sonne kam.

Die Kinder sahen ihr nach, bis sie nicht mehr zu sehen war. Dann fragte Francisco: „Was hat sie gesagt? Sagt doch, was hat sie gesagt?"

Tatsächlich hatte er kein Wort gehört, sondern Maria nur gesehen. Daher wiederholten die Mädchen alles, was die Dame gesagt hatte. Auch, dass sie viel leiden sollten, damit viele Menschen gerettet würden, dass Gott ihnen aber die nötige Kraft dazu geben werde.

Und sie waren bereit dazu. Alle drei waren dazu bereit. Sarah konnte kaum glauben, wie selbstlos diese Kinder waren. Dass sie freiwillig „Ja" zum Leiden sagten, damit andere Menschen sich bekehrten. Menschen, die sie nicht einmal persönlich kannten.

Und sie selbst beklagte sich bei Gott, wenn nicht alles so lief, wie sie wollte, und wünschte sich ständig, dass das Leiden aufhörte. Wahrscheinlich konnte sie von diesen Kindern noch viel lernen.

Mitten in ihre Gedanken hinein hörte sie Francisco sagen: „Wenn Unsere Liebe Frau sagt, ich müsse noch viele Rosenkränze beten, um in den Himmel zu kommen, so will ich gleich damit beginnen. Wollt ihr mitbeten?"

Das wollten die beiden, und so begannen sie gleich darauf mit dem Rosenkranzgebet. Dieses Mal jedoch mit der langen Fassung und nicht mit der gekürzten, welche fortan ganz der Vergangenheit angehören sollte.

Während Sarah so dastand und auf die Kinder blickte, rückten sie in der Zeit um mehrere Stunden weiter. Die Sonne ging unter und es war Zeit, die Herde nach Hause zu treiben. Lúcia, Francisco und Jacinta trieben die empörten Schafe zusammen, die lieber hierbleiben und weiterfressen wollten. Dann machten sie sich gemeinsam mit der blökenden Herde auf den Heimweg.

Sarah und P. Maximilian folgten ihnen. Dabei konnten sie hören, wie sich die drei immer noch über die ungewöhnlich schöne Frau unterhielten.

Jacinta rief immer wieder: „So eine schöne Dame! So eine wunderschöne Dame!" Ihr schien das Herz überzugehen vor Begeisterung und sie konnte diese nicht für sich behalten.

Lúcia, die ruhiger war und vor allem über die Ankündigung des bevorstehenden Leidens nachdachte, ermahnte ihre Cousine:

„Du wirst es aber keinem sagen, Jacinta. Versprich mir, dass du es keinem sagen wirst!“

Ob sie schon ahnte, was sie erwarten würde, sobald andere von der Erscheinung erfuhren?

Jacinta schien sich der Folgen jedenfalls nicht bewusst zu sein. Trotzdem sagte sie: „Ich verspreche es dir, Lúcia. Ich verspreche es!“

Dann rief sie erneut aus: „Oh, wie wunderschön sie doch ist!“

Francisco sagte kaum etwas. Er war viel nachdenklicher als sonst. Ob er darüber nachdachte, aus welchem Grund er so viele Rosenkränze beten sollte, um in den Himmel zu kommen? Mit Sicherheit gab ihm diese Aussage der Gottesmutter sehr zu denken.

So gingen die drei durch die Felder, vorbei an zahlreichen Olivenbäumen und Eichen, auf deren Zweigen das Leben neu erblühte, bis sie ins Dorf kamen. Es war ein kleines Dorf mit einer überschaubaren Anzahl niedriger Häuser. An einer Kreuzung blieben sie stehen, um sich zu verabschieden.

Und noch einmal mahnte Lúcia ernst: „Vergiss nicht, Jacinta: kein Wort über die Erscheinung.“

Jacinta legte die Hand aufs Herz und versprach feierlich: „Ich werde es nicht einmal meiner Mutter sagen.“

Daraufhin trennten sich ihre Wege. Lúcia ging mit ihren Schafen nach rechts, Jacinta und Francisco nach links. P. Maximilian deutete Sarah an, Lúcia zu folgen. Das taten sie auch. Das Mädchen schritt um ein weißgestrichenes Haus mit hellbraunen Rahmen um Fenster und Türen herum und blieb vor dem Schafstall, der direkt an das Haus anschloss, stehen. Dort öffnete es das hölzerne Gatter, um seine Schützlinge hineinzulassen. Anschließend trat es auf das Haus zu, holte noch einmal tief Luft, als würde es ahnen, dass fortan alles anders werden würde, und trat ein.

„Wird Jacinta das Geschehene für sich behalten?“, wandte Sarah sich an P. Maximilian und hoffte so sehr, dass er mit einem „Ja“ antworten würde.

Aber zu ihrer Bestürzung sagte dieser: „Das schafft sie nicht. Ihr Herz geht über vor Freude und Begeisterung. Am Anfang wird sie sich sehr bemühen, es keinem zu sagen, doch bald schon wird sie sprechen.“

„Und dann?“

„Für Jacinta und Francisco wird es keine schwerwiegenden Folgen haben, denn Ti Marto, der Vater der beiden, spürt von Anfang an, dass es sich um die Wahrheit handelt, und beschützt seine Kinder. Olimpia, die Mutter, ist unschlüssig, was sie glauben soll, lässt ihre Kinder aber in Ruhe. Schlimm wird es nur für Lúcia. Doch sieh selbst.“

Sarah und P. Maximilian reisten einige Stunden weiter in der Zeit. Ein neuer Tag war angebrochen. Noch immer standen sie vor dem Schafstall. Nicht weit von ihm entfernt sahen sie Lúcia unter einem großen Feigenbaum sitzen. Gedankenverloren schaute sie vor sich hin. Da wurde die Haustür ruckartig aufgerissen. Eine dunkelhaarige Frau eilte erbost auf das Mädchen zu, baute sich vor ihm auf und fragte in strengem Ton: „Bist du ernsthaft der Meinung, Unsere Liebe Frau gesehen zu haben?“

Lúcia zuckte zusammen und wurde ganz bleich. Dann fragte sie: „Wer sagt so etwas?“

„Deine Cousine Jacinta. Und jetzt frage ich dich noch einmal: Willst du behaupten, Unsere Liebe Frau gesehen zu haben?“

„Ja, Mutter. Ich habe sie gesehen.“

„Wie kannst du es wagen, so etwas zu behaupten? Warum sollte ausgerechnet dir Unsere Liebe Frau erscheinen? Dir, einem einfachen Mädchen, das nicht einmal schreiben und lesen kann? Ich verbiete dir, noch einmal einen solchen Unsinn zu erzählen! Hast du gehört? Ich verbiete es dir!“

Nach diesen Worten drehte sie sich um und ging weg, während sie vor sich hinmurmelte: „Meine Tochter ist eine Lügnerin! Was habe ich nur falsch gemacht?“

Vor dem Haus stand Antonio Santo, ihr Ehemann. Als sie ihn sah, stürmte sie auf ihn zu und fragte: „Was sagst du zu den Lügengeschichten deiner Tochter? Sie behauptet allen Ernstes, Unsere Liebe Frau gesehen zu haben!“

Antonio verschränkte die Arme vor der Brust, warf einen verächtlichen Blick auf seine Tochter und ließ nur ein Wort verlauten: „Weibergeschwätz.“ Dann drehte er sich um und kehrte ins Haus zurück.

Lúcia aber sank immer mehr in sich zusammen. Sie saß immer noch unter dem Feigenbaum, während sich in ihren Augen Tränen bildeten und lautlos über die Wangen herabliefen. Das Leiden hatte begonnen. Die eigenen Eltern hielten sie für eine Lügnerin und zogen nicht einmal in Erwägung, dass ihre Tochter die Wahrheit sagen könnte. Wie weh tat es, wenn man von den Menschen verurteilt wurde, die einem am nächsten standen. Die einen eigentlich kennen sollten und wissen müssten, dass man die Wahrheit sagt und sie nicht mit einer Lüge in die Irre führt.

„Das ist erst der Anfang“, meldete P. Maximilian sich zu Wort, „Maria Rosa wird keine Ruhe geben und alles versuchen, um ihre Tochter zum Umdenken zu bringen. Lass uns einen Tag weiterreisen, dann wirst du selbst sehen, wie sie dabei vorgeht.“

Wieder war es Morgen. Lúcia kam aus dem Haus heraus und ging auf die Schafe zu. Gerade wollte sie das Gatter öffnen, da eilte ihre Mutter ihr nach und rief: „Ich sage es dir zum letzten Mal: Wirst du endlich zugeben, dass du gelogen hast?“

„Das kann ich nicht Mutter“, sagte Lúcia mit gebrochener Stimme, „das kann ich nicht.“

„Ich werde dich lehren, es zu können“, wütete die Mutter, griff nach dem Besen, der neben dem Schafstall stand, und begann, damit auf die Tochter einzuschlagen.

Erschrocken versuchte Lúcia, sich mit den Händen vor den Schlägen der Mutter zu schützen. Doch diese schlug unbarmherzig weiter. Noch Tage später hatte das Mädchen blaue Flecken davon.

Es begann zu weinen. Aber die Erscheinung konnte es nicht verleugnen. Das brachte es nicht übers Herz.

Endlich hatte die Mutter genug. „Heute Abend gehen wir zu allen Leuten und du bittest sie um Entschuldigung dafür, dass du solche Lügen verbreitet hast“, war ihr letzter Satz, dann wandte sie sich ab.

Lúcia wischte die Tränen von den Wangen, richtete die Kleidung und ließ die Schafe aus dem Stall. Ihre treuen Begleiter, die hilflos zusehen mussten, wie sie von der eigenen Mutter verprügelt wurde, und nichts für sie tun konnten, als ein mitleidsvolles Blöken auszustoßen. Gemeinsam gingen sie zur Kreuzung, wo Jacinta und Francisco bereits warteten.

Als sie Lúcia völlig aufgelöst auf sich zukommen sahen, sagte Francisco vorwurfsvoll zu seiner Schwester: „Siehst du, das ist alles deine Schuld! Du hast doch versprochen, nichts zu sagen.“

Da begann auch Jacinta zu weinen, warf sich vor Lúcia auf die Knie und flehte: „Verzeih mir, Lúcia! Bitte, verzeih mir! Ich habe es doch nicht böse gemeint!“

Lúcia legte die Arme um sie und sagte: „Ist schon gut, Jacinta. Nun ist es, wie es ist. Das Leiden hat begonnen und ich habe schon jetzt etwas, das ich für die Sünder aufopfern kann.“

„Ich werde heute das Mittagsbrot anderen schenken und den Hunger aufopfern für sie“, warf Francisco ein.

„Das werde ich auch machen. Und außerdem werde ich besonders viele Rosenkränze beten“, kam es von Jacinta.

Dann gingen sie gemeinsam mit der Herde los, um einen guten Weideplatz zu finden. Schon jetzt hatte sich ihr Leben grundlegend verändert. Und es sollte nie wieder werden, wie zuvor. Und doch wollten die Kinder um nichts auf der Welt darauf verzichten, Maria zu sehen. War die Begegnung mit ihr für sie doch das größte Glück, das überhaupt möglich war.

„Schon jetzt zeigt sich ihr Umdenken“, sagte P. Maximilian, während die Kinder sich Schritt für Schritt von ihnen entfernten, „sie beten den Rosenkranz andächtiger als je zuvor, sogar mehrmals am Tag, und bringen jedes Opfer, das ihnen einfällt, damit Menschen zu Gott zurückfinden können. Immer wieder verteilen sie ihr Mittagsbrot an Kinder, die arm sind, und manchmal verzichten sie sogar auf das Trinken.“

„All das für die Sünder.“

„Ja, alles für die Sünder. Also für Menschen, welche die Liebe zu wenig leben. Denn Gott ist die Liebe und daher ist die Liebe auch sein wichtigstes Gebot für uns: die Liebe zu ihm, zu uns selbst und zu den Mitmenschen.“

Sünde als „Handlung gegen die Liebe“ – diese Erklärung leuchtete Sarah ein und sie sagte ihr viel mehr zu als der Begriff „Sünde“, der doch recht negativ behaftet war.

„Eigentlich wäre alles so einfach“, fuhr P. Maximilian fort, „man müsste nur die Liebe leben. Und schon wäre alles gut. Die Welt wäre im Frieden und es gäbe viel weniger Leid. Doch leider sehen das die meisten nicht ein und entscheiden sich wieder und wieder dafür, die Gebote Gottes zu brechen – und eben nicht die Liebe zu leben, die er sich wünscht. Gerade dadurch bringen sie so viel Leid in die Welt, das nicht nur sie selbst, sondern oft gerade Unschuldige trifft – werfen dann aber Gott vor, hartherzig zu sein und das Leid nicht zu verhindern."

Sarah dachte kurz über seine Worte nach, dann fragte sie: „Wie geht es weiter bei den Kindern? Werden sie trotz aller Widerstände zu der Erscheinung halten?"

„Das werden sie. Und sie werden einen Monat später, am 13. Juni 1917, wieder zur Cova da Iria gehen, um Maria zu begegnen – davon kann sie nichts abhalten: keine Drohreden, keine Bestechungsversuche und nicht einmal die Verlockungen durch das Fest zu Ehren des heiligen Antonius, das an diesem Tag groß gefeiert wird. Ich werde dir zeigen, was dieses Mal geschieht."

Wieder standen die beiden in der Nähe der Steineiche, auf der die Gottesmutter erschien. Auch die drei Kinder waren da. Dieses Mal ohne die Herde und festlich gekleidet. Um sie herum war eine größere Menschenmenge versammelt. Es waren etwa 50 Personen, darunter auch mehrere Kinder. Gerade hatten sie gemeinsam den Rosenkranz gebetet, da sprang Lúcia auf und rief: „Unsere Liebe Frau wird kommen! Das Licht ist wieder da!"

Alle knieten sich um die Steineiche herum auf den Boden und tatsächlich stand die wunderschöne Frau in dem weißen Gewand mit gefalteten Händen auf dem Baum. Und wie schon beim letzten Mal leuchtete sie heller als die Sonne. Sie leuchtete so sehr, dass es die Augen blendete und die Kinder zwischendurch mehrmals wegsehen mussten.

Als sie zu sprechen begann, wurde das Gespräch wieder einmal zwischen Lúcia und ihr geführt. Aber auch die anderen beiden Kinder blickte sie liebevoll an.

Maria sagte: *„Ich möchte, dass ihr jeden Tag den Rosenkranz betet und lesen lernt."*

Gebet und eine grundlegende Bildung – bisher war Sarah gar nicht bewusst gewesen, dass Gott beides sehr wichtig war.

Jetzt bat Lúcia: „Könnten Sie so gütig sein, einen kranken Mann zu heilen?"

Sogleich erwiderte Maria: „*Wenn er sich bekehrt, wird er innerhalb eines Jahres gesund werden.*"

Wie schon beim letzten Mal war es der Himmel, der das Mädchen beschäftigte, und es bat: „Ich möchte Sie bitten, uns in den Himmel mitzunehmen."

Daraufhin sagte Maria voraus: „*Ja, Jacinta und Francisco werde ich bald holen. Du aber bleibst noch einige Zeit hier. Jesus möchte sich deiner bedienen, damit die Menschen mich erkennen und lieben. Er möchte auf Erden die Verehrung meines Unbefleckten Herzens begründen.*"

Traurig fragte Lúcia: „Bleibe ich allein?"

Da machte Maria ihr Mut: „*Nein, mein Kind, lass dich nicht entmutigen. Niemals werde ich dich verlassen, mein Unbeflecktes Herz wird deine Zuflucht sein und der Weg, der dich zu Gott führen wird.*"

In diesem Augenblick öffnete Maria die Hände und ein unermessliches Licht strömte hervor. Jacinta und Francisco standen in dem Teil des Lichtes, der sich zum Himmel erhob, Lúcia in dem, der sich über die Erde ergoss. Vor der rechten Handfläche Mariens befand sich ein Herz, umgeben von Dornen, die es zu durchbohren schienen.

Dann sagte Maria noch etwas. Aber dieses Mal konnte Sarah nicht hören, was es war. Sie sah nur, wie sich die Lippen Mariens bewegten und die Mädchen ganz erschrocken zu ihr hochsahen. Nur Francisco, der wieder nichts hörte, sondern die Erscheinung nur sah, blieb unverändert.

Nach diesen Worten, die später als das Geheimnis von Fatima bekannt wurden und über welche die Kinder lange Zeit nicht reden durften, entfernte Maria sich. Lúcia sprang auf, zeigte mit dem Arm auf sie und rief: „Seht, dort geht sie! Dort geht sie!“

Da sahen die Anwesenden eine kleine Wolke oberhalb des Baumes, die sich erhob und in östlicher Richtung entfernte.

Schweigend blickten alle nach oben, bis Lúcia sagte: „Jetzt können wir sie nicht mehr sehen. Sie ist zurück in den Himmel gegangen. Die Tore haben sich geschlossen.“[65]

Daraufhin fiel den Menschen etwas Eigenartiges auf an dem Baum: Die Triebe an der Spitze, die vorher zum Himmel zeigten, hatten sich alle in östlicher Richtung geneigt. So, als habe jemand darauf gestanden. Sogleich eilten die Menschen auf den Baum zu und begannen, Zweige abzubrechen. Zum Glück nur die unteren, denn Lúcia bat sie, die oberen zu verschonen.

Trotzdem wusste Sarah jetzt, warum von der Steineiche in der Gegenwart nichts mehr zu sehen war!

Kurze Zeit darauf machten die Menschen sich auf den Rückweg ins Dorf. Sie nahmen die Kinder in die Mitte und beteten den Rosenkranz.

Mit ein wenig Abstand folgten auch Sarah und P. Maximilian. Sarah war froh um den Abstand, denn es gab einiges, das ihr noch unklar war.

So fragte sie: „Wofür stehen das Herz und die Dornen, die es durchbohren?“

„Das Herz ist das Unbefleckte Herz Mariens, die Dornen sind die Sünden der Menschen, die dieses Herz durchbohren“, erklärte P. Maximilian.

„Warum leidet Maria eigentlich so sehr, wenn Menschen gegen die Liebe verstoßen? Diese Taten sind doch nicht gegen sie gerichtet.“

„Sie sind gegen Gott gerichtet, da Gott die Liebe ist. Und da Jesus Gott ist, sind sie auch gegen ihn, ihren Sohn, gerichtet. Alles aber, was ihn verletzt, verletzt auch sie. Aus Liebe zu ihrem Sohn unternimmt sie alles, damit möglichst viele Menschen ihn weniger verletzen und mehr lieben."

„Also tut sie immer noch alles für ihren Sohn", fasste Sarah zusammen.

„So ist es. Immer, wenn sie erscheint, erscheint sie, um die Menschen näher zu ihrem Sohn zu führen. Ihr geht es immer um ihn und darum, dass wir Menschen gerettet werden, denn sie liebt auch uns aus ganzem Herzen und kann es nicht ertragen, wenn wir auf Irrwegen sind oder gar verlorengehen."

Es rührte Sarah, dass Maria eine so große Liebe zur Menschheit hatte, dass sie nie müde wurde, ihr zu erscheinen und sie zur Umkehr aufzurufen. Doch wie wenig wurde ihr diese Liebe teilweise gedankt! Sarah hatte selbst erlebt, wie Menschen abfällig über Maria sprachen. Noch dazu Menschen, die Jesus folgten, aber der Meinung waren, sie nicht zu brauchen. Was hatten sie denn zu verlieren, wenn sie sich für Maria öffneten? Wussten sie denn nicht, dass Maria einen immer zu Jesus hinführte, nie aber von ihm weg? Und dass Jesus seine Mutter so sehr liebte, dass es eine Freude für ihn war, wenn sie von einem Menschen verehrt wurde? Eine so große Freude, dass er seinerseits alles tat, worum ihn seine Mutter im Namen dieses Menschen bat.

Man konnte also nur gewinnen, wenn man sich von Maria an der Hand nehmen ließ und mit ihr durchs Leben ging.

Und trotzdem wurde sie von so vielen abgelehnt. Sie, die nichts als Liebe für die Menschen in sich hatte. Es tat Sarah weh, wenn sie daran dachte.

Inzwischen war die Prozession in Fatima angekommen. Am Straßenrand standen mehrere Dorfbewohner in kleinen

Gruppen zusammen und unterhielten sich. Als sie die Ankommenden sahen, fragten sie neugierig, was sie denn getan hätten. Und begeistert berichteten diese von dem, was sie erlebt hatten. Manchen war anzusehen, dass sie es bedauerten, nicht dabei gewesen zu sein, andere warfen der Gruppe – vor allem aber den Kindern – verachtende Blicke zu.

„Der Kampf wird weitergehen", sagte P. Maximilian, während er die unterschiedlichen Menschen beobachtete, „er ist noch lange nicht gewonnen. Vor allem für Lúcia nicht, die sich ihrer wütenden Mutter stellen muss. Denn diese hatte gehofft, sie würde durch das Fest des heiligen Antonius zur Vernunft kommen und nicht zur Cova da Iria gehen."

„Wird sie wieder Prügel bekommen?", fragte Sarah.

„Das auch. Vor allem aber wird sie zum Pfarrer gebracht werden, der sich auf die Seite der Mutter stellt und sie in große innere Not bringt. Lass uns ein Stück in der Zeit weiterreisen. Dann können wir sie auf diesem schweren Gang begleiten."

Gleich darauf waren alle Menschen verschwunden, die sich soeben noch auf den Straßen befunden hatten. Vom Haus Lúcias her aber kam Maria Rosa. Neben sich Jacinta, Francisco und Lúcia. Sie würde alle drei zum Pfarrer bringen, damit er sie zur Vernunft bringen konnte.

„Und dass ihr mir ja die Wahrheit sagt", ermahnte sie die Kinder, während sie die Straße entlangeilten. Hilflos warfen die drei sich einen Blick zu. Was sollten sie machen? Sie konnten nichts anderes sagen als sonst auch.

Es dauerte nicht lange, da standen sie vor dem Pfarrhaus. Maria Rosa klopfte, und als der Priester zur Tür kam, begrüßte sie ihn ehrfürchtig. Stand er doch im Ansehen bei ihr ganz oben.

„Das sind also die drei Kinder", meinte der Geistliche streng, „nun, dann kommt einmal herein."

Im Besucherzimmer ging es mit der Befragung los. Zuerst war Jacinta an der Reihe, doch diese gab dem Pfarrer auf keine seiner Fragen eine Antwort.

Unwirsch schimpfte er: „Du weißt ja auch gar nichts!"

Daraufhin wandte er sich Lúcia zu. Jacinta aber zog den Rosenkranz heraus und begann zu beten.

„Warum nur musste es immer Lúcia sein, die sprach?", fragte sich Sarah, während der Geistliche mit dem Verhör fortfuhr.

„Wen habt ihr gesehen?"

„Wir haben Unsere Liebe Frau vom Himmel gesehen", antwortete Lúcia bescheiden.

„Und was hat sie zu euch gesagt?"

„Sie sagte, wir sollten täglich den Rosenkranz beten."

„Unsere Liebe Frau kommt doch nicht extra auf die Erde, um drei unbedeutenden Kindern zu sagen, dass sie den Rosenkranz beten sollen", stieß der Pfarrer ungläubig hervor. „Und was ist das überhaupt für ein Geheimnis, das sie euch anvertraut hat? Ich befehle dir, es mir jetzt zu sagen!"

„Aber es ist doch ein Geheimnis", brachte Lúcia mühsam hervor, „ich darf es Euch nicht sagen. Unter keinen Umständen!"

Verärgert starrte der Geistliche sie an. Dass sie das Geheimnis nicht verraten wollte, nahm ihn noch mehr gegen das Ganze ein. Dann wandte er sich an Maria Rosa: „Es könnte eine Täuschung des Teufels sein. Ja, ich denke, es ist eine Täuschung des Teufels."

Erschrocken starrten die Kinder ihn an. Die schöne Dame, deren Erscheinen ihnen so große Freude bereitete, sollte eine Täuschung des Teufels sein? Das konnte doch nicht sein!

Für Maria Rosa jedoch konnte es sein. Wenn der Pfarrer das sagte, dann war es so!

„Da habt ihr es, es ist eine Täuschung des Teufels", schimpfte sie, schob die Kinder zur Tür hinaus und machte sich auf den Heimweg mit ihnen.

Traurig schlichen die drei hinter ihr her. Auf dem Weg wurde kein Wort gesprochen. Zuhause aber gingen sie in den Garten vor Lúcias Haus und setzten sich an den Brunnen, der weit genug entfernt war, um weder gesehen noch gehört zu werden. Hier, im Schatten der Feigenbäume, konnten sie endlich aussprechen, was ihnen auf dem Herzen lag.

„Was denkt ihr", fragte Lúcia kleinlaut, „könnte es wirklich eine Täuschung des Teufels gewesen sein?"

„Auf keinen Fall", widersprach Jacinta energisch, „denk doch mal, wie schön sie ist! Und der Teufel ist nicht schön. Er ist sehr hässlich, soviel weiß ich."

„Vielleicht kann er sich ja auch in jemand Schönen verwandeln", überlegte Lúcia, die ernsthaft ins Zweifeln geraten war.

„Nicht in jemand so Schönen", widersprach nun auch Francisco, „und außerdem würde der Teufel uns nicht dazu auffordern, Rosenkranz zu beten. Es war auf jeden Fall Unsere Liebe Frau, die wir gesehen haben."

„Ganz sicher, Lúcia", sagte Jacinta und legte den Arm um ihre Cousine, „glaube uns doch!"

Doch Lúcia konnte sich nicht überzeugen lassen. Zu vieles kam in ihr hoch: „Der Teufel bringt immer Unfrieden mit sich, wenn er irgendwohin kommt, und in meiner Familie herrscht großer Unfriede, seit wir die Erscheinungen haben."

Traurig blickten Jacinta und Francisco sie an. Sie erkannten, dass sie ihrer Cousine nicht helfen konnten, auch wenn sie selbst immer noch an das Gute an den Erscheinungen glaubten. Ein neues Leiden war über Lúcia hereingebrochen und es sollte einige Zeit dauern, bis sie davon erlöst wurde.

P. Maximilian deutete Sarah an, den Kindern ihre Ruhe zu lassen und nach oben zu den Schafställen zu gehen. Hier war alles wie immer: Die Schafe fraßen Heu, blökten vor sich hin und warteten darauf, auf die Weide geführt zu werden, um frisches Gras zu bekommen.

Für Lúcia jedoch war nichts wie immer.

„Jetzt kommt eine schlimme Zeit auf das Mädchen zu", bestätigte auch P. Maximilian, „sie wird sogar davon träumen, dass der Teufel ihr einen Streich spielte und sie hämisch auslacht, weil sie darauf hereingefallen ist. Maria Rosa hat ihr Ziel erreicht: Ihre Tochter glaubt nicht mehr an die Erscheinungen und möchte am 13. nicht zur Cova da Iria gehen. Doch glücklich ist Lúcia dabei nicht. Im Gegenteil: Innerlich zerreißt es sie. Am 12. Juli teilt sie Jacinta und Francisco mit, dass sie am nächsten Tag allein gehen müssten. Doch als der 13. Juli anbricht, wird sie von einer inneren Macht, die sie sich selbst nicht erklären kann, hinausgeschoben. In letzter Minute – doch gerade noch rechtzeitig – kommt ihr Glaube an die Echtheit zurück. Du wirst es gleich selbst sehen."

Vor ihren Augen öffnete sich die Tür und Lúcia kam heraus. Wie immer trug sie ein dunkles Kopftuch, eine helle Bluse und einen langen, weiten Rock. Hinter ihr rief eine Stimme: „Du wirst schon sehen: Du wirst dem Teufel begegnen!" Doch Lúcia ließ sich dadurch nicht aufhalten. Die Zweifel waren besiegt, das Vertrauen zurückgekommen.

Hastig eilte sie zur Kreuzung, wo sie sich immer mit den anderen beiden traf. Doch keiner von ihnen war da. Da lief sie die Straße entlang zum Haus der beiden. Vor einem Heim, das ihrem eigenen auf den ersten Blick sehr glich, blieb sie stehen und klopfte an. Zum ersten Mal konnte Sarah sehen, wo das Geschwisterpaar wohnte.

Ein dunkelhaariger Mann mit gütigem Gesichtsausdruck öffnete, ließ Lúcia eintreten und führte sie zum Zimmer seiner Kinder. Dort knieten beide vor dem Bett und weinten.

„Warum weint ihr?“, wollte Lúcia wissen.

„Weil du nicht mitgehen willst“, erwiderte Francisco, „und allein trauen wir uns nicht.“

„Ich gehe doch mit“, meinte Lúcia, „und nun steht auf, sonst kommen wir noch zu spät.“

Sofort versiegten die Tränen der beiden, sie sprangen auf und eilten zusammen mit ihrer Cousine los, um in der Cova da Iria ihrer Lieben Frau zu begegnen. Gleich nach ihnen verließ Ti Marto das Haus. Er wollte bei seinen Kindern sein und ihnen zur Seite stehen, falls sie denn Hilfe brauchen sollten.

Inzwischen war der Wegesrand überfüllt mit Menschen. Es waren zwei- oder dreitausend, die von überall her gekommen waren, um bei der Erscheinung dabei zu sein. Erschrocken blickten die Kinder auf die Menge, während sie sich ihren Weg bahnten. Zwischendurch wurden sie immer wieder aufgehalten und damit beauftragt, Maria um etwas zu bitten. Die Menschen wollten, dass ihre eigenen Anliegen mittels der Kinder bei der Gottesmutter Gehör fanden.

Schließlich kamen sie bei der Steineiche an. Erstaunt sah Sarah, wie dieser Ort sich verändert hatte. Bei der Eiche stand ein Bogen, an dem zwei Laternen hingen. Auf den Ästen waren Blumen und Seidenbänder zu sehen und auch um den Baum herum lagen Blumen. Alle Steine und stacheligen Pflanzen waren entfernt worden. Alles wirkte sehr ordentlich und liebevoll gepflegt.

Während die Kinder beim Baum niederknieten, versammelten sich die Menschen so nah wie möglich um sie herum, um ja alles mitzubekommen. Ein paar Männer, darunter auch der besorgte Ti Marto, bildeten eine Schutzmauer um die drei, sodass sie nicht erdrückt werden konnten.

Es war brütend heiß und wer einen Schirm dabeihatte, öffnete ihn zum Schutz gegen die Sonne. Aus der Ferne näherten sich zwei weitere Frauen. Sarah erkannte in ihnen die Mütter der Kinder. Sie hatten ihr Haupt mit einem Tuch bedeckt, um nicht erkannt zu werden, und verbargen sich hinter einem Felsen.

Dann begannen alle, gemeinsam den Rosenkranz zu beten. Lúcia betete vor, alle anderen nach. Gegen Ende des Gebetes ließ die Hitze nach und es wehte eine erfrischende Brise. Ganz untypisch für den Sommer. Überrascht schlossen einige die Schirme. Da war es auch schon soweit. Lúcia schaute gegen Osten und rief: „Unsere Liebe Frau kommt!"

Alle wurden so ruhig, dass man ein Blatt hätte fallen hören können. Mitten in dieser Stille vernahmen sie ein leises, summendes Geräusch. Und über der Steineiche erblickten sie eine kleine graue Wolke.

Die drei Kinder aber sahen ihre Liebe Frau. Und auch Sarah bekam erneut das Geschenk, diese wunderschöne Frau zu sehen.

Dieses Mal ruhte ihr Blick besonders liebevoll auf Lúcia, so, als wolle sie das Mädchen trösten für all das Leid, das es in letzter Zeit erfahren hatte. Lúcia aber blickte selig zu ihr auf und schien dabei alles andere zu vergessen. Sie war so versunken in die glückselige Betrachtung, dass sie nicht einmal wahrnahm, wie Maria das Wort an sie richtete. Erst als Jacinta ihr zuraunte „Unsere Liebe Frau spricht mit dir", schreckte sie aus der Versunkenheit auf und fragte demütig: „Was wünschen Sie von mir?"

Maria antwortete: *„Ich möchte, dass ihr am Dreizehnten des kommenden Monats wieder hierher kommt und dass ihr weiterhin jeden Tag den Rosenkranz zu Ehren Unserer Lieben Frau vom*

Rosenkranz betet, um den Frieden für die Welt und das Ende des Krieges zu erlangen, denn nur sie allein kann es erreichen.“

Lúcia bat: „Ich möchte Sie bitten, uns zu sagen, wer Sie sind, und ein Wunder zu tun, damit alle glauben, dass Sie uns erscheinen.“

„*Kommt weiterhin jeden Monat hierher! Im Oktober werde ich euch sagen, wer ich bin und was ich wünsche, und ich werde ein Wunder tun, damit alle glauben.*“

Hierauf brachte Lúcia mehrere Bitten vor, die ihr von unterschiedlichen Personen anvertraut worden waren und Maria sagte, man müsse den Rosenkranz beten, um die Gnaden im Laufe eines Jahres zu erhalten.

Als Lúcia um Heilung für einen verkrüppelten Jungen bat, erwiderte Maria, dass er nicht geheilt werden würde, außerdem würde er arm bleiben, er solle aber trotzdem mit seiner Familie jeden Tag den Rosenkranz beten.

„Er wird nicht geheilt werden und noch dazu arm bleiben? Der arme Junge!“, dachte Sarah.

„Maria wird ihm auf andere Art und Weise helfen“, erklärte P. Maximilian leise, „er wird tatsächlich nie reich, aber er bekommt eine Anstellung als Sakristan in der Erscheinungskapelle und hat immer genug zum Leben. Außerdem wird ihm das geschenkt, was so vielen anderen Menschen fehlt: ein tiefer Glaube und innerer Friede.“

Wieder sprach Maria zu den Kindern, aber dieses Mal durfte Sarah nicht hören, was sie sagte. Es war der Inhalt eines neuen Geheimnisses, das den Kindern zwar mitgeteilt wurde, welches sie aber auf keinen Fall weitergeben durften, bevor die Zeit gekommen war.

„Das, was die Kinder gerade hören, wird ihnen erneut viel Leid bringen“, flüsterte P. Maximilian ihr zu, „sie werden grausam verhört und gequält werden, um das Geheimnis zu verraten, aber kein Wort sagen. Erst Jahre später wird Lúcia alle drei Geheimnisse aufschreiben. Doch viel erschütternder ist das, was die Kinder gleich sehen werden."

In diesem Augenblick bat Maria: „*Opfert euch auf für die Sünder und sagt oft, besonders, wenn ihr ein Opfer bringt: O Jesus, das tue ich aus Liebe zu dir, für die Bekehrung der Sünder und zur Sühne für die Sünden gegen das Unbefleckte Herz Mariens.*"

Dann öffnete Maria aufs Neue die Hände. Dieses Mal jedoch schien der Lichtstrahl die Erde zu durchdringen und ein Feuermeer war zu sehen. Sarah blieb beinahe das Herz stehen, als sie darin mehrere menschliche Gestalten sahen, die wie Kohlen glühten. Ihr Schreien und Heulen, das größte Verzweiflung zum Ausdruck brachte, ließ sie erstarren und sie war unbeschreiblich froh, als dieses Bild wieder vor ihren Augen verschwand.

Auch die Kinder waren vor Entsetzen erstarrt, sie wurden kreidebleich und riefen Maria um Hilfe an.

Diese sagte traurig zu ihnen: „*Ihr habt die Hölle gesehen, wohin die Seelen der armen Sünder kommen. Um sie zu retten, will Gott die Andacht zu meinem Unbefleckten Herzen in der Welt begründen. Wenn man tut, was ich euch sage, werden viele Seelen gerettet werden und es wird Friede sein. Der Krieg geht seinem Ende entgegen. Wenn man aber nicht aufhört, Gott zu beleidigen, wird unter dem Pontifikat von Pius XI. ein neuer, schlimmerer Krieg beginnen.*"

„Der Zweite Weltkrieg!", entfuhr es Sarah.

„Ja, der Zweite Weltkrieg", bestätigte P. Maximilian. „Der offizielle Beginn des Krieges wird zwar auf September 1939 datiert, jedoch trug all das, was in den Jahren zuvor in Deutschland passierte, dazu bei, dass es zu diesem Krieg kam, und so kann man tatsächlich sagen, dass dieser neue, noch schlimmere Krieg unter dem Pontifikat von Pius XI. begann."

Dann fuhr Maria fort: „*Wenn ihr eine Nacht erhellt seht durch ein unbekanntes Licht, dann wisst, dass dies das große Zeichen ist, das Gott euch gibt, dass er nun die Welt für ihre Missetaten mit Krieg, Hungersnot, Verfolgung der Kirche und des Heiligen Vaters strafen wird.*

Um das zu verhüten, werde ich kommen, um die Weihe Russlands an mein unbeflecktes Herz und die Sühnekommunion an den ersten Samstagen des Monats zu verlangen. Wenn man auf meine Wünsche hört, wird Russland sich bekehren und es wird Friede sein. Wenn nicht, wird es seine Irrlehren über die Welt verbreiten, wird Kriege und Kirchenverfolgungen heraufbeschwören. Die Guten werden gemartert werden, der Heilige Vater wird viel zu leiden haben, verschiedene Nationen werden vernichtet werden, am Ende aber wird mein Unbeflecktes Herz triumphieren. Der Heilige Vater wird mir Russland weihen, das sich bekehren wird, und der Welt wird eine Zeit des Friedens geschenkt werden."

Schließlich äußerte Maria eine letzte Bitte an die Kinder: „*Wenn ihr den Rosenkranz betet, dann sagt nach jedem Gesetz: O mein Jesus, verzeihe uns unsere Sünden, bewahre uns vor dem Feuer der Hölle, führe alle Seelen in den Himmel, besonders jene, die deiner Barmherzigkeit am meisten bedürfen.*"

„Daher kommt also dieses Gebet", dachte Sarah, die es seit Jahren regelmäßig gebetet hatte, bisher aber nicht wirklich gewusst hatte, wo sein Ursprung lag, „Maria selbst hat es auf die Erde gebracht. Dadurch bekommt es eine ganz neue Bedeutung."

Währenddessen standen die Kinder immer noch schweigend da. So mitgenommen waren sie von dem Schrecklichen, das sie gesehen hatten. Schließlich fragte Lúcia: „Wünschen Sie sonst noch etwas?"

Maria schüttelte den Kopf, blickte alle drei ein letztes Mal liebevoll an und begann dann, sich in Richtung Osten zu entfernen.

Alle Anwesenden hörten einen heftigen Donnerschlag und bemerkten, wie der Boden erzitterte, während Lúcia aufsprang, zum Himmel zeigte und rief: „Dort geht sie, dort geht sie!“[66]

Nachdem Maria verschwunden war, stürzte die Menge sich auf die Kinder, um zu erfahren, was sie gesagt hatte. Wären da nicht die Männer gewesen, die sich schützend um die drei stellten – es hätte böse ausgehen können. Ti Marto nahm Jacinta auf die Arme, zwei andere Männer Francisco und Lúcia, und so wurden die Kinder sicher durch die Menge zu ihren Häusern getragen.

Während die meisten ihnen nachliefen, um doch noch etwas über die Botschaften der Gottesmutter zu erfahren, blieben Sarah und P. Maximilian bei der Eiche zurück, um in Ruhe über die Erscheinung reden zu können.

„Schrecklich“, sagte Sarah aus tiefstem Herzen, „so schrecklich!“

„Ja“, bestätigte P. Maximilian, „das, was wir heute gesehen haben, ist in der Tat schrecklich. Und fast kann man die Menschen verstehen, die sich einreden wollen, dass es die Hölle gar nicht gibt, denn wer will schon an die Existenz von etwas glauben, das so schrecklich ist? Und doch gibt es sie. Daran können alle Versuche, sie zu leugnen, nichts ändern.“

„Aber es wird kaum noch über sie gesprochen“, meinte Sarah.

„Das stimmt, weil kaum noch jemand den Mut dazu hat. Ist es doch so, dass nahezu jedem, der es wagt, über sie zu sprechen, Angstmacherei, ein veralteter Glaube oder sogar Dummheit vorgeworfen werden.

Aber es geht nicht darum, den Menschen Angst zu machen. Es ist nur einfach so, dass es die Hölle tatsächlich gibt. Und alle Versuche, sie zu leugnen, bewirken nur, dass noch mehr Menschen gedankenlos in den Tag hineinleben und eine lieblose Tat nach der anderen begehen, ohne sich je zu fragen, was nach dem Tod mit ihnen sein wird.

Vielen kommt es auch sehr gelegen, nicht an die Hölle zu glauben, da deren Existenz bedeuten könnte, dass sie ihr Leben ändern müssen. Dass es nicht gleichgültig ist, wenn sie Gott beleidigen und ein egoistisches, liebloses Leben führen. Dass alles Konsequenzen haben wird und jeder irgendwann für seine Taten geradestehen muss."

„Und was ist mit Vergebung und einer zweiten Chance?", fragte Sarah.

„Die gibt es natürlich", meinte P. Maximilian, „für jeden, der darum bittet. Entscheidend ist wieder einmal der freie Wille. Wenn ein Mensch Vergebung haben will, dann wird er sie bekommen. Wenn er Gott um eine zweite Chance bittet, dann wird er diese auch bekommen. Er wird auch eine dritte und vierte Chance bekommen – und Vergebung jedes Mal, wenn er sie voll Reue erfleht. Es ist aber so, dass viele Menschen es nicht einsehen, wenn sie eine Sünde begehen. Sie wollen sich selbst und auch allen anderen einreden, dass das, was sie tun, richtig ist. Daher bitten sie nicht um Vergebung und werden sie so natürlich auch nicht bekommen. Im schlimmsten Fall sehen sie ihre Fehler nie ein, nicht einmal vor ihrem Tod, und treten dann so vor Gott."

„Und dann haben sie ein Problem", meinte Sarah.

„Richtig", bestätigte P. Maximilian, „dann haben sie ein großes Problem. Um es nicht so weit kommen zu lassen, warnt Gott die Menschen wieder und wieder. Er warnt sie auch durch die Botschaften von Maria, die es mit ihrer Warnung nur gut meint. Natürlich kann das, was sie sagt, Angst machen. Doch die braucht man nicht zu haben, wenn man sich an Gottes Gebote hält und sein Leben in der Liebe lebt. Andernfalls schadet ein wenig Angst vielleicht nicht, wenn sie einen davor bewahrt, an den Ort zu kommen, an dem man auf ewig unglücklich ist."

Eine Weile blickten beide nachdenklich auf die Eiche, die soeben noch so hohen Besuch gehabt hatte. Dann meinte P. Maximilian: „Die Kinder nehmen das, was sie heute gesehen und gehört haben, sehr ernst. Sie erhöhen ihre Gebete und Opfer um ein Vielfaches, ständig verzichten sie auf das, was ein Genuss wäre, auf Trauben, Feigen und andere Köstlichkeiten, die sie geschenkt bekommen, und tun alles, was in ihrer Macht steht, um Wiedergutmachung zu leisten für alle Beleidigungen, die Jesus und seiner Mutter zugefügt werden. Dadurch tragen sie dazu bei, dass andere umkehren und gerettet werden. Und so viele werden ihnen die Rettung zu verdanken haben! So viele werden dank ihres selbstlosen Einsatzes in den Himmel kommen und dort für immer glücklich sein."

„Und die Kinder? Werden auch sie glücklich sein?", wollte Sarah wissen.

„Im Himmel ja. Dort werden sie unendlich glücklich sein. Auf Erden aber ist ihr Weg ein harter und beschwerlicher. Ihre Freude ist es, Maria zu sehen, ihr Leid das, was ihnen durch viele an Bösem zugefügt wird. Doch wie Maria es ihnen versprochen hat, ist die Gnade Gottes ihre Stärke, und so halten sie in allen Schwierigkeiten durch. Selbst als ihnen angedroht wird, in heißem Öl gekocht zu werden, wenn sie die Geheimnisse der Gottesmutter nicht preisgeben sollten, bleiben sie standhaft."

„Wie bitte?", fragte Sarah ungläubig. „Jemand droht den Kindern an, sie in heißem Öl zu kochen?"

„So ist es“, bestätigte P. Maximilian, „Artur Santos, der Bürgermeister der Provinz und damit ein sehr mächtiger Mann, lässt sie entführen und einsperren. Dann lässt er Öl in einem riesigen Kessel zum Kochen bringen und droht ihnen jeweils unter vier Augen an, sie dort hineinzuwerfen.

Die schlimmste Prüfung für Lúcia bleibt jedoch nach wie vor die ablehnende Haltung ihrer Familie. Dass ihr in der eigenen Familie nicht geglaubt wird, verletzt sie tief. Kann einen doch keiner so verletzen, wie die, die einem besonders nahestehen.

Hinzu kommen die ständigen Vorwürfe, dass die Menschenmassen alles in der Cova da Iria zerstören und die Familie dort weder Mais noch Bohnen oder Oliven ernten kann. Eine ihrer Schwestern schlägt sogar vor, Lúcia solle in Zukunft nur das zu essen bekommen, was auf der Cova da Iria noch wachse. Also so gut wie nichts.“

„Wie hartherzig“, entfuhr es Sarah, „gibt es denn keinen in ihrer Familie, der zu ihr hält?“

„Keinen“, sagte P. Maximilian traurig, „und so wird es bleiben bis zu jenem 13. Oktober, für den das Wunder vorausgesagt ist.“

Nachdem er das gesagt hatte, veränderte sich das Umfeld. Die Steineiche verschwand und an ihrer Stelle standen die kleine Kapelle und die Statue der Gottesmutter. Davor die hölzerne Bank, von der Sarah vor einer gefühlten Ewigkeit aufgestanden war.

Entsetzt blickte sie ihren Begleiter an: „Du willst mich doch jetzt nicht in die Gegenwart zurückbringen?“

„Warum nicht?“, meinte dieser lächelnd, „schließlich bist du morgen auch noch hier und alles an einem Tag ist fast ein wenig zu viel.“

„Und was ist mit dem angekündigten Wunder? Werde ich es sehen dürfen?“

„Das erfährst du, wenn es soweit ist."

Oh nein! Nicht schon wieder diese Ungewissheit, die sie auf die Folter spannte! Doch sie konnte sich nicht länger beschweren, denn im nächsten Augenblick war ihr Freund aus dem Jenseits verschwunden. Sie konnte nur hoffen, dass er am nächsten Tag zurückkommen und ihr das vorausgesagte Wunder zeigen würde.

Dann würde sie den restlichen Tag eben nutzen, um zur Heiligen Messe zu gehen und Fatima zu besichtigen. Schließlich hatte sie den Ort in der Gegenwart noch kaum wahrgenommen.

Stunden später stand sie wieder vor der Kapelle, in der Hand eine brennende Kerze, an der Seite Ignatius, dem sie natürlich wieder über den Weg gelaufen war. Doch wenn sie schon beide hier waren, dann konnten sie auch etwas Zeit miteinander verbringen. Schließlich waren sie immer noch Freunde.

Zuerst wurden mehrere Gesätzchen des Rosenkranzes gebetet. Dazu kamen Menschen aus unterschiedlichen Ländern nach vorne und beteten vor. Sarah betete immer auf Deutsch nach. Irgendwie war es schön, das Ave Maria in so vielen verschiedenen Sprachen zu hören, und wieder einmal wurde ihr bewusst, dass Maria für alle Menschen da war. Es spielte keine Rolle, welche Sprache sie sprachen und aus welchem Land sie kamen. Auch nicht, welche Religion oder Konfession sie hatten. Wenn es nach Maria ging, waren alle bei ihr willkommen.

Während sie noch über diese besondere Bedeutung der Gottesmutter nachdachte, fiel Sarah ein Gespräch mit einem Schüler ein, der dem Islam angehörte. Sie hatten über Gemeinsamkeiten und Unterschiede ihrer beiden Religionen gesprochen, bis sie auf Maria gekommen waren. Da waren sie sich vollkommen einig. „Maria ist die tollste Frau, die es gibt", hatte der Schüler gesagt und genau das war sie auch für Sarah: die tollste Frau, die es gibt. Und eine Frau, die jeder sich zum Vorbild nehmen konnte.

Nachdem der Rosenkranz zu Ende gebetet war, wurde alles vorbereitet für die Lichterprozession. Zuerst wurde ein großes, leuchtendes Kreuz herbeigebracht. Dieses sollte am Anfang der Prozession stehen. Und dann kam Sarahs Lieblingsmoment: der, in dem die Marienstatue aus der Kapelle herausgetragen wurde und an ihr vorbeikam. Es war der Moment, in dem alle „Ave, ave, ave Maria" sangen und ihre brennenden Kerzen hochhielten, um die Gottesmutter zu ehren, die auf einem Teppich aus weißen Blumen an ihnen vorbeischwebte. Und dann gingen alle hinter Maria her. Ganz nach oben auf den Platz, auf dem die Statue von Johannes Paul II. stand, und wieder zurück zur Kapelle, wobei sie immer wieder ihre Kerzen hochhielten und zusammen sangen: „Ave, ave, ave Maria."

Zusammen mit all den anderen Glaubenden und Hoffenden zu Maria zu beten, berührte Sarah zutiefst in ihrem Herzen. Es war auch schön, Ignatius neben sich zu haben, doch nach der Lichterprozession verabschiedete sie sich von ihm. Nun wollte sie allein sein und ganz zur Ruhe kommen – hier, an dem Ort, an dem sie vor Kurzem noch die Erscheinungen der Gottesmutter miterleben durfte. So nahm sie auf der gleichen Holzbank Platz, auf der sie vor einigen Stunden schon einmal gesessen war. Da ging ihr noch einmal alles durch den Kopf, was sie seit ihrer Ankunft in Fatima erlebt hatte. Und auch, was sie sich für die Zukunft erhoffte.

Und dann passierte etwas, womit sie nicht gerechnet hätte. Etwas, wovon sie dachte, es in Israel besiegt und hinter sich gelassen zu haben: All die Zweifel, die ihr je zu Tobi ins Herz gelegt worden waren, kamen noch einmal in ihr hoch und rissen sie aufs Neue auf – die Wunde, die seit 17 Jahren in ihrem Herzen eingeschlossen war und nie wirklich heilte.

Da waren sie wieder, all die Fragen, die sie so oft schon gequält hatten: Was, wenn sie sich getäuscht hatte? Wenn die Begegnung in Lourdes nur ein Zufall gewesen war? Wenn die Stimmen, die sie gehört hatte, nicht von Gott gewesen waren? Wenn Tobis Augen sie in der Kapelle aus einem ganz anderen Grund angeschaut hatten? Wenn der Bus aus Zufall im Kreisverkehr steckengeblieben war, Tobi sich zufällig am Barmherzigkeitssonntag gemeldet hatte, er zufällig gerade in der Nacht geschrieben hatte, in der sie Gott um ein Zeichen gebeten hatte? Wenn ihr das Lied in Ars grundlos geschenkt worden war? Wenn sie jede Bibelstelle, die sie im Laufe der 17 Jahre gezogen hatte, falsch gedeutet hatte? Jede innere Gewissheit sie betrogen hatte? Was war dann?

Noch während diese Gedanken in ihr arbeiteten, wurde Sarah bewusst, dass ihr Glaube dann stärker erschüttert werden würde als je zuvor.

Doch ihr wurde auch noch etwas anderes bewusst, und zwar, dass Tobi in ihren Augen dann immer noch der wunderbarste Mann sein würde, dem sie je begegnet war. Der Einzige, bei dem sie das Gefühl hatte, tief in die Seele hineinzusehen, wenn sie in seine Augen sah. Der Einzige, bei dem sie das Gefühl hatte, dass er sie auch ohne Worte verstand. Dass er spürte, wie sie wirklich war, und sich nicht von der Fassade blenden ließ, die sie oft zeigte.

Der Einzige, mit dem sie durchs Leben gehen wollte.

Die Frage war nur, ob auch er das wollte. Ob auch er das Gefühl hatte, dass er ihre Seele sehen konnte, wenn er in ihre Augen sah, und ob er wusste, dass auch sie ihn ohne Worte verstand.

Als er sie damals in Lourdes getroffen hatte, war er sich sicher gewesen, ihr irgendwann einmal einen Heiratsantrag zu machen. Ob er diese Sicherheit immer noch hatte, wenn sie sich wieder begegneten? Wann und wo auch immer das sein würde.

Sarah wusste es nicht. Sie wusste gar nichts mehr. Nur, dass sie alle Sorgen in die Hände Mariens legen und dabei eines sagen konnte: „Sorge du, Maria! Oh bitte, sorge du!"

„Das ist genau der richtige Weg", sagte eine vertraute Stimme neben ihr.

P. Maximilian! Wie schön, dass er noch einmal gekommen war. Ausgerechnet jetzt, als es ihr so schlecht ging.

„Hast du denn immer noch kein Vertrauen, Sarah?"

„Ich dachte, ich hätte es. Und doch wurde für einen Augenblick alles wieder aufgerissen, was im Laufe der Jahre an Zweifeln in mich gesät wurde."

„Das habe ich gespürt. Doch ich möchte nicht, dass du von deinen Zweifeln besiegt wirst und schon wieder eine so traurige Nacht hast wie nach unserer ersten Begegnung in Lourdes. Deshalb bin ich heute noch gekommen, um dir ein wenig Trost zu spenden."

Gerührt lächelte Sarah ihn an, während er fortfuhr: „Außerdem schickt Gott immer dann Hilfe, wenn die Nacht am dunkelsten ist und man diese Hilfe am dringendsten braucht."

Dann meinte er: „Das war übrigens auch hier in Portugal so."

Und während Sarah ihn interessiert anblickte, begann er zu erzählen: „Bevor Maria hier erschien, war Portugal dabei, seinen Glauben zu verlieren und Gott mehr oder weniger aus dem Land hinauszuwerfen. Eine Revolution folgte auf die andere. Die Kirchen wurden verfolgt. Alle religiösen Kongregationen wurden unterdrückt, die Jesuiten sogar ausgewiesen. Religiöse Feiertage sollten als gewöhnliche Werktage gelten.

Die Heirat wurde zu einem rein zivilen Vertrag erklärt. Priestern und Ordensleuten wurde es verboten, Religionsunterricht zu erteilen oder auch nur priesterliche Kleidung zu tragen. Viele der Gotteshäuser wurden in Kasernen oder Ställe umgewandelt. Man konnte wahrhaft sagen, dass Portugal Gott vergessen hatte. Aber: Gott hatte Portugal nicht vergessen. Er sandte Maria auf die Erde herab, um die Menschen dieses Landes wieder für sich zu gewinnen, und viele kehrten zu ihm zurück."

Gerührt blickte Sarah auf Maria, die gerade dann in dieses Land gekommen war, als es in großer Not war. Die immer dann Hilfe brachte, wenn jemand in großer Not war und sie aus ganzem Herzen darum bat. Die ihr vor Monaten P. Maximilian geschickt hatte, als sie im Englischen Garten stand und die Hoffnung fast verloren hatte. Und die ihr das Geschenk dieser unbeschreiblichen Reisen gemacht hatte, welche in ihr einen Glauben wachsen ließen, der sie ihr restliches Leben lang begleiten würde.

Was bedeutete es schon, wenn andere sie für stur, uneinsichtig und sogar ein wenig verrückt hielten, wenn sie nur wusste, dass Maria an ihrer Seite war.

Verrückt. Das war das Stichwort für P. Maximilian, denn zu diesem Punkt wollte er unbedingt noch etwas anbringen: „Ich weiß, dass viele dich für verrückt halten, weil du das mit Tobi immer noch glaubst. Dazu habe ich nie wirklich etwas gesagt, aber heute möchte ich es tun: Ich halte dich nicht für verrückt, wenn du es glaubst. Und ich sage dir noch einmal das, was ich dir schon in Israel gesagt habe, Sarah: Wenn einem von Gott etwas versprochen wird, dann muss man daran glauben – selbst wenn die ganze Welt einen für dumm hält."

„Viele sagen mir, dass die Stimme nicht von Gott war, sondern von einer anderen Macht. Und dann bringen sie Beispiele von Menschen, bei denen es genau so war: Die eine Stimme hörten, jahrelang daran glaubten und schließlich schmerzhaft merken mussten, wie sehr sie sich geirrt hatten."

„So etwas gibt es", bestätigte P. Maximilian, „leider kann es tatsächlich passieren, dass jemand ein vermeintliches Zeichen bekommt, das im Endeffekt gar keines ist, sondern ihn auf einen falschen Weg führt. Daher muss man sogenannte Zeichen sehr genau prüfen und sollte sich in der Regel nicht mit einem allein zufriedengeben. Denn es kann wirklich sein, dass man durch ein Zeichen oder auch eine Stimme in die Irre geführt wird. Doch nicht über 17 Jahre hinweg immer wieder. Noch dazu, wenn man sich an Gott klammert, ununterbrochen betet und ihn darum bittet, einem den rechten Weg zu zeigen. Und das hast du getan. Du hast nicht stur darauf beharrt, recht zu haben, sondern bist immer wieder in den Dialog mit Gott getreten und hast ihn darum gebeten, dir den rechten Weg zu zeigen. Und auch Maria hast du immer wieder darum gebeten. Glaube mir Sarah: Sie werden dich nicht im Stich lassen. Es wird alles gut werden!"

Nach diesen Worten schenkte er ihr ein letztes Lächeln und verschwand. Sarah aber blieb noch eine Weile sitzen. Hier bei Maria, die ihre Not verstand und ihr immer aufs Neue Hoffnung schenkte. Die ihre Quelle der Hoffnung war.

Und als sie schließlich zum Hotel zurückging, war sie zu der Überzeugung zurückgekehrt: Es stimmte. Manchmal musste man etwas loslassen, und wenn es noch so wehtat. Aber manchmal musste man auch an etwas festhalten und voller Vertrauen durchhalten. Selbst wenn es sehr lange dauern sollte.

Am nächsten Tag ging Sarah bereits am Vormittag zur Erscheinungskapelle. Sie wusste nicht, wann P. Maximilian zu ihr kommen würde, aber da die Erscheinungen immer um die Mittagszeit waren, dachte sie, es könne nicht schaden, wenn sie ein paar Stunden zuvor hier sei. Wobei die Zeit ohnehin immer eine andere war, sobald sie in der Vergangenheit waren. Während sie sich der Kapelle näherte, sah sie von hinten einen Ordensmann mit schwarzem Gewand, der betend auf ihrer Holzbank saß. Und als sie sich mit einem Lächeln neben ihn setzte, stellte sie fest, dass es dieses Mal andersherum war: Es war P. Maximilian, der wartend auf der Bank saß, und sie, die sich zu ihm dazusetzte. Scheinbar war es an diesem Tag er, der es kaum erwarten konnte, in die Vergangenheit einzutauchen.

Und tatsächlich sagte er gleich darauf: „Endlich bist du da. Dann lass uns keine Zeit verlieren und noch einmal in das Jahr 1917 eintauchen. Doch zuvor darf ich dich bitten, wieder einmal aufzustehen."

Und wie schon beim letzten Mal, kam Sarah seiner Bitte gerade noch rechtzeitig nach, bevor sich das Umfeld so veränderte, wie sie es vom Vortag her bereits kannte.

Wieder stand vor ihren Augen die Steineiche, deren wenige Äste, die sie noch hatte, mit herbstbraunen Blättern bedeckt waren. Der Baum war stärker geschmückt denn je, die Kinder jedoch weit und breit nicht zu sehen. Fragend blickte Sarah P. Maximilian an.

Dieser erklärte: „Heute ist der 12. Oktober. Die Kinder werden erst morgen hierher kommen. Trotzdem wollte ich dir diesen Tag zeigen, um dir einen tieferen Einblick in das Geschehen zu ermöglichen. Komm, lass uns zu den Häusern der Kinder gehen."

Während sie den Weg entlangschritten, den die Kinder sonst mit den Herden zurücklegten, konnte Sarah mit eigenen Augen sehen, was Lúcias Eltern großen Kummer bereitete: Wo sie auch gingen, war alles niedergetrampelt worden. Die Bäume hatten kaum noch Äste, an denen Früchte wachsen konnten, und auf dem Boden war niedergedrückt, was nur irgendwie versuchte, nach oben zu wachsen.

Sie waren nicht weit gekommen, da sah Sarah eine große Ansammlung an Menschen näherkommen.

„Ich dachte, der 13. sei erst morgen", wandte sie sich irritiert an ihren Begleiter.

„Das ist auch so", meinte dieser ungerührt, „doch bereits heute kommen die Menschen hierher, um bei dem großen Wunder dabei zu sein. Aus ganz Portugal kommen sie hierher."

„Und wo werden sie schlafen?"

„Unter freiem Himmel. Ihnen ist alles recht, wenn sie nur hier sein können, um alles aus nächster Nähe mitzuerleben."

Sarah und P. Maximilian gingen weiter. Und erneut kam ihnen eine größere Menschengruppe entgegen. So wiederholte es sich immer wieder, bis sie bei den Häusern der Kinder ankamen. Wie immer bog P. Maximilian bei der Kreuzung rechts ab und schlug den Weg zu Lúcias Haus ein.

Diese stand gerade neben dem Schafstall und streichelte gedankenverloren eines der Tiere. Neben ihr befand sich Maria Rosa und redete wieder einmal auf sie ein: „Überlege es dir, Lúcia! Noch kannst du alles widerrufen. Wenn aber morgen alle Welt sieht, dass ihr gelogen habt, ist es zu spät!"

„Es ist die Wahrheit, Mutter. Wir haben Unsere Liebe Frau gesehen. Warum glaubst du mir denn immer noch nicht?", fragte Lúcia niedergeschlagen.

„Wenn es wirklich Unsere Liebe Frau wäre, hätte sie schon längst ein Wunder gewirkt. Sie hätte eine Quelle entspringen lassen oder etwas Ähnliches. Aber nichts dergleichen ist passiert. Wie sollte ich dir da glauben?“

Sarah konnte nicht verstehen, warum die Mutter ihr immer noch nicht glaubte. Kannte sie ihre eigene Tochter denn gar nicht? Oder hielt sie so wenig von ihr, dass sie sich nicht vorstellen konnte, Maria würde sich ausgerechnet ihr zeigen? Sie liebte ihre Tochter doch und war eine gläubige Frau, die regelmäßig betete. Aber aus irgendeinem Grund ließ Gott es zu, dass sie derart verblendet war und durch nichts zur Einsicht kam. Wahrscheinlich war das ein wichtiger Bestandteil des großen Leids, das Lúcia für die Bekehrung so vieler bereitwillig ertrug. Sarah hoffte nur, dass es irgendwann wieder zum Frieden zwischen den beiden kommen würde.

In dem Moment kamen Jacinta und Francisco vorbei, um mit ihrer Cousine zu sprechen. Maria Rosa warf auch ihnen an den Kopf: „Alle werden wir leiden müssen wegen der Dinge, die ihr erfunden habt. Und ihr könnt froh sein, wenn ihr den morgigen Tag überlebt! Denn wenn kein Wunder passiert, wird die wütende Menge versuchen, euch umzubringen.“

Bedrückt hörten die beiden ihr zu, dann gingen sie zusammen mit Lúcia hinab zum Brunnen. Hier konnten sie kurz unter sich sein und reden. Doch nicht lange, denn Lúcias Schwester Maria entdeckte sie und folgte ihnen. Dann forderte auch sie die drei auf: „Wollt ihr nicht zugeben, dass in der Cova da Iria nichts passiert ist? Es gibt Gerüchte, dass Bomben geworfen werden sollen, um unsere Häuser zu zerstören. Wenn ihr zugebt, dass ihr nichts gesehen habt, kann ich es dem Pfarrer sagen und er wird es in der Kirche verkünden, sodass alle davon erfahren. Dann kommen wir wenigstens mit dem Leben davon.“

Lúcia legte die Stirn in Falten, gab aber keine Antwort. Auch Francisco schwieg. Nur Jacinta begann offen zu weinen und erwiderte: „Sage es, wenn du willst, aber wir haben sie gesehen."[67]

Missmutig schüttelte Maria den Kopf. Sie konnte nicht verstehen, warum alle drei derart fest an den Erscheinungen festhielten. Immerhin bestand ernsthafte Lebensgefahr für sie, wenn das Wunder nicht eintreten sollte. Dann drehte sie sich um und ging zurück zum Haus.

Nachdem sie weg war, taten die Kinder das, was sie seit dem 13. Mai immer taten, wenn sie in Not waren: Sie zogen den Rosenkranz heraus und begannen zu beten. Keine Macht der Welt konnte sie dazu bringen, die Erscheinungen ihrer Lieben Frau zu leugnen. Und sie waren felsenfest davon überzeugt, dass am folgenden Tag eintreten würde, was Maria bereits Monate zuvor vorausgesagt hatte: Es würde ein Wunder geben und alle, die in der Nähe waren, würden es sehen.

Damit veränderte sich das Bild, das Sarah und P. Maximilian vor Augen hatten. Ein neuer Tag war angebrochen. Der 13. Oktober 1917. Der Brunnen lag ruhig da wie immer und doch war großer Lärm zu hören. Es hörte sich an, als sei die ganze Umgebung voller Menschen. Und so war es auch. Denn es waren tausende gekommen. Über 70.000! Sie alle wollten dabei sein, wenn das vorausgesagte Wunder eintraf – oder aber, wenn es nicht eintraf. Es waren nämlich nicht nur Gläubige anwesend, sondern auch einige, welche die Kinder und alles, was diese berichteten, verspotteten und nur darauf warteten, dass sie in ihrem Unglauben bestätigt wurden.

Während P. Maximilian und Sarah auf das Haus zugingen, schloss die junge Frau fröstelnd die Jacke. Es war kalt geworden und es regnete in Strömen. Zu dumm, dass sie keinen Schirm dabei hatte. Dabei hätte sie es wissen müssen, da es auf ihren Wallfahrten meistens regnete.

Jetzt trat Lúcia aus dem Haus. Hinter ihr folgte tränenüberströmt Maria Rosa. Das erste Mal machte die Mutter sich aufrichtige Sorgen um die Tochter und blickte sie wieder zärtlich an.

Es war also doch große Liebe für die Tochter in ihrem Herzen. Diese war nur für eine Weile verschüttet worden durch ihre starken Zweifel an dem, was Lúcia ihr erzählt hatte, und ihre Angst davor, welche Folgen diese Erzählungen haben könnten. Doch gerade rechtzeitig siegte die Liebe in ihr und so stand sie da und weinte bei der Vorstellung, sie könnte ihre Tochter an diesem 13. Oktober für immer verlieren.

Lúcia ihrerseits versuchte, die Mutter mit aufbauenden Worten zu trösten: „Habe keine Angst, liebe Mutter. Es wird uns nichts passieren. Unsere Liebe Frau wird das tun, was sie versprochen hat!"

Jetzt trat auch der Vater aus dem Haus heraus. Immer noch weinend sagte Maria Rosa zu ihm: „Wenn mein Kind stirbt, will ich mit ihm sterben."

Dann gingen sie alle drei inmitten des strömenden Regens zum Heim der Familie Marto. Hier herrschte großer Andrang. Es waren so viele Menschen im Haus, dass man sich kaum bewegen konnte, und überall war der Schlamm zu sehen, den die Besucher von den aufgeweichten Wegen mitgebracht hatten. Während Olivia ganz außer sich war, sagte Ti Marto beruhigend: „Jetzt ist das Haus so voll, dass niemand mehr herein kann!"

Sobald Lúcia da war, trat eine Dame auf sie zu und gab den Mädchen Kleider, die sie eigens für diesen Tag mitgebracht hatte und ihnen persönlich anzog. Lúcia bekam ein blaues, Jacinta ein weißes. Dann wurden ihnen noch weiße Kränze ins Haar gesetzt, sodass sie aussahen wie kleine Engel, und endlich konnte es losgehen.

Gemeinsam verließen sie das Haus und die Erwachsenen nahmen die Kinder in die Mitte, um sie zu schützen. So bahnten sie sich den Weg zur Cova da Iria. Wo sie auch vorbeigingen: Überall standen Menschen. Sie waren zu Fuß, mit dem Rad, zu Pferd, mit dem Esel oder auch im Wagen gekommen. Sie waren arm und auch reich. Gebildet und ungebildet. Alle Bevölkerungsgruppen waren vertreten und allen ging es gleich: Ein starker Wind peitschte ihnen den Regen entgegen und sie waren von Kopf bis Fuß durchnässt. Ihre Füße steckten im Schlamm und nur mühsam kamen sie voran. Doch keiner ließ sich davon abhalten. Alle wollten zur Cova da Iria, um bei diesem außergewöhnlichen Ereignis dabei zu sein.

Mittlerweile war auch Sarah von Kopf bis Fuß durchnässt. Aber auch sie würde sich durch nichts davon abhalten lassen, hier zu sein. Unmittelbar hinter den Kindern ging sie vorbei an den Menschenmassen, an betenden Gruppen, zweifelnden Gruppen, schreienden Eseln und wiehernden Pferden. Bis sie zum Baum kamen. Sarah erschrak bei seinem Anblick. Von ihm war kaum noch etwas übrig. Die meisten Zweige waren abgerissen, lediglich der Stamm ragte noch aus dem Boden heraus. Alle Dekoration, die am Tag zuvor so liebevoll angebracht worden war, lag verstreut auf der Erde. Doch wenigstens stand der Bogen mit den Laternen noch an Ort und Stelle.

In seiner Nähe betete ein Priester andächtig sein Brevier. Als er die Kinder sah, eilte er auf sie zu und fragte zynisch: „Wann wird Unsere Liebe Frau erscheinen?“

„Um zwölf Uhr“, war die Antwort Lúcias.

Daraufhin ging er weg und betete weiter. Auch die Kinder begannen zu beten.

Als es zwölf Uhr war, kam der Priester noch einmal zurück, zeigte verärgert auf seine Uhr und sagte zu Lúcia: „Sieh her, es ist schon zwölf Uhr. Unsere Liebe Frau lügt nicht."

„Hat er denn gar keine Geduld oder wartet er nur darauf, die Kinder der Lüge zu überführen?", dachte Sarah, während der Geistliche sich wieder entfernte und weiterbetete.

Wenige Minuten später kam er erneut zurück – dieses Mal offensichtlich erbost – und rief: „Es ist zwölf Uhr vorbei, seht ihr, es ist alles Täuschung! Macht, dass ihr hier wegkommt! Ihr alle!"

Dann packte er Lúcia am Arm und begann, die Kinder handgreiflich zurückzudrängen. Es tat Sarah in der Seele weh, die unschuldigen Kinder so zu sehen. Sollten sie denn nie von Angriffen verschont bleiben?

Lúcias dunkle Augen füllten sich mit Tränen, dennoch sagte sie mutig: „Wer gehen will, möge gehen. Ich bleibe, wo ich bin. Unsere Liebe Frau sagt, sie werde kommen. Sie kam noch jedes Mal und sie wird auch jetzt wieder kommen."

Gleich darauf richtete sie den Blick nach Osten und rief: „Jacinta, Francisco, kniet nieder! Unsere Liebe Frau kommt. Ich sah den Blitzstrahl."[68]

Sofort knieten die beiden nieder. Der Priester aber sagte kein Wort mehr.

Da erschien über der Steineiche wieder die wunderschöne, weiß gekleidete Frau in einem strahlenden Licht und sah die Kinder liebevoll an.

Spontan fragte Lúcia: „Was wünschen Sie von mir?"

„Ich möchte dir sagen, dass hier eine Kapelle zu meiner Ehre gebaut werden soll. Ich bin Unsere Liebe Frau vom Rosenkranz.

Man soll weiterhin täglich den Rosenkranz beten. Der Krieg geht zu Ende und die Soldaten werden in Kürze nach Hause zurückkehren."

„Ich soll Sie um vieles bitten", sagte Lúcia, „ob Sie einige Kranke heilen und einige Sünder bekehren möchten und vieles mehr."

„*Einige ja, andere nicht. Sie müssen sich bessern und um Vergebung ihrer Sünden bitten*", war die traurig ausgesprochene Antwort Mariens. Und noch trauriger fuhr sie fort: „*Man soll Gott, unseren Herrn, nicht mehr beleidigen, der schon so sehr beleidigt worden ist.*"

Daraufhin öffnete sie ihre Hände und ließ sie im Sonnenschein erstrahlen. Dann erhob sie sich und entfernte sich inmitten eines strahlenden Lichtes in Richtung Osten, wobei ihr eigenes Licht in der Sonne widerstrahlte, die durch die dichte Wolkendecke hindurchbrach.

Wie jedes Mal sprang Lúcia auf und rief: „Dort geht sie, dort geht sie, schaut zur Sonne!"[69]

In diesem Moment hörte es vollkommen auf zu regnen. Und während tausende Augen nach oben blickten, begann ein nie dagewesenes Wunder. Die Sonne stand da wie eine riesige perlmuttfarbene Kugel. Jeder konnte sie unentwegt ansehen, ohne dass seine Augen zu tränen begannen. Von Ost nach West zogen helle rosa- oder blaugetönte Wolken an ihr vorbei, doch sie verdunkelten ihr Licht nicht. Es war, als würden sie hinter ihr vorbeiziehen. Auf einmal schrien die Menschen entsetzt auf, denn die Sonne begann, sich am Himmel in einem irren Wirbel um sich selbst zu drehen. Sie erstrahlte dabei in allen Farben des Regenbogens und tauchte auch die Erde in dieses Licht, sodass die Menschen sich gegenseitig in diesen Farben sahen. Erschrocken schrie jemand auf: „Seht doch diese Frau, sie ist ganz gelb!" Und tatsächlich waren die Frau und alles um sie herum von einem intensiven Gelbton durchdrungen. Als Sarah ihren eigenen Körper ansah, erschrak auch sie. Denn sie hatte ebenfalls diese Farbe angenommen.

Noch immer drehte die Sonne sich am Himmel. Sarah war es, als würde diese mit ihrem Schauspiel Maria, der Königin des Himmels und der Erde, huldigen und dies alles ihr zu Ehren machen.

Wer bisher gedacht hatte, die Erscheinungen von Fatima seien erlogen, begriff nun, dass es sich doch um die Wahrheit handelte: dass es einen Gott gab und dass Maria in seinem Namen tatsächlich hier erschienen war, um möglichst viele Menschen zu ihm zurückzuführen.

Ein Mann, der am Vormittag noch über alles gespottet hatte, begann jetzt zu weinen, sank zitternd auf die Knie und rief: „Verzeih mir, Gott! Verzeih! Ich glaube! Ja, ich glaube!"

So wie ihm erging es vielen. Sie sanken auf die Knie, begannen zu beten und baten Gott um Verzeihung. Und das nicht nur auf der Cova da Iria! Auch Kilometer davon entfernt war das Phänomen zu sehen und auch hier sanken Menschen auf die Knie, begannen zu beten und fanden zu Gott zurück.

Auf einmal kam etwas Neues dazu: In rasender Geschwindigkeit näherte sich die Sonne der Erde. Entsetzt schrien die Menschen auf. Auch Sarah schrie auf. Dachten sie doch, ihre letzte Stunde sei gekommen und die Sonne würde sie zermalmen.

Gerade noch rechtzeitig blieb diese stehen und kehrte in ihre ursprüngliche Form zurück. Die Menschen aber fielen auf die Knie und begannen, Jesus und seine himmlische Mutter zu loben und preisen. Keiner von den mehr als 70.000 Anwesenden blieb unberührt.

Maria hatte ihr Wort gehalten! Das vorausgesagte Wunder hatte stattgefunden und sollte fortan für alle Zeiten untrennbar mit den Erscheinungen von Fatima verbunden sein.

Als die Menschen den Schock über die sich nähernde Sonne überwunden hatten, fiel ihnen ein weiteres Wunder auf: Sie alle waren vollkommen trocken. Dabei waren sie vor wenigen Minuten noch bis auf die Haut durchnässt gewesen.

Was aber hatten die Kinder in der Zwischenzeit gesehen?

P. Maximilian tat Sarah nicht den Gefallen, ihr zu zeigen, was die Kinder wahrnehmen durften, doch er gab es zumindest in eigenen Worten wieder: „Zuerst sahen sie den heiligen Josef in einem langen weißen Gewand. Auf dem Arm trug er das Jesuskind, das ungefähr ein Jahr alt war, neben ihm stand Unsere Liebe Frau. Der heilige Josef machte dreimal das Zeichen des Kreuzes über die kniende Menge. Dann verschwand die Vision. Als Nächstes erschienen Jesus Christus, ganz in Rot gekleidet, und seine Mutter als Mutter der Schmerzen. Auch Jesus segnete das Volk. Nachdem diese Vision verschwunden war, folgte eine, die nur Lúcia sehen konnte: Sie sah Maria als Unsere Liebe Frau vom Berg Karmel."

Als Sarah Letzteres hörte, dachte sie gerührt an ihre Freundin Mirjam. War diese ja vor Kurzem erst in den Karmel eingetreten. Wenn Maria sich ausgerechnet als Unsere Liebe Frau vom Berge Karmel zeigte, dann lag ihr dieser Orden mit Sicherheit ganz besonders am Herzen.

Dann warf sie erneut einen Blick auf die Kinder, die sich in den Armen ihrer Eltern befanden und dort in Sicherheit vor dem Ansturm der Menge waren. All das hatten sie also wahrgenommen, während alle anderen überwältigt waren von dem, was die Sonne ihnen gezeigt hatte, und immer noch kaum glauben konnten, was sich hier in Fatima soeben ereignet hatte.

Selbst die großen Zeitungen würden von diesem Ereignis berichten. Dabei würden sie nicht das schreiben, was sie ursprünglich vorgehabt hatten, sondern das, was sich tatsächlich ereignet hatte. Und es würde zu einer Rückkehr des Glaubens in ganz Portugal kommen. Aber natürlich würden sich nicht alle bekehren. Nie bekehrten sich alle, auch wenn ein Wunder noch so offensichtlich war.

„Werden die Zweifler und Spötter jetzt verstummen?", fragte Sarah ihren himmlischen Freund.

„Viele schon", meinte dieser, „aber es wird immer noch einige geben, die Fatima als Täuschung durch die Kirche hinstellen und alles lächerlich machen, was sich hier abgespielt hat."

„Warum ist das eigentlich so", wollte Sarah wissen, „warum glauben manche selbst dann nicht, wenn es absolut offensichtlich ist, dass ein Wunder geschehen ist? So wie hier, wo über 70.000 Menschen Zeugen dessen waren, was sich ereignete? Wie kann man bei so einer riesigen Anzahl an Zeugen immer noch an der Echtheit zweifeln?"

„Hier kommt wieder der freie Wille ins Spiel", erklärte P. Maximilian, „manche wollen nicht glauben. Sie wollen ihr Herz nicht für Gott und seine Wunder öffnen. Und dann tun sie es auch nicht, denn Gott zwingt niemanden. Er wirbt um das Herz eines jeden, doch wenn jemand sein Herz auf keinen Fall für ihn öffnen will, dann wird Gott seine Entscheidung akzeptieren. Wer nicht mit ihm leben will, muss nicht mit ihm leben. Wer nach dem Tod nicht zu ihm kommen will, muss nicht zu ihm kommen. Es ist der freie Wille des Menschen, der es ihm ermöglicht, selbst die Entscheidung zu treffen."

Inzwischen machte sich der Großteil der Menschen auf den Heimweg und auch die drei Kinder kehrten beschützt von ihren Eltern nach Hause zurück. Vor Ort blieb lediglich der Stamm des Baumes, der so viele Male die Königin des Himmels und der Erde beherbergt hatte.

„Werde ich die Kinder noch einmal sehen?", wollte Sarah wissen, während sie den Heimkehrenden nachsah, die vor ihren Augen kleiner und kleiner wurden.

„Auf dieser Reise nicht", meinte P. Maximilian, „das Wichtigste hast du gesehen. Und den Tod von Jacinta und Francisco werde ich dir ersparen. Er würde dich zu traurig machen."

„Also ist auch diese Voraussage eingetroffen: Maria hat die beiden schon bald zu sich in den Himmel geholt."

„Ja, diese Voraussage ist eingetroffen, so wie jede Voraussage durch Maria eintrifft. Auf ihr Wort ist immer Verlass."

„Und wie sind sie gestorben?", wollte Sarah wissen.

„Sie erkrankten beide an der Spanischen Grippe. Zuerst starb Francisco, dann Jacinta. Und beide wurden von Maria persönlich abgeholt und in den Himmel gebracht, wo sie ein Glück erwartete, das auf Erden nicht einmal vorstellbar ist. Glaube mir, um keinen Preis der Welt wollten sie noch einmal hierher zurückkommen. Dort, wo sie jetzt sind, sind sie überglücklich und sie können auch vom Himmel aus noch viel Gutes auf der Welt tun."

„Also sind beide gleich in den Himmel gekommen? Auch Francisco?", fragte Sarah, die sich an die zahlreichen Rosenkränze erinnerte, die der Junge noch beten sollte.

„Das sind sie", bestätigte P. Maximilian, „und Maria hat mehr als 30 Jahre später noch einmal bestätigt, wie wertvoll die Rosenkränze waren, die Francisco gebetet hat. Als man nämlich sein Grab öffnete, war der Rosenkranz, mit dem er begraben worden war, immer noch erhalten. Kaum eine der Holzperlen war Opfer des Zerfalls geworden."

Tief beeindruckt sah Sarah ihren Begleiter an. Dann dachte sie an das dritte der Kinder. Was war wohl mit Lúcia geschehen?

„Lúcia blieb noch ziemlich lange auf Erden und tat das, was Maria ihr aufgetragen hatte", beantwortete P. Maximilian ihre Überlegungen. „Sie begründete die Verehrung des Unbefleckten Herzens Mariens und trug dazu bei, dass viele Menschen Maria erkannten und liebten. Und Maria hat sie nie im Stich gelassen, sie war weiterhin für sie da. Auch als sie ins Kloster ging, wo ihr nach mehreren Jahren bei den Dorotheenschwestern ein großer Wunsch erfüllt wurde: Sie durfte in den Karmel eintreten und dort viele Jahre lang bleiben. So lange, bis auch sie von Maria in den Himmel geholt wurde, wo sie vereint mit Jacinta und Francisco weiterhin viel Gutes auf Erden bewirkt."

„Wann genau ist sie denn gestorben?", wollte Sarah wissen.

Die Antwort darauf sollte P. Maximilian ihr jedoch schuldig bleiben. Er meinte lediglich: „Das wirst du selbst herausfinden, wenn du in die Basilika Unserer Lieben Frau vom Rosenkranz gehst, denn dort ist sie neben Jacinta und Francisco begraben und auf der Steintafel über ihrem Grab steht der Tag ihres Todes."

Noch während er das sagte, veränderte sich das Umfeld und sie standen wieder vor der Erscheinungskapelle, die Maria selbst sich gewünscht hatte und die auf ihren Wunsch hin auch gebaut worden war. Unverändert stand die Statue Unserer Lieben Frau mit gefalteten Händen hier. Stand hier seit einem ganzen Jahrhundert und würde weitere Jahrhunderte stehenbleiben. So viele Menschen hatten schon bei dieser Statue gebetet, so viele würden es noch tun. Auch Sarah würde die verbleibende Zeit nutzen und beten, bis sie von P. Maximilian erfahren würde, was die nächste Station ihrer Reise sein sollte.

Und wieder einmal antwortete dieser auf das, was die junge Frau soeben noch gedacht hatte: „Morgen Früh werde ich dir sagen, wohin die Reise als Nächstes gehen wird. Bitte sei so gut und komme um acht Uhr morgens mit deinem Gepäck hierher. Bis dahin kannst du die Zeit nutzen und dich von Fatima verabschieden. Denn es wird dein letzter Abend hier sein."

„Werde ich mich freuen, wenn ich höre, wohin die Reise gehen soll?"

„Natürlich", meinte P. Maximilian mit einem geheimnisvollen Lächeln, „sie wird dich zu einem Ort bringen, den du ganz besonders liebst."

„Und wie werde ich dorthin kommen?", fragte Sarah neugierig.

„Das ist alles bereits geregelt. Eine Pilgergruppe wird von Fatima aus dorthin fahren. In ihrem Bus ist noch ein Platz frei und den bekommst du."

Damit drehte er sich um und verschwand. Sarah aber setzte sich und blieb noch eine Weile bei der Kapelle, an dem Ort, an dem Maria den Kindern so oft erschienen war und an dem sie vielen tausenden bewiesen hatte, dass die Erscheinungen echt waren.

Und als sie schließlich aufstand, beschloss sie, das zu tun, was P. Maximilian ihr geraten hatte: Sie würde sich von Fatima verabschieden. Allen voran von den drei Hirtenkindern, die ihre letzte Ruhestätte in der Basilika zu ihrer Rechten gefunden hatten.

Langsam schritt sie die Treppenstufen empor, die im Licht der Sonne hell leuchteten, und betrat die Basilika. Während sie nach vorne ging, fiel ihr Blick auf die vielen kleinen Seitenaltäre, über denen Ereignisse aus dem Leben Jesu abgebildet waren. Ereignisse, von denen sie viele hatte beobachten dürfen.

Da war die Szene, als der Engel Gabriel zu Maria gekommen war und sie bereitwillig „Ja" dazu gesagt hatte, die Mutter Gottes zu werden, in der festen Überzeugung, dass für Gott nichts unmöglich war. Da war die Heilige Familie im Stall von

Betlehem, die gerade Besuch von den armen Hirten bekommen hatte – den ersten Menschen, die herbeigeeilt waren, um Jesus anzubeten. Da war die Szene der Aufopferung im Tempel, als Simeon Maria vorausgesagt hatte, dass ein Schwert ihre Seele durchdringen werde. Die Szene, als Maria und Josef ihren Sohn nach tagelanger Suche endlich wiedergefunden hatten, während dieser sich mit den Gelehrten im Tempel unterhalten hatte. Aber auch die Begegnung zwischen Jesus und seiner Mutter auf dem Kreuzweg und später, als er bereits ans Kreuz genagelt worden war, war zu sehen. Dann seine Auferstehung, die den Sieg über den Tod bezeugt hatte, seine Himmelfahrt, die Sendung des Heiligen Geistes, während der Maria sich mitten unter den Jüngern befunden hatte, und schließlich die Auffahrt Mariens in den Himmel, bei welcher die Königin des Himmels und der Erde von ihren treuen Engeln begleitet worden war.

Höhen und Tiefen, Freude und Leid aus dem Leben Jesu und Mariens waren hier in der Kirche abgebildet und erinnerten Sarah einmal mehr an das, was sie während der letzten Monate alles hatte erleben dürfen. Sie war überreich gesegnet worden und hatte einen großen Schatz für ihr Leben geschenkt bekommen – ganz egal, was sich in ihrem Privatleben noch tun würde.

Als die junge Frau ganz vorne stand, sah sie, wozu sie in die Kirche gekommen war: die letzte Ruhestätte der drei Hirtenkinder. Hier lagen ihre irdischen Körper – die von Jacinta und Lúcia auf der linken, der von Francisco auf der rechten Seite – während ihre Seelen längst bei Gott waren.

Sarah setzte sich auf eine Bank in der vorderen Reihe und fragte sich, ob die Kinder wohl gerade im Geiste hier waren und hörten, wenn sie mit ihnen sprach. So, wie P. Maximilian auch in Zukunft bei ihr sein und hören würde, wenn sie mit ihm sprach. Jedenfalls hatte er das versprochen und sie ging sehr davon aus, dass er dieses Versprechen auch halten würde.

Was hatten diese Kinder alles durchgemacht und welchen Angriffen waren sie ausgesetzt gewesen! Dennoch hatten sie durchgehalten und sich stets zu ihrer Lieben Frau bekannt. So wie auch schon Bernadette hatten sie auf Erden kein leichtes Leben gehabt. Und trotzdem hätten sie um nichts auf der Welt mit jemandem tauschen wollen. War doch ihre Freude darüber, regelmäßig die Gottesmutter zu sehen, so groß, dass sie mit keinem irdischen Glück aufzuwiegen war.

Die drei Kinder hatten das Leben mit anderen Augen gesehen: als eine Vorbereitung auf das, was danach kam.

Und auch den Tod hatten sie mit anderen Augen gesehen. Er hatte ihnen keine Angst bereitet. Im Gegenteil. Sie hatten sich darauf gefreut, dorthin zu gehen, wo auch ihre Liebe Frau war. Wie gerne wäre auch Lúcia schon früher dorthin gegangen – doch sie hatte noch so vieles auf Erden zu erledigen gehabt. Sie selbst hatte über ihre Aufgabe einmal gesagt: *„Ich glaube, Unsere Liebe Frau bediente sich meiner nur, um der Welt die Notwendigkeit vor Augen zu halten, die Sünde zu meiden und die Wiedergutmachung der vielen Beleidigungen Gottes durch Gebet und Buße zu erreichen.“*[70] Diese Aufgabe hatte sie sehr ernst genommen und bis zu ihrem Tod alles gegeben, um sie möglichst gut zu erfüllen.

Jetzt fiel Sarah wieder ein, dass sie immer noch nicht wusste, wann Lúcia gestorben war. So stand sie auf, näherte sich dem Grab und blickte auf die Inschrift, die dort stand. Und hier fand sie erneut die Bestätigung dafür, dass Maria die Menschen, die ihr vertrauen, nie im Stich lässt. Im Gegenteil. Sie steht bis zum Ende zu ihnen – sogar über den Tod hinaus: Lúcia war an einem Dreizehnten gestorben. Am 13. Februar 2005.

Maria hatte sie also gerade an dem Tag zu sich geholt, an dem sie zuvor so oft erschienen war.

Tief bewegt blieb Sarah eine Weile stehen und bedankte sich bei den Hirtenkindern für alles, was sie auf sich genommen hatten, um der Welt die Botschaften der Gottesmutter zu überbringen. Sie nahm sich fest vor, den Inhalt dieser Botschaften nie zu vergessen und das, was in ihrer Macht stand, zu tun, um ihnen entsprechend zu leben.

Dann verließ sie die Kirche, um sich bei Ignatius zu melden und mit ihm zu Abend zu essen. Schließlich war und blieb er ein guter Freund, auch wenn sie nicht zu mehr füreinander bestimmt waren. Anschließend würde sie ein letztes Mal bei der Lichterprozession mitgehen. Ein letztes Mal hinter der Statue von Maria hergehen, ihre Kerze zusammen mit hunderten anderer hochhalten und aus ganzem Herzen den Gruß an die himmlische Königin singen.

Am nächsten Tag aber würde sie bereits am frühen Morgen zur Erscheinungskapelle kommen, um P. Maximilian zu treffen und die letzte Reise anzutreten. Es gab tatsächlich einen Ort, den sie sehr liebte und an den noch einmal reisen zu dürfen, sie sich wünschte. Sie war gespannt, ob dieser Ort derjenige sein würde, den er ihr nennen würde. Denn irgendwie stand für sie fest: Wenn es so war, dann würde alles gut werden in ihrem Leben. Dann würde tatsächlich das eintreffen, was P. Maximilian ihr zu Beginn der Reise versprochen hatte. Hatte er ihr doch zugesagt, dass sie Maria besser kennenlernen, inneren Frieden finden und auch ihrem persönlichen Glück ein großes Stück näherkommen würde. Die ersten beiden Teile des Versprechens hatte er bereits gehalten – jetzt blieb nur noch die Frage, was mit dem dritten war.

Pünktlich um acht Uhr saß Sarah am nächsten Morgen auf den Stufen zur Basilika. Sie wollte nicht direkt bei der Kapelle warten, um andere durch ihre Unterhaltung mit P. Maximilian nicht beim Beten zu stören.

Wieder versprach es, ein strahlender Herbsttag zu werden. Einzelne Sonnenstrahlen berührten die Treppenstufen mit ihrem Licht, während ein leichter Wind rotbraune Blätter über den Platz tanzen ließ. An der Kapelle waren schon längst die ersten Beter eingetroffen und ein französischer Chor probte für den Gottesdienst, der gleich stattfinden sollte.

Für einen Augenblick schloss Sarah die Augen und ließ die Atmosphäre auf sich wirken. Wie hatte Papst Johannes Paul II. bei ihrer Ankunft gesagt? Leid und Freude sollten ihr hier begegnen. Er hatte recht behalten: Leid und Freude waren ihr begegnet. Und beide waren notwendig gewesen, um sie erfahren zu lassen, was für ein außergewöhnlicher Ort Fatima war. Es war nicht immer leicht gewesen, hier zu sein. Trotzdem wusste sie schon jetzt, dass sie den Ort vermissen würde, wenn sie wieder zuhause war.

In diesem Moment setzte sich P. Maximilian neben sie. Sarah spürte seine Gegenwart, noch bevor sie ihn sah. Auch ihn würde sie vermissen, wenn sie wieder zuhause war. Sehr vermissen!

„Du wirst über die Trennung hinwegkommen, denn in deinem Leben wird sich schon bald etwas Neues auftun. Etwas, das dir großes Glück schenken wird", tröstete er sie, „und außerdem weißt du ja: Wenn du mich irgendwann brauchen solltest, dann bin ich für dich da."

„Ja, das weiß ich", sagte Sarah dankbar und lächelte ihn an. Dann fragte sie: „Wirst du mir jetzt verraten, wohin ich als Nächstes fahren werde?"

„Das werde ich“, erwiderte P. Maximilian, „deine nächste Reise führt dich noch einmal nach Lourdes.“

Als Sarah das hörte, war es ihr, als ob ihr Herz zu singen beginne. Sie sollte nach Lourdes fahren. Ausgerechnet nach Lourdes. An den Ort, an dem alles begonnen hatte und der für sie immer noch mit so viel Hoffnung verbunden war.

„Wenn ich richtig informiert bin, dann wird es deine achte Wallfahrt dorthin sein.“

„Ja, es ist meine achte Wallfahrt dorthin“, bestätigte Sarah, „aber spielt die Anzahl der Wallfahrten denn eine Rolle?“

„Das tut sie. Wenn du das dritte Kapitel aus dem Buch Tobit liest, dann weißt du auch, wieso“, erklärte P. Maximilian, der es wieder einmal liebte, in Rätseln zu sprechen.

Sarah beschloss, das genannte Kapitel möglichst bald zu lesen, um zu wissen, was er ihr damit sagen wollte.

Dann fuhr P. Maximilian fort: „Und jetzt ist es Zeit aufzubrechen, damit du rechtzeitig zur Abfahrt beim Bus bist.“

Als Sarah ihn erstaunt ansah, fügte er hinzu: „Die Fahrt nach Lourdes wird elf bis zwölf Stunden dauern. Du musst dich beeilen, wenn du rechtzeitig zur Lichterprozession dort sein willst. Und das solltest du. Das solltest du auf jeden Fall!“

Nach diesen Worten erhob er sich und auch Sarah stand auf. Gemeinsam gingen sie zur Erscheinungskapelle, um Abschied von Maria zu nehmen. Von der himmlischen Mutter, die Sarah während der gemeinsamen Reisen so viel Gutes hatte zuteilwerden lassen und die ihr mit Sicherheit auch in Zukunft noch viel Gutes geben würde.

„Ich danke dir, Maria! Ich danke dir von Herzen!“, sagte Sarah ergriffen.

Dann verließ sie zusammen mit P. Maximilian den Platz, auf dem die Kirchen standen, den Platz, auf dem Papst Johannes

Paul II. immer noch betend kniete und auf dem tagtäglich auch so viele andere kniend beteten, und ging dorthin, wo der Reisebus schon auf sie wartete.

Vor diesem blieb sie stehen, während alle anderen bereits einstiegen. Wollte sie doch jede Minute nutzen, die sie noch in der Gegenwart ihres himmlischen Freundes sein konnte. Als auch der letzte Fahrgast im Bus saß, meinte P. Maximilian liebevoll: „Es ist Zeit für den Abschied, Sarah, denn in Lourdes werden wir uns nicht mehr begegnen. Von jetzt an kommst du allein zurecht."

„Darf ich dich zum Abschied umarmen?", fragte die junge Frau und schon breitete P. Maximilian beide Arme aus und schloss sie darin ein. Dabei fühlte sie eine Liebe, wie sie sie noch nie durch einen Menschen erfahren hatte. Eine Liebe, die ihre tiefsten Stellen im Herzen berührte und ihr einen leisen Vorgeschmack auf das gab, was sie im Jenseits einmal erwarten würde. Oh, es würde wunderbar sein, eine solche Liebe für immer zu verspüren! Doch noch war die Zeit dazu nicht gekommen. Noch galt es, aus ihrem Leben das Beste zu machen und jeden Tag zu nutzen, der ihr auf Erden gegeben war.

Schließlich gab P. Maximilian sie wieder frei, sah ihr lächelnd in die Augen und sagte: „Auf Wiedersehen, Sarah! Es war mir eine große Freude, dich ein Stück auf deinem Lebensweg begleiten zu dürfen."

„Auch für mich war es eine große Freude und ich danke dir! Ich danke dir von Herzen. Für alles!", erwiderte die junge Frau mit gebrochener Stimme. Dann hob sie ihre Reisetasche auf, drehte sich um und stieg in den Bus.

Durch das Fenster hindurch konnte sie sehen, wie P. Maximilian immer noch auf dem Parkplatz stand und ihr zuwinkte. Und dann hörte sie noch einmal seine Stimme, die zu ihrem

Herzen sprach, um ihr eine letzte Botschaft mit auf den Weg zu geben: „Vergiss nie Sarah: Für Gott ist nichts unmöglich!"

„Ja, für Gott ist nichts unmöglich", bestätigte Sarah und hob die Hand, um ihrem himmlischen Freund zurückzuwinken, bevor der Bus um die Kurve fuhr und P. Maximilian aus dem Blickfeld verschwand.

Elf Stunden später näherte sich der Bus Lourdes. Sarah hatte die Zeit genutzt, um noch einmal alles an sich vorbeiziehen zu lassen, was sie seit Beginn der Reise erlebt hatte. Wie frustriert war sie bei der ersten Begegnung mit P. Maximilian gewesen und wie zuversichtlich war sie jetzt, nach der letzten. Mithilfe seiner Unterstützung hatte Maria ihr das Vertrauen und die Hoffnung auf sie zurückgegeben – und sie außerdem ein weiteres Mal nach Lourdes gerufen.

Was würde sein, sobald sie aus dem Bus gestiegen war und an der Lichterprozession teilnahm? Würde sie Tobi nach so vielen Jahren wieder begegnen und mit ihm ihr Glück finden? Oder würde er wieder nicht hier sein und sie mitten unter vielen Leuten allein in der Prozession mitgehen?

Alles, was Sarah über Maria erfahren hatte, deutete darauf hin, dass diese ihr helfen würde, ihr Glück zu finden. Dass sie alles zum Guten führen würde in ihrem Leben.

Und alles, was P. Maximilian gesagt hatte, deutete darauf hin, dass Tobi hier sein würde. Dass Sarah in Lourdes endlich ihr Glück finden würde. Dass sie sich nicht 17 Jahre lang getäuscht hatte, sondern von Gott bewusst in die Richtung geführt worden war, die sie gegangen war. Dass immer er es gewesen war, der zu ihr gesprochen hatte, und dass auch er es sein würde, der sein Wort halten und ihr ein Glück schenken würde, welches größer war, als sie es sich je erträumt hatte.

Eigentlich war Sarah sich sicher, dass alles gut werden würde. Eigentlich. Und doch meldete sich ein letztes Mal diese unbeugsame Stimme, welche all die Zweifel enthielt, die ihr so viele Jahre lang ins Herz gesät worden waren. Was, wenn sie recht hatten – alle, die glaubten, dass sie sich getäuscht hatte? Was, wenn zwischen Tobi und ihr nicht alles gut werden würde und es einen anderen Plan für ihr Leben gab? Ja, was dann?

Sarah blickte eine Weile nachdenklich aus dem Fenster. Dann stand für sie fest: Selbst wenn das Schlimmste passieren sollte und sie recht hatten – alle die, welche ein Happy End zwischen Tobi und ihr ernsthaft bezweifelten –, selbst dann würde sie ihren Glauben nicht verlieren. Selbst dann würde sie Maria aus ganzem Herzen lieben und weiterhin zu ihr beten. Denn ihr Glaube an Maria war nicht länger abhängig davon, ob sie Glück oder Pech in der Liebe hatte. Auch nicht davon, ob eintraf, was sie für richtig hielt, oder nicht. Ihr Glaube an Maria war tiefer in ihrem Herzen verwurzelt als all das. Und selbst, wenn ihr alles Mögliche genommen werden würde, wenn sie bloßgestellt und lächerlich gemacht werden sollte, dann war da immer noch dieser Glaube, der sie wie ein Anker festhielt und in den Stürmen des Lebens niemals untergehen ließ.

Inzwischen war der Bus in Lourdes angekommen und öffnete seine Türen, um die Fahrgäste hinauszulassen. Sarah war als Letzte eingestiegen, sie würde auch als Letzte aussteigen, denn noch war sie nicht soweit, sich all dem zu stellen, was sie erwarten konnte.

Wie hatte P. Maximilian zum Abschied gesagt? Für Gott war nichts unmöglich. Es war also möglich, dass Tobi sich bekehrt hatte und ihr hier in Lourdes nach so vielen Jahren wieder begegnete. Es war aber auch möglich, dass er das nicht tat. Doch unabhängig davon, was kommen würde: Sie würde ihren Glauben nicht verlieren. Sie würde weiterhin glauben und weiterhin hoffen. Und sollte sie doch einmal schwach werden, dann würde sie dorthin gehen, wo sie neue Hoffnung finden konnte: zu Maria, die ihre Quelle der Hoffnung war.

„Sorge du, Maria! Bitte, sorge du!“, bat Sarah wie schon in Fatima aus tiefstem Herzen.

Da hörte sie eine bekannte Stimme vorwurfsvoll fragen: „Hast du immer noch kein Vertrauen?“

„Doch, ich vertraue! Ich vertraue!“, sagte die junge Frau.

Und dann stieg sie aus.

Dank

„Dankt für alles; denn das ist der Wille Gottes
für euch in Christus Jesus."

(1 Thess 5,18)

Bereits 2017 hatte ich die Idee, ein Buch über Maria zu schreiben. Nun – sieben Jahre später – ist es so weit, dass dieses Buch veröffentlicht werden kann.

Es wäre nicht das, was es ist, wenn mich nicht so viele liebe Menschen unterstützt hätten und daher möchte ich hiermit von Herzen meinen Dank aussprechen.

Wie bei allen Büchern gilt mein Dank in besonderer Weise meiner Mutter, die den Entstehungsprozess von der ersten bis zur letzten Seite begleitet hat. Vielen Dank, liebe Mama! Die Gespräche mit dir und dein unerschütterliches Vertrauen darauf, dass alles gut werden wird, haben mir sehr viel Kraft gegeben!

Herzlichen Dank auch an dich, lieber Papa, dafür, dass du immer an mich glaubst und mich in allen meinen Projekten so treu unterstützt!

An dieser Stelle möchte ich auch meinem Neffen Ludwig danken, der mir eine Nachricht überbrachte, welche mir die Kraft gab, die ich brauchte, um dieses Buch nach so vielen Jahren endlich fertigzustellen.

Von Herzen danke ich auch allen, die das Buch Korrektur gelesen haben und durch ihre wertvollen Rückmeldungen zu einer Verbesserung beigetragen haben. Vielen Dank, liebe Maria, liebe Anni, liebe Sandra und liebe Frau Münstermann!

Es ist eine große Freude für mich, dass ihr so viel Zeit und Liebe in die Korrektur „hineingesteckt“ habt!

Auch dir, liebe Christa, danke ich von Herzen dafür, dass du mit so viel Geduld und Einsatz dieses wunderschöne Bild für das Cover gemalt hast! Möge deine selbstlose Unterstützung zu einem großen Segen für dich und deine Lieben werden!

Außerdem sei allen, die mich im Gebet begleitet haben, ein herzliches „Vergelt's Gott“ gesagt! Allen voran Pfarrer Hubert, dem ich sicher mehr zu verdanken habe, als mir bewusst ist.

Nicht zuletzt auch ein herzliches „Vergelt's Gott“ den Leitern und Mitarbeitern des fe-Verlags, die es ermöglichen, dass dieses Buch erscheinen kann.

Ganz besonders aber möchte ich mich bei all denen bedanken, die mich vom Himmel aus bei der Entstehung dieses Buches begleitet haben. Ich hoffe sehr, dass sie mit dem Inhalt in allen Bereichen zufrieden sind und dieses Werk das bewirkt, was es bewirken soll: ein größeres Vertrauen in Maria, die Mutter von Jesus und Mutter von uns allen, und eine tiefere Liebe zu ihr und ihrem Sohn.

Quellenverzeichnis:

Auch wenn die Rahmenhandlung erfunden ist, so entsprechen doch die Informationen über die einzelnen Etappen der Reise der Wahrheit und wurden sorgfältig recherchiert.
Dabei wurden in besonderer Weise folgende Bücher verwendet:

- Winowska, Maria: Hl. Pater Maximilian Kolbe. Ritter der Immaculata, Feldkirch
- Die Bibel. Einheitsübersetzung
- von Agreda, Maria: Leben der Jungfrau und Gottesmutter Maria, Band 1-4, Gosheim 1978
- Valtorta, Maria: Der Gottmensch. Leben und Leiden unseres Herrn Jesus Christus, Band 1, 11 und 12, Hauteville / Schweiz 1993
- Emmerich, Anna Katharina: Das Leben der heiligen Jungfrau Maria, Stein am Rhein 2000
- Kolfhaus, Florian: Ganz Dein, Maria. Zwölf Tage zur Vorbereitung auf die Weihe an die Mutter Gottes, Augsburg 2016
- Bernardo, Antonio: Lourdes gestern und heute, Lourdes 1992
- De Marchi, Joao: Fatima von Anfang an, Fatima 1993

Anmerkung zu den Zitaten: Die meisten der Zitate, die wörtlich übernommen wurden, wurden im Fließtext kursiv geschrieben, sodass sie beim Lesen sogleich als Zitate ins Auge fallen.

1 Zitat von Stefan Spiecker.

2 Ludwig Maria Grignion von Montfort, Der heilige Rosenkranz – das wunderbare Geheimnis der Bekehrung und des Heiles, Gesammelte Werke, 3. Band, 1929, S. 15f.

3 Bernardo Antonio, Lourdes. Gestern und heute, S. 37.

4 Ebd., S. 20.

5 Ebd., S. 31.

6 Ebd., S. 39.

7 Vgl. Winwska, Maria, Der heilige Pater Maximilian Kolbe, S. 53f.

8 Von Agreda, Maria, Leben der Jungfrau und Gottesmutter Maria, Teil 1, S. 193ff.

9 Ebd., S. 213ff.

10 Trochu Francis, Der Pfarrer von Ars, S. 222.

11 Frei nach einem Zitat von P. Maximilian Kolbe, in: Kolfhaus, Florian, Ganz Dein, Maria, S. 64.

12 Die Bibel. Einheitsübersetzung, Lukas 1,26-38.

13 Vgl. Maria Valtorta, Der Gottmensch, Band 1, Seite 133.

14 Zitat von Theresia von Lisieux (Zeiten leicht verändert), in: Kolfhaus, Florian, Ganz Dein, Maria, S. 134.

15 Vgl. Kolfhaus, Florian, Ganz Dein, Maria, S. 80.

16 Die Bibel. Einheitsübersetzung, Lukas 1,41-55.

17 Frei nach Kolfhaus, Florian, Ganz Dein, Maria, S. 157f.

18 Die Bibel. Einheitsübersetzung, Matthäus 1,20-23.

19 Maximilian Kolbe (Zeitstufe geändert), in: Winowska, Maria, Der heilige Pater Maximilian Kolbe, S. 90.

20 Ebd., S. 107.

21 Ebd., S. 110.

22 Vgl. Kolfhaus, Florian, Ganz Dein, Maria, S. 63.

23 Die Bibel. Einheitsübersetzung, Lukas 2,29-32.

24 Ebd., Lukas 2,34-35.

25 Frei nach Maria Valtorta, Der Gottmensch, Band 1, S. 181f.

26 Die Bibel. Einheitsübersetzung, Matthäus 2,13.

27 Frei nach Valtorta, Maria, Der Gottmensch, Band 1, S. 202.

28 Die Bibel. Einheitsübersetzung, Matthäus 2,18.

29 Ebd., Lukas 2,48-49.

30 Ebd., Psalm 16,8-11.

31 Ebd., Psalm 91,1-2,9-12.

32 Maximilian Kolbe (Wortwahl leicht verändert), in: Winowska, Maria, Der hl. Pater Maximilian Kolbe, S. 50.

33 Die Bibel. Einheitsübersetzung, Jesaja 55,8-9.

34 Ebd., Johannes 2,1-8.

35 Vgl. Valtorta, Maria, Der Gottmensch, Teil 1, S. 307.

36 Jesus, in: Valtorta, Maria, Der Gottmensch, Band XI, S. 111.

37 Jesus, in: ebd., S. 112 (Ergänzung des Wortes „Gott" im drittletzten Satz).

38 Szene und Gesprächsverlauf frei nach Valtorta, Maria, Der Gottmensch, Band XI, S. 150-151.

39 Jesus, in: ebd., S. 201-202.

40 Jesus, in: ebd., S. 203.

41 Maria, in: ebd., S. 235.

42 Die Bibel. Einheitsübersetzung, Matthäus 27,40-43.

43 Ebd., Lukas 23,39-43.

44 Zitat von Papst Franziskus (leicht verändert), in: Kolfhaus, Florian, Ganz Dein, Maria, S. 138.

45 Kolfhaus, Florian, Ganz Dein, Maria, S. 139.

46 Die Bibel. Einheitsübersetzung, Lukas 2,34-35.

47 Ebd., Jesaja 53,5-11.

48 Frei nach Valtorta, Maria, Der Gottmensch, Band XI, S. 297.

49 Kolbe Maximilian, in: Winowska Maria, Der hl. Pater Maximilian Kolbe, S. 81.

50 Kolbe Maximilian (Zeitform verändert), in: ebd., S. 122.

51 Kolbe Maximilian, in: ebd., S. 158-162.

52 Kolbe Maximilian, in: ebd., S. 172.

53 Jesus, in: Valtorta, Maria, Der Gottmensch, Band XII, S. 24.

54 Jesus, in: ebd., S. 24.

55 Jesus, in: ebd., S. 24.

56 Jesus, in: ebd., S. 25.

57 Von Agreda, Maria, Leben der Jungfrau und Gottesmutter Maria, Band 4, S. 278.

58 Von Agreda, Maria, Leben der Jungfrau und Gottesmutter Maria, Band, S. 560.

59 Vgl. Emmerich, Anna Katharina, Das Leben der heiligen Jungfrau Maria, S. 431-435.

60 Vgl. Emmerich, Anna Katharina, Das Leben der heiligen Jungfrau Maria, S. 435-440.

61 „Die heiligste Dreifaltigkeit", in: Agreda, Maria, Leben der Jungfrau und Gottesmutter Maria, Band 4, S. 581.

62 „Die heiligste Dreifaltigkeit", in: ebd., S. 581-582.

63 Francesco Crucitti, zitiert, in: Englisch, Andreas, Gottes Spuren. Die Wunder der katholischen Kirche, S..159.

64 Gespräch wörtlich übernommen aus J. de Marchi, Fatima von Anfang an, S. 67.

65 Dialog während der Erscheinung, in: ebd., S. 86-88.

66 Dialog während der Erscheinung, in: ebd., S. 102-105.

67 Dialog leicht verändert übernommen aus ebd., S. 174.

68 Dialog leicht verändert übernommen aus ebd., S. 181.

69 Dialog, in: ebd., S. 185.

70 Lúcia, in: ebd., S. 103.

Von der selben Autorin:

Sprosse für Sprosse dem Leben entgegen

Nahtoderfahrungen – was in ihnen wahrgenommen wird und wie sie unser Leben verändern

„Ich habe keinen Schmerz oder Angst verspürt. Ich war glücklich. Ganz glücklich! Es gibt keine Worte in dieser Welt, die das ausdrücken könnten. Das war so eine Glückseligkeit, man kann es nicht beschreiben! Und das Licht! Mir kommen Tränen, wenn ich daran denke – so etwas Schönes!" Mit diesen Worten beschreibt Franziska B. die Nahtoderfahrung, die sie im März 2010 hatte. Und sie ist nicht die Einzige, die eine solche Erfahrung gemacht hat. Tausende von Menschen berichten davon. Dieses Buch soll einen Einblick darin geben, was Menschen bei solchen Erfahrungen erleben und wie sich ihr eigenes Leben und das Leben vieler anderer dadurch verändert.
Wer sich darauf einlässt, kann sich gleichzeitig mit Nahtoderfahrenen auf den Weg machen – auf einen Weg, der Sprosse für Sprosse dem Leben entgegen führt.

ISBN/EAN: 9783863570736
150 Seiten, Paperback
7,80 € Best.-Nr. 00159

Geheimnis des Glaubens

Eine Reise zum Mysterium der Heiligen Messe

Felix hat abgeschlossen mit dem Glauben und erst recht mit dem Besuch der Heiligen Messe – bis es nach dem Tod seines Vaters zu einer Begegnung kommt, die alles verändern soll. Vollkommen unerwartet bekommt er Besuch aus dem Jenseits und wird auf eine Reise mitgenommen, die ihm hilft, Frieden zu schließen und die Heilige Messe mit neuen Augen zu sehen. Er trifft faszinierende Persönlichkeiten, sieht beeindruckende Orte und bemerkt dabei, wie sich nach und nach etwas in ihm verändert.

"Dieser Roman nach wahren Begebenheiten nimmt den Leser mit auf eine Reise, durch die er die Heilige Messe neu schätzen und lieben lernt."

ISBN/EAN: 9783863573812
206 Seiten, Paperback
12,80 € Best.-Nr. 50435

Im selben Verlag erschienen

Impulse

des hl. Maximilian M. Kolbe

Über den heiligen Pater Maximilian Kolbe, polnischer Ordensmann und Märtyrer der Nächstenliebe, der vor 80 Jahren im Hungerbunker in Auschwitz freiwillig für einen Familienvater starb, sind in deutscher Sprache bereits einige Biografien erschienen, jedoch kaum Originaltexte. Maximilian Kolbe hat vor seiner Verhaftung durch die Nazis in seinem Kloster bei Ansprachen immer frei und ohne Manuskript gesprochen. Mehrere Mitbrüder haben sich Notizen von seinen Reden gemacht und diese auch über die Besatzungszeit hinaus gerettet. In diesem neuen Buch werden diese Aufzeichnungen erstmals in deutscher Sprache veröffentlicht. P. Maximilian Kolbe im Originalton zeigt sich uns als großer geistlicher Lehrer.

ISBN/EAN: 9783863573881
604 Seiten, gebunden
24,80 € Best.-Nr. 00276

Erhältlich bei:

Fe-Medienverlag, Hauptstr. 22, 88353 Kißlegg

Tel.: +49 (0) 7563/608998-0

info@fe-medien.de / www.fe-medien.de